教育部经济管理类核心课程教材

财务管理

主　编　栾立明　马桂秋
副主编　杨　光　张立焕

Financial Management

中国人民大学出版社
·北京·

主　　编　栾立明　马桂秋
副 主 编　杨　光　张立焕
编　　者　（按姓氏笔画为序）
马桂秋　丰　烨　杨　光
张立焕　栾立明

前　言

财务管理是现代企业管理的一个重要组成部分，在企业管理中处于核心地位，企业兴衰，财务为本。面对日趋复杂的市场竞争环境和管理环境，企业财务管理的模式与研究内容已发生了重大变化。为了适应市场经济新形势的变化，提高企业财务管理水平；为了满足高等院校培养企业急需的应用型财务管理人才的需要，我们在总结以往教学和工作实践的基础上，编写了《财务管理》一书。

财务管理作为经济和管理类专业的一门必修课程，在日益发达的资本市场中、在不断规范化的企业管理中、在投资贸易日趋全球化的环境中，已经被赋予了新的生机、新的内涵。因此，我们在编写此书的过程中，有选择地借鉴和继承了现有教材的框架和基本体例，并在教材体系构建和内容设置上作了大幅度调整，试图在以下几个方面体现教材的编写特色：

第一，体系清晰。本教材突破了以往财务管理的模式与编写思路，按照企业财务管理实务流程来构建课程教学体系，全书以企业财务活动内容为纲，以企业财务管理环节为目，系统阐述了企业在资金筹集、投放、耗费和收益分配上的财务决策、财务计划、财务控制、财务分析方法。

第二，理论新颖。本教材以最新的《企业财务通则》、《企业会计准则》为依据，不断吸收国内外现代财务管理的科学成果，并结合我国财务管理实际，注重反映现代企业制度对财务管理的要求。书中理论知识的安排既考虑了学生毕业从业的要求，又考虑了学生上岗对资格考试的要求，同时还兼顾了课程间交叉重复内容的整合。

第三，内容实用。本教材立足于应用型本科人才的培养目标，充分体现以就业为导向的基本思路，注重培养学生应对新情况、解决新问题的能力。因此，编者在编写过程中，充分吸收了其他版本同类教材的长处，将理论和实践紧密结合，每章都精心编写了强化训练和案例分析，以突出教材的实用性和针对性。

本教材由栾立明、马桂秋任主编，杨光、张立焕任副主编。具体编写安排是：吉林农业科技学院栾立明（第一章、第二章、第八章），马桂秋（第三章、第四章、第五章及附录），杨光（第六章、第十章），张立焕（第七章及各章的案例分析），吉林农业大学丰烨（第九章）。

全书由栾立明教授拟定编写提纲并统纂定稿。

本书在编写过程中，参考了大量的教材和著作文献，在此对参考文献的编者一并表示感谢。我们期望能编写出一部较好的《财务管理》教材，但由于编写人员的水平有限，书中疏漏和错误在所难免，敬请读者批评指正。

编　者

目　录

第一章 财务管理总论

本章学习目标 通过本章学习，理解财务管理的内容，熟悉财务管理的目标，了解财务管理的原则和环节，掌握财务管理环境对企业理财的影响。

第一节 财务管理的内容

一、财务管理的概念

财务管理是伴随人们对生产管理的需要而产生的。随着社会生产力的发展，财务管理也经历了一个由简单到复杂、由低级到高级的发展过程。市场经济越发达，财务管理越重要。

在工业企业中，企业管理包括很多方面，如生产管理、技术管理、人力资源管理、设备管理、物资管理、质量管理、销售管理、财务管理等。其中，财务管理是一种价值形态的综合性管理，是企业管理的核心，企业生产经营活动各方面的质量和效果，大多是通过资金运动过程和结果的各项价值指标反映出来的。

所谓财务管理，是指企业依照国家法规，顺应理财环境，根据企业资金运动的规律，对筹资、投资与收益分配等活动进行科学的决策、计划、组织、协调和控制，并正确处理财务活动引起的各种财务关系，以达到企业财务目标的最优化。简单讲，企业再生产过程中的资金运动，就是企业的财务活动；对企业的财务活动所进行的管理，就是财务管理。

在商品经济条件下，社会产品是使用价值和价值的统一体。企业再生产过程表现为使用价值的生产和交换过程与价值的形成和实现过程的统一。在这个过程中，企业再生产活动，一方面表现为物质运动，即劳动者运用劳动手段作用于劳动对象，生产出产品，再将这些产品销售给消费者的过程；另一方面表现为价值运动，即劳动者将生产中消耗掉的生产资料价值转移到产品中去，创造出新价值，并通过销售活动，最终实现产品价值的过程。使用价值的生产和交换过程是有形的，是商品的实物运动过程；而价值的形成和实现过程是无形的，是商品物资的价值运动过程。在企业生产经营过程中，随着实物商品的不断运动，其价值形态也不断变化，周而复始，不断循环，就形成了资金运动。企业资金运动不仅表现为不断地循环，它也随着企业再生产过程的不断进行，表现为一个周转过程。资金的每次周转，都会引起资金的变化，并且这种变化具有自身的运动规律，这就形成了企业的财务活动。因此，企业财务活动体现为企业再生产过程中客观存在的资金运动及其表现的各方面经济利益关系。财务管理是基于企业再生产过程中客观存在的财务活动和财务关系，它是利用价值形式对企业生产经营过程进行的管理，是企业组织财务活动、处理财务关系的一项经济管理工作。其特点是利用货币形式对企业的生产经营活动进行管理、控制和分析。

二、财务管理的对象

财务管理的对象是企业再生产过程中的资金运动及其所体现的财务关系。要全面了解财务管理的对象，就必须对企业再生产过程中的资金运动过程及财务关系作比较深入的考察。

（一）企业的资金运动

企业的再生产过程是一个连续不断、周而复始的运动过程。在这个过程中，企业的资金将会随着生产经营活动的进行，不断地改变其形态，从货币资金形态开始，依次经过供应、生产、销售三个阶段分别表现为储备资金、生产资金、成品资金等各种不同形态，然后又回到货币资金形态，见图1—1。

在供应过程中，企业以货币资金购买原材料、燃料等各种劳动对象，为进行生产而储备必要的物资，这时的资金是从货币资金转化为储备资金。

在生产过程中，工人利用劳动资料对劳动对象进行加工，加工成半成品、在制品，这时，企业的资金就由原来的储备资金转化为在产品形式的生产资金。同时，在生产过程中，一部分货币资金由于支付职工的工资和其他费用而转化为在产品形式的生产资金。此外，在生产过程中，厂房、机器设备等劳动资料因使用

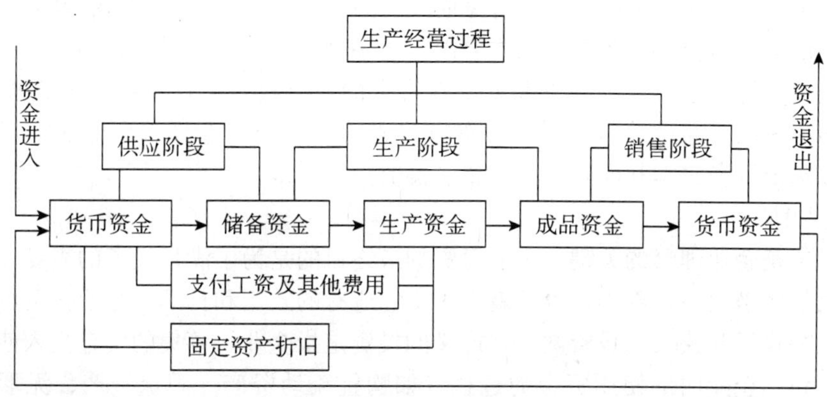

图 1—1　企业资金的周转与循环

而磨损，这部分磨损以计提折旧的形式转移到在产品的价值中，也构成生产资金的一部分。当产品制造完成时，生产资金又转化为成品资金。

在销售过程中，企业将产品销售出去，获得销售收入，并通过银行结算取得货币资金，这时，成品资金又转化为货币资金。企业再将收回的货币资金一部分重新投入生产，用于购买原材料，支付费用，继续进行周转。

企业资金从货币资金开始，经过供应、生产、销售三个阶段，依次改变其形态，又回到货币资金形态的运动过程就是资金的循环。企业资金周而复始不断重复的循环，就是资金的周转。企业资金只有不断地循环和周转才能实现其价值的增值。资金周转速度越快，企业的资金利用越好，企业的经济效益就越高。

（二）企业财务活动的内容

企业资金运动过程总是与一定的财务活动相联系，企业资金运动的形式是通过一定的财务活动内容来实现的。因此，我们经常把企业生产经营活动中的资金运动称为企业的财务活动。企业财务活动的具体内容包括：

1. 筹资

筹资是企业财务活动的起点，是保证企业再生产顺利进行的一个前提条件。所谓筹资是指企业为了满足生产经营活动的需要，从一定的渠道，采用特定的方式，筹措和集中所需资金的过程。企业通过筹资可以形成两种不同性质的资金来源：一是企业权益资金，它是企业通过向投资者吸收直接投资、发行股票和用留存收益转增资本等方式取得的资金；二是企业债务资金，它是企业通过向银行借款、发行债券和利用商业信用等方式取得的资金。企业筹集资金，表现为企业资金的流入；企业偿还借款，支付利息、股利以及支付各种筹资费用等，则表现为企业资金的流出。这种因为资金筹集而产生的资金收支，便是由企业筹资而引起的财务活动，是企业财务管理的主要内容之一。

企业在筹资过程中，一方面要确定筹资的总规模，以保证投资所需要的资金；另一方面要通过筹资渠道、筹资方式或筹资工具的选择，合理确定筹资结构，以降低筹资成本和风险，提高企业价值。

2. 投资

投资是企业理财的关键。企业筹资的最终目的是为了满足投资的需要，以谋求最大的经济效益，否则，筹资就失去了它应有的效用和目的。企业投资可以分为广义的投资和狭义的投资两种。广义的投资是指企业将筹集的资金投入使用的过程，包括企业内部使用资金的过程（如购置流动资产、固定资产、无形资产等）和对外投放资金的过程（如投资购买其他企业的股票、债券等）。狭义的投资仅指对外投资。无论企业购买内部所需资产，还是购买各种证券，都需要支付资金。而当企业变卖其对内投资所形成的各种资产或收回其对外投资时，则会产生资金收入。这种因企业投资而产生的资金收付，便是由投资而引起的财务活动，也是企业财务管理的主要内容之一。

企业在投资过程中，必须考虑投资规模，以确保获得最佳的投资效益；同时，企业还必须通过投资方向和投资方式的选择，确定合理的投资结构，使投资收益和投资风险能够得到很好的权衡。

3. 资金营运活动

资金营运活动是指企业日常经营活动中的资金收付行为。企业经营所需材料物资的采购、工资和相关费用的支付，构成了日常财务支出；企业产品销售和其他业务所获得的相关收入，构成了日常财务收入。企业为保证日常财务收支在时间上的平衡而垫支的资金，称为营运资金。

4. 分配

分配是企业财务活动的终点。企业通过资金的投放和使用可以取得各种收入，并实现资金的增值。企业取得的各种收入在补偿成本和支付费用之后，还应按现行的法规和程序予以分配。分配有广义和狭义之分，广义的分配是指对企业各种收入进行分割和分派的过程；狭义的分配仅指对企业净利润的分配。

企业通过生产经营活动取得的收入，首先要弥补生产经营耗费、缴纳流转税，其余部分成为企业的营业利润；营业利润和投资净收益、营业外收支净额等构成企业的利润总额；利润总额首先要按国家规定缴纳所得税，其次是弥补企业亏损、提取公积金和公益金，最后是向投资者分配利润，剩余部分留存企业或作为投资者的追加投资。

分配体现着国家、企业、职工等各方面的利益关系，如何依据一定的法律原则，合理确定分配项目和分配比例，以充分调动各方面的积极性，确保企业获得最大的长期利益，也是财务管理的主要内容之一。

筹资、投资、资金营运、分配构成企业财务活动过程，它伴随着企业生产经营活动过程反复不断地进行，从而也就构成了企业财务管理的主要内容。

（三）企业的财务关系

资金运动是伴随企业再生产过程发生的。在上述讨论中，我们介绍的是钱与物的运动，钱与物的运动是资金运动的现象，搞好企业的财务管理就要透过现象看本质，其本质就是资金运动所体现的经济关系。企业在筹资、投资和分配等财务活动中必然要与有关方面发生广泛的经济联系，从而产生与有关各方的经济利益关系，这种经济利益关系是借助于货币形式来反映的，因此称之为财务关系。企业的财务关系主要表现为以下几方面，见图1—2。

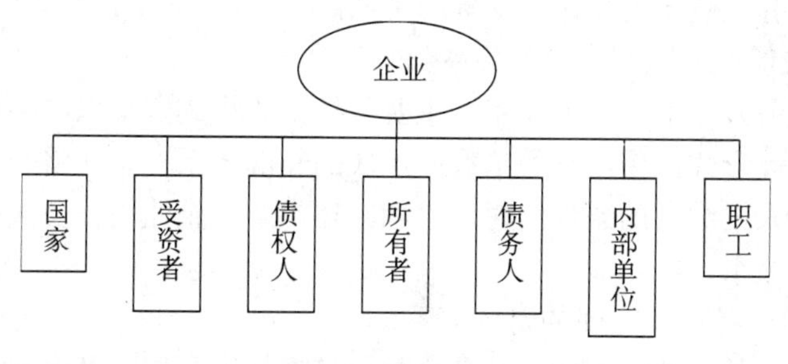

图1—2　企业财务关系

1. 企业与国家之间的财务关系

企业与国家之间的财务关系主要是指企业与国家税务、审计、物价、金融、工商行政管理部门之间的财务关系。这些部门代表国家运用经济的、法律的和行政的手段进行宏观调控，行使检查、监督的职能。这种财务关系主要体现在两个方面：一是国家以社会管理者的身份，凭借其政治权力，无偿参与企业收益的分配，企业必须按照税法规定向国家缴纳各种税金，包括所得税、流转税、资源税、财产税和行为税，这种关系是强制和无偿的分配关系。二是国家作为投资者，通过其授权部门或机构以国有资产向企业投入资本金，并根据其投资比例，参与企业利润的分配，企业与国家存在着产权关系。

2. 企业与所有者之间的财务关系

企业所有者主要有四类，即国家、法人单位、个体以及外商。企业与所有者之间的财务关系是所有财务关系中最基本的财务关系，它是在筹资活动中产生的，体现了企业与所有者之间的权益分配关系。投资者凭借其出资，有权参与企业的经营管理，分享企业的利润，并承担企业的风险；被投资企业必须依法保全资本，并有效运用资本实现盈利。

3. 企业与债权人之间的财务关系

企业与债权人之间的财务关系纯粹是一种信贷关系，体现了企业与债权人之间的借贷关系，其基础是企业信誉与偿债能力。债权人将资金借给企业，成为企业的债权人，有权要求企业如期支付本金和利息，企业有责任按期归还本金和偿付利息。企业与债权人的财务关系在性质上属于债务与债权关系。

4. 企业与受资者之间的财务关系

企业与受资者之间的财务关系，主要是指企业以购买股票或直接投资的形式向其他企业投资所形成的经济关系。企业向其他单位投资，应按约定履行出资义务，并根据其出资额参与受资者的经营管理和利润分配。企业与受资者的财务关系也体现了所有权性质的投资与受资的关系。

5. 企业与债务人之间的财务关系

企业与债务人之间的财务关系，主要是指企业将其资金以购买债券、提供借款或商业信用等形式出借给其他单位所形成的经济关系。企业将资金借出后，有权要求其债务人按约定的条件支付利息和归还本金。企业与债务人的关系体现的是债权与债务关系。

6. 企业内部各单位之间的财务关系

在一个独立的企业组织内部，各级单位表现为不同层次的基本生产经营部门和非生产经营部门，它们之间既有分工又有合作，企业内部各单位之间的财务关系，主要表现为企业内部各单位之间在生产经营各环节中相互提供产品或劳务所形成的资金结算关系。正确处理这种财务关系，有利于明确经济责任，充分发挥企业内部各部门的激励机制与约束机制的作用。

7. 企业与职工之间的财务关系

企业与职工之间的财务关系主要表现为三个方面：一是职工依照劳动契约或合同从事劳动，企业按照每个职工劳动贡献的大小，依法支付劳动报酬，企业与职工之间的结算关系，体现着社会主义的按劳分配关系；二是职工依法向企业投资并成为企业的所有者，这就形成了企业与职工在收益方面的分配关系；三是职工与企业在经济活动中产生的债权与债务关系。

上述财务关系广泛存在于企业财务活动中，体现了企业财务活动的实质，从而构成了企业财务管理的另一重要内容，即通过正确处理和协调企业与各有关方面的财务关系，努力实现企业与其他各种财务活动当事人之间经济利益的均衡。

第二节　财务管理的目标

一、财务管理目标的概念及特点

财务管理目标是指在特定的理财环境中，通过组织财务活动，处理财务关系所要达到的根本目的，它决定着企业财务管理的基本方向，是评价企业理财活动是否合理的基本标准。确立合理的财务管理目标，在理论和实践上都具有重要意义。

1. 财务管理目标具有相对稳定性

财务管理目标取决于企业目标和特定的社会经济模式，整个社会经济体制、经济模式和企业所采用的组织制度，在很大程度上决定企业财务目标的取向。随着宏观经济体制和企业经营方式的变化，随着人们认识的发展和深化，财务管理目标也可能发生变化。但是，宏观经济体制和企业经营方式的变化是渐进的，只有发展到一定阶段以后才会产生质变；人们的认识在达到一个新的高度以后，也需要有一个达成共识、为人所普遍接受的过程。因此，财务管理目标作为人们对客观规律性的一种概括，总的说来是相对稳定的。

2. 财务管理目标具有可操作性

财务管理目标的可操作性是指财务管理目标可以计量、可以追溯、可以控制。企业可以据此制定经济指标并进行分解，实现职工的自我控制，进行科学的绩效考评。

3. 财务管理目标具有层次性

财务管理目标是企业财务管理这个系统顺利运行的前提条件，同时它本身也是一个系统。各种各样的理财目标构成了一个网络，这个网络反映着各个目标之间的内在联系。财务管理目标之所以有层次性，是由企业财务管理内容和方法的多样性以及它们相互关系上的层次性决定的。

4. 财务管理目标具有多元性

多元性是指财务管理目标不是单一的，而是适应多因素变化的综合目标群。现代财务管理是一个系统，其目标也是一个多元的有机构成体系。在这多元目标中，有一个处于支配地位，起主导作用的目标，称为主导目标；其他一些目标处于被支配地位，对主导目标的实现有配合作用，称为辅助目标。

二、财务管理的总体目标及评价

财务管理的总体目标是企业全部财务活动所要实现的最终目标。它是企业开展一切财务活动的基础和归宿。财务管理的总体目标既要与企业的目标保持一致，又要体现现代企业财务管理的基本特征和规律。在市场经济条件下，企业的财务管理目标已逐渐走向多重化，最终实现多赢目标。根据现代企业财务管理理论和实践，最具有代表性的财务管理目标主要有以下几种。

（一）利润最大化

利润最大化目标是传统财务管理目标的主要模式。在社会主义市场经济条件下，企业作为自主经营的主体，所创利润是企业在一定时期内全部收入与全部费用相抵后的差额，是按照收入与费用配比原则加以计算的。它不仅可以直接反映企业创造剩余产品和财富的多少，而且也在一定程度上体现了企业经济效益的高低和对社会所做贡献的大小。同时，利润是企业补充资本、扩大经营规模的源泉。追求最大利润是每一个在市场经济中角逐的企业的现实目标，利润最大化无论过去、现在、将来，都符合企业存在的目的。因此，以利润最大化作为理财目标是有一定道理的。但利润最大化目标在实践中存在以下难以解决的问题。

（1）利润最大化目标没有考虑利润的取得时间，不能体现资金的时间价值。例如，今年获得 100 万元和明年获利 100 万元，哪一个更符合企业的目标？若不考虑资金的时间价值，就难以作出正确判断。

（2）利润最大化中的利润是一个绝对数，它没有考虑所获利润和投入资本额的关系，因而不能科学地说明企业经济效益水平的高低，也不利于不同资本规模的企业或同一企业不同时期之间的比较。例如，同样获得 100 万元利润，一个企业投入资本 500 万元，另一个企业投入资本 600 万元，哪一个更符合企业的目标？如果不把利润与投入的资本额联系起来，就难以作出正确判断。

（3）没有考虑获取利润与所承担风险的关系。一般而言，所获利润越高，承担的风险越大。追求利润最大化，有时会增加企业的风险，但利润最大化的目标没有考虑企业所承担的风险的大小。例如，同样投入 500 万元，本年都能获利 100 万元，一个企业获利已全部转化为现金，另一个企业获利则全部是应收账款，并有可能发生坏账损失，哪一个更符合企业的目标？若不考虑风险大小，就难以作出正确判断。

（4）片面追求利润最大化，会导致企业短期行为，如忽视产品开发、人才开发、生产安全、技术装备水平、生活福利设施和履行社会责任等。

（二）资本利润率最大化或每股利润（盈余）最大化

资本利润率是指企业在一定时期的税后利润与资本额的比率；每股利润（盈余）是指一定时期的税后利润除以普通股股数。所有者作为企业的投资者，其投资目标是取得资本收益，具体表现为净利润与出资额或股份数的对比关系。将资本利润率最大化或每股利润最大化作为企业的财务目标，可以把企业实现的利润额与投入的资本联系起来，克服了利润最大化目标的某些缺点，能够说明企业的盈利水平，可以在不同资本规模的企业或同一企业的不同时期之间进行比较。但每股利润最大化目标同利润最大化目标一样，仍然没有考虑资金时间价值和风险因素，也不能避免企业的短期行为。

（三）股东财富最大化

股东财富最大化是指通过财务上的合理经营，为股东带来最多的财富。在股份经济条件下，股东是企业的所有者，是企业资本的提供者，其创办企业的目的是增长财富，企业的价值在于它能给所有者带来未来报酬，包括获得股利和出售股权换取现金。股东财富由其所拥有的股票数量和股票市场价格两方面来决定，在股票数量一定的前提下，当股票价格达到最高时，则股东财富也达到最大，所以股东财富最大化又可以表现为股票价格最大化。这种观点认为：股价的高低代表了投资大众对公司价值的客观评价，它以每股的价格表示，反映了资本和获利之间的关系；它受每股盈余的影响，反映了每股盈余大小和取得的时间；它受企业风险大小的影响，可以反映每股盈余的风险。

与利润最大化目标相比，股东财富最大化在一定程度上能够克服企业在追求利润上的短期行为，目标容易量化，易于考核。但是，股东财富最大化不符合我国国情，它存在着明显缺陷：

（1）它只适用于上市公司，对非上市公司很难适用。就我国现在国情而言，上市公司并不是我国企业的主体，股东财富最大化目标不具有广泛性。

（2）股东财富最大化要求金融市场是有效的。由于股票的分散和信息的不对称，经理人员为实现自身利益的最大化，有可能以损失股东的利益为代价作出逆向选择。中国的证券市场远不像西方国家的证券市场那样发达，根据有关理论，只有在证券市场达到半强式有效的状况下，才能采用股东财富最大化这一目标。有关的实证研究表明，目前中国的证券市场刚刚达到弱式有效市场，受多种因素的影响，股票价格和企业的业绩并没有必然的联系，股票市场上投机过度。因此，上市公司的企业价值完全体现在股票市价上，以股东财富最大化作为理财目标，不能真实反映财务业绩评价的客观性。

（3）股票价格受多种因素的影响，并非都是公司所能控制的，把不可控制因素引入理财目标是不合理的。

(4) 它只强调股东利益，而对企业其他关系人的利益则重视不够。

（四）企业价值最大化（员工利益最大化）

企业价值最大化是指通过企业财务上的合理经营，采取最优的财务政策，充分考虑货币时间价值和风险与报酬的关系，在保证企业长期稳定发展基础上使企业总价值达到最大。其基本思想是将企业长期稳定发展摆在首位，强调在企业价值增长中满足各方利益关系。

企业价值最大化目标认为，财务管理目标应与企业多个利益集团有关，如企业职工、所有者、债权人、政府、客户、供应商、社会公众等，财务管理目标是这些利益集团共同作用和相互妥协的结果。在一定时期和一定环境下，某一利益集团可能会起主导作用，但从长期发展来看，不能只强调某一集团的利益，而置其他集团的利益于不顾，不能将财务管理的目标集中于某一集团的利益。从这一意义上讲，股东财富最大化不是财务管理的最优目标。从理论上来看，各个利益集团的目标可以折中为企业长期发展和企业总价值的不断提高，各个利益集团都可以借此来实现其最终目标。所以，应将企业的长期稳定发展摆在首位，并强调在企业价值增长中满足各方面的利益关系。

将企业价值最大化作为财务管理目标，使得企业能够做到：①更强调风险与报酬的均衡，将风险限制在企业可以承担的范围之内；②创造与股东之间的利益协调关系，有利于股东的稳定性；③关心本企业职工的切身利益，创造优美和谐的工作环境；④不断加强与债权人的联系，培养可靠的资金供应者；⑤真正关心客户的利益；⑥将企业的长期稳定发展放在第一位，维护企业形象；⑦重视企业的社会责任，通过合法经营、保证质量、维持生态平衡等手段，将提高企业经济效益与履行社会责任紧密地联系在一起。

企业发展从“以利润为中心”到“追求价值最大化”，是一个质的飞跃，它标志着企业在更高层次上的一种新的价值取向。追求价值最大化，看重的不仅仅是实现利润，更看重实现利润的能力；看重的不仅仅是有形资产，更看重企业的品牌效应；看重的不仅仅是经济价值，更看重企业的社会价值；看重的不仅仅是企业自身的价值，更看重与企业息息相关的员工价值。只有企业的价值与社会结合在一起，与员工结合在一起，企业才能超越自我，长盛不衰。

三、财务管理的具体目标

财务管理的具体目标是指为实现财务管理的总体目标而确定的企业各项具体财务活动所要达到的目的。

（一）筹资管理的目标

企业筹资管理的具体目标是：在筹资活动中努力贯彻财务管理总体目标的要求，以最低的筹资成本、最小的筹资风险和最优的资本结构，筹措同样多的资金。

任何企业为了保证生产的正常进行，必然需要一定的资金。企业可以从多种渠道筹措资金，如发行股票、发行债券、银行借款等，但不同的筹资渠道、不同的筹资方式，其风险和成本是不同的。这就要求企业在筹资时，不仅要在数量上满足生产经营的需要，而且还要考虑各种资金成本的高低、财务风险的大小，以便选择最佳的筹资方式，实现财务管理的总体目标。

（二）投资管理的目标

企业投资管理的具体目标是：在投资活动中努力贯彻财务管理总体目标的要求，以最小的投资额、最低的投资风险和最快的资金周转速度，获得同样多的投资收益。

投资是企业财务活动的关键。一方面，企业可以通过对内投资，提高企业生产经营能力和技术水平，保证资产的安全，加速资金周转；另一方面，企业可以通过对外投资，寻求新的利润增长点，提高资本利润率。企业在争取投资收益的同时，必须考虑投资带来的风险，力求风险与收益的均衡，提高资金利用效率。

（三）分配管理的目标

分配管理的具体目标是：在分配活动中努力贯彻财务管理总体目标的要求，合理确定利润的分配比例及分配形式，以提高企业潜在的收益能力，从而提高企业总价值。

第三节　财务管理的原则

企业财务管理是一项综合性的价值管理工作，它涉及的范围非常广泛，在企业管理工作中处于核心地位。为了保证企业财务管理能顺利进行，实现企业价值最大化的财务目标，企业财务管理必须有一定的规范。企业从事财务活动、处理财务关系必须遵循的规范和准则就是财务管理的原则。财务管理原则是企业在理财实践中总结出来并被实践证明是适用的行为规范，它体现了企业理财活动的内在要求。企业财务管理的原则主要有以下几方面。

一、资金合理配置原则

财务管理本身具有配置财务资源的内在功能，财务管理的过程就是资金的配置过程，但资金配置是否合理，取决于理财主体是否遵循了财务活动的客观规律，是否设定了正确的理财目标，是否掌握了准确的财务信息，是否运用了科学的理财方法。所谓资金的合理配置是指理财主体通过对财务活动的组织、协调、控制以达到资金的最优结构和最佳的经济效益。资金的结构包括两个方面：

（1）资金来源的结构。如自有资金与借入资金的比例关系；自有资金内部的国家资金、企业自留资金、其他法人单位资金、社会个人资金之间的比例关系；借入资金内部的银行信贷资金、其他金融机构资金、其他法人单位资金之间的比例关系。

（2）资金占用的结构。如对外投资与对内投资之间的比例关系；固定资产与流动资产之间的比例关系；有形资产与无形资产之间的比例关系；流动资产内部的货币资金、应收账款、存货等之间的比例关系；存货内部的材料、在产品、产成品等之间的比例关系。

二、收支平衡原则

所谓收支平衡原则，是指在理财活动中不仅要保持各种资金存量的平衡，协调各种资金流量的平衡，而且要用资金增量来盘活资金存量，促进资金的积极平衡。在企业的资金运动中，只有保持收支平衡，资金循环和周转才能正常进行；如果收支不平衡，资金循环和周转就会停滞或中断。因此，搞好收支平衡是企业资金运动正常进行的重要保证。为了实现收支平衡，企业一般要做到：

（1）量入为出。所谓量入为出就是根据企业现有的财力来安排支出，这是维持收支平衡首要的和基本的措施。

（2）开源节流、增收节支。它是指广泛开拓创收渠道，利用一切机会依法组织收入，同时还要杜绝浪费，堵塞漏洞，节约支出。

（3）增量盘活存量。对于有利于企业发展的关键性的生产经营支出，企业可通过筹资等措施广泛开辟财源，适当增加资金，使整个企业的全部资本运营起来，创造更多的经济效益。

三、成本效益原则

任何产出都需要投入，任何经济活动都要发生劳动耗费，任何经济行为都要计算成本，理财活动也不例外。企业在筹资活动、投资活动以及日常的理财活动中，都要进行收益与成本的比较与分析，都要讲求资金成本。在成本方面，既要考虑有形的直接消耗，又要考虑资金使用的机会成本，更要考虑无形的潜在损失。在效益方面，要考虑短期效益，更要考虑长期效益。为了提高资金的使用效益、降低成本费用，企业应掌握准确的财务信息，运用科学的理财方法，巧妙地运作资金，以达到最佳的资金使用效益。

四、盈利风险均衡原则

在竞争激烈的市场经济中，企业的盈利与风险是相互依存的，而且往往是互为消长的。企业要想获得更大的盈利，往往要承担更大的风险，因此，企业要正确处理盈利与风险之间的关系。所谓盈利风险均衡原则是指企业在经营活动中必须兼顾和权衡盈利和风险两个方面，尊重盈利一般寓于风险之中的客观现实，不能只追求盈利不顾风险，也不能害怕风险而放弃盈利的机会，应该趋利避险。

五、利益关系协调原则

企业财务管理工作的一个重要内容是处理资金运动所引起的各种财务关系，诸如企业与国家、所有者、债权人、债务人、内部各部门以及职工个人之间的财务关系，这些财务关系从根本上讲是经济利益关系。在商品经济社会里，利益驱动是人们相互间进行经济交往、发生经济关系的主要原动力。随着我国社会主义市场经济的不断发展和日益完善，随着我国加入世界贸易组织和全球经济一体化的逐步形成，企业与各方面的经济联系更加广泛，由此产生的利益关系更加复杂。要想使发生财务关系的各方都能获得相应的利益，产生双赢或多赢的结果，企业在财务活动中，必须认真贯彻好利益关系协调原则，维护各方面的合法权益，合理公平地分配收益，协调好各方面的利益关系，充分调动各方面的积极性，使他们为同一个理财目标共同努力。在协调各方面利益关系时，企业要处理好全局利益与局部利益、长远利益与近期利益、集体利益与个人利益等方面的利益关系。当然，各个关系人的利益要求不尽相同，企业应依据利益关系的性质采用各种手段来协调好各种财务关系，如企业与投资者关系应采用按资分配的原则进行处理；企业与债权人、债务人的利益关系应按信用要求处理；企业与内部各单位的利益关系应通过企业内部经营责任制的执行进行处理；企业与内部职工的利益关系应按照按劳分配的原则加以协调；企业与国家之间的利益关系应通过税法来执行。

六、分级分权管理原则

在规模较大的现代企业中，对财务活动必须实行分级分权管理。所谓分级分权管理，是指在企业总部统一领导的前提下，合理安排各级单位和各职能部门的权责关系，充分调动各级各部门的积极性。统一领导下的分级分权管理，是民主集中制在财务管理中的具体运用。

第四节　财务管理的环节

要搞好企业的财务管理工作，实现理财目标，除了确立正确的理财原则外，还要掌握财务管理的基本环节。财务管理环节是指财务管理的工作步骤和一般程序，包括财务预测、财务决策、财务预算、财务控制、财务分析五个基本环节。这些环节相互配合、紧密联系，形成周而复始的财务管理循环过程，构成完整的财务管理工作体系。

一、财务预测

（一）财务预测的概念

财务预测是指根据企业财务活动的历史资料，考虑现实的要求和条件，对企业未来的财务活动和财务成果作出科学的预计和测算的工作过程。财务预测是财务管理的第一个环节，只有做好财务预测，才能更好地把握未来，明确方向。

（二）财务预测的作用

（1）测算各项生产经营方案的经济效益，为决策提供可靠的依据；

（2）预计财务收支的发展变化情况，以确定经营目标；

（3）测定各项定额和标准，为编制预算提供服务。

（三）财务预测的步骤

1. 确定预测目标

确定预测目标是企业财务预测的起点，企业应结合当前的任务和形势，选择对企业生存和发展有重大影响作用的指标作为预测目标。

2. 搜集和整理资料

根据预测目标，通过多种方法和途径有目的地搜集各种有关的数据和资料，包括企业内部和外部资料、财务和生产技术资料、计划和统计资料、本年和以前年度的资料等。同时还应确保所搜集资料的准确性、完整性、代表性。

3. 确定预测方法

企业应根据预测目标及已掌握的资料情况选择合适的预测模型和方法，这对保证预测结果的可靠性和准确性至关重要。常用的财务预测方法有定性预测法和定量预测法。

（1）定性预测法。定性预测法是指企业利用直观资料，依靠理财人员的判断能力和综合分析能力，对未来的财务状况和发展趋势作出预测的一种方法。具体方法有专家预测法、集合意见法、德尔菲法等。

（2）定量预测法。定量预测法是指企业根据变量之间存在的数量关系，借助一定的数学方法，对未来的财务状况和发展趋势作出预测的一种方法。具体方法有趋势预测法、因素分析法、回归分析预测法等。

4. 确定财务预测结果

将经过加工整理的资料代入预测模型，求出预测结果。

二、财务决策

（一）财务决策的环节

财务决策是指企业在财务预测的基础上结合相关因素，对未来财务活动的目标与方案进行权衡、比较、评价，从中选出最佳目标和方案的过程。在现代企业中，财务管理的核心是财务决策，财务预测是为财务决策服务的，决策成功与否直接关系到企业的兴衰成败。财务决策环节主要包括：

1. 确定决策目标

根据企业经营目标，在调查研究财务状况的基础上，确定财务决策所要解决的问题，然后搜集企业内部和外部的各种信息资料，为决策做好准备。

2. 提出备选方案

在预测未来有关因素的基础上，提出解决问题的各种备选方案，并对方案的可行性进行分析。

3. 选择最优方案

备选方案提出后，根据一定的评价标准，采用有关的评价方法，权衡分析评价各种方案的优劣，从中选择一个预期效果最佳的财务决策方案。

（二）财务决策的方法

1. 优选对比法

优选对比法是以经济效益好坏为标准，将各种方案进行排列对比，择优决策的一种方法。优选对比法是财务决策的基本方法，主要有总量对比法、差量对比法、指标对比法等具体方法。

2. 数学微分法

数学微分法又称决策树法，它是以收益期望值的最大值或支出期望值的最小值为标准，以决策树为手段，将决策方案、概率、结果等因素集为一树，计算与比较各种方案的期望值，进行风险决策，选择最优方案的一种方法。

三、财务预算

财务预算是指运用科学的技术手段和数学方法，对未来财务活动的内容及指标所进行的具体规划。财务预算是以财务决策确立的方案和财务预测提供的信息为基础编制的，是财务预测和财务决策的具体化，是控制财务活动的依据。财务预算的编制一般包括以下步骤。

1. 分析财务环境，确定预算指标

按照国家产业政策和企业财务决策的要求，根据产供销条件和企业生产能力，运用各种科学方法，确定出主要的计划指标。

2. 协调财务能力，组织综合平衡

要合理安排企业的人力、物力、财力，使之与经营目标的要求相适应，在财力平衡方面，要组织流动资金同固定资金的平衡、资金运用同资金来源的平衡、财务支出同财务收入的平衡。同时还要努力挖掘企业潜力，从提高经济效益出发，对企业各方面生产经营活动提出要求，制定好各单位的增产节约措施，制定和修订各项定额，以保证计划指标的落实。

3. 选择预算方法，编制财务预算

以经营目标为核心，以定额为基础，计算企业计划期内资金占用、成本、利润等各项计划指标，编制出财务计划表，并检查各项有关计划指标是否密切衔接、协调平衡。

财务预算的方法很多，主要有固定预算法、弹性预算法和滚动预算法等。对于预算的方法，我们将在“财务预算”一章中有详细的介绍。

四、财务控制

财务控制是指在财务管理的过程中，利用有关信息和特定手段，对企业财务活动所施加的影响或进行的调节，以便实现计划规定的财务目标。实行财务控制是落实预算任务、保证预算实现的有效措施。财务控制一般要经过以下步骤。

1. 制定财务控制标准，分解落实责任

按照责权利相结合的原则，将计划任务以标准或指标的形式分解落实到车间、科室、班组及个人，即通常所说的指标分解。这样，企业内部每个单位、每个职工都有明确的工作要求，便于落实责任，检查考核。

2. 实施追踪控制，及时调整误差

在财务控制中，首先要详细记录指标执行情况，将实际同标准进行对比，确定差异的程度和性质；其次要及时分析差异的形成原因，确定造成差异的责任归属；最后要采取切实有效措施，调整实际过程，消除差异，以便顺利实现计划指标。

3. 分析执行情况，搞好考核奖惩

在一定时期结束时，企业应对各责任单位的计划执行情况进行评价，考核各项财务指标的执行结果，把财务指标的考核纳入各级岗位责任制，运用激励机制，实行奖优罚劣。

财务控制环节的特征在于差异管理，即在标准确定的前提下，及时发现差异，分析差异，调节差异。关于财务控制的种类、方法等内容将在“财务控制”一章中作更详细的介绍。

五、财务分析

财务分析是根据有关核算资料，运用特定方法，对企业财务活动过程及其结果进行分析和评价的一项工作。通过财务分析可以掌握各项财务计划的完成情况，评价财力状况，研究和掌握企业财务活动的规律性，改善财务预测、决策、预算和控制，改善企业管理水平，提高企业经济效益。财务分析包括以下步骤。

1. 占有资料，掌握信息

开展财务分析首先应充分占有资料和信息。财务分析所用的资料通常包括财务报告等实际资料、财务计划资料、历史资料以及市场调查资料。

2. 指标对比，揭露矛盾

财务分析要在充分占有资料和信息的基础上，通过数量指标的对比来评价业绩，发现问题，找出差异，揭露矛盾。

3. 分析原因，明确责任

影响企业财务活动的因素很多，包括生产技术方面的、生产组织方面的、经济管理方面的、思想政治方面的、企业内部的、企业外部的。分析原因就是要查明影响财务指标完成的各项因素，并从各项因素的相互作用中找出最主要的影响因素，以便分析责任，抓住关键。

4. 提出措施，改进工作

在掌握大量资料的基础上，去伪存真，去粗取精，由此及彼，由表及里，找出各种财务活动之间以及财务活动同其他经济活动之间的本质联系，然后提出改进措施。

关于财务分析的方法与内容，我们将在“财务分析”一章中进行详细的介绍。

第五节　财务管理的环境

现代企业的财务活动是一个开放的系统，需要有一个适应其发展的理财环境。在企业的财务管理中，必须认真分析研究各种财务管理环境的变动趋势，判明其对企业财务活动可能造成的影响，并据此采取相应的财务对策。

一、财务管理环境的概念及分类

财务管理环境是指对企业财务活动产生影响的企业内外的各种条件与要素，又称理财环境。理财环境是现代财务管理的重要条件，企业要生存和发展，就必须认识和研究理财环境。

财务管理环境按不同标准，有不同的分类。

1. 按影响财务主体的范围不同，可分为宏观理财环境与微观理财环境

宏观理财环境是指在特定时期内的社会大环境，即对所有企业都产生影响的各种客观条件和因素，如经济环境、政治环境、法律环境等；微观理财环境是指在特定时期内仅对某一特定企业产生影响的各种客观条件和因素，如企业组织形式、经营管理水平、财务管理模式及人员素质等。

2. 按构成范围不同，可分为外部理财环境和内部理财环境

外部理财环境是指对企业财务活动产生影响的企业外部条件和因素，如社会经济资源、政府法规制度、市场状况等；内部理财环境是指对企业财务活动产生影响的企业内部条件和因素，如企业规模、企业的经营管理水平、企业的资本结构、企业的人员素质等。

3. 按作用对象不同，可分为筹资环境和投资环境

筹资环境是指对企业筹资活动产生影响的各种条件和因素，如国家金融政策、资本市场和利率水平、资金供求状况等；投资环境是指对企业投资活动产生影响的各种条件和因素，如投资政策、自然条件、市场需求、企业类型与管理组织形式等。

4. 按要素变化情况不同，可分为静态理财环境和动态理财环境

静态理财环境是指长期处于相对稳定状态的理财环境，如自然条件、地理环境等；动态理财环境是指一定时期内处于不断变化的理财环境，如市场需求、价格因素等。

可见，财务管理环境按照不同的方法进行分类，可以形成不同的类型，每一种分类方法形成的类型既有交叉，又有重复，在这里我们只介绍对企业财务管理有重大影响作用的宏观环境。

二、财务管理宏观环境对企业财务活动的影响

财务管理的宏观环境主要包括经济环境、金融环境、法律环境、政治环境等。

（一）经济环境

经济环境是指在特定的时间、地点、条件下，影响企业经济活动与财务活动的经济状况和态势。经济环境是影响企业理财活动的关键因素，又是决定政治环境、法律环境、科技教育等环境的重要因素。经济环境主要包括经济周期、通货膨胀和经济政策等。

1. 经济周期

经济周期又称商业周期、商业循环、景气循环，它是指经济运行中周期性出现的经济扩张与经济紧缩交替更迭、循环往复的一种现象，是国民总产出、总收入和总就业的波动。在市场经济条件下，经济发展与运行带有一定的波动性，再生产过程总是要经历复苏、繁荣、衰退、萧条几个阶段的循环，这种循环叫做经济周期。每一个经济周期都可以分为上升与下降两个阶段。上升阶段称为繁荣，最高点称为顶峰。顶峰也是经济由盛转衰的转折点，此后经济就进入下降阶段，即衰退。经济衰退严重则进入萧条，衰退的最低点称为谷底。谷底也是经济由衰转盛的一个转折点，此后经济进入上升阶段。经济从一个顶峰到另一个顶峰，或者从一个谷底到另一个谷底，就是一次完整的经济周期。经济周期的扩张阶段，是宏观经济环境和市场环境日益活跃的时期，这时，市场需求旺盛，商品畅销，生产周转灵便。企业理财自然也处于较为宽松有利的外部环境中。经济周期的收缩阶段，是宏观经济环境和市场环境日趋紧缩的时期，这时，市场需求疲软，商品滞销，生产下降，资金周转不畅。企业在供、产、销和人、财、物方面都会遇到很多困难，企业处于较恶劣的外部环境中。在经济周期的不同阶段，企业的筹资、投资和资产运营等理财活动都要受经济周期的影响，比如在经济紧缩时期，

社会资金十分短缺，利率上涨，会使企业的筹资非常困难，甚至影响到企业的正常生产经营活动。因此，企业要想在不同的经济周期中获得持续发展，就要研究与掌握经济周期对企业发展的影响，针对不同的经济周期，制定出相应的财务管理策略。

2. 通货膨胀

通货膨胀是指投入流通中的货币过多，大大超过流通实际需要的数量，因而引起物价上涨，货币贬值的现象。通货膨胀不仅对消费者不利，也给企业理财带来很大困难。如企业产品成本增大、商品滞销、资金周转困难，同时利率不实，增加了筹资与投资的难度，这些无疑会给企业带来严重的不良影响。企业理财人员要研究分析通货膨胀的类型、成因及幅度，增强对付通货膨胀的应变能力。

3. 经济政策

经济政策是政府指导和影响经济活动所规定并付诸实施的准则和措施。由于我国政府具有较强的调控宏观经济的职能，其宏观调控的重要手段包括财税政策、金融政策、外汇政策、外贸政策、价格政策、投资政策、社会保障制度等。所有这些政策深刻地影响着我国的经济生活，也深刻地影响着我国企业的发展和财务活动的运行。如金融政策中货币的发行量、信贷规模都能影响企业投资的资金来源和投资的预期收益；财税政策会影响企业的资金结构和投资项目的选择等。可见，经济政策对企业财务的影响是非常大的。这就要求企业理财人员必须了解和把握经济政策，并在政策的指导下努力实现企业理财目标。

（二）金融环境

金融环境是指在特定时间内影响企业理财活动的金融市场等因素的总和。企业理财所处的金融环境实质上就是金融市场环境。企业总是需要资金来从事投资和经营活动。而资金的取得，除了自有资金外，主要从金融机构和金融市场取得。金融政策的变化必然影响企业的筹资、投资和资金运营活动。所以，金融环境是企业最为主要的理财环境。影响企业财务管理的金融环境主要有金融机构、金融市场和利息率等因素。

1. 金融机构

社会资金从资金供应者手中转移到资金需求者手中，大多是通过金融机构。金融机构包括银行业金融机构和其他金融机构。

（1）银行业金融机构。银行业金融机构是指经营存款、放款、汇兑、储蓄等金融业务，承担信用中介职能的金融机构。银行的主要职能是充当信用中介、充当企业之间的支付中介、充当国民经济的宏观调控手段和提供信用工具。我国银行主要包括各种商业银行和政策性银行。商业银行包括国有商业银行（如中国工商银行、中国农业银行、中国银行和中国建设银行）和其他商业银行；国家政策性银行包括中国进出口银行、国家开发银行和中国农业发展银行。

（2）其他非银行金融机构。其他金融机构包括信托投资公司、保险公司、财务公司、证券公司等。

2. 金融市场

金融市场是指资金供应者和资金需求者双方通过信用工具进行交易而融通资金的场所。

（1）金融市场与企业理财。金融市场与企业理财休戚相关。首先，金融市场是企业筹资和投资活动的重要场所。金融市场上有许多种筹集资金的方式，并且比较灵活，企业需要资金时，可以到金融市场选择适合自己需要的筹资方式；企业有了剩余的资金，也可以灵活选择投资方式，为其资金寻找出路。其次，金融市场是企业有价证券变现和转换的场所。企业持有的股票和债券是长期投资，在金融市场上随时可以转手变现，成为短期资金；远期票据通过贴现变为现金；反之，短期资金也可以在金融市场上转变为股票、债券等长期资产。再次，金融市场是提供金融信息的场所，它可以为企业理财提供有意义的信息。

（2）金融市场的构成要素。金融市场由主体、客体和参加人组成。主体是指银行和非银行金融机构，它们是金融市场的中介机构，是连接筹资人和投资人的桥梁。客体是指金融市场上的买卖对象，如商业票据、政府债券、公司股票、可转让存单等各种信用工具。金融市场的参加人是指客体的供给者和需求者，如企事业单位、政府部门、城乡居民等。

（3）金融市场的分类。

①按交易的期限不同，可分为短期资金市场和长期资金市场。短期资金市场是指融资期限在一年以内的金融市场，如短期有价证券市场。因为短期有价证券易于变成货币或作为货币使用，所以短期资金市场也叫货币市场。长期资金市场是指融资期限在一年以上的金融市场，如股票和债券交易市场。因为发行股票和债券主要用于固定资产等资本的购置，所以长期资金市场也叫资本市场。

②按交割的时间不同，可分为现货市场和期货市场。现货市场是指买卖双方在成交后（5日内）即交割清算的交易市场。期货市场是指买卖双方在成交后不立即交割，而是在双方约定的未来某一特定的时日才交割的交易市场。

③按交易的性质不同，可分为发行市场和流通市场。发行市场是指从事新证券和票据等金融工具买卖的转让市场，也叫初级市场或一级市场。流通市场是指从事已上市的旧证券或票据等金融工具买卖的转让市场，也叫次级市场或二级市场。

④按交易的直接对象不同，可分为拆借市场、票据市场、外汇市场、黄金市场等。

从企业财务管理角度来看，金融市场作为资金融通的场所，是企业向社会筹集资金必不可少的条件。财务管理人员必须熟悉金融市场的各种类型和管理规则，有效地利用金融市场来组织资金的筹措和进行资本投资等活动。

3. 利息率

利息率也称利率，是利息占本金的百分比。从资金的借贷关系看，利率是一定时期运用资金资源的交易价格。

（1）利率的类型。利率可按照不同的标准进行分类。

①按利率之间的变动关系，可分为基准利率和套算利率。基准利率又称基本利率，是指在多种利率并存的条件下起决定作用的利率。当这种利率变动时，其他利率也相应变动。因此，了解基准利率水平的变化趋势，就可了解全部利率的变化趋势。在西方，基准利率通常是中央银行的再贴现率。在我国，基准利率通常是中国人民银行对商业银行贷款的利率。目前正在逐渐调整为以国债利率作为基准利率。套算利率是指在基准利率确定后，各金融机构根据基准利率和借贷款项的特点而换算出来的利率。例如，某金融机构规定，AAA 级、AA 级、A 级企业的贷款利率，应分别在基准利率基础上加 0.5%、1%、1.5%，在此基础上加总计算所得的利率便是套算利率。

②按利率与市场资金供求情况的关系，可分为固定利率和浮动利率。固定利率是指在借贷期内固定不变的利率。由于受通货膨胀的影响，实行固定利率会使债权人利益受到损害。浮动利率是指在借贷期内可以调整的利率。在通货膨胀条件下采用浮动利率，可以减少债权人的损失。

③按利率形成机制不同，分为市场利率和法定利率。市场利率是指根据资金市场上的供求关系，随着市场而自由变动的利率。法定利率是指政府金融管理部门或者中央银行确定的利率。法定利率是国家进行宏观调控的一种手段。

（2）决定利率高低的基本因素。影响利率的因素有很多，如资金的供给与需求、经济周期、通货膨胀、货币与财政政策、国家利率管制程度等。其中，资金的供给与需求是影响利率的最基本因素。正如一般商品的价格由供给与需求两方面来决定一样，资金这种特殊商品的价格——利率，也是由供给与需求来决定的。为了详细说明供给与需求是如何影响利率的，见图 1—3 和图 1—4。

图 1—3 中的曲线代表投资机会的报酬率，企业在选择投资机会时，总是先选择报酬率高的投资项目，随后再选择报酬率较低的投资项目，这样，随着投资项目的增多，平均报酬率就会呈下降趋势。当利率处于 K_1 水平时，企业便会筹

集资金去投资 A 点以内的投资项目，但不可能对 A 点以外的项目进行投资，因此所需资金较少。当利率处于 K_2 水平时，从 A 到 B 之间的项目便成为可投资项目。可见，利率水平同资金需求量呈反方向变动关系，随着利率的降低，企业的资金需求量会增加，投资规模会扩大。

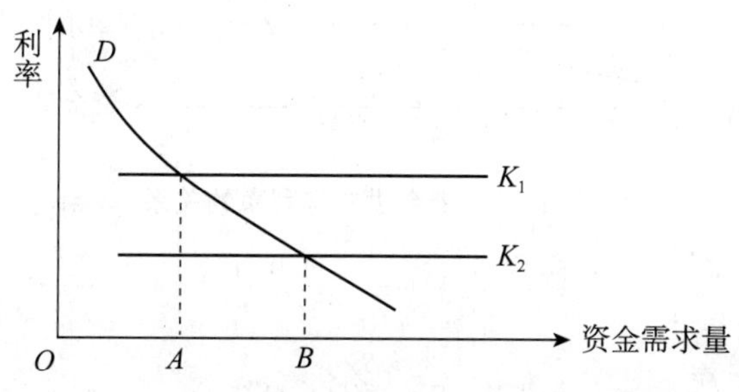

图 1—3　资金需求与利率的关系

图 1—4 表示的是资金供给同利率水平的关系。当利率水平为 K_2 时，资金供给量位于 C 点。当利率水平提高到 K_1 时，资金供给扩大到 D 点。可见，利率水平同资金供给量呈正方向变动关系，随着利率的提高，资金的供给量会增加。

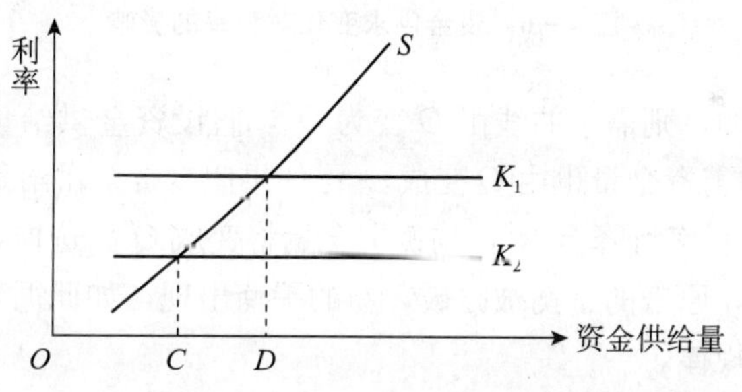

图 1—4　资金供给与利率的关系

将上面两种关系放到一个直角坐标系中来考察，就会发现利率水平同一般商品价格一样，是由资金需求和资金供给在供求竞争规律支配下，相互交叉平衡而予以确定的，见图 1—5。

图 1—5 表示资金供给、需求和利率在某一点上的平衡关系，随着资金供给量和需求量的变化，利率和均衡资金量也会随之变化，如图 1—6 所示。

在图 1—6 中，假设利率在 K 水平，资金量在 Q 点时供求达到平衡。如果此

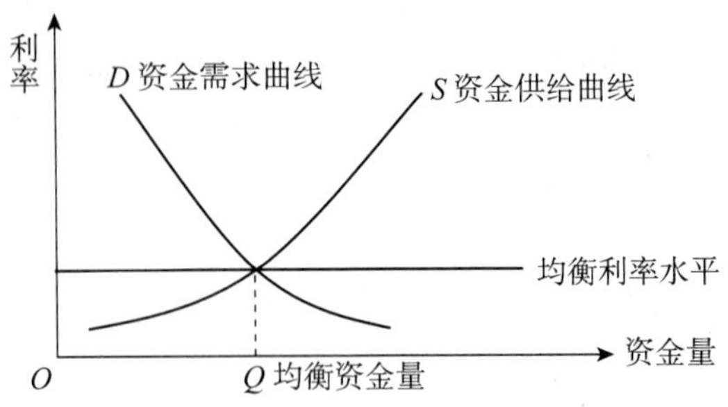

图 1—5　资金供求与利率的关系

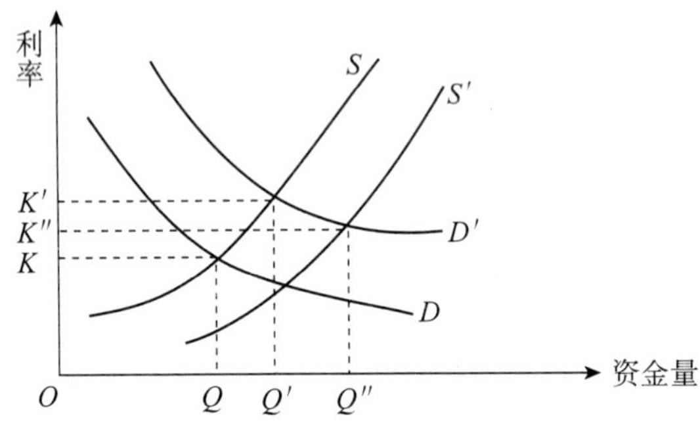

图 1—6　资金供求变化对利率的影响

时资金需求量增加，则需求曲线由 D 变为 D'，假设资金供给量不变，则利率会上升到 K'，而均衡资金量也由 Q 变成 Q'；如果假定资金供给量增加，则供应曲线由 S 变为 S'，利率将降至 K''，均衡资金量将变成 Q''。这样，随着资金供给与需求的不断变化，原来的平衡被打破，新的平衡出现，如此循环下去，就构成了利率水平运动的规律。

（3）利率的计算。资金作为一种特殊商品和其他商品一样，其价格（即利率）主要是由供给与需求来决定的。但除了这两个因素外，经济周期、通货膨胀、国家货币政策和财政政策、国家利率管制程度等，对利率的变动均有不同程度的影响。因此，资金的利率通常由纯粹利率、通货膨胀补偿率、风险收益率三部分组成。利率的一般计算公式可表示如下：

利率＝纯粹利率＋通货膨胀补偿率＋风险收益率

纯粹利率是指没有风险和通货膨胀情况下的平均利润率。例如，在没有通货膨胀时，国库券的利率可以视为纯粹利率。纯粹利率的高低，受平均利润率、资金供求关系和国家调节的影响。首先，利率随平均利润率的提高而提高。利率不能超过平均利润率，否则，企业无利可图，不会借入款项；利率的最低界限大于零，否则，提供资金的人不会拿出资金。至于利息率占平均利润率的比重，则取决于金融工商业的竞争结果。其次，在平均利润率不变的情况下，金融市场上的供求关系决定市场利率水平。在经济高涨时，资金需求量上升，若供应量不变，则利率上升；在经济衰退时，则利率下降。再次，政府为防止经济过热，通过中央银行减少货币供应量，则资金供应减少，利率上升；政府为刺激经济发展，增加货币发行，则利率下降。

通货膨胀补偿率是指由于持续的通货膨胀会不断降低货币的实际购买力，为补偿其购买力损失而要求提高的利率。由于通货膨胀使货币贬值，投资者的真实报酬下降，因此，投资者在把资金交给借款人时，会在纯粹利率的水平上再加上通货膨胀补偿率，以弥补通货膨胀造成的购买力损失。

风险收益率是投资者要求的除纯粹利率和通货膨胀补偿之外的风险补偿。投资者除了关心通货膨胀率以外，还关心其投资的风险大小。这种风险越大，投资者要求的收益率越高。在通常情况下，公司长期债券的风险大于国库券，要求的收益率也高于国库券；普通股票的风险大于公司债券，要求的收益率也高于公司债券；小公司普通股票的风险高于大公司普通股票，要求的收益率也高于大公司普通股票。

（三）法律环境

法律环境是指企业和外部发生经济关系时所应遵守的各种法律、法规和规章。在依法治国的环境下，企业必须在法律允许的范围内规范财务行为，依法治财，依法进行企业经营管理，这就要求企业理财人员要熟悉与掌握影响企业经营管理的各种法律，熟悉与掌握司法程序，利用法律来维护企业的合法正当权益。影响财务管理的主要法律环境因素有企业组织法律规范、税务法律规范和财务法律规范。

1. 企业组织法律规范

企业是市场经济的主体，企业组织必须依法成立。不同类型的企业，其所适用的法律规范不同。企业按其组织形式不同，可分为全民所有制工业企业、外资企业、独资企业、合伙企业和公司等，与之相对应的企业组织法律规范则包括《中华人民共和国全民所有制工业企业法》、《中华人民共和国外资企业法》、《中华人民共和国个人独资企业法》、《中华人民共和国合伙企业法》、

《中华人民共和国公司法》等，这些法律规范既是企业的组织法，又是企业的行为法。

例如，《中华人民共和国公司法》对公司企业的设立条件、设立程序、组织机构、组织变更和终止的条件和程序都作了规定，包括股东人数、法定资本的最低限额、资本的筹集方式等。只有按其规定的条件和程序建立的企业，才能称为公司。

2. 税务法律规范

任何企业都有法定的纳税义务。有关税收的立法分为三类：所得税法规、流转税法规、其他地方税法规。

税负是企业的一种费用，会增加企业的现金流出，对企业理财有重要影响。税负的减少，只能靠企业精心安排和筹划投资、筹资和利润分配等财务决策，不允许在纳税行为已经发生时去偷税漏税。精通税法对主管人员有重要意义。

3. 财务法律规范

财务法律规范主要是《企业财务通则》和行业财务制度。

《企业财务通则》是各类企业进行财务活动、实施财务管理的基本规范。经国务院批准由财政部发布的《企业财务通则》，经修订后于 2007 年 1 月 1 日起施行。

行业财务制度是根据《企业财务通则》的规定，为适应不同行业的特点和管理要求，由财政部制定的行业规范。

除上述法律规范外，与企业财务管理有关的其他经济法律规范还有许多，包括各种证券法律规范、结算法律规范、合同法律规范等。企业在财务管理活动中必须认真遵守这些法律规范。

（四）政治环境

政治环境是指一个国家在特定的时期内影响企业经营管理的各种政治因素，包括政治制度、基本政策、政局和社会安定状态、外交及国际政治背景等。政治环境对企业财务活动影响也很大。企业应该善于利用良好的政治环境，谋划企业的财务战略，制定积极可靠的财务政策，实现企业财务管理目标。

【本章思考题】

1. 简述企业财务管理的内容。

2. 企业在财务管理活动中应当正确处理哪些财务关系?

3. 为什么将企业价值最大化作为财务管理的最优目标?

4. 简述经济环境对企业财务管理的影响。

5. 如何利用投资风险价值对多个投资方案进行选择?

【案例分析】

青鸟天桥财务管理目标案例

天桥商场是一家老字号商业企业，成立于1953年，20世纪50年代，天桥商场是全国第一面“商业红旗”。80年代初，天桥商场第一个打破中国30年工资制，将商业11级改为新8级。1993年5月，天桥商场股票在上海证券交易所上市。1998年12月30日，北大青鸟有限责任公司和北京天桥百货股份有限公司发布公告，宣布北大青鸟通过协议受让方式受让北京天桥部分法人股股权。北大青鸟出资6 000多万元，拥有了天桥商场16.76%的股份，北京天桥百货商场更名为“北京天桥北大青鸟科技股份有限公司”(简称“青鸟公司”)。

此后天桥商场的经营滑落到盈亏临界点，面对严峻的形势，公司决定裁员，以谋求长远发展。于是就有了下面一幕。

1999年11月18日下午，北京天桥商场里面闹哄哄的，商场大门也挂上了“停止营业”的牌子。11月19日，很多顾客惊讶地发现，天桥商场在大周末居然没开门。据一位售货员模样的人说：“商场管理层年底要和我们终止合同，我们就不给他们干活了。”员工们不仅不让商场开门营业，还把货场变成了群情激愤的论坛。1999年11月18日至12月2日，对青鸟公司管理层和广大员工来说，是黑色的15天！在这15天里，天桥商场经历了46年来第一次大规模裁员；天桥商场被迫停业8天之久，公司管理层经受了职业道德与人道主义的考验，作出了在改革的道路上是前进还是后退的抉择。

经过有关部门的努力，对面临失业职工的安抚有了最为实际的举措，公司董事会开会决定，同意给予终止合同的职工以适当的经济补助，同意参照解除劳动合同的相关规定，对283名终止劳动合同的职工给予人均1万元、共计300万元左右的一次性经济补助。这场风波总算平息。

案例思考：

1. 讨论不同财务管理目标的优缺点。

2. 你认为青鸟公司的财务管理目标是什么？

（资料来源：荆新等主编：《财务管理学》，26～29页，北京，中国人民大学出版社，2006。）

第二章

财务管理基础价值观念

本章学习目标 通过本章学习，理解资金时间价值与投资风险价值的基本含义，掌握资金时间价值的计算方法，学会对投资风险和收益进行权衡与分析，并作出科学的决策。

资金时间价值和投资风险价值是现代财务管理的两个基础价值观念，也是企业财务管理人员必须树立的财务管理观念。在企业的财务活动中，无论资金筹集、资金投放、收益分配，都必须结合资金时间价值和投资风险价值进行分析。

第一节 资金时间价值

任何企业的财务活动都是在特定的时空中进行的，如果不考虑时间价值，就无法正确比较企业不同时期的财务收支，也无法客观评价项目价值与企业绩效。时间价值原理正确地揭示了不同时点上资金之间的换算关系，是财务决策的重要工具。

一、资金时间价值概述

（一）资金时间价值的概念

资金时间价值是指资金经历一定时间的投资和再投资所增加的价值，也称为货币时间价值。

在现实经济生活中，等量资金在不同时点上具有不同的价值。年初的 1 万元，经过 1 年的投资使用后，到年末其价值要高于 1 万元，即使不存在通货膨胀也是如此。为什么会这样呢？例如，将现在的 1 元钱存入银行，假设银行存款利率为 5%，一年后可得到 1.05 元。这 1 元钱经过 1 年时间的投资后增加了 0.05 元，这就是资金时间价值。

资金时间价值有绝对数和相对数两种表现形式，绝对数叫作资金时间价值额，相对数叫作资金时间价值率。但在实务中，人们习惯用相对数来表示资金时间价值，即用增加价值占投入货币的百分数来表示，如前述资金时间价值为 5%。

资金时间价值是经济活动中一个重要的概念，是评价投资方案是否可行的一个基本标准。从量的规定性来看，资金时间价值相当于没有风险和没有通货膨胀条件下的社会资金平均利润率。如果企业进行某项投资的资金利润率达不到社会资金平均利润率，即低于资金时间价值，说明该项投资是不可取的，企业不如将现有资金投资于另外的项目或另外的行业。

货币之所以具有时间价值，有其存在和产生的前提。并不是所有的货币都有时间价值，只有把货币作为资本投入生产和流通以后货币才能增值，即货币才具有时间价值。否则，不作为资本投入生产经营过程的货币，即使贮藏到世界末日，它也不会增加分毫。

货币作为资本投入生产经营过程，总是要经过一段时间的循环和周转后才能实现货币的增值。每完成一次周转，货币就增加一定数额，周转的次数越多，增值额就越大。因此，随着时间的延续，货币总量在循环和周转中按几何级数增长。

由于货币具有时间价值，现在的 1 元钱和将来的 1 元钱经济价值不相等，因此，在财务管理中，不同时点的货币收入不宜进行比较，而需要把它们换算到相同的时间基础上，然后才能进行比较。

（二）资金时间价值与利率

由于资金时间价值的计算方法与利息的计算方法相同，因而资金时间价值与利率容易混为一谈。实际上，财务管理活动总是或多或少地存在风险，而通货膨胀也是市场经济中客观存在的经济现象。因此，利率不仅包含时间价值，也包含风险价值与通货膨胀率。一般来说，只有在购买国库券等政府债券时，才几乎没有风险，如果通货膨胀率也很低的话，此时可以用政府债券利率来表示资金时间价值。

利率的一般计算公式前面已述及，即

利率＝纯粹利率＋通货膨胀补偿率＋风险收益率

纯粹利率（资金时间价值）是没有风险和通货膨胀情况下的均衡利率。纯粹利率的高低受平均利润率、资金供求关系和国家宏观经济调控的影响。

（三）资金时间价值与通货膨胀

通货膨胀与资金时间价值都是随着时间的推移而显示出各自影响的，其中资金时间价值随着时间的推移使货币增值，一般用利率（贴现率）按复利形式进行计量；通货膨胀则随着时间的推移使货币贬值，一般用物价指数的增长百分比来计量。假设用物价指数增长百分比来表示通货膨胀率（以 f 表示），如果物价指数每年增长 10%，则 3 年内物价水平变动及其相对应的币值变动如表 2—1 所示。

表 2—1　物价水平与币值对应变动表

年份	0	1	2	3
物价水平（元）	1	$(1+10\%)^{1}$	$(1+10\%)^{2}$	$(1+10\%)^{3}$
币值（元）	1	$(1+10\%)^{-1}$	$(1+10\%)^{-2}$	$(1+10\%)^{-3}$

在表 2—1 中，物价水平每年增长 10%，与其相对应的货币则会不断贬值，可用资金时间价值中的现值形式来表示，这种形式的币值是消除了通货膨胀因素影响后货币的实际价值（相当于 $f=0$ 时的价值，即实际购买力）。由于物价指数每年增长 10%，第一年末的 1 元仅相当于第一年初 0.909 元的购买力或实际价值；同理，第三年末的 1 元仅相当于第一年初的 0.751 元。因此，我们完全可以依据通货膨胀率，借用资金时间价值现值的计算方法，来确定不同时期货币的实际价值，以剔除通货膨胀的影响。

二、资金时间价值的计算

反映资金时间价值的财务指标，主要有“终值”和“现值”两种。终值（future value）是资金经过一定时间之后的价值（即将来值），包括本金与时间价值，又称本利和。现值（present value）是以后年份收到或付出资金的现在价值。现值与终值的换算，目前有单利与复利两种利息计算方法。同时，终值和现值的计算又会因付款方式而不同，付款方式可分为一次性收（付）款、等额系列收（付）款和不等额系列收（付）款三种。由于资金随时间的增长过程与复利的计算过程在数学上相似，因此，在换算时广泛使用复利计算的各种方法。

（一）一次性收（付）款项的终值与现值

一次性收（付）款项是指在某一特定时点上一次性支付（或收取），经过一段时间后再一次性收取（或支付）款项。这种性质的款项在日常生活中十分常见，比如存入银行一笔现金 10 000 元，年利率为复利 10%，经过 3 年后一次性取出，本利和为 13 310 元。这里涉及的收（付）款项就属于一次性收（付）款项。

1. 单利的计算

单利是指仅对本金计算利息，而不将以前计息期产生的利息累加到本金中再去计算利息的一种计息方法，即利息不再生息。

（1）单利终值。单利终值是指一定量的本金按单利计算，若干期后的本利和，即一笔资金按单利计算的未来价值。单利终值的计算公式为：

$$F=P+P\cdot i\cdot n=P(1+i\cdot n)$$

（2）单利利息。单利终值与本金的差额为单利利息。单利利息的计算公式为：

$$I=F-P=P(1+i\cdot n)-P=P\cdot i\cdot n$$

式中，P：本金；

i：年利率，通常指每年的利息与本金之比；

I：利息；

F：本利和或单利终值；

n：计息期数，通常以年为单位。

【例 2—1】某企业将 10 000 元存入银行，按单利计息，年利率为 4%，存期 5 年，各年年末的单利终值计算如下：

1 年后的终值 $=10\,000\times(1+4\%\times1)=10\,400$（元）

2 年后的终值 $=10\,000\times(1+4\%\times2)=10\,800$（元）

3 年后的终值 $=10\,000\times(1+4\%\times3)=11\,200$（元）

4 年后的终值 $=10\,000\times(1+4\%\times4)=11\,600$（元）

5 年后的终值 $=10\,000\times(1+4\%\times5)=12\,000$（元）

5 年后的单利利息＝12 000－10 000＝2 000（元）

（3）单利现值。在现实生活中，有时需要根据终值来确定其现在的价值，即现值。单利现值，是指若干年后收到或支出一笔资金按单利计算相当于现在的价值，由于单利现值的计算同单利终值的计算是互逆的，可用倒求本金的方法计算，由终值计算现值的过程称为折现。单利现值的计算公式为：

$$P=\frac{F}{1+i\cdot n}$$

【例 2—2】 若年利率为 4%，从第 1 年到第 5 年各年年末的 10 000 元，其现值的计算过程如下：

1 年后 10 000 元的现值$=\frac{10\ 000}{1+4\%\times 1}=9\ 615.4$（元）

2 年后 10 000 元的现值$=\frac{10\ 000}{1+4\%\times 2}=9\ 259.3$（元）

3 年后 10 000 元的现值$=\frac{10\ 000}{1+4\%\times 3}=8\ 928.6$（元）

4 年后 10 000 元的现值$=\frac{10\ 000}{1+4\%\times 4}=8\ 620.7$（元）

5 年后 10 000 元的现值$=\frac{10\ 000}{1+4\%\times 5}=8\ 333.3$（元）

单利现值的计算常用在企业使用未到期的票据向银行融通资金上，这种融通资金的办法称“贴息取现”，简称“贴现”。贴现时使用的利率称为贴现率，计算出来的利息称为贴现息，扣除贴现息后的余额称为贴现值。其计算公式为：

$$P=F-I=F(1-i\cdot n)$$

【例 2—3】 某企业有一张附息期票，面额为 1 200 元，票面利率为 4%，出票日期为 6 月 15 日，8 月 14 日到期（期限为 60 天），企业因急需用款，凭该期票于 6 月 27 日到银行办理贴现，银行规定的贴现率为 6%，因该期票 8 月 14 日到期，贴现期为 48 天，银行付给企业的金额为：

$$P=F(1-i\cdot n)=1\ 200\times(1+\frac{4\%}{360}\times 60)\times(1-6\%\times\frac{48}{360})=1\ 198.34(\text{元})$$

2. 复利的计算

按照复利计算方法，每经过一个计息期，要将所生的利息加入本金中再计算利息，逐期滚利，俗称利滚利。这里的计息期是指相邻两次计息的时间间隔，可以是年、月、日等。如不特别指明，计息期通常为一年。

(1) 复利终值。复利终值是指一定量的本金按复利计算，若干期后的本利和。复利终值的计算公式为：

$$F = P(1+i)^n$$

式中，F：复利终值，即 n 期期末的价值；

P：本金，即第一期期初的价值；

i：利率，通常指年利率；

n：计息期数。

图 2—1 给出了终值、利率与时间之间的函数关系。

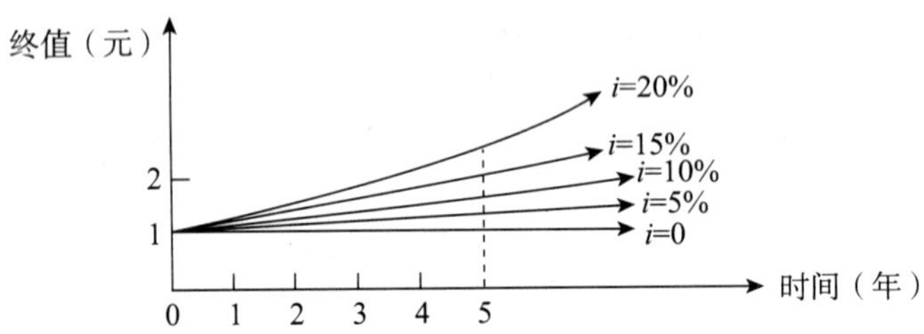

图 2—1　终值、利率与时间之间的函数关系图

【例 2—4】 某企业将 10 000 元存入银行，按复利计息，年利率为 4%，存期 5 年，各年年末的复利终值计算如下：

1 年后的复利终值＝10 000×(1＋4%)^1＝10 400（元）

2 年后的复利终值＝10 000×(1＋4%)^2＝10 816（元）

3 年后的复利终值＝10 000×(1＋4%)^3＝11 248.6（元）

4 年后的复利终值＝10 000×(1＋4%)^4＝11 698.6（元）

5 年后的复利终值＝10 000×(1＋4%)^5＝12 166.5（元）

式中 $(1+i)^n$ 被称为复利终值系数或 1 元的复利终值，用符号 $(F/P,i,n)$ 表示。例如，$(F/P,6\%,3)=1.191$，表示利率为 6%，3 年期 1 元复利终值为 1.191，即在利率为 6%的情况下，现在的 1 元和 3 年后的 1.191 元在经济上是等效的。为了便于计算，可编制复利终值系数表备查（见本书附表一）。该表的第一行是利率 i，第一列是计息期 n，相应的 $(1+i)^n$ 值在其纵横相交处。通过该表不仅可以根据已知的 i 和 n 查找 1 元的复利终值 F，而且可以根据已知的 1 元复利终值 F 和 n 来查找 i，或由已知的 1 元复利终值 F 和 i 查找 n。

【例 2—5】 某企业现有 10 000 元，拟投入回报率为 8%的投资机会，经过多少年才可使现有资金增加 1 倍？

$$F=10\,000\times(1+8\%)^n=20\,000$$

$$(1+8\%)^n=(F/P,8\%,n)=2$$

查复利终值系数表，在 $i=8\%$的一列中寻找 2，最接近的值为：$(F/P,8\%,9)=1.999$，所以，$n=9$，即 9 年后可使现有的货币增加 1 倍。

【例 2—6】 某企业现有 10 000 元，拟在 9 年后使其资金达到原来的 2 倍，那么他选择的投资机会回报率最低应为多少？

$$(F/P,i,9)=2$$

查复利终值系数表，在 $n=9$ 的一行中寻找 2，最接近的值为：$(F/P,8\%,9)=1.999$，所以，$i=8\%$，即投资机会最低回报率为 8%，才能使现有货币在 9 年后为原来的 2 倍。

如果通过查表找不到更为准确、更为贴近的系数值，则可通过插补法求得 i 和 n。插补法将在后面的内容中加以介绍。

（2）复利现值。复利现值是指未来一定期间的特定资金按复利计算的现在价值，即为取得将来一定本利和现在所需要的本金。复利现值是复利终值的逆运算，可由复利终值的计算公式 $F=P(1+i)^n$ 进行推导。复利现值的计算公式为：

$$P=\frac{F}{(1+i)^n}=F(1+i)^{-n}$$

图 2—2 给出了现值、利率与时间之间的函数关系。

式中 $(1+i)^{-n}$ 被称为复利现值系数或 1 元的复利现值，用符号 $(P/F,i,n)$ 表示。例如，$(P/F,10\%,5)=0.621$，表示利率为 10%，5 年期 1 元复利现值为 0.621，即在利率为 10%的情况下，5 年后的 1 元和现在 0.621 元在经济上是等效的。为了便于计算，可编制复利现值系数表备查（见本书附表二）。该表的使用方法与复利终值系数表的使用方法相同，这里不再赘述。

【例 2—7】 若年利率为 4%，按复利计息，则从第 1 年到第 5 年各年年末的 10 000 元，其现值的计算过程如下：

1 年末 10 000 元的复利现值$=10\,000\times(1+4\%)^{-1}=9\,615.4$（元）

2 年末 10 000 元的复利现值$=10\,000\times(1+4\%)^{-2}=9\,245.6$（元）

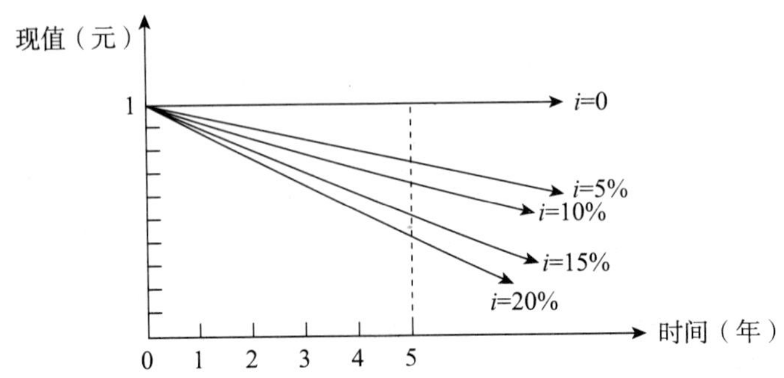

图 2—2　现值、利率与时间之间的函数关系图

3 年末 10 000 元的复利现值＝10 000×$(1+4\%)^{-3}$＝8 890.0（元）

4 年末 10 000 元的复利现值＝10 000×$(1+4\%)^{-4}$＝8 548.0（元）

5 年末 10 000 元的复利现值＝10 000×$(1+4\%)^{-5}$＝8 219.3（元）

（3）复利息。复利息是指复利终值与本金的差额。复利息的计算公式为：

$$I=F-P$$

【例 2—8】某企业将现有的 10 000 元存入银行，年利率为 4%，存期 5 年，每年复利一次，则复利息为：

$$I=F-P=10\,000\times(1+4\%)^5-10\,000$$
$$=12\,166.5-10\,000=2166.5\text{（元）}$$

（二）年金的计算

年金（annuity）是指等额、定期收付的系列款项，通常记作 A。年金的形式多种多样，如折旧、租金、利息、保险金、养老金、等额分期收款、等额分期付款等都采取年金的形式。年金按其收付发生的时间不同，可分为普通年金、预付年金、递延年金、永续年金。

1. 普通年金

普通年金又称后付年金，是指每期期末收付的年金。普通年金的收付形式如图 2—3 所示。横线代表时间的延续，数字表示各期的顺序号，竖线的位置表示支付的时刻，竖线下端数字表示支付的金额。

设 $i=10\%$，$n=4$，$A=100$。

（1）普通年金终值。普通年金终值是指一定时期内每期期末收付款项的复利终值之和。例如，按图 2—3 的数据，普通年金终值的计算过程如图 2—4 所示。

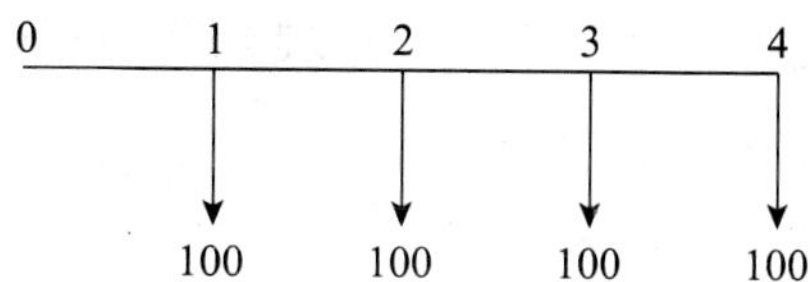

图 2—3　普通年金收付示意图

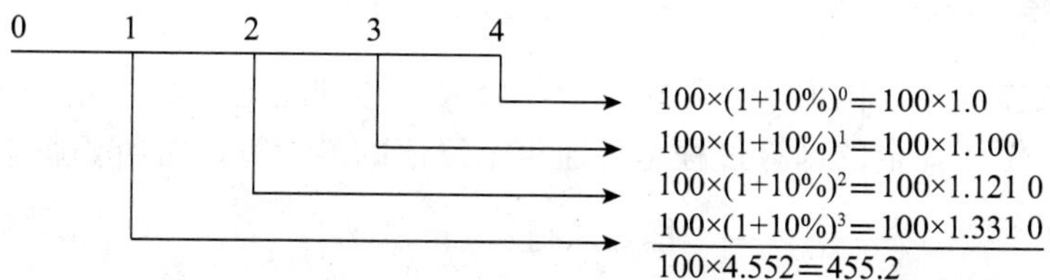

图 2—4　普通年金终值示意图

在第一期末的 100 元，应赚得 3 期利息，因此，到第四期末其终值为 133.1 元；在第二期末的 100 元，应赚得 2 期利息，因此，到第四期末其终值为 112.1 元；在第三期末的 100 元，应赚得 1 期利息，因此，到第四期末其终值为 110 元；在第四期末的 100 元，没有计息，其价值为 100 元。整个年金终值为 133.1+112.1+110+100=455.2（元）。由此可见，普通年金终值的一般计算公式为：

$$F = A \cdot \sum_{t=1}^{n} (1+i)^{n-1}$$

如果年金的期数很多，用上述方法计算普通年金终值显然相当烦琐。下面提供简便的计算方法。设每年支付金额为 A，利率为 i，计息期数为 n，则按复利计算的普通年金终值 F 为：

$$F = A + A(1+i)^1 + A(1+i)^2 + \cdots + A(1+i)^{n-1} \quad (1)$$

等式两边同时乘以（$1+i$）得：

$$F(1+i) = A(1+i)^1 + A(1+i)^2 + A(1+i)^3 + \cdots + A(1+i)^n \quad (2)$$

（2）式减（1）式得：

$$F \cdot i = A(1+i)^n - A$$

$$F = A \cdot \frac{(1+i)^n - 1}{i}$$

式中，$\frac{(1+i)^n-1}{i}=\sum_{t=1}^{n}(1+i)^{t-1}$，被称为普通年金终值系数，即普通年金1元、利率为$i$、经过$n$期的终值，通常记作（$F/A,i,n$）。为了便于计算，可编制年金终值系数表备查（见本书附表三）。

【例2—9】某企业每年年末都要向银行存入5 000元，年利率为4%，则5年后本利和应为多少？

$$F=5\,000\times(F/A,4\%,5)=5\,000\times5.416=27\,080\text{（元）}$$

（2）偿债基金。偿债基金是指为使年金终值达到既定金额，每年应支付的年金数额A。偿债基金的计算过程是普通年金终值的逆运算，可由普通年金终值的计算公式$F=A\cdot\frac{(1+i)^n-1}{i}$推导求得：

$$A=F\cdot\frac{i}{(1+i)^n-1}$$

式中，$\frac{i}{(1+i)^n-1}$是年金终值系数的倒数，称为偿债基金系数，通常记作（$A/F,i,n$）。偿债基金系数可以编制成表格备查，也可根据普通年金终值系数求倒数确定。

【例2—10】某企业要在5年后还清200 000元的债务，从现在起该企业每年应等额存入银行的款项是多少？设银行利率为4%。

$$\begin{aligned}A&=200\,000\times(A/F,4\%,5)=200\,000\div(F/A,4\%,5)\\&=36\,927.6\text{（元）}\end{aligned}$$

由于有利息因素，不必每年存入40 000元（200 000÷5），只要每年存入银行36 927.6元就可以偿清债务。

（3）普通年金现值。普通年金现值是指为在各期期末取得相等金额的款项，现在需要投入的金额。

设$i=10\%$，$n=4$，$A=100$元，则普通年金现值的计算过程如图2—5所示。

通过上面的计算过程，可以写出普通年金现值的一般计算公式：

$$P=A\cdot\sum_{t=1}^{n}\frac{1}{(1+i)^t}$$

如果年金的期数很多，用上述方法计算普通年金现值显然相当烦琐。下面提供简便的计算方法。设每年支付金额为A，利率为i，计息期数为n，则按复利

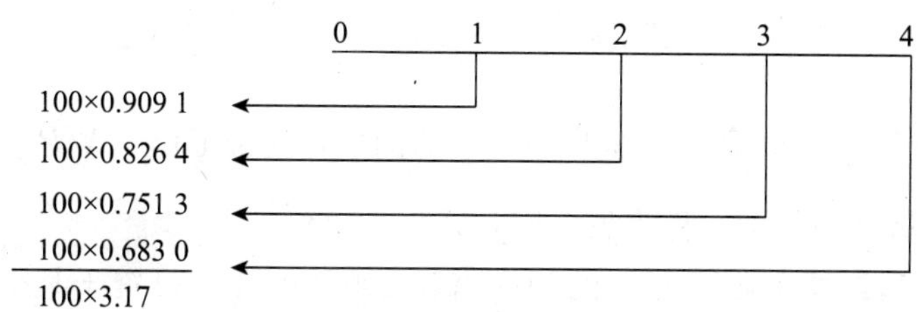

图 2—5　普通年金现值示意图

计算的普通年金现值 P 为：

$$P = A(1+i)^{-1} + A(1+i)^{-2} + \cdots + A(1+i)^{-n} \tag{3}$$

两边同时乘（$1+i$）得：

$$P(1+i) = A(1+i)^{0} + A(1+i)^{-1} + A(1+i)^{-2} + \cdots + A(1+i)^{-(n-1)} \tag{4}$$

（4）式减（3）式得：

$$P \cdot i = A - A(1+i)^{-n}$$

$$P = A \cdot \frac{1-(1+i)^{-n}}{i}$$

式中，$\frac{1-(1+i)^{-n}}{i} = \sum_{t=1}^{n} \frac{1}{(1+i)^{t}}$，称为普通年金现值系数，即普通年金 1 元、利率 i、经过 n 期的年金现值，通常记作（$P/A,i,n$）。为了便于计算，可编制年金终值系数表备查（见本书附表四）。

【例 2—11】 某人出国 5 年，请你代付房租，每年租金 1 000 元，问他现在应给你在银行存入多少资金？设银行利率为 4%。

P=1 000×(P/A,4%,5)=1 000×4.452=4 452（元）

由于有利息因素，他不必给你存入 5 000 元，只给你存入银行 4 452 元就可以偿付 5 年的房租。

（4）投资回收基金。投资回收基金是指在约定的年限内等额回收初始投资额或清偿所欠的债务额。投资回收基金是普通年金现值的逆运算，可由普通年金现值的计算公式 $P = A \cdot \frac{1-(1+i)^{-n}}{i}$ 推导求得：

$$A = P \cdot \frac{i}{1-(1+i)^{-n}}$$

式中，$\frac{i}{1-(1+i)^{-n}}$ 是普通年金现值系数的倒数，通常记作 $(A/P,i,n)$。它可以把年金现值折算为年金，称为投资回收系数。

【例 2—12】 某企业以 10%的利率借款 200 000 元，投资于某个寿命为 5 年的项目，问每年至少要收回多少资金才是值得做的？

$$\begin{aligned} A &= 200\ 000 \times (A/P,10\%,5) = 200\ 000 \div (P/A,10\%,5) \\ &= 200\ 000 \div 3.791 = 52\ 756.5 \text{（元）} \end{aligned}$$

每年至少要收回现金 52 756.5 元，才能还清贷款本金。

2. 预付年金

预付年金是指在每期期初支付的年金，又称即付年金或先付年金。预付年金的支付形式如图 2—6 所示。

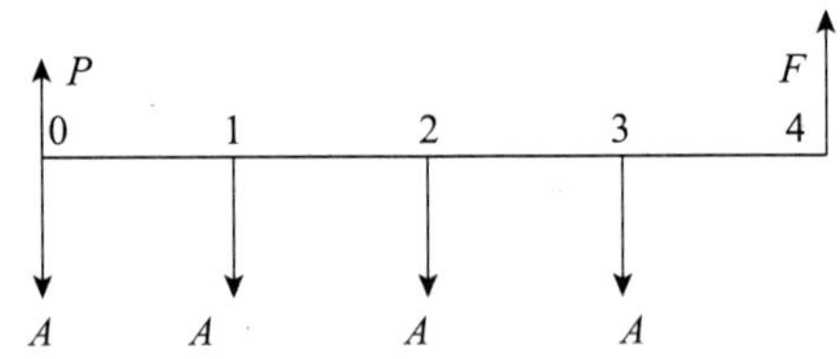

图 2—6　预付年金收付示意图

（1）预付年金终值。预付年金终值是指各期期初收付款项的复利终值之和。预付年金终值的计算过程如图 2—7 所示。

设支付金额为 A，利率为 i，期数为 4。

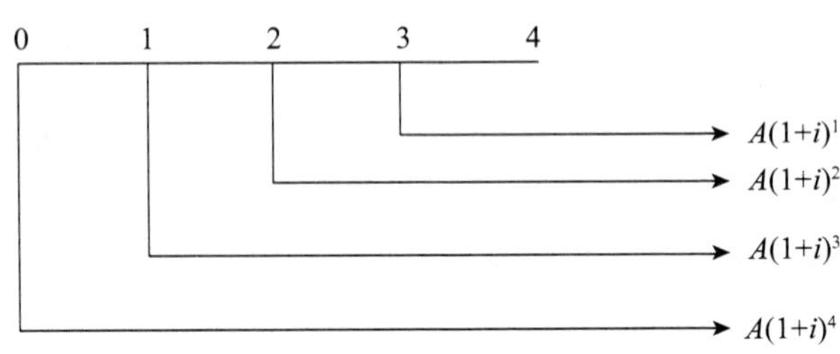

图 2—7　预付年金终值示意图

通过图 2—7 的计算过程，可以写出预付年金终值的计算公式为：

$$F = A(1+i)^1 + A(1+i)^2 + \cdots + A(1+i)^n$$
$$= A[(1+i) + (1+i)^2 + (1+i)^3 + \cdots (1+i)^n]$$

上式为等比数列，首项为 $A(1+i)$，公比为 $(1+i)$，根据等比数列的求和公式可知：

$$F = A \cdot \left[\frac{(1+i)^{n+1}-1}{i} - 1\right]$$

式中，$\left[\frac{(1+i)^{n+1}-1}{i} - 1\right]$ 是预付年金终值系数，或称 1 元的预付年金终值。它与普通年金终值系数 $\frac{(1+i)^n-1}{i}$ 相比，期数加 1，而系数减 1，通常可记作 $[(F/A,i,n+1)-1]$，并可通过普通年金终值系数表查得（n+1）期的值，再减去 1，即得预付年金终值系数。

【例 2—13】 某企业每年年初存入银行 20 000 元，年利率为 4%，则 5 年后本利和应为多少？

$$F=20\,000\times[(F/A,4\%,5+1)-1]$$
$$=20\,000\times(6.633-1)=112\,660\text{（元）}$$

从计算公式中可以看出，预付年金与普通年金的付款次数相同，但预付年金的付款时间比普通年金早一期，n 期预付年金终值比 n 期普通年金终值多计算一期利息。因此，在 n 期普通年金终值的基础上乘上（$1+i$）就是 n 期预付年金的终值。其计算公式为：

$$F = A\frac{(1+i)^n-1}{i}(1+i)$$

（2）预付年金现值。预付年金现值是指各期期初收付款项的复利现值之和。预付年金现值的计算过程如图 2—8 所示。

设支付金额为 A，利率为 i，期数为 4。

通过图 2—8 的计算过程，可以写出预付年金现值的计算公式：

$$P = A + A(1+i)^{-1} + A(1+i)^{-2} + \cdots + A(1+i)^{-(n-1)}$$

上式为等比数列，首项为 A，公比为 $(1+i)^{-1}$，根据等比数列的求和公式可得：

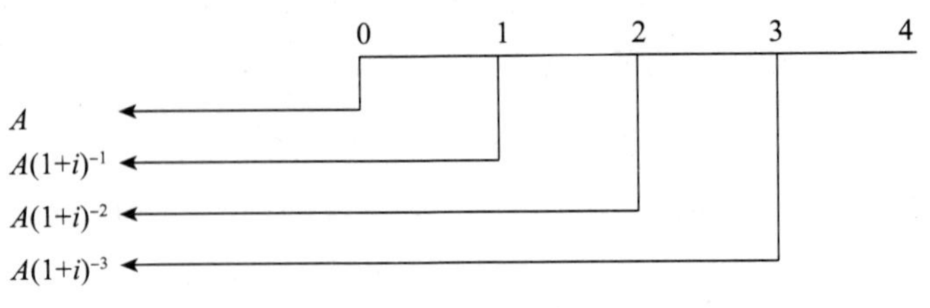

图 2—8　预付年金现值示意图

$$P=A\cdot\left[\frac{1-(1+i)^{-(n-1)}}{i}+1\right]$$

式中，$\left[\frac{1-(1+i)^{-(n-1)}}{i}+1\right]$是预付年金的现值系数，或称 1 元的预付年金现值。它与普通年金现值系数 $\frac{1-(1+i)^{-n}}{i}$ 相比，期数要减 1，而系数要加 1，记作 $[(P/A,i,n-1)+1]$，并可利用普通年金现值系数表查得（$n-1$）期的值，再加 1，即得预付年金现值系数。

【例 2—14】某人贷款购房，贷款期为 10 年，每年初付款 10 000 元，设利率为 6%，则该项分期付款相当于一次现金支付的购价是多少?

$$\begin{aligned}P&=10\ 000\times[(P/A,6\%,10-1)+1]\\&=10\ 000\times(6.802+1)=78\ 020\text{（元）}\end{aligned}$$

如前所述，n 期预付年金与 n 期普通年金的计算期限相同，但由于付款时间不同，n 期预付年金比 n 期普通年金少折现一期。因此，在 n 期普通年金现值的基础上乘上（$1+i$）就是 n 期预付年金的现值。其计算公式为：

$$P=A\left[\frac{1-(1+i)^{-n}}{i}\right](1+i)$$

3. 递延年金

递延年金是指第一次支付的时间不是在第一期，而是间隔若干期后才发生的系列等额收付款项的年金，是普通年金的特殊形式。递延年金的支付形式如图 2—9 所示。

设支付金额 $A=100$，利率 $I=10\%$，支付期数 $n=4$。

从图 2—9 可以看出，前三期没有发生支付，递延期数为 3，即 $m=3$。第一次支付是从第四期期末开始的，连续支付四次，则支付期数为 4，即 $n=4$。

（1）递延年金终值。递延年金终值的大小与递延期无关，故计算方法与普通

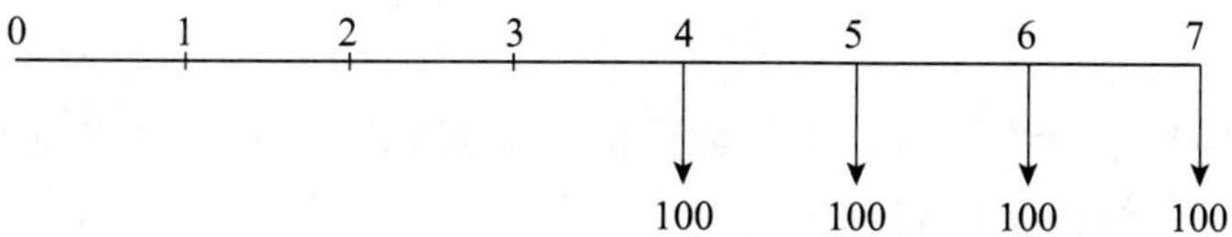

图 2—9　递延年金收付示意图

年金终值的计算方法相同。

$$F=A\cdot\frac{(1+i)^n-1}{i}=100\times4.641=464.1\text{（元）}$$

（2）递延年金现值。递延年金现值的计算方法有如下几种。

①将递延年金视为 n 期普通年金，求出递延期期末的现值 P_3，然后再将此现值调整为第一期期初的现值 P_0，如图 2—10 所示。

$P_3=A(P/A,i,n)$

$P_3=100\times(P/A,10\%,4)=100\times3.17=317$（元）

$P_0=P_3(P/F,10\%,3)=238.1$（元）

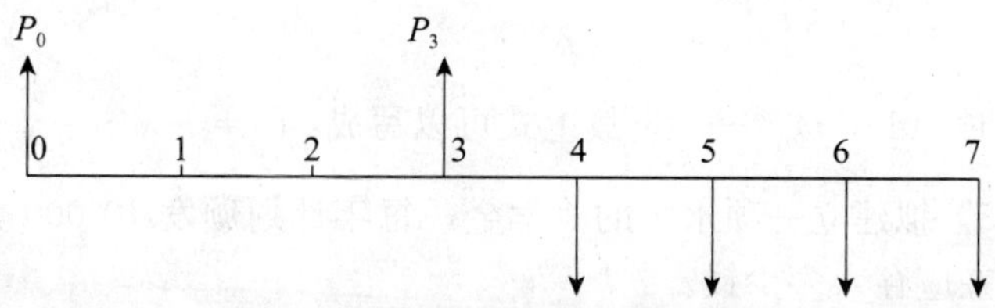

图 2—10　递延年金现值示意图

②假设递延期也进行支付，先求出（$m+n$）期的年金现值，然后再扣除实际并未支付的递延期的年金现值，即可得出最终结果。

$P_{m+n}=A(P/A,i,n+m)$

$=100\times(P/A,10\%,7)$

$=100\times4.868$

$=486.8$（元）

$P_m=A(P/A,i,m)$

$=100\times(P/A,10\%,3)$

$=100\times2.487$

$=248.7$（元）

$$P_n = P_{m+n} - P_m = 486.8 - 248.7 = 238.1\text{（元）}$$

③由于递延年金终值与普通年金终值的计算相同，先计算递延年金的终值，然后再将计算的终值折到起点求现值。

$$P = 100 \times (F/4, 10\%, 4) \times (P/F, 10\%, 7) = 238.1\text{（元）}$$

4. 永续年金

永续年金是指无限期定额支付的特种年金，即期限趋于无穷的普通年金，如图 2—11 所示。

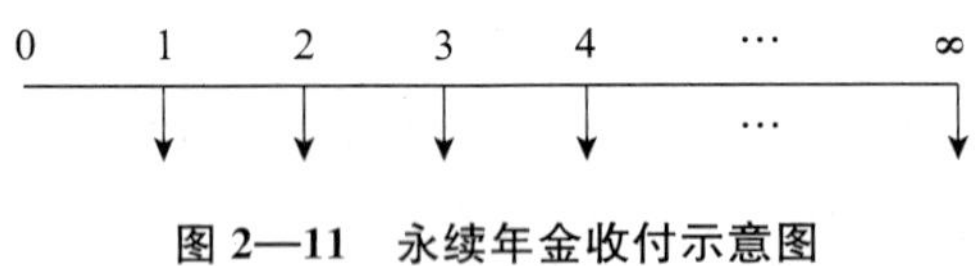

图 2—11　永续年金收付示意图

由于永续年金持续期无限，没有终止的时间，因而没有终值，只有现值。永续年金的现值可以通过普通年金现值的计算公式导出：

$$P = A \cdot \frac{1-(1+i)^{-n}}{i}$$

当 $n \to \infty$ 时，$(1+i)^{-n} \to 0$，故上式可以写成：$P = \frac{A}{i}$。

【例 2—15】 拟建立一项永久的奖学金，每年计划颁发 10 000 元奖金，若利率为 5%，现在应存入多少钱？

$$P = \frac{A}{i} = \frac{10\,000}{5\%} = 200\,000\text{（元）}$$

三、折现率、期间、利率的推算

以上有关资金时间价值的计算，阐述了现值与终值之间相关转换的计算方法，这种计算的前提是计息期为一年，而且折现率和计息期数是给定的。但是，在实际生活中，往往出现计算期短于一年，或者需要根据已知条件确定折现率、计息期数和利率的情况。

（一）折现率的推算

折现率是指未来报酬折算成现值的比率。从企业估价的角度来讲，折现率是企业各类报酬索偿权持有人必要报酬率的加权平均数，也就是加权平均资本成本；从企业投资的角度而言，投资者对投资报酬的期望、对投资风险的态度，都将综合地反映在折现率上，不同性质投资者的各自不同的必要报酬率共同构成了企业对投资项目的最低必要报酬率，即加权平均资本成本。企业选择投资项目必须以加权平均资本成本为折现率计算项目的净现值。折现率通常和当时的利率水平紧密相关，企业在折现时，可用国库券利率、资本成本、企业的最低必要报酬率来代替折现率。

在实际财务管理中，有时会遇到已知年金终值或年金现值、年金、计息期，但不知折现率 i 的问题。如投资者花 2 万元购入一种 5 年期债券，每年可收到利息 2 000 元，其投资收益率为多少？此时就涉及折现率的推算问题。

1. 一次性收付款项折现率的计算

根据单利终值计算公式 $F=P(1+i\cdot n)$ 和复利终值计算公式 $F=P(1+i)^n$，可推导出折现率的计算公式分别为：

$$i=\frac{F-P}{P\cdot n}$$

$$i=\left(\frac{F}{P}\right)^{\frac{1}{n}}-1$$

2. 永续年金折现率的计算

可以通过其现值计算公式 $P=A/i$ 求得：

$$i=\frac{A}{P}$$

3. 普通年金折现率的计算

普通年金折现率的计算无法套用公式，必须利用有关的系数表，采用插补法加以计算。

普通年金终值的计算公式为：$F=A(F/A,i,n)$，由此可以导出年金终值系数为：

$$(F/A,i,n)=F/A$$

若 F、A、n 已知，则可利用年金终值系数表找出相对应的 i 即可。

普通年金现值的计算公式为：$P=A(P/A,i,n)$，由此可以导出年金现值系数为：

$$(P/A,i,n)=P/A$$

若 P、A、n 已知，则可利用年金现值系数表找出相对应的 i 即可。

若按照以上步骤找不到完全对应的 i，则可运用插补法求得。以年金现值的计算为例，插补法求折现率的基本步骤为：

(1) 计算出 P/A 的值，假设 $P/A=\alpha$。

(2) 查找年金现值系数表，沿着已知的 n 所在的行上横向查找，若恰好能找到某一系数值等于 α，则该系数值所在的列相对应的利率 i 便为所求的折现率。

(3) 若无法找到恰好等于 α 的系数值，就应在表 n 行上找与 α 最接近的两个上下临界系数值，设为 β_1、β_2（$\beta_1<\alpha<\beta_2$ 或 $\beta_1>\alpha>\beta_2$）。找出 β_1、β_2 所对应的临界利率 i_1、i_2，然后进一步运用插补法。

(4) 在插补法下，假定利率 i 同相关的系数在较小的范围内呈线性相关，这时可根据临界系数 β_1、β_2 和临界利率 i_1、i_2 计算出 i，其公式为：

$$i=i_1+\frac{\beta_1-\alpha}{\beta_1-\beta_2}(i_2-i_1)$$

关于插补法的应用原理见图 2—12。

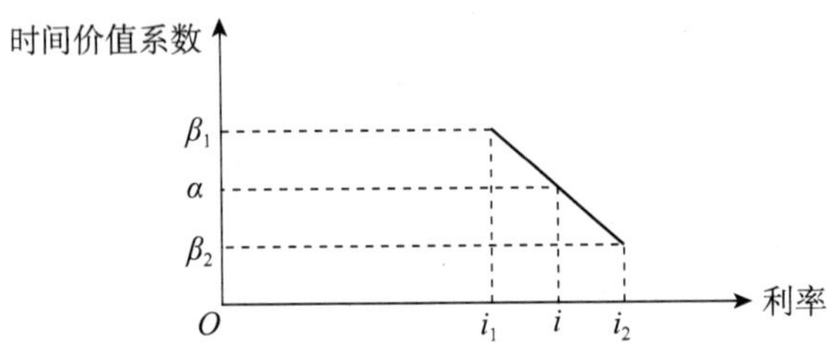

图 2—12　插补法应用的原理图

【例 2—16】 某企业于第一年年初借款 200 000 元，每年年末还本付息额均为 40 000 元，连续 10 年还清。问：借款利率是多少？

已知 $P=200\ 000$ 元，$A=40\ 000$ 元，$n=10$，则：

$$\alpha=P/A=(P/A,i,n)=200\ 000/40\ 000=5$$

查 $n=10$ 的普通年金现值系数表，在 $n=10$ 的一行上无法找到恰好为 $\alpha=5$ 的系数值，于是找大于和小于 5 的临界系数值，分别为 $\beta_1=5.018\ 8>5$，$\beta_2=4.833\ 2<5$，同时查出临界利率为 $i_1=15\%$，$i_2=16\%$，可见，折现率介于 15%～16%之间，可用插补法求 i。

$$\begin{aligned} i &= i_1+\frac{\beta_1-\alpha}{\beta_1-\beta_2}(i_2-i_1) \\ &=15\%+\frac{5.018\ 8-5}{5.018\ 8-4.833\ 2}\times(16\%-15\%) \\ &=15.10\% \end{aligned}$$

（二）期数的推算

期数 n 的推算与折现率 i 的推算步骤相类似。现以普通年金现值为例，说明在 P、A、i 已知的情况下，推算期数 n 的基本步骤。

（1）计算出年金现值系数 $P/A=\alpha$。

（2）查年金现值系数表，沿着已知的 i 所在的列纵向查找，若能找到恰好等于 α 的系数值，则该系数值所在的行相对应的数值便为所求的 n 值。

（3）若无法找到恰好等于 α 的系数值，就应在表 i 列上查找与 α 最接近的两个上下临界系数值，设为 β_1、β_2（$\beta_1<\alpha<\beta_2$ 或 $\beta_1>\alpha>\beta_2$）。再找出 β_1、β_2 所对应的临界期数 n_1、n_2，然后进一步运用插补法求 n。其计算公式为：

$$n=n_1+\frac{\beta_1-\alpha}{\beta_1-\beta_2}(n_2-n_1)$$

【例 2—17】某企业购买一台柴油机，更新目前使用的汽油机，柴油机价格较汽油机高出 20 000 元，但每年可节约燃料费用 5 000 元。若利息率为 10%，则柴油机应至少使用多少年，此项更新才有利？

已知 $P=20\ 000$ 元，$A=5\ 000$ 元，$i=10\%$，求 $n=$？

$$\alpha=P/A=20\ 000/5\ 000=4$$

查普通年金现值系数表，在 $i=10\%$的列上纵向查找，无法找到恰好为 4 的系数值，于是就在利率为 $i=10\%$的列上查找与 4 最接近的两个临界系数值 β_1、β_2 以及相对应的临界期数 n_1、n_2，则有：

$$\beta_1=4.355>4，n_1=6$$
$$\beta_2=3.791<4，n_2=5$$

可见，期数在 5～6 之间，可用插补法求 n。

$$\begin{aligned}n&=n_1+\frac{\beta_1-\alpha}{\beta_1-\beta_2}(n_2-n_1)\\&=6+\frac{4.355-4}{4.355-3.791}\times(5-6)\\&=5.6\ (\text{年})\end{aligned}$$

可见，购买的柴油机应至少使用 6 年，此项更新才有利。

（三）名义利率与实际利率的换算

在理论上，名义利率与实际利率有两种不同的含义。一种是按计息次数来区分名义利率与实际利率。其中，名义利率就是票面确定的年利率，而实际利率是指年内多次计息的实际利率。上面讨论的有关计算均假定利率为年利率，每年复利一次。但在实际中，计算复利终值和复利现值时，复利的计息期不一定总是一年，有可能是季度、月或日。比如某些债券半年计息一次；有的抵押贷款每月计息一次；银行之间的拆借资金均为每天计息一次。当利息在 1 年内要复利几次时，此时给出的年利率为名义利率。若计息期短于一年，而运用的利率又是年利率时，则需要根据计息期对年利率加以换算，换算为期利率。

（1）在单利计算中，通常按年计算利息，不足一年的存款利息率可根据年利率除以 360 天乘以存款日期得到，所以不需要单独规定计息期。

【例 2—18】某企业将 10 000 元存入银行，年利率为 4%，存期半年，则半年后获得的本利和为多少？

$$F=10\,000\times(1+4\%\div 2)=10\,200\text{（元）}$$

（2）在复利计算中，计息期可以是一年、半年、季度、月。计息期越短，一年中按复利计息的次数就越多，利息额会越大。因此，在复利计算中应事先规定计息期的长短。当 1 年内复利几次时，实际得到的利息要比按名义利率计算的利息高，实际支付的利息率会高于名义利率。对于一年内多次复利的情况，可采取两种方法计算时间价值。

第一种方法是：按照名义利率与实际利率的换算公式，将名义利率调整为实际利率，然后按实际利率计算时间价值。

名义利率与实际利率的换算公式为：

$$i=\left(1+\frac{r}{m}\right)^m-1$$

式中，i：年实际利率；

r：年名义利率；

m：每年复利次数。

【例 2—19】某企业存入银行 10 万元，存期 10 年，年利率为 8%，每半年复利一次，到第 10 年末，该企业能得到的本利和为多少？

$$i=\left(1+\frac{8\%}{2}\right)^2-1=8.16\%$$

$$F=P(1+i)^n=10\times(1+8.16\%)^{10}=21.91\text{（万元）}$$

第二种方法是：将年名义利率换算为期名义利率，按期数为 mn 来计算时间价值。

期利率与年利率的换算公式为：

$$i=\frac{r}{m}$$

$$F=P\left(1+\frac{r}{m}\right)^{mn}$$

式中，i：期名义利率；

r：年名义利率；

m：每年复利次数；

F：复利终值；

n：年数；

mn：复利总次数。

利用第二种方法求例 2—19 中的本利和，则有每半年名义利率 $i=8\%\div2=4\%$。10 年内复利次数 $mn=10\times2=20$ 次。复利终值 $F=10\times(1+4\%)^{20}=21.91$（万元）。

名义利率与实际利率的另一种含义是，名义利率是指包含通货膨胀补贴率的利率，而实际利率是扣除通货膨胀补贴率后的纯利率。

实际利率＝名义利率－通货膨胀补贴率

第二节　投资风险价值

在市场经济的大环境下，企业的经济活动越来越多地呈现出复杂性和多变性，经营之道难以捉摸，未来预期难以把握。尽管我们有了许多经验和预见能力，但始料不及、事与愿违的情况经常发生，企业的经营总是有风险相伴。离开了风险因素就无法正确评价企业收益的高低。投资风险价值原理揭示了风险和收益之间的关系，它同资金时间价值原理一样，是财务决策的基本依据。有人说，“时间价值和风险价值是财务管理中最重要的两个基本原则，时间价值是第一原则，风险价值是第二原则”。

一、风险的含义

关于风险的定义，迄今为止，学术界尚没有统一的认识，较有影响的观点有损害可能说、损失不确定说、预期结果离差说等。这几种观点大都将风险与不确定性相联系。严格说来，风险和不确定性是有区别的。首先，风险是事先可以知道某一行动的所有可能的后果，以及每种后果的概率；而不确定性是指事前不知道所有可能的后果，或不知道每种后果可能出现的概率。其次，风险总是与经济事项的预期价值联系在一起，而不确定因素总是与市场环境联系在一起。在实践中很难对两者加以区分，因为风险的概率往往只能估计和测算，不能准确确定，对不确定性也可以估计一个概率。因此，在一般情况下，当说到风险时，可能是指确切意义上的风险，但更可能是指不确定性，对两者不作区分。从财务管理的角度而言，风险就是企业在各项财务活动过程中，由于各种难以预料或无法控制的因素作用，使企业的实际报酬与预计报酬发生背离，从而蒙受经济损失的可能性。在理解风险时要注意以下几个问题。

（1）风险是事件本身的不确定性，具有客观性。例如，企业投资于国库券，其收益的不确定性较小，风险较小；如果企业投资于股票，其收益的不确定性较大，风险较大。

（2）风险是一定条件下的风险。虽然特定投资的风险大小是客观的，但是否去冒风险和冒多大的风险，是可以主观选择的。假设企业投资于股票，那么企业购买哪一种或哪几种股票、各买多少，风险是不一样的。这些问题一旦确定下来，风险大小就无法改变了。

（3）风险是一定时期内的风险。风险的大小随时间的延续而变化，假设企业投资于某个项目，对成本的预计事先可能不很准确，越接近完工则预计越准确。随时间的延续，事件的不确定性在缩小，事件完成了，其结果也就完全确定了。

（4）风险可能给投资者带来超出预期的收益，也可能带来超出预期的损失。据心理学家研究，投资者对意外损失的关注比对意外收益的关注要强烈得多。因此，从财务的角度来说，风险是指无法达到预期报酬的可能性。人们研究风险主要是从不利的方面来考察和规避风险，以将损失降到最低。

二、风险的种类

对风险的分类经常采用以下两种主要标准。

（一）从个别投资主体的角度来划分，风险分为系统风险和非系统风险

1. 系统风险

系统风险又称市场风险，是指对整个市场上各类企业都产生影响的风险。系统风险源于公司之外，如战争、经济衰退、通货膨胀等。在其发生时，所有公司都受影响，表现为整个市场平均报酬率的变动，由于这些风险来自企业外部，是企业无法控制和回避的，因此又称“不可回避风险”。同时，这类风险涉及所有

的投资对象，对所有的企业都产生影响，无论投资哪个企业都无法回避，因而不能通过多元化投资而分散，故又称不可分散风险。

2. 非系统风险

非系统风险是指只对某个行业或个别公司产生影响的风险。非系统风险为某一行业或某个企业所特有，它通常是由某一特殊因素引起的，只对个别或少数投资的报酬产生影响，而与整个市场的投资报酬没有系统、全面的联系。例如，某行业因产品更新换代而逐渐衰退，某公司的产品因市场需求减少而导致盈利下降，因经营不善、工人罢工或新产品开发失败、诉讼失败等而发生严重亏损。这是由于行业或企业自身因素改变而带来的某个投资报酬变化，与其他投资报酬变动没有内在的必然联系，不会因此而影响其他投资报酬。这种风险可以通过多元化投资来分散，即发生于一家公司的不利事件可以被其他公司的有利事件所抵消，因此，这类风险又称为可分散风险、可回避风险、公司特有风险。

（二）从风险的具体内容来划分，风险可分为经济周期风险、利率风险、购买力风险、经营风险、财务风险、违约风险、流动风险、再投资风险

1. 经济周期风险

经济周期风险是指由于经济周期的变化而引起投资报酬变动的风险。因为经济周期的变化决定了企业的景气和效益，从而从根本上决定了企业的投资回报。对于经济周期风险，投资者无法回避，但可设法减轻。

2. 利率风险

利率风险是指由于市场利率的变动而使投资者遭受损失的风险。投资报酬与市场利率的关系极为密切，两者呈反向变化。利率上升，投资报酬下降；利率下降，投资报酬上升。中央银行通过调节存贷利率这一货币政策工具影响资金的流向和融资成本的高低，任何企业无法决定利率高低，不能影响利率风险。

3. 购买力风险

购买力风险又称通货膨胀风险，是指由于通货膨胀而使货币购买力下降的风险。在通货膨胀期间，虽然随着商品价格的普遍上涨，投资者的资金收入会有所增加，但由于资金贬值，购买力水平下降，投资者的实际报酬可能没有增加，反而有所下降。

4. 经营风险

经营风险是指由于公司经营状况发生变化而引起盈利水平改变，从而导致投资报酬下降的可能性。它是任何商业活动中都存在的，故又称商业风险。影响企业经营状况的因素有很多，如市场竞争状况、政治经济形势、产品种类、企业规模、管理水平等。经营风险可能来自公司内部，也可能来自公司外部。引起经营风险的外部因素主要有经济周期、产品政策、竞争对手等客观因素。内部因素主要有经营决策能力、企业管理水平、技术开发能力、市场开拓能力等主观因素。其中，内部因素是公司经营风险的主要来源，如决策失误导致投资失败，管理混乱导致产品质量下降、成本上升，产品开发能力不足导致市场需求下降，市场开拓不力导致竞争力减弱等。它们都会影响公司的盈利水平，增加经营风险。

5. 财务风险

财务风险是指因不同的融资方式而带来的风险。由于它是融资决策带来的，故又称筹资风险。公司的资本结构决定企业财务风险的大小。如果一个公司的资本全部为权益资本，则销售收入的任何变动对股东净报酬都产生同样的影响。如果公司的资本中除普通股权益资本之外，还有负债或优先股，那么公司就存在财务杠杆。这将使公司股东净报酬的变化幅度超过营业收入的变化幅度。负债资本在总资本中所占比重越大，公司的财务杠杆效应就越强，财务风险就越大。

6. 违约风险

违约风险又称信用风险，是指证券发行人无法按时还本付息而使投资者遭受损失的风险。它源于发行人财务状况不佳时出现违约和破产的可能性。违约风险是债券的主要风险。一般认为，在各类债券中，违约风险从低到高排列依次为中央政府债券、地方政府债券、金融债券、企业债券。当然，不同企业发行的企业债券的违约风险也有所不同，它受到各企业经营能力、盈利水平、规模大小以及行业状况等因素的影响。所以，信用评估机构要对中央政府以外发行的债券进行评估，以反映其违约风险。

7. 流动风险

流动风险又称变现力风险，是指无法在短期内以合理价格转让投资的风险。投资者在出售投资时，有两个不确定性：一是以何价格成交，二是需要多长时间才能成交。投资者在投资于流动性差的资产时，总是要求获得额外的报酬以补偿流动风险。

8. 再投资风险

再投资风险是指所持投资到期后再投资时不能获得更好的投资机会的风险。如年初长期债券的利率为8%，短期债券的利率为9%，某投资者为减少利率风险而购买了短期债券。在短期债券于年底到期收回现金时，若市场利率降至6%，这时就只能找到报酬率约为6%的投资机会，不如当初买长期债券，现在仍可获得8%的报酬率。

三、风险的衡量

衡量风险的大小有多种方法，最常见的是使用概率统计方法进行风险的衡量与计算。如前所述，风险是与各种可能的结果和各种结果的概率分布相联系的。在风险的计量中通常要考虑概率、期望值、离散程度等因素。

（一）概率

在经济活动中，某一事件在完全相同的条件下可能发生也可能不发生，既可能出现这种结果也可能出现那种结果，这类事件称为随机事件。概率是用来表示随机事件发生可能性及出现某种结果可能性大小的数值。概率越大，表示该事件发生的可能性就越大。通常，把必然发生事件的概率定为 1，把不可能发生事件的概率定为 0，则随机事件的概率是介于 0 到 1 之间的数值。

假设 X 表示随机事件，X_i 表示随机事件的第 i 种结果，P_i 为出现该种结果的相应概率，任何概率都要符合以下两条规则：

$$0 \leqslant P_i \leqslant 1$$

$$\sum_{t=1}^{n} P_i = 1$$

【例 2—20】某公司有 A、B 两个投资机会，假设未来的经济情况只有三种：繁荣、正常、衰退，有关的概率分布和预期报酬率如表 2—2 所示。

表 2—2　　A、B 两个项目投资报酬率的概率分布

经济情况	发生概率	A 项目预期报酬率	B 项目预期报酬率
繁荣	0.3	90%	20%
正常	0.4	15%	15%
衰退	0.3	−60%	10%
合计	1	—	—

在这里，概率表示每种经济情况出现的可能性，同时也是各种不同预期报酬率出现的可能性。例如，经济繁荣的可能性为 0.3，经济正常的可能性为 0.4，经济衰退的可能性为 0.3；又如采纳 A 方案，获利 90%的可能性是 0.3，获利 15%的可能性是 0.4，获利−60%的可能性是 0.3。当然，报酬率作为一种随机变量，受多种因素影响，为了简化起见，假设其他因素都相同，只有经济情况一个因素影响报酬率。

（二）概率分布

概率分布是指一项活动可能出现的所有结果的概率的集合。如果将某一事件所有可能的结果都列示出来，对每种结果给予一定的概率，便可构成概率分布。概率分布有两种类型：

（1）非连续式概率分布，即概率分布在几个特定的随机变量点上，概率分布图形成几条个别的直线。

假定经济情况只有繁荣、正常、衰退三种，概率个数为 3。根据表 2—2 的资料可以绘制不连续的概率分布图，如图 2—13 所示。

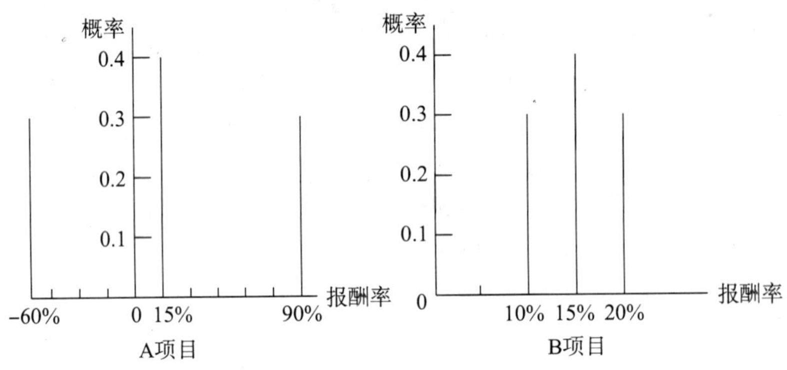

图 2—13　非连续式概率分布图

（2）连续式概率分布，即概率分布在一定区间的连续各点上，概率分布图形成一条曲线覆盖的平面。

在实践中，经济情况繁荣和衰退之间可能发生许多种可能的结果，有着许多个概率，而不只有繁荣、正常、衰退三种可能性。如果对每一种可能的结果给予一定的概率，就可以绘制成连续的概率分布图，如图 2—14 所示。

从图 2—14 中可以看出，我们给出的例子的报酬率呈正态分布，其主要特征为对称的钟形曲线。实际上，并非所有问题都为正态分布。但是，按照统计学的理论，无论总体分布是正态还是非正态的，当样本很大时，其样本平均数都呈正态分布。

（三）预期值

预期值是以相应的概率为权数对随机变量的各个取值求加权平均而得到的平均值，它反映随机变量取值的平均化，是加权平均的中心值，通常用符号 $\overline{K}$ 表示。其计算公式为：

$$预期值（\overline{K}）=\sum_{i=1}^{N}(P_iK_i)$$

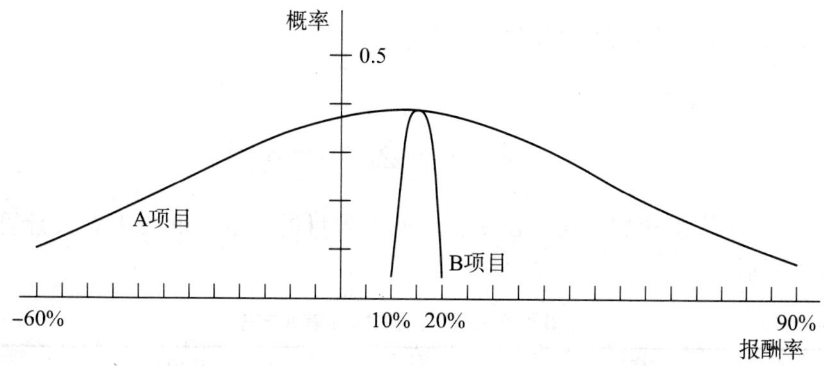

图 2—14　连续式概率分布图

式中，P_i：第 i 种结果出现的概率；

K_i：第 i 种结果出现后的预期报酬；

N：所有可能结果的数目。

根据表 2—2 的资料，可求出 A、B 两个投资机会的预期报酬率：

A 项目预期报酬率＝0.3×90％＋0.4×15％＋0.3×(－60％)＝15％

B 项目预期报酬率＝0.3×20％＋0.4×15％＋0.3×10％＝15％

虽然两个项目的预期报酬率相同，但其概率分布不同。A 项目的报酬率的分散程度大，变动范围在－60％～90％之间；B 项目的报酬率的分散程度小，变动范围在 10％～20％之间。这说明虽然两个投资项目的报酬率相同，但风险不同。为了定量地衡量风险的大小，还要使用统计学中的离散程度指标。

（四）离散程度

离散程度是用以衡量风险大小的统计指标。一般来说，离散程度与风险呈正比例关系，离散程度越大，风险越大；离散程度越小，风险越小。反映离散程度的主要指标包括全距、平均差、标准差、方差、离散系数等，最常用的是标准差和方差。由于实际中所给资料不同，标准差与方差的计算公式有两种：

1. 标准差

标准差反映的是概率分布中各种可能结果对预期值的偏离程度，其计算公式为：

$$\delta=\sqrt{\frac{\sum_{i=1}^{n}(K_i-\overline{K})^2}{N}} \quad \text{或} \quad \delta=\sqrt{\sum_{i=1}^{n}(K_i-\overline{K})^2 P_i}$$

2. 方差

方差是标准差的平方，其计算公式为：

$$\delta^2=\frac{\sum_{i=1}^{n}(K_i-\overline{K})^2}{N} \quad 或 \quad \delta^2=\sum_{i=1}^{n}(K_i-\overline{K})^2P_i$$

根据表 2—2 的资料，可求出 A、B 两个项目的标准差和方差，其计算过程如表 2—3 所示。

表 2—3　　A、B 两个投资项目的标准差和方差

A 项目			B 项目		
K_i（%）	$K_i-\overline{K}$（%）	$(K_i-\overline{K})^2P_i$（%）	K_i（%）	$K_i-\overline{K}$（%）	$(K_i-\overline{K})^2P_i$（%）
90	90－15	1 687.5	20	20－15	7.5
15	15－15	0	15	15－15	0
－60	－60－15	1 687.5	10	10－15	7.5
方差	0.337 5			0.001 5	
标准差	0.580 9			0.038 7	

计算结果表明：A 项目的标准差为 58.09%，B 项目的标准差为 3.87%，说明 A 项目的风险比 B 项目的风险大。

3. 变化系数（标准差率）

标准差是一个绝对数，受变量值的影响。如果概率分布相同，变量值变动范围越大，标准差也越大。因此，标准差只能用来比较预期值相同的投资项目的风险程度，不能用来比较预期值不同的投资项目的风险程度。为了比较预期值不同的投资项目的风险程度，还必须求得标准差与预期值的比值，即标准差率。

$$标准差率\ V=\frac{\delta}{\overline{K}}$$

（五）置信概率与置信区间

根据统计学的原理，在概率为标准正态分布的情况下，随机变量出现在预期值±1 个标准差范围内的概率为 68.26%；出现在预期值±2 个标准差范围内的概率为 95.45%；出现在预期值±3 个标准差范围内的概率为 99.72%，如图 2—15 所示。通常，把“预期值±X 个标准差”称为置信区间，把相应的概率称为置信概率。

已知置信概率，可以求出相应的置信区间；已知置信区间，可以求出相应的

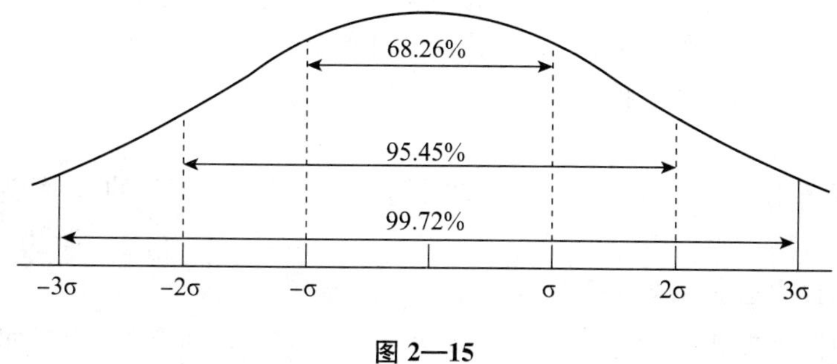

图 2—15

置信概率。例如，A 项目的实际报酬率有 68.26%的可能性是在 15%±1×58.09%内，风险较大；B 项目的实际报酬率有 68.26%的可能性是在 15%±1×3.87%内，风险较小（见表 2—4）。

表 2—4　　A、B 两个投资项目的置信概率与置信区间

置信概率（%）	A 项目的置信区间	B 项目的置信区间
68.26	15%±1×58.09%	15%±1×3.87%
95.45	15%±2×58.09%	15%±2×3.87%
99.72	15%±3×58.09%	15%±3×3.87%

由于这种计算比较麻烦，通常编成表格以备查用（见本书附表五）。该表第一列和第一行组成标准差的个数 X，列和行交叉处的数字是相应的正态曲线下的面积占总面积的比重，即置信概率。表中给出的是对称轴一侧的面积，利用该表可以实现标准差个数与置信概率的换算。例如，1 个标准差对应的数字是 0.341 3，中轴两侧的面积占总面积的比重是 0.682 6。

如果预先给定置信概率，能找到相应报酬率的一个区间即置信区间；如果预先给定一个报酬率的区间，也可以找到相应的置信概率。

续前例，假设报酬率符合正态分布，要求计算 A 项目盈利的可能性有多大。

先计算 0～15%面积，该区间含有的标准差个数为 X=(15%－0)/58.09%=0.26。

查本书附表五，X=0.26 时对应的面积是 0.102 6。

15%～∞的部分占总面积的一半，则 A 项目的盈利概率为 50%+10.26%=60.26%；A 项目的亏损概率为 100%－60.26%=39.74%。

同样可以计算 B 项目盈利的概率。

在 0～15%区间含有的标准差个数为 X=(15%－0)/3.87%=3.88。

查表可得面积为0.5，也就是报酬率在0以下的面积为0，B项目盈利的概率为1，B项目亏损的概率为0，说明B项目肯定是盈利的。

又如，计算两个项目报酬率在20%以上的概率：

A项目的标准差个数为（20%－15%）/0.580 9＝0.09。

查表得面积为0.035 9，则A项目盈利在20%以上的概率为：0.5－0.035 9＝0.464 1。

同样，B项目的标准差个数为（20%－15%）/3.87%＝1.29。

查表得面积为0.401 5，则B项目盈利在20%以上的概率为：0.5－0.401 5＝0.098 5，说明B项目取得20%以上盈利的可能性很小。

综上所述，两个项目的平均报酬率相同，但风险不同。A项目可能取得高回报，亏损的可能性也大；B项目取得高回报的可能性小，但亏损的可能性也小。究竟选择哪一个投资项目，要看投资者对风险的态度。愿意回避风险的投资者会选择B项目，愿意冒风险的投资者会选择A项目。

在一般情况下，当报酬率相同时，人们总是会选择风险比较小的投资项目；当风险相同时，人们总是会选择投资报酬率高的投资项目。问题在于，有时风险大，报酬率也高，那么如何决策呢？这要看报酬是否高到值得去冒险，以及投资者对风险的态度。

四、投资风险价值及其计算

一般而言，投资者都讨厌风险，并力求回避风险。那么为什么还有人进行风险性投资呢？这是因为风险投资可得到额外报酬——投资风险价值。

投资风险价值是指投资者因承担风险而获得的超过资金时间价值的那部分额外收益，又称投资风险报酬。冒风险就是要获得额外的收益，否则就不值得去冒险。

投资者的预期报酬包括两部分：一部分是投资者为推迟消费而要求的时间因素的补偿，即资金时间价值；另一部分是投资者把现实确定收入变成未来不确定收入而要求的风险因素补偿，即风险价值。在市场经济条件下，时间价值的大小受时间长短及市场收益率水平等客观因素的制约，因而对所有投资者都是一视同仁的。但风险价值则不同，它取决于投资者对风险的态度。风险厌恶程度大的投资者与风险厌恶程度小的投资者相比，对同一风险要求的补偿要大。这说明，风险价值是因人而异的。

投资风险价值可用风险收益额和风险收益率两种方法表示。投资者由于冒风险进行投资而获得的超过资金时间价值的额外收益，称为风险收益额。风险收益额与投资额的比率，称为风险收益率。在财务管理中，风险价值通常用风险收益率来加以计量。

在不考虑通货膨胀的情况下，投资收益率是无风险投资收益率（即资金时间价值）与风险投资收益率（即投资风险价值）之和。资金时间价值是无风险的最低报酬率。投资收益率可以用图 2—16 表示如下。

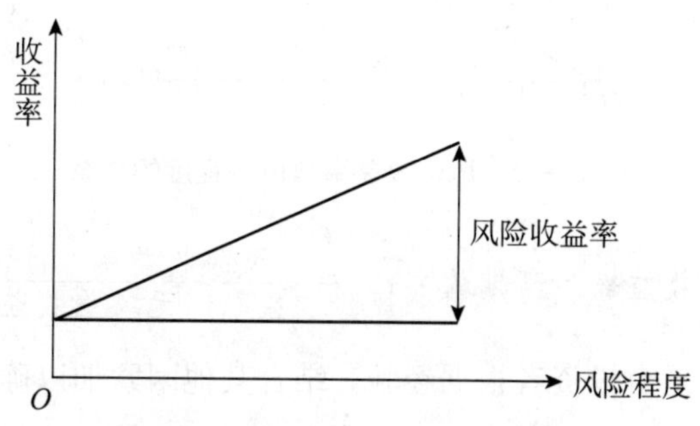

图 2—16　投资收益率与风险程度的关系

投资收益率＝无风险投资收益率＋风险投资收益率

风险收益率与风险大小有关，风险越大则要求的收益率越高。风险收益率是风险的函数，即风险收益率＝f(风险程度)。假设风险和风险收益率是成正比的，则有：

风险收益率＝风险收益斜率×风险程度

式中，风险程度用标准差或标准差率来计量。风险收益斜率取决于全体投资者对风险的回避态度，可以通过统计方法来测定。如果大家都愿意冒险，风险收益斜率就小，风险溢价不大；如果大家都不愿意冒险，风险收益斜率就大，风险溢价就比较大。上述关系可以用图 2—17 表示。

1. 应得的风险收益率

标准差率可以代表投资者所冒风险的大小，反映投资者所冒风险的程度，但它还不是收益率，必须把它变成收益率才能比较。标准差率变成收益率的基本要求是：所冒风险程度越大，得到的收益率也应该越高，投资风险收益率应该与反映风险程度的标准差率呈正比例关系。标准差率要转换为投资收益率，其间还需要借助一个参数，即风险价值系数。其计算公式为：

应得风险收益率＝风险价值系数 b×标准差率 V

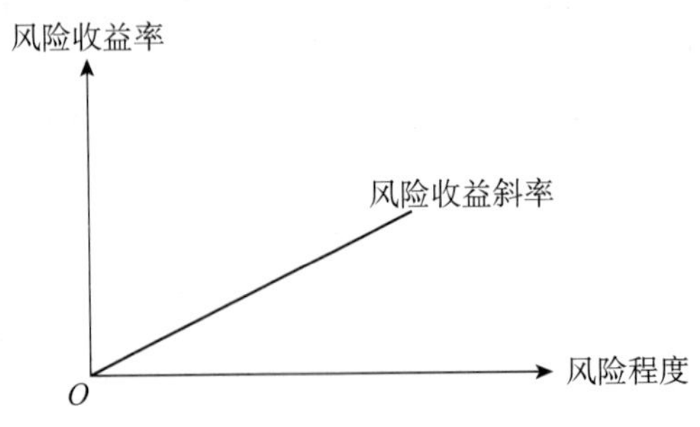

图 2—17　风险收益率与风险程度的关系

$$应得风险收益额=预期值\times\frac{风险收益率}{风险收益率+无风险收益率}$$

风险价值系数是由投资者根据经验，结合其他因素加以确定的。通常有以下几种方法：

①根据以往同类项目的有关数据确定。根据以往同类项目的投资收益率、无风险收益率和收益标准差率等历史资料，可以求得风险价值系数。例如，企业进行某项投资，其同类项目的投资收益率为10%，无风险收益率为6%，收益标准差率为50%，根据公式，风险价值系数为：

$$b=(10\%-6\%)/50\%=8\%$$

②由企业领导或有关专家确定。如果当前进行的投资项目缺乏同类项目的历史资料，不宜采用上述方法计算，则可根据主观经验加以确定。可以由企业领导，如总经理、财务主任等研究确定，也可由企业组织有关专家确定。这时，风险价值系数的确定在很大程度上取决于企业对风险的态度。比较敢于冒风险的企业，往往把风险价值系数定得低些；而比较稳健的企业，则往往将其定得高些。

③由国家有关部门组织专家确定。国家财政、银行、证券管理部门可组织有关方面的专家，根据各行业的条件和有关因素，确定各行业的风险价值系数。

2. 预测的投资收益率

按照上述程序计算出来的应得风险收益率，是在现有风险程度下要求的风险收益率。为了判断某一投资方案的优劣，可将预测的风险收益率同应得风险收益率进行比较，研究预测风险收益率是否大于应得风险收益率。对于投资者来说，预测的风险收益率越高越好。企业在无风险收益率已知的条件下，根据无风险收益率和预测的投资收益率，可求出预测的风险收益率，并进而推算出预测风险收益额。其计算公式如下：

$$预测投资收益率=\frac{预测收益额}{投资额}$$

$$预测投资风险收益率=预测投资收益率-无风险收益率$$

$$预测风险收益额=预期值\times\frac{预测风险收益率}{预测风险收益率+无风险收益率}$$

求出预测风险收益率，并将其与应得风险收益率进行比较后，方可对投资方案进行评价。若预测的风险收益率大于应得风险收益率，说明该投资方案是可取的；否则，方案不可取。

以上对投资风险程度的衡量，是就一个投资方案而言的，如果有多个投资方案供选择，那么进行投资方案决策总的原则应该是，投资收益率越高越好，风险程度越低越好。具体来说有以下几种情况：

①如果两个投资方案的预期收益率基本相同，应当选择标准差率较低的那一个；

②如果两个投资方案的标准差率基本相同，应当选择预期收益率较高的那一个；

③如果甲方案预期收益率高于乙方案，而甲方案的标准差率低于乙方案，则应当选择甲方案；

④如果甲方案的预期收益率高于乙方案，而甲方案的标准差率也高于乙方案，则不能一概而论，而要取决于投资者对风险的态度。有的投资者愿意冒较大的风险，以追求较高的收益率，可能选择甲方案；有的投资者则不愿意冒较大的风险，宁肯接受较低的收益率，可能选择乙方案。但如果甲方案的收益率高于乙方案的程度大，而其收益标准差率高于乙方案的程度小，则选择甲方案可能比较适宜。

注意：投资风险价值的计算结果具有一定的假定性，并不十分精确。研究投资风险价值原理，主要是要求企业在进行投资决策时，树立风险价值观念，认真权衡风险与收益的关系，选择有可能避免风险、分散风险，并获得较多收益的投资方案。

五、风险对策

1. 规避风险

任何经济单位对风险的对策，首先考虑到的是规避风险，凡风险所造成的损失不能由该项目可能获得的利润予以抵消时，规避风险是最可行的简单方法。规避风险办法很多，如拒绝与不守信用的厂商进行业务往来；放弃可能明显导致亏损的投资项目；新产品在试制阶段发现诸多问题而果断停止试制。

2. 减少风险

减少风险有两方面的含义：一是控制风险因素，减少风险的发生；二是控制风险发生的频率和降低风险损害程度。减少风险的办法很多，如搞好市场调研，进行准确的预测；对决策进行多方案优选，选择有弹性、抗风险能力强的技术方案；采用多领域、多项目、多品种的投资以分散风险。总之，尽力从制度、决策、组织和控制上提高企业防御风险的能力。

3. 转移风险

企业以一定的代价，采取某种方式，将风险损失转嫁给他人承担，以避免可能给企业带来的灾难性损失。转移风险的办法很多，如向保险公司投保；采取合资、联营、联合开发等方式实现风险共担；通过技术转让、特许经营、租赁经营等方式实现风险转移。

4. 接受风险

对于预期损失较小的风险，如果企业有足够的财力和能力承受风险损失，可以采取风险自担和风险自保来自行消化风险损失。风险自担，就是风险损失发生时，直接将损失摊入成本或费用，或冲减利润；风险自保，就是企业预留一笔风险金，随着生产经营的进行，有计划地计提风险基金，如坏账准备金、存货跌价准备等。

【本章强化训练题】

一、思考题

1. 如何利用投资风险价值对多个投资方案进行选择？
2. 什么是名义利率？什么是实际利率？两者之间如何换算？
3. 普通年金与预付年金有何不同？
4. 什么是年金？试举出几例。
5. 企业财务管理的原则有哪些？
6. 如何运用标准差来判断投资项目的风险大小？

二、单项选择题

1. 下列各项年金中，只有现值没有终值的年金是（　　）。

A. 普通年金　　B. 预付年金　　C. 永续年金　　D. 递延年金

2. 从第一期起，在一定时期内每期期初等额收付的系列款项是（　　）。从第一期起，在一定时期内每期期末等额收付的系列款项是（　　）。

A. 普通年金　　B. 预付年金　　C. 永续年金　　D. 递延年金

3. 普通年金现值系数的倒数称为（　　）。

A. 复利现值系数　　B. 普通年金终值系数

C. 偿债基金系数　　D. 资本回收系数

4. 下列事件中，（　　）可以通过多元化投资来分散。

A. 罢工　　B. 战争　　C. 通货膨胀　　D. 自然灾害

5. 为比较预期报酬率不同的两个或两个以上的方案的风险程度，应采用的标准是（　　）。

A. 标准差　　B. 标准差率　　C. 概率　　D. 风险报酬率

6. 财务关系是指企业在财务活动中与有关方面形成的（　　）。

A. 货币关系　　B. 结算关系　　C. 经济利益关系　　D. 往来关系

7. 下面（　　）的利率，在没有通货膨胀的情况下，可视为纯利率。

A. 银行债券　　B. 金融债券　　C. 公司债券　　D. 国库券

8. 在市场经济条件下，财务管理的核心是（　　）。

A. 财务预测　　B. 财务决策　　C. 财务控制　　D. 财务预算

9. 在利率为10%的情况下，1～4年期的复利现值系数分别为0.909 1、0.826 4、0.751 3、0.683 0，则4年期的年金现值系数为（　　）。

A. 2.599 8　　B. 3.169 8　　C. 5.229 8　　D. 4.169 4

10. 某校准备设立永久性奖学金，每年计划颁发360 000元奖金，若年利率为12%，则该校现在应向银行存入（　　）元本金。

A. 4 500 000　　B. 3 000 000　　C. 3 500 000　　D. 3 600 000

11. 企业发行债券，在名义利率相同的情况下，对其最不利的复利计息期为（　　）。

A. 1年　　B. 半年　　C. 1季度　　D. 1月

12. 已知（P/A,10%,4）=3.169 9，（P/F,10%,4）=0.683 0，（P/F,10%,5）=0.620 9，则（P/A,10%,5）为（　　）。

A. 2.549 0　　B. 3.790 8　　C. 3.852 9　　D. 5.105 3

13. 某人年初存入银行10 000元，假设银行按每年10%的复利计息，每年末取出2 000元，则最后一次能足额提取2 000元的时间是（　　）。

A. 6年　　B. 7年　　C. 8年　　D. 9年

14. 已知（F/A,8%,10）=14.487，（F/A,8%,12）=18.977，则11年、8%的预付年金终值系数为（　　）。

A. 15.487　　B. 16.726　　C. 17.977　　D. 19.415

15. 若投资项目的风险价值系数为0.2，无风险投资报酬率为5%，投资者要求的报酬率为14%，则该投资项目的变化系数为（　　）。

A. 0.45　　　　　B. 0.045　　　　　C. 0.1　　　　　D. 0.7

三、实务题

（一）练习递延年金现值的计算

资料：有一项年金，前 2 年无流入，后 5 年每年年初流入 300 万元，假设年利率为 10%，其现值为多少？

（二）练习预付年金现值的计算

资料：某公司需用一台设备，买价为 9 000 元，可用 8 年。如果租用，则每年年初须付租金 1 500 元。假设利率为 8%。要求：为企业作出租用或购买设备的决策。

（三）练习名义利率与实际利率的换算

资料：某公司于 2008 年初向银行存入 5 万元资金，年利率为 8%，每半年复利一次，则第 10 年末该公司可得到的本利和为多少？年实际利率为多少？

（四）练习计息期间的计算

资料：某公司拟购置一台设备，现有甲、乙两种设备可供选择。甲设备的价格比乙设备的价格高 30 000 元，但每年可节约维修保养费用 6 000 元。假设甲设备的经济寿命为 6 年，利率为 8%，该公司在甲、乙两种设备中应该选择哪一种？

（五）练习货币时间价值的计算

资料：某公司准备购买一套设备，有两种付款方式可供选择：

A 方案，从现在起每年年初付款 100 万元，连续支付 10 年，共计 1 000 万元。

B 方案，从第 5 年起，每年年初付款 125 万元，连续支付 10 年，共计 1 250 万元。

假设利率为 10%，哪种付款方式较优？

（六）练习复利终值的计算

资料：某人在 2009 年 1 月 1 日存入银行 10 000 元，年利率为 10%。要求计算：

（1）每年复利 1 次，2012 年 1 月 1 日存款账户上的余额是多少？

（2）每季度复利 1 次，2012 年 1 月 1 日存款账户上的余额是多少？

（3）若总额 10 000 元，分别在 2009—2012 年的每年年初存入 2 500 元，仍按 10%利率计算，每年复利一次，问 2012 年 1 月 1 日存款账户上的余额是多少？

（七）练习投资风险价值计算

资料：某种股票的期望收益率为 10%，其标准差为 0.04，风险报酬斜率为

30%，则该股票的风险报酬率为多少？

（八）练习投资风险价值的计算

资料：某公司拟投资500万元兴建电子仪器厂，根据市场预测，预计每年可获得的收益及其概率如表2—5所示。

表2—5　预计收益及概率

市场情况	预计每年收益（万元）	概率
繁荣	120	0.2
一般	100	0.5
较差	60	0.3

若该行业的风险价值系数为6%，年利率（货币时间价值）为8%。要求：

（1）计算该项投资的收益期望值；

（2）计算该项投资的标准差；

（3）计算该项投资的标准差率；

（4）计算该项投资的投资收益率；

（5）对方案的可行性进行分析。

【案例分析】

博彩奖金的转换决定

1987年，罗莎琳德·塞奇菲尔德（Rosalınd Setchfield）赢得了一项总价值超过130万美元的大奖。这样，在以后20年中，每年她都会收到65 276.79美元的分期付款。六年后的1995年，塞奇菲尔德女士接到了位于佛罗里达州西部棕榈市的西格资产理财公司（Singer Asset Finance Company）的一位销售人员打来的电话，称该公司愿立即付给她140 000美元以获得今后9年其博彩奖支票的一半款项（也就是，现在的140 000美元换算以后，9年共293 745.56美元（32 638.395美元×9）的分期付款）。西格公司是一个奖金经纪公司，其职员的主要工作就是跟踪类似塞奇菲尔德女士这样的博彩大奖的获得者。公司甚至知道有许多人会急于将他们获得的奖项马上变现成一笔巨款。西格公司是年营业收入高达7亿美元的奖金经纪行业中的一员，它和伍德步里奇·斯特林公司（Woodbridge Sterling Capital）目前占据了行业中80%的业务。类似西格公司这样的经纪公司将它们收购的这种获得未来现金流的权利再转售给一些机构投资者，诸如美国太阳公司（Sun America）或是约翰·汉考克共同生命保险公司（John Hancock Mutual Life Insurance Co.）。本案例中，购买这项权利的是金融升级服务集团（Enhance Financial Service Group），简称 EFSG 公司，它是一家从事纽约州的市政债券的再保险公司。西格公司已谈好将它领取塞奇菲尔德一半奖金的权利以 196 000 美元的价格卖给 EFSG 公司，如果塞奇菲尔德答应西格公司的报价，西格公司就能马上赚取 56 000 美元。最终塞奇菲尔德接受报价，交易达成。

案例思考：

通过阅读上述案例，你认为西格公司为什么能安排这笔交易并立即获得 56 000美元的利润呢?

第三章

筹资管理

本章学习目标 通过本章学习，了解企业筹资的动机和要求；弄清各种筹资方式的优缺点；学会筹资规模的确定方法；掌握各种资金成本的含义、特点和计算；掌握资本结构决策的方法。

第一节 筹资概述

资金是企业持续从事生产经营活动的基本条件，没有资金，企业难以生存和发展。筹集资金是企业财务管理工作的起点，是决定企业资金运动规模和生产经营发展速度的重要环节。企业筹资决策涉及筹资渠道与方式、筹资数量、筹资时机、筹资结构、筹资风险、筹资成本等问题。其中，筹资渠道受筹资环境制约，筹资方式受外部筹资环境及企业筹资能力影响，筹资数量及筹资时机受企业筹资战略影响。因此，现代企业应科学合理地进行筹资，保证企业生产经营活动的需要。

一、企业筹资的动机

企业筹资的动机总的来说是为了获取资金，以满足企业生存和发展的需要，但每一次具体的筹资活动，其动机又不尽相同，主要表现在以下几个方面。

（一）新建筹资动机

新建筹资动机是指为了满足企业设立所需资金的需要而产生的筹资动机。新企业的设立必须有充足的资金，以便购置厂房、机器设备、原材料和支付各项费用等。按照有关法律规定，企业在设立时，必须有法定的资本金，且不能低于国家限额。因此，企业的设立必须以筹集一定数量的资金为前提条件。

（二）扩张筹资动机

扩张筹资动机是指为了满足企业扩张经营规模所需资金的需要而产生的筹资动机。成长和扩张中的企业，其生产经营规模是不断扩大的，对资金的需求也不断增多，为此需要不断筹集大量资金。在这种情况下，应根据企业扩张的具体情况，认真研究投资的方向和规模，以便合理筹集所需资金。

（三）偿债筹资动机

偿债筹资动机是指为了满足企业偿还债务所需资金的需要而产生的筹资动机。通常，企业总是利用一定的负债进行生产经营，负债到期是需要偿还的。如果债务到期而现金不足，则必须预先安排筹集资金，以满足偿债对现金的需要。偿债性筹资可分为两种情况：一是调整性偿债筹资，即企业虽有能力支付到期旧债，但为了调整原有的资本结构，以便使资本结构更趋合理，这时，企业需要举借新债来偿还旧债，这是主动的筹资策略；二是恶化性筹资，即企业财务状况恶化，现有支付能力已不足以偿还到期债务，被迫举借新债还旧债，这是被迫的偿债筹资。

（四）混合筹资动机

混合筹资动机是企业同时既为扩张规模又为调整资金结构而产生的筹资动机。这种筹资包含了扩张筹资和偿债筹资两种动机，其结果是既会增大企业资产总额，又能调整企业的资本结构。

二、企业筹资的原则

筹资作为企业理财的起点，直接影响理财的最终效果。何时筹资，筹资多少，通过什么渠道，采用什么方式进行筹资都是企业筹资工作要研究的重要内容。因此，企业在筹资决策中要解决好筹资渠道与方式、筹资数量、筹资时机、筹资结构、筹资风险、筹资成本等方面的问题。总的来说，企业筹资的基本要求是经济有效。为了达到这一基本要求，在具体的筹资决策中要注意以下方面。

（一）规模适当原则

企业在筹资过程中，无论通过何种渠道、采用何种方式，都应预先确定资金的需要量，然后再确定一个合理的筹资界限，使资金筹集量与资金需要量相互平衡，既要防止资金不足，影响生产的发展；又要避免资金过剩，导致资金使用效率的降低。

（二）方式经济原则

企业筹集资金的渠道和方式多种多样，不同的筹资渠道和筹资方式，其筹资成本和筹资风险以及筹资的难易程度也各不相同。为此，企业在选择资金来源，决定筹资方式时，必须综合考虑筹资成本、筹资风险以及投资效益等多方面因素，寻求筹资方式的最优组合，实现最大的投资效益。

（三）结构合理原则

企业的全部资金包括权益资金和债务资金两部分。企业在筹资时，要根据权益资金和偿债能力的高低来科学地安排企业的资金结构，既要防止负债过多，导致财务风险过大，偿债能力不足，又要有效利用负债经营，借以提高权益资金的收益水平。

（四）筹措及时原则

企业要按照资金投放使用的时间合理地安排筹资，适时取得所筹资金，使筹资与用资在时间上相衔接，避免取得资金滞后而贻误投资的有利时机，也要防止取得资金过早而造成投放前的闲置。

三、企业筹资的渠道

筹资渠道是指企业筹措资金的来源和通道，体现着所筹集资金的来源和性质。筹资渠道属于客观范畴，是由社会资本的提供者及数量分布所决定的，企业无法左右筹资渠道的多与少。了解筹资渠道的种类和每一种筹资渠道的特点，有利于企业充分开拓和正确利用筹资渠道。现阶段，我国企业筹集资金的渠道主要有：

（一）国家财政资金

国家财政资金是指国家以财政拨款、财政贷款、国有资产入股等形式向企业投入的资金。国家财政资金是国有企业获得资金的主要渠道。在现有国有企业的资金来源中，其资本部分大多是由国家财政以直接拨款方式形成的，除此之外，还有些是国家对企业“税前还贷”或减免各种税款而形成的。不管是以何种形式形成的，从产权关系上看，它们都属于国家投入的资金，产权归国家所有。

（二）银行信贷资金

银行对企业的各种贷款，是我国目前各类企业最为重要的资金来源。因为银行信贷资金有个人储蓄、单位存款等经常性的资金来源，财力雄厚，贷款方式灵活，可以满足企业的各种资金需要。我国银行分为商业性银行和政策性银行两种。商业银行是以营利为目的，从事信贷资金投放的金融机构，它主要为企业提供各种商业贷款；政策性银行则为特定企业提供政策性贷款。

（三）非银行金融机构资金

在银行业发展的同时，非银行金融机构也在发展。目前我国的非银行金融机构主要包括保险公司、信托投资公司、财务公司、证券公司、租赁公司、金融公司等。非银行金融机构的资金力量比银行要小，目前尚起辅助作用，但这些金融机构的资金供应比较灵活，可以为企业提供多种金融服务，如信贷资金的投放、物资的融通、为企业承销证券等，非银行金融机构的业务今后会发展很快。

（四）其他企业或单位资金

其他企业和单位可以将一部分暂时闲置或长期闲置的资金，用于企业间的相互投资和短期商业信用，为企业之间相互调剂资金余缺提供可能和来源。

（五）民间资金

企业职工和城乡居民可以将自己闲置的、游离于银行及非银行金融机构之外的资金，通过证券市场对企业进行投资，为企业所利用，形成企业的资金来源。

（六）企业自留资金

企业自留资金是指企业内部形成的资金，包括三部分：一是从税后利润中提取的盈余公积金和未分配利润；二是通过计提折旧而形成的固定资产更新改造资金；三是企业经常性的延期支付款项，如应付职工薪酬、应交税费、应付股利等负债而形成的资金。这些资金可以直接由企业内部自动生成或转移，不需要通过一定的方式去筹集。

（七）外商资金

外商资金是外国投资者以及我国香港、澳门和台湾地区投资者投入的资金，是外商投资企业重要的资金来源。

上述各种筹资渠道资金供应量的多少存在着较大的差别。有些渠道的资金供应量多，如银行信贷资金；而有些相对较少，如企业自留资金。资金供应量的多少，在一定程度上取决于财务管理环境的变化，特别是宏观经济体制、银行体制和金融市场发展速度等因素。

四、企业筹资的方式

筹资方式是指企业筹集资金所采用的具体形式。如果说，筹资渠道是客观存在的，那么筹资方式则是企业可以自主选择的。如何选择适宜的筹资方式，降低筹资成本，提高筹资效益，是企业筹资管理的重要内容。

企业筹资方式一般有以下几种：吸收直接投资、发行股票、银行借款、发行债券、商业信用、企业内部积累、融资租赁。这些筹资方式可以按不同标志进行分类，形成不同的分类类型。

（一）按所筹资金的性质不同，筹资方式可分为自有资金的筹集与负债资金的筹集

企业的资金来源按资金权益性质不同，可分为自有资金和负债资金。合理安排自有资金与负债资金的比例关系，是筹资管理的一个核心问题。

1. 自有资金

自有资金又称主权资本或权益资本，是企业依法筹集并长期拥有、自主支配的资金，其数额就是资产负债表中的所有者权益总额，也称净资产。根据我国财务制度规定，企业自有资金包括资本金、资本公积金、盈余公积金和未分配利润。按照国际惯例，一般包括实收资本（或股本）和留存收益两部分。自有资金的特点表现在：

（1）自有资金的所有权归属企业的所有者，所有者凭借其所有权参与企业经营管理和利润分配，并对企业的经营状况承担有限责任；

（2）企业对自有资金依法享有经营权，在企业存续期内，投资者除依法转让外，不得以任何方式抽回其投入的资本，因此，自有资金被视为“永久性资本”；

（3）企业自有资金是通过国家财政资金、其他企业资金、民间资金、外商资金等渠道，采用吸收直接投资、发行股票、留用利润等方式筹措形成的。

2. 负债资金

企业的负债资金，又称借入资金或债务资金，是企业依法筹措并依约使用、按期偿还的资金，其数额就是资产负债表中的负债总额，也称债权人权益。借入资金包括各种借款、应付债券、应付票据等。负债资金的特点表现在：

（1）借入资金体现的是企业与债权人的债权债务关系，它属于企业的债务，是债权人的债权；

（2）企业的债权人有权按期索取本息，但无权参与企业的经营管理，对企业的经营状况不承担责任；

（3）企业对借入资金在约定的期限内享有使用权，承担按期付息还本的义务；

（4）企业的借入资金是通过银行、非银行金融机构、民间等渠道，采用银行借款、发行债券、商业信用、融资租赁等方式筹措取得的。

借入资金有的可按规定转化为自有资金，如可转换为本公司股票的公司债券。

（二）按筹资期限不同，筹资方式可分为长期资金的筹集与短期资金的筹集

企业的资金来源按期限不同，可分为长期资金和短期资金，两者构成企业全部资金的期限结构。合理安排企业资金的期限结构，有利于实现企业资金的最佳配置和筹资组合。

1. 长期资金

长期资金是指使用期限在一年或一个营业周期以上的资金，主要用于购建固定资产、取得无形资产、进行长期投资、垫支长期占用的资产等。企业要长期、持续、稳定地进行生产经营活动，就需要一定数量的长期资金。长期资金通常采用吸收直接投资、发行股票、发行债券、长期借款、融资租赁等方式来筹措。长期资金占用时间长，对企业短期经营的影响较小，但成本相对较高，投资风险较大。

2. 短期资金

短期资金是指使用期限在一年或一个营业周期以内的资金，主要用于维持企业日常生产经营活动的开展。企业的短期资金，一般是通过短期借款、商业信用、发行融资券等方式来融通。短期资金具有占用时间短，对短期经营的影响较大，资金成本相对较低等特点。

企业的长期资金和短期资金，有时亦可相互融通。例如，用短期资金来源暂时满足长期资金需要，或者用长期资金来源临时解决短期资金的不足。

（三）按资金来源不同，筹资方式可分为内部筹资与外部筹资

企业的资金来源可以分别通过内部筹资和外部筹资来形成。企业应在充分利用内部资金来源之后，再考虑外部筹资问题。

1. 内部筹资

内部筹资是指在企业内部通过计提折旧和留用利润等方式而增加的资金来源。其中，计提折旧并不增加企业的资金规模，只是资金的形态转化，为企业增加现金来源，其数量的多寡由企业的折旧资产规模和折旧政策所决定；留用利润则增加企业的资金总量，其数量由企业可分配利润和利润分配政策（或股利政策）决定。内部筹资是在企业内部“自然地”形成的，因此，一般无须花费筹资费用。

2. 外部筹资

外部筹资是指在企业内部筹资不能满足需要时，向企业外部筹集资金而形成的资金来源。初创时期的企业，内部筹资的可能性是很有限的；成长阶段的企业，内部筹资也往往难以满足需要。所以，企业就要广泛开展外部筹资。企业外部筹资的渠道和方式很多，如发行股票、发行债券、取得借款等。对于外部筹资通常要计算筹资成本，并在比较选优的基础上选择最佳的外部筹资方式。

（四）按是否通过金融机构，可分为直接筹资与间接筹资

1. 直接筹资

直接筹资是指企业不经过银行等金融机构，直接与资金供应者协商借贷或通

过发行股票、债券等方式来筹集资金。它是在不断发展的筹资形式。在直接筹资过程中，资金供求双方借助于融资手段直接实现资金的转移，而无须银行等金融机构作为媒介。

2. 间接筹资

间接筹资是指企业借助银行等金融机构而进行的筹资活动。它是传统的筹资形式。在间接筹资过程中，银行等金融机构发挥中介作用，它们预先聚集资金，然后提供给筹资企业。间接筹资的基本方式是银行借款、非银行金融机构借款等。

直接筹资与间接筹资相比，两者有明显的差别，主要表现在以下几方面。

(1) 筹资范围不同。直接筹资具有广阔的领域，可利用的筹资渠道和方式较多；而间接筹资的范围比较窄，筹资渠道和方式比较单一。

(2) 筹资效率和费用高低不同。直接筹资的手续较为繁杂，所需文件较多，准备时间较长，故筹资效率较低，筹资费用较高；而间接筹资手续比较简便，过程比较简单，比如银行借款只需通过申请签订贷款合同和办理借据即可，故筹资效率较高，筹资费用较低。

(3) 筹资意义不同。直接筹资能使企业最大限度地利用社会资金，提高企业的知名度与信誉度，改善企业的资本结构；而间接筹资则主要是满足企业资金周转的需要。

筹资渠道和筹资方式既有区别，又有联系。筹资渠道解决的是资金来源的问题，筹资方式解决的是企业如何取得资金的问题。同一渠道的资金往往可以采用不同的筹资方式取得，同一筹资方式又往往适用于不同的筹资渠道。企业进行筹资，必须实现两者的合理配合。它们之间的对应关系可用表 3—1 表示。

表 3—1　　筹资方式与筹资渠道的对应关系

筹资方式 筹资渠道	吸收直接投资	发行股票	企业内部积累	银行借款	发行债券	融资租赁	商业信用
国家财政资金	√	√					
银行信贷资金				√			
非银行金融机构资金	√	√		√	√	√	
其他企业或单位资金	√	√			√	√	√
民间资金	√	√		√			
企业自留资金			√				
外商资金	√	√		√	√		

第二节 资金需要量的预测

科学地预测资金需要量是企业合理筹资的前提。企业在筹资之前，应采用一定的方法来预测资金需要量，以保证企业生产经营活动对资金的需要，同时也避免筹资过量造成资金闲置。预测资金需要量常用的方法有定性预测法和定量预测法。

一、定性预测法

定性预测法是利用相关资料，依靠个人经验的主观判断和分析能力，对未来资金的需要量作出的预测。其预测过程是：首先由熟悉财务情况和生产经营情况的专家，根据过去所积累的经验进行分析判断，提出预测的初步意见；然后，通过召开座谈会或发出各种表格等形式，对上述预测的初步意见进行修正补充。这样经过一次或几次以后，得出预测的最终结果。

定性预测法是十分有用的，但它不能揭示资金需要量与有关因素之间的数量关系。这种方法一般是在企业缺乏完备、准确的历史资料的情况下采用。

二、定量预测法

定量预测法是以历史资料为依据，采用数学模型对未来时期资金需要量进行预测的方法。这种方法预测的结果科学而准确，有较高的可行性，是预测资金需要量最常用的方法。但这种方法计算较为复杂，要求具有完备的历史资料。定量预测法有很多，最常用的方法有资金习性预测法和销售百分比法。

（一）资金习性预测法

资金习性是指资金的变动与产销量变动之间的依存关系。按照资金与产销量之间的依存关系，可以将资金分为不变资金、变动资金和半变动资金。

不变资金是指在一定的产销量范围内，不受产销量变动的影响而保持固定不变的那部分资金。这部分资金包括为维持营业而占用的最低数额的现金、原材料的保险储备、必要的成品储备，以及厂房、机器设备等固定资产占用的资金。

变动资金是指随产销量的变动而成比例变动的那部分资金。这部分资金包括直接构成产品实体的原材料、外购件等占用的资金。另外，在最低储备以外的现金、存货、应收账款等也具有变动资金的性质。

半变动资金是指虽然受产销量变化的影响，但不成同比例变动的资金，如一些辅助材料所占用的资金。半变动资金可采用一定的方法划分为不变资金和变动资金两部分。

进行资金习性分析，把资金划分为不变资金与变动资金两部分，可以从数量上掌握资金同产销量之间的规律性，对正确地预测资金需要量有很大帮助。资金习性预测法在具体计算上主要有线性回归预测法与高低点法两种。

1. 线性回归预测法

线性回归预测法，是假定资金需要量与销售业务量之间存在着线性关系，在建立数学模型后，根据有关历史资料，用回归直线方程确定参数来预测资金需要量的方法。其预测模型为：

$$y = a + bx$$

式中，y：资金需要量；

a：不变资金；

b：单位业务量所需要的变动资金；

x：业务量。

根据历史资料，利用最小平方法建立方程组：

$$\begin{cases} \sum y = na + b\sum x \\ \sum xy = a\sum x + b\sum x^2 \end{cases}$$

解方程组，求出回归参数 a，b。其计算公式为：

$$a = \frac{\sum y - b\sum x}{n} \quad 或 \quad a = \frac{\sum x^2 \sum y - \sum x \sum xy}{n\sum x^2 - (\sum x)^2}$$

$$b = \frac{n\sum xy - \sum x \sum y}{n\sum x^2 - (\sum x)^2}$$

【例 3—1】某企业产销量和资金变化情况如表 3—2 所示。

表 3—2　　产销量与资金需要量对应表

年份	销量（万件）	资金需要量（万元）	xy	x^2
2005	15	200	3 000	225
2006	25	220	5 500	625
2007	40	250	10 000	1 600
2007	35	240	8 400	1 225
2009	55	280	15 400	3 025
合计	$\sum x = 170$	$\sum y = 1\ 190$	$\sum xy = 42\ 300$	$\sum x^2 = 6\ 700$

预计 2010 年产销量为 90 万件，试计算 2010 年的资金需要量。

把表 3—2 的数据代入到 a 、b 的计算公式中，得：

$$a=170$$

$$b=2$$

把 a 与 b 代入到回归直线方程 $y=a+bx$ 中，得：

$$y=170+2x$$

将 2010 年的预计销售量 90 万件代入到方程 $y=170+2x$ 中，得：

$$y=170+2\times 90=350\text{（万元）}$$

需要指出的是，线性回归预测法是根据企业过去的资金占用变化趋势预测未来的资金需要量，其前提是假定事物的过去会同样延续到未来。这种方法因突出时间序列而暂不考虑外界因素影响，因而存在着预测误差的缺陷，当遇到外界发生较大变化时，往往会有较大的偏差。所以，线性回归预测法对于中短期的预测效果要比长期预测的效果好。

2. 高低点法

$$\text{单位变动资金}=\frac{\text{最高收入期项目资金占用量}-\text{最低收入期项目资金占用量}}{\text{最高销售收入}-\text{最低销售收入}}$$

$$\text{某项目不变资金总额}=\text{最高收入期该项目资金占用量}-\text{单位变动资金}\times\text{最高销售收入}$$

或

$$\text{某项目不变资金总额}=\text{最低收入期该项目资金占用量}-\text{单位变动资金}\times\text{最低销售收入}$$

【例 3—2】某企业历史上资金占用与销售收入之间的关系如表 3—3 所示。

表 3—3　　资金占用与销售收入变化情况表　　单位：万元

年份	销售收入（x）	资金占用（y）
2005	2 000	110
2006	2 400	130
2007	2 600	140
2008	2 800	150
2009	3 000	160

预计2010年的销售收入为3 500万元，则资金占用量为多少？

根据以上资料采用高低点法计算如下：

$$某项目单位变动资金=\frac{160-110}{3\ 000-2\ 000}=0.05$$

$$某项目不变资金总额=160-0.05\times 3\ 000=10(万元)$$

或

$$某项目不变资金总额=110-0.05\times 2\ 000=10(万元)$$

$$2010年资金占用量=不变资金+可变资金=10+0.05\times 3\ 500=185(万元)$$

相对于线性回归预测法来说，高低点法计算简便，易于理解，但以两点资料来代表整体，过于草率，误差较大。

（二）销售百分比法

销售百分比法是指根据资产负债表中各个项目与销售收入总额之间的比例关系，按照计划期销售额增长情况来预测资金需要量的一种方法，是目前最流行的预测资金需要量的方法。使用这一方法的前提是必须假设收入、费用、资产、负债与销售收入存在稳定的百分比关系，根据预计销售额和相应的百分比预计资产、负债和所有者权益，然后利用会计等式确定融资需求。

具体的计算方法有两种：一种是先根据销售总额预计资产、负债和所有者权益的总额，然后确定融资需求；另一种是根据销售的增加额预计资产、负债和所有者权益的增加额，然后确定融资需求。

1. 根据销售总额确定融资需求

（1）分析基期资产负债表中各个项目与销售收入总额之间的依存关系，计算各敏感项目的销售百分比。

$$敏感项目的销售百分比=\frac{基期资产负债表中的各敏感项目数值}{基期销售额}$$

在资产负债表中，有一些项目会因销售收入的增长而相应地增加，通常将这些项目称为敏感项目，包括现金、应收账款、存货、应付账款、应付费用等。另有一些项目与销售额的多少没有直接关系，一般不会随销售额的增长而增加，通常将这些项目称为不敏感项目，包括对外投资、短期借款、长期负债和实收资本等项目。

不同企业销售额变动引起资产、负债变化的项目及比率是不同，需要根据历史资料逐项研究确定。仅就例3—3而言，假设现金、应收账款、预付账款、应付账款、预收账款都随销售额变动，并呈正比例关系。短期借款、长期负债和所有者权益等项目，则与销售额无关。

【例3—3】某公司2009年12月31日的资产负债表如表3—4所示。

表 3—4 **2009 年的资产负债表**

2009 年 12 月 31 日 单位：元

资产	金额	百分比	负债及所有者权益	金额	百分比
现金	10 000	5%	应付票据	8 000	4%
应收账款	24 000	12%	预收账款	4 000	2%
存货	50 000	25%	应付账款	20 000	10%
预付账款	4 000	2%	短期借款	50 000	—
固定资产净值	212 000	—	长期负债	80 000	—
—	—	—	实收资本	128 000	—
—	—	—	留用利润	10 000	—
资产总额	300 000	44%	负债及所有者权益总额	300 000	16%

该企业 2009 年的销售收入为 200 000 元，销售净利率为 10%，税后利润为 20 000 元，已按 50%的比例发放普通股股利 10 000 元。目前企业尚有剩余生产能力，即在不增加固定资产的情况下就可以增加收入，假定销售净利率仍保持上年的水平，预计 2010 年销售收入将增加为 240 000 元，年末普通股股利的发放比例为 70%，要求预测 2010 年需要增加的资金数量为多少。

（2）计算预测期各项目的预计数值，并填入预计资产负债表（如表 3—5 所示），确定需要增加的资金额。

预测期不敏感项目的数值＝基期不敏感项目的数值

预测期敏感项目的数值＝预计销售额×敏感项目的销售百分比

表 3—5 **2010 年预计资产负债表**

2010 年 12 月 31 日 单位：元

资产			负债及所有者权益		
项目	销售百分比	预计数	项目	销售百分比	预计数
现金	5%	12 000	应付票据	4%	9 600
应收账款	12%	28 800	预收账款	2%	4 800
存货	25%	60 000	应付账款	10%	24 000
预付账款	2%	4 800	短期借款	—	50 000
固定资产净值	—	212 000	长期负债	—	80 000
—	—	—	实收资本	—	128 000
—	—	—	留用利润	—	10 000
—	—	—	追加资金	—	11 200
合计	44%	317 600	合计	16%	317 600

（3）预计留存收益增加额。留存收益是公司内部融资的来源，只要公司有盈利并且不是全部支付股利，留存收益会使所有者权益自然增长。留存收益可以满足或部分满足企业的融资需求，这部分资金的多少取决于收益的多少和股利支付率的高低。

留存收益增加＝预计销售额×预计销售净利率×(1－股利支付率)
＝240 000×10%×(1－70%)
＝7 200（元）

（4）计算外部融资需求。

外部融资需求＝预计总资产－预计总负债－预计所有者权益
＝317 600－168 400－145 200
＝4 000（元）

2. 根据销售额增加额确定融资需求

融资需求＝资产增加－负债增加－留存收益增加
＝资产销售百分比×新增销售额
－负债销售百分比×新增销售额
－预计销售净利率×预计销售额×(1－股利支付率)
＝40 000×44%－40 000×16%－10%×240 000×30%
＝4 000（元）

第三节　权益性筹资方式

权益资金是投资者投入企业的资本金及经营中所形成的积累，它反映所有者的权益，故称权益资金。权益资金是企业生存和发展的前提，任何企业在生产经营活动中，都必须拥有一定规模的权益资金。企业权益资金的筹集方式，主要有吸收直接投资、普通股筹资、企业内部积累等。

一、吸收直接投资

吸收直接投资，简称吸收投资，是指企业按照“共同投资、共同经营、共担风险、共享利润”的原则直接吸收国家、法人、个人投入资金，并形成企业资本金的一种筹资方式。吸收直接投资、发行股票、留存收益都是企业筹集自有资金的方式，但发行股票方式中存在股票这种有价证券作为媒介，而吸收直接投资无须公开发行证券，不以证券为媒介。吸收投资中的出资者都是企业的所有者，他们对企业具有经营管理权。吸收投资适用于非股份制企业，是非股份制企业筹集自有资金的一种基本方式。

（一）吸收投资的程序

企业吸收直接投资一般应遵循的程序如下。

1. 确定吸收直接投资的资金数量

企业新建或扩大经营规模而吸收直接投资时，应当合理确定资金的需要量。国有独资企业的增资需要由国家授权投资的机构或国家授权的部门决定；合资或合营企业的增资需要由出资各方协商决定。

2. 寻找投资单位

企业在吸收投资之前，需要做一些必要的宣传，以便使出资单位了解企业的经营状况和财务情况，有目的地进行投资，这将有利于企业在比较多的投资中寻找最合适的工作伙伴。

3. 协商投资事项

企业从哪些渠道以何种形式吸收直接投资，需要由企业和投资者双向选择，协商确定。一般来说，企业期望投资者以现金方式出资，但如果投资者的确拥有较先进的适用于企业的固定资产、无形资产等，也可用其进行投资。

4. 签署投资合同或协议

双方经初步协商后，如没有太大异议，便可签署投资协议或合同，以明确双方的权利和责任。这里的关键是以实物投资、无形资产投资的作价问题。因为投资的报酬、风险的承担都是以公允作价后的出资额为依据，一般而言，双方应按公平合理的原则协商定价。如果争议比较大，可聘请有关资产评估机构来评定。

5. 取得资金来源

签署拨款决定或投资协议后，企业应按规定和计划取得资金来源。作为被投资企业，应督促投资者按时缴付出资，以便及时办理有关资产验证、注册登记等手续。

6. 共享投资利润

出资各方有权对企业进行经营管理。但如果投资者的投资占企业资金总额的比例较低，一般并不参与经营管理，他们最关心的还是其投资报酬问题。因此，企业在吸收投资之后，应按合同中的有关条款，从实现利润中对吸收的投资支付报酬。投资报酬是企业利润的一个分配去向，也是投资者利益的体现，企业要妥善处理，以便与投资者保持良好关系。

（二）吸收投资中的出资方式

企业在采用吸收投资方式筹集资金时，投资者可以用现金、厂房、机器设备、材料物资、无形资产等作价出资。现分别说明如下。

1. 以现金出资

以现金出资是吸收投资中最重要的一种出资方式。有了现金，便可以获取其他物质资源。吸收投资中所需投入现金的数额，取决于投入的实物、工业产权之外尚需多少资金来满足建厂的开支和日常周转的需要。我国《公司法》规定，有限责任公司全体股东的货币出资金额不得低于有限责任公司注册资本的30%。

2. 以实物出资

以实物出资就是投资者以厂房、建筑物、设备等固定资产和原材料、商品等流动资产所进行的投资。一般来讲，企业吸收实物投资应符合如下条件：(1) 确为企业科研、生产、经营所需；(2) 技术性能比较好；(3) 作价公平合理。实物出资所涉及的实物作价方法应按国家的有关规定执行。

3. 以工业产权出资

以工业产权出资是指投资者以专有技术、商标权、专利权等无形资产所进行的投资。一般来说，企业吸收工业产权投资应符合如下条件：(1) 能帮助研究和开发出新的高科技产品；(2) 能帮助生产出适销对路的高科技产品；(3) 能帮助改进产品质量，提高生产效率；(4) 能帮助大幅度降低各种消耗；(5) 作价比较合理。

企业在吸收工业产权投资时应特别谨慎，要进行认真的可行性研究，因为以工业产权投资实际上是把有关技术资本化了，把技术的价值固定化了。而技术具有时效性，因其不断老化会导致价值不断减少甚至完全丧失，风险较大。

4. 以土地使用权出资

投资者也可以用土地使用权来进行投资。土地使用权是按有关法规和合同的规定使用土地的权利。企业吸收土地使用权投资应符合如下条件：(1) 企业科研、生产、销售活动所需；(2) 交通、地理条件比较适宜；(3) 作价公平合理。

（三）注册资本制度

注册资本，也称资本金，就是开办企业的本钱，是企业吸收投资者投入企业资本的总和。企业资本金是企业赖以生存的“血液”，是企业经营活动的物质基础，以及企业债务的主要担保。资本金制度是有关资本金的筹集、管理、使用和分配的财务制度，其内容充分体现在《公司法》等法规中，是企业进行财务活动必须遵循的法规制度。

从资本金管理的角度来分析，资本金制度主要体现为以下四个原则。

1. 资本确定原则

资本确定原则要求企业章程必须明确规定企业的最低资本数额或注册资本额。根据我国《公司法》规定，有限责任公司注册资本的最低限额为人民币 3 万元，股份有限公司注册资本的最低限额为人民币 500 万元。

2. 资本充实原则

资本充实原则，即企业必须维持相当于企业资本的财产，具体包括以下内容：企业不得折价发行股票；企业盈利必须提存公积金；没有利润不得分配股利等。

3. 资本不变原则

资本不变原则规定不得任意增减企业资本金总额。企业的资本金确定以后，除非按规定程序办理增资和减资，一般不得随意变动。在企业持续经营期间，投资者的出资不得以任何方式抽回，但可以按照国家有关规定和公司章程规定转让。

4. 资本保全原则

资本保全原则要求一个企业在其经营活动中以保持基本完整无损为前提来确认收益，即收益是企业在某一会计期间处置而不致损害其原有财力以外的那部分金额，或在能够保持原有资本的前提下所取得的盈余，所以收益的计算以资本保全为条件。一个企业只有期末资产（净资产）金额等于或大于期初余额，才可认为实现了资本保全。

（四）吸收投资的评价

吸收投资是我国企业筹资中最早采用的一种方式，它与其他的筹资方式相比，具有如下优缺点。

1. 吸收投资的优点

（1）有利于增强企业信誉。吸收投资所筹集的资金属于自有资金，能增强企业的信誉和借款能力，对扩大企业经营规模、壮大企业实力具有重要作用。

（2）筹资形式灵活，可以是实物或无形资产，也可以是现金，有利于快速形成生产能力，满足生产经营的需要。

（3）财务风险较低。首先是筹资风险小，一般较少发生资金筹措不足的情况；其次是不需要支付固定的筹资成本，当企业经营状况好时，可向投资者多支付一些报酬，当企业经营状况不好时，就可不必向投资者支付报酬或少支付报酬。

2. 吸收投资的缺点

（1）资金成本较高。一般而言，采用吸收投资方式筹集资金所需负担的资金成本较高，特别是企业经营状况较好和盈利能力较强时更是如此。因为这时企业要用税后利润支付投资者报酬，所以资金成本较高。

（2）由于没有证券作为媒介，产权关系不够明晰，不便于产权的交易。

（3）容易分散企业控制权。采用吸收直接投资方式筹集资金，投资者一般都要获得与投资数量相适应的经营管理权，这是接受外来投资的代价之一。如果外部投资者的投资较多，则他们会有相当大的管理权，甚至会完全控制企业，这是吸收直接投资的不利因素。

二、普通股筹资

（一）股票的分类

股票是股份公司为筹集自有资金而发行的有价证券，是投资人投资入股以取得股利的凭证，它代表了股东对股份公司的所有权。

1. 按股东享受权利和承担义务不同，可分为普通股和优先股

普通股是股份有限公司发行的无特别权利的股票，也是最基本、最标准的股份。优先股是股份有限公司依法发行的具有一定优先权的股票。

普通股与优先股的区别在于两者的权利和义务不同：

（1）在收益分配上，普通股股东可按其持有的股份或出资比例获得企业分配的利润，其获利水平随企业盈利水平的变动而变动，且一般高于优先股；优先股的持有者可享有较固定的股利，公司有利润时可优先于普通股得到支付，公司利润达到一定水平时也可能享受剩余利润，但较普通股的权利要少些。

（2）在剩余财产分配上，当企业转入清算时，优先股对企业剩余财产的分配顺序在普通股之前。

（3）在对公司控制权的影响上，普通股股东可参与企业经营管理，对企业经营活动有表决权，且当股份公司增发新股时，普通股股东享有优先认股权，优先股股东却无此权利。

（4）在应承担的义务上，当公司出现经营亏损或发生破产清算时，普通股股东要按出资额或所占股份承担公司的经营损失和经济责任；优先股股东一般无此义务，但优先股也可能要承担收不回本金的风险。

在通常情况下，股份有限公司只发行普通股。

2. 按股票有无记名，可分为记名股和无记名股

记名股是在股票票面上记载股东姓名或名称，并将其载入股东名册的一种股票。记名股票要同时附有股权手册，只有同时具备股票和股权手册，才能领取股息和红利。这种股票除了股票上所记载的股东外，其他人不得行使其股权，且股份的转让有严格的法律程序与手续，须办理过户。我国《公司法》规定，向发起

人、国家授权投资的机构、法人发行的股票，必须采用记名股票。

无记名股是指在股票的票面上不记载股东姓名或名称的股票。这类股票的持有人即股份的所有人具有股东资格，股票的转让、继承比较自由、方便，无须办理过户手续，只要买卖双方办理交割手续，就可发生转让效力，移交股权。

3. 按股票有无金额，可分为面值股票和无面值股票

面值股票是指在股票票面上记载每股金额的股票。持有这种股票的股东，对公司享有的权利和承担的义务大小，依其所持有的股票票面金额占公司发行在外的股票总面值的比例而定。

无面值股票是指股票票面上不记载每股金额，只载明所占公司股本总额的比例或股份数的股票。无面值股票的价值随公司财产的增减而变动，而股东对公司享有的权利和承担义务的大小，直接按股票标明的比例而定。

目前，我国《公司法》不承认无面值股票，规定股票应记载股票的面额，并且其发行价格不得低于票面金额。

4. 按投资主体不同，可分为国家股、法人股、个人股等

国家股是有权代表国家投资的部门或机构以国有资产向公司投资而形成的股份。

法人股是企业法人依法以其可支配的财产向公司投资而形成的股份，或具有法人资格的事业单位和社会团体以国家允许用于经营的资产向公司投资而形成的股份。

个人股是社会个人或公司内部职工以个人合法财产投入公司而形成的股份。

5. 按发行对象和上市地区的不同，可分为A股、B股、H股和N股等

A种股票即人民币普通股票，是以人民币标明票面金额，并以人民币认购和交易的股票。它由我国境内的公司发行，主要供我国大陆地区个人或法人买卖，不向外国和我国港、澳、台地区的投资者出售。

B种股票即人民币特种股票，它是以人民币标明面值，以外币认购和进行交易的股票。它在我国的上海、深圳进行上市交易，主要供外国和我国港、澳、台地区的机构、组织和个人买卖。

H股和N股是以人民币标明票面金额，以外币认购和交易的股票，主要供外国和我国港、澳、台地区投资者买卖。其中，H股在香港上市；N股在纽约上市。

6. 按股票发行时间先后，可分为始发股和新发股

始发股是公司设立时发行的股票。新发股是公司增资时发行的股票。无论是始发股还是新发股，其发行条件、发行目的、发行价格都不尽相同，但是股东的

权利和义务却是一样的。

（二）股票发行

股份有限公司在设立时发行股票，称为首次公开发行股票（initial public offerings，IPO）。公司设立之后，为了扩大经营、改善资本结构，也要增资发行新股票（seasoning public offerings，SPO）。从法律上看，股票的发行要实行公开、公平、公正的原则，并接受国务院证券监督管理机构的管理与监督。股票发行具体应执行的管理规定，主要包括股票发行的条件、发行程序、发行方式、销售方式等。

1. 股票发行的条件

虽然股票市场是市场经济条件下极为普通的现象，而且也是市场经济发达程度的重要标志，但股票的发行必须接受国务院证券监督管理机构的管理与监督，必须具备一定的发行条件，取得发行资格，并在办理必要手续后方能发行。

按照《公司法》的有关规定，股份有限公司发行股票，应符合以下条件：

（1）设立发行（IPO）。新设立的股份公司申请公开发行股票应当符合下列条件：①生产经营符合国家产业政策；②发行普通股限于一种，同股同权，同股同利；③在募集方式下，发起人认购的股份不得少于公司拟发行股份总数的35%；④发起人在近三年内没有重大违法行为；⑤证监会规定的其他条件。

（2）增资发行（SPO）。股份公司增资发行新股，必须具备下列条件：①前一次发行的股份已经募足，并间隔一年以上；②公司在最近三年内连续盈利，并可向股东支付股利；③ 公司在最近三年内财务会计文件无虚假记载；④公司预期利润率可达同期银行存款利率。

2. 股票发行的程序

按照国际惯例，各国股票的发行都有严格的法律规定程序，任何未经法定程序发行的股票都不发生效力。即便是同一股份有限公司在设立时发行股票与增资时发行新股的程序也有所不同。

（1）公司设立时发行股票的程序如下：

①提出募集股份申请。股份公司向社会公开募集股份时，必须向国务院证券管理部门递交募股申请报告，证券管理部门审查募股申请报告后，认为符合《公司法》规定条件的，予以批准；否则不予批准。

②公告招股说明书，制作认股书，签订承销协议和代收股款协议。在获准公开募股以前，不得以任何方式泄露招股的具体情况。在募股申请报告批准之后，发起人应在规定期限内公告招股说明书，并制作认股书。招股说明书应附有发起

人制定的公司章程，载明发起人认购的股份数、每股的票面金额和发行价格、无记名股票的发行总数、认股人的权利和义务等事项。公司发行股票，应委托证券公司或其他金融机构承销，并签订承销合同。

③招认股份，缴纳股款。发行股票的公司或其代理机构一般采用广告或书面通知等方式招股。认购者认股时，需在公司制作的认股书上填写认购股数、金额、认购者住址，并签名盖章。认购者一旦填写了认股书，就要承担按认股书中的约定缴纳股款的义务，并在规定期限内向代收股款的银行缴纳股款，同时交付认股书。

发起人公开向社会招募股份时，有时会出现认股者所认购总股数超过发起人拟招募总股数的情况，这时要采用抽签方式决定哪些认购者的认股书有效。

认股人应在规定的期限内向代收股款的银行缴纳股款。无论股票有无面额或面额大小，股款一律按发行价格一次缴足。认股人在缴纳股款的同时，交付认股书。收款银行应向缴纳股款的认股人出具由发起人签名盖章的股款缴纳收据，并负责向有关部门出具收缴股款的证明。缴足后，发起人应当委托法定的机构进行验资，并出具验资证明。

④召开创立大会，选举董事会、监事会。发行股份的股款募足后，发起人应在规定期限内（法定 30 天内）主持召开创立大会。创立大会由认股人组成，应有代表股份总数一半以上的认股人出席方可举行。创立大会通过公司章程，选举董事会和监事会的成员，并有权对公司的设立费用进行审核，对发起人用于抵作股款的财产作价进行审核。

⑤办理公司设立登记，交割股票。经创立大会选举产生的董事会，应在创立大会结束后 30 天内，办理公司设立登记事项。股份有限公司登记成立后，即向股东正式交付股票。但公司登记成立前不得向股东交割股票。

（2）增资发行新股的程序如下：

①股东大会作出发行新股的决议。公司应根据生产经营情况，提出发行新股的计划，提交股东大会研究，根据资本授权制度，如果拟发行的股票在核定资本额度内，只须经董事会批准；如果超过了核定资本额度，则须召开股东大会重新核定资本额度。股东大会作出的发行新股决议包括新股的种类和数额、向原有股东发行新股的种类和数额、新股发行价格、新股发行的起止日期等。

②提出发行新股的申请。股东大会作出发行新股的决议后，董事会必须向国务院授权的部门或省级人民政府申请批准。

③公告新股招股说明书，制作认股书，签订承销合同。公司经批准向社会公开发行新股时，必须公告新股招股说明书和财务会计报告，制作认股书，还需与

证券经营机构签订承销合同，定向募集时向新股认购人发出认购公告或通知。

④招认股份，缴纳股款，交割股票。

⑤改组董事会、监事会，办理变更登记。公司发行新股募足股款后，应立即召开股东大会，改选董事、监事。然后，公司必须向登记机关办理变更登记，并向社会公告。

3. 股票的发行方式

股票发行方式，是指发行公司通过何种途径（渠道）将股票投入市场。股票的发行方式有以下两种。

（1）公开间接发行。公开间接发行指通过中介机构（证券经营机构），公开向社会公众发行股票。这种发行方式的发行范围广、发行对象多，易于足额募集资本；股票的变现性强，流通性好；股票的公开发行还有助于提高发行公司的知名度，扩大其影响力。但这种发行方式的手续繁杂，发行成本高。

（2）不公开直接发行。不公开直接发行指不公开对外发行股票，只向少数特定的对象直接发行，因而不需经中介机构承销。这种发行方式弹性较大，发行成本低，但发行范围小，股票变现性差。

4. 股票的销售方式

股票的销售方式，是指股份有限公司向社会公开发行股票时所采取的股票销售方法。股票销售方式有自销和承销两种。

（1）自销。自销是指发行公司自己直接将股票销售给认购者。这种销售方式由发行公司直接控制发行过程，实现发行意图，可以节省发行费用，但往往筹资时间长，发行公司要承担全部发行风险，并要求发行公司有较高的知名度、信誉和实力。这种销售方式一般适用于发行风险小，手续较为简单，数额不多的股票发行。

（2）承销。承销是指发行公司将股票销售业务委托给证券经营机构代理。它是股票发行公司普遍采用的一种销售方式。《公司法》规定股份有限公司向社会公开发行股票，必须与依法设立的证券经营机构签订承销协议，由证券经营机构承销。

承销又分为包销和代销两种方式。所谓包销，是根据承销协议商定的价格，由证券经营机构一次性全部购进发行公司公开募集的全部股份，然后以较高的价格出售给社会上的认购者，股款未募足的风险全部由承销商承担。对发行公司来说，包销的办法可及时筹足资本，免于承担发行风险；但股票以较低的价格售给承销商会损失部分溢价。所谓代销，是指证券经营机构代替发行公司销售股票，并从中收取一定的佣金。若募股期满，实际募股份数达不到发行股份数，承销机构不承担股款未募足的责任，而是将没有售出的股份归还给发行公司，发行风险由发行公司自己承担。

5. 股票的发行价格

股票的发行价格是指股票发行时所使用的价格，也就是投资者认购股票时所支付的价格。股票发行价格通常由发行公司根据股票面额、股市行情和其他有关因素决定。公司设立首次发行股票时，由发起人决定；公司增资发行新股时，由股东大会或董事会决定。

通常，股票的发行价格有以下三种：

（1）面值价（等价）。等价就是以股票的票面额为发行价格，也称为平价发行。这种发行价格一般在新创立公司初次发行股票或原有股东认购新股时采用。等价发行股票容易推销，但不能获得股票溢价收入。

（2）时价。时价是指以流通中的股票现行价格为基准确定的股票发行价格。选用时价发行股票，考虑了股票的现行市场价值，对投资者也有较大的吸引力。

（3）中间价。中间价就是以时价和等价的中间值确定股票发行价格。

股票的时价或中间价有可能高于或者低于股票面额。当股票的发行价格高于股票面额时，称为溢价发行；当股票的发行价格低于股票面额时，称为折价发行。

《公司法》规定，股票发行价格可以等于票面金额（等价），也可以超过票面金额（溢价），但不得低于票面金额（折价）。

（三）股票上市

股票上市是指股份有限公司公开发行的股票经批准进入证券交易所挂牌交易。经批准在证券交易所上市交易的股票称为上市股票。按照国际惯例，只有公开募集发行并经批准上市的股票才能进入证券交易所流通转让；非公开募集发行的股票或未向证券交易所申请上市的非上市股票，应在证券交易所外的店头市场进行流通转让。但《公司法》规定，股东转让其股份，必须在依法设立的证券交易所进行。

1. 股票上市的目的

股份公司申请股票上市，一般出于下列目的：

（1）资本大众化，分散风险。股票上市后，会有更多的投资者认购公司股份，公司可将部分股份转售给这些投资者，再将得到的资金用于其他方面，这就分散了公司的风险。

（2）提高股票的变现能力。股票上市后，便于投资者购买，自然提高了股票的流动性和变现能力。

（3）提高公司知名度，便于筹集新的资金。股票上市后可以大大提高社会公众对公司的依赖，使之乐于购买公司的股票，扩大销售量。

（4）便于确定公司的价值。股票上市后，公司股价有市价可循，便于确定公司的价值，有利于促进公司财富最大化。

但股票上市也会对公司造成不利影响，主要表现在：（1）公开上市需要很高的费用，包括资产评估费用、股票承销佣金、律师费、注册会计师费等；（2）公开上市使公司失去隐私权，各种信息需要公开后可能会暴露公司的商业秘密；（3）股价的高低有时会歪曲公司的实际状况，丑化公司声誉；（4）可能会分散公司的控制权，造成管理上的困难。

2. 股票上市的条件

《公司法》规定，股份有限公司申请其股票上市，必须符合下列条件：

（1）股票经国务院证券管理部门批准已向社会公开发行。不允许公司在设立时直接申请股票上市。

（2）公司股本总额不少于人民币 3 000 万元。

（3）开业时间在三年以上，最近三年连续盈利。

（4）持有股票面值人民币 1 000 元以上的股东不少于 1 000 人，向社会公开发行的股份达公司股份总数的 25%以上；公司股本总额超过人民币 4 亿元的，其向社会公开发行股份的比例为 10%以上。

（5）公司在最近三年内无重大违法行为，财务会计报告无虚假记载。

（6）国务院规定的其他条件。

具备上述条件的股份有限公司经申请，由国务院或国务院授权的证券管理部门批准，其股票方可上市。股票上市公司必须公告其上市报告，并将其申请文件存放在指定地点供公众查阅。股票上市公司还必须定期公布其财务状况和经营情况，每一会计年度内需半年公布一次财务会计报告。

3. 股票上市的暂停与终止

股票上市公司有下列情形之一的，由国务院证券管理部门决定暂停其股票上市。

（1）公司股本总额、股权分布等发生变化，不再具备上市条件（限期内未能消除的，终止其股票上市）。

（2）公司不按规定公开其财务状况，或者对财务报告作虚假记载（后果严重的，终止其股票上市）。

（3）公司有重大违法行为（后果严重的，终止其股票上市）。

（4）公司最近三年连续亏损（限期内未能消除的，终止其股票上市）。

（5）公司决定解散、被行政主管部门依法责令关闭或者宣告破产的，由国务院证券管理部门决定终止其股票上市。

（四）普通股筹资的评价

1. 股票筹资的优点

发行普通股是股份公司筹集自有资金的一种基本方式，其优点主要有：

（1）发行普通股筹措资本具有永久性，无到期日，不需归还。

（2）发行普通股筹资没有固定利息负担，股利的支付与否和支付多少，视公司的盈利状况而定，因此筹资风险较小。

（3）发行普通股筹集的资本是公司最基本的资金来源，它反映了公司的实力，可作为其他方式筹资的基础，尤其可为债权人提供保障，增强公司的举债能力。

（4）由于普通股的预期收益高，并可一定程度地抵消通货膨胀的影响，因此，普通股容易吸收资金。

2. 普通股筹资的缺点

（1）资本成本较高。首先，从投资者的角度讲，投资于普通股风险较高，投资者要求的投资报酬率较高。其次，对于筹资公司来讲，普通股的股利是从税后利润中支付的，不像债券利息那样作为费用从税前利润中支付，因而不具有抵税的作用。再次，普通股的发行费用也高于其他证券。

（2）容易分散企业的控制权。利用普通股筹资会增加新股东，容易导致公司控制权的分散，削弱原有股东对公司的控制权。

（3）新股东的加入会分享公司发行新股前的积累盈余，从而降低普通股每股的净收益，引起股价下跌。

三、企业内部积累

企业经营所需的资金，可以广泛地从外部筹措，也可以从企业内部筹措。对于一个新成立的企业而言，在初创伊始，没有正式运转以前，所有的筹资都是外部筹资，而一旦企业投入运转，开始正常的生产经营活动，它就不仅可以从外部获取资金，而且可以由企业内部积累形成资金。

（一）企业内部积累的资金来源

企业内部积累的资金来源是企业投入资本在经营活动中所产生的增值，即企业生产经营活动所创造的利润，但企业经营所得的利润，只是企业内部筹资的可能来源。企业所实现的全部利润扣除向国家上交的所得税后的余额为企业的净利润。净利润主要分成三个部分：一是提取各种基金包括盈余公积金和公益金，形成企业内部积累。其中法定盈余公积金按照税后利润的10%提取，任意盈余公积金和公益金按照企业章程的规定或股东会议决议计提。二是向投资者分配利润，如发放股利等，这一部分将作为企业资金的减少而退出企业。三是作为未分配利润留待以后再分配。未分配利润主要是作为以后进行利润分配的一种储备而存在的，在分配之前可以是企业正常生产经营活动所需的资本来源。

企业税后净利润除分配投资者利润外，无论以公积金的形式而存在，还是以未分配利润的形式而暂存于企业，均可以扩充资本，增加股东权益。因而企业内部积累可以从两方面进行：一方面，按现行制度的规定，企业实现的利润必须按规定的顺序进行分配，在没有提取盈余公积金之前，不得分配投资者利润，而且，国家通过制度的形式规定了法定盈余公积金的比例，实现利润越多，提取公积金就越多，这一内部资金转化渠道形成的资金，是企业较为稳定的资金来源。内部筹资可以通过企业搞好生产经营增加利润、正确计提法定盈余公积金而实现。另一方面，在制度既定的分配顺序下，企业内部积累的多少，主要取决于对投资者分配的利润，也就是说，企业内部资金来源的筹划在很大程度上取决于企业利润的分配政策。企业税后利润的分配虽然可以由企业管理人员作出决定，但是实际上其决定范围有一定的限度。一般来说，所有者分配多少，企业积累多少，有一个客观的界限，二者的关系实际上是积累与消费的关系。积累与消费是相互依存、相互制约又相互转化的对立统一关系。积累是扩大经营的源泉，但是如果积累过多，分配太少，将会影响企业的信誉，使现有的投资者不满，并且不能吸引潜在的投资者。因此，企业在利用内部积累筹资时，应统筹兼顾、合理安排，充分考虑企业的现金流动状况、负债条件、投资机会、企业的长远发展规划等多种因素，制定合理的利润分配政策。

另外，企业计提的固定资产折旧也可视为企业的一项资金来源。虽然企业计提的固定资产折旧并不增加企业的资金总量，但却能增加企业可周转使用的营运资金。

（二）企业内部积累筹资的评价

公积金和未分配利润从形式上看是企业利润分配的结果，而从实质上看，利润分配方案的制定本身就是企业内部积累的过程，利润分配方案是以年为基础制定的，所以内部积累实际上是每年都在进行的，是企业经常而普遍采用的一种筹资方式。和其他筹资方式一样，内部积累筹资也有其优缺点。

1. 企业内部积累筹资的优点

（1）以公积金形式筹集的资金是永久性资本，没有时间约束，企业可以长期使用。

（2）内部筹资所筹措的资本是股权资本，可以提高企业的信用地位，增加企业的偿债能力，但又可以避免像发行普通股那样，使企业原有股东的控制权受到削弱。

（3）和负债筹资相比，没有固定支付利息和到期偿还本金的负担。

（4）不存在筹资费用，在转增资本之前也不存在支付股利的义务，因而资金成本低。

2. 内部筹资的缺点

（1）筹资范围小。内部筹资的范围只是原股东，因而资金来源较其他方式窄。

（2）筹资额有限。企业内部筹资最大可能的数量界限是企业当期的税后利润和上年未分配利润之和。如果企业经营亏损，则不存在这一渠道的资金来源。

（3）资金用途受国家规定的制约。如盈余公积金只能用于转增资本和弥补亏损，或用于在特殊情况下发放股利。公益金只能用于职工的集体福利，不能用于个人消费。

（4）未分配利润的使用时间是有限的。

第四节　债务性筹资方式

债务性筹资是指企业向银行、其他金融机构、其他企业单位筹集的资金，它反映债权人的权益。企业债务性筹资的方式主要有银行借款、发行债券、融资租赁、商业信用等。

一、债券筹资

（一）债券的特征

债券是经济主体为筹集资金而发行的，用以记载和反映债权债务关系的有价证券。债券与股票都属于有价证券，对于发行公司来说，都是一种筹资手段；对于购买者来说，都是投资手段。但二者有很大区别，主要有以下几个方面。

（1）债券是债务凭证，是对债权的证明。债券持有人与发行债券的公司所形成的关系是一种借贷关系，债券持有人只是公司的债权人，不是所有者，无权参与公司的经营管理。而股票持有人是公司的所有者，有权参与公司的经营管理。

（2）债券的收入是利息，利息的多少一般与发行公司的经营状况无关，是固定的；股票的收入是股息，股息的多少是由公司的盈利水平决定的，一般是不固定的。

（3）债券的风险较小，而股票的风险较大。

（4）债券是有期限的，到期必须还本。而股票一般不退还股本。

（5）债券属于公司的债务，股票属于公司的权益，债券在公司剩余财产分配中优先于股票。

（二）债券的种类

1. 按发行主体不同可分为公司债券、政府债券和金融债券

公司债券是公司按照法定程序发行，承诺按约定的利率和日期支付利息，并在特定日期偿还本金的书面债务凭证。发行债券是企业主要筹资方式之一。政府债券是以政府为主体而发行的债券。中央政府发行的债券称国债。金融债券是以金融机构为主体而发行的债券。

2. 按债券票面是否记名可分为记名债券和无记名债券

记名债券是指在债券票面上记载有债权人的姓名，本息只向登记人支付，转让需办理过户手续的债券。不记名债券是指在债券的票面上无债权人的姓名，本息直接向持有人支付，可由持有人自由转让的债券。

3. 按能否转换为公司股票可分为可转换债券和不可转换债券

可转换债券是指在债券发行时就规定债权人可在指定时间内按规定的转换条件和价格，将公司债券转换为本公司股票，原来的债务人随之变成公司的股东。不可转换债券是指公司债券不能转换为本公司的股票。通常，可转换债券的利率比不可转换债券的利率要低。

4. 按债券有无担保可分为抵押债券和信用债券

抵押债券是指以发行公司的特定财产作为抵押品的债券。抵押债券根据抵押品的不同，可分为一般抵押债券、不动产抵押债券、设备抵押债券和证券信托债券。一般抵押债券是指以公司产业的全部作为抵押而发行的债券；不动产抵押债券是指以公司的不动产为抵押而发行的债券；设备抵押债券是指以公司的机器设备为抵押而发行的债券；证券信托债券是以公司持有的股票证券以及其他保证书交付给信托公司作为抵押而发行的债券。信用债券是指没有特定财产作为抵押，单纯凭企业信用而发行的债券。

5. 按债券利率是否固定可分为固定利率债券和浮动利率债券

固定利率债券是指债券发行时确定的票面利率在债券有效期内不能改变的债券。浮动利率债券是指在债券发行时只规定一个利率最低水平，实际付息时则根据市场利率的变动情况予以调整的债券。

6. 按是否参加公司盈余分配可分为参加公司债券和不参加公司债券

参加公司债券是指债权人除享有到期向公司请求还本付息的权利外，还有权按规定参加公司盈余分配的债券。不参加公司债券是指债权人只享有到期向公司请求还本付息的权利，不参与公司盈余分配的债券。

7. 按能否上市可分为上市债券和非上市债券

上市债券是指可以在证券交易所挂牌交易的债券。非上市债券是指不可以在证券交易所挂牌交易的债券。通常，上市债券信用度高，价值高，且变现速度快，所以能吸引较多的投资者，但上市债券的上市条件严格，并要承担上市费用。

8. 按偿还方式可分为定期偿还债券和随时偿还债券

定期偿还债券是指在发行时就已经规定了本金归还时间的债券，包括定期一次清偿全部本金和按规定的时间分批偿还部分本金两种方式。随时偿还债券是指在发行时对债券还本时间不作规定，而是根据将来的具体情况，由发行企业随时确定还本时间的债券。

（三）发行债券的资格与条件

企业发行债券必须遵守《公司法》及《企业债券管理条例》的有关规定，要具备发行资格及发行条件。

1. 发行债券的资格

我国《公司法》规定，股份有限公司、国有独资公司和两个以上的国有企业或者其他两个以上的国有投资主体投资设立的有限责任公司，有资格发行公司债券。

2. 发行债券的条件

我国《公司法》规定，有资格发行公司债券的公司，必须具备以下条件：

（1）股份有限公司的净资产额不低于人民币 3 000 万元，有限责任公司的净资产额不低于人民币 6 000 万元；

（2）累计债券总额不超过公司净资产额的 40%；

（3）最近 3 年平均可分配利润足以支付公司债券 1 年的利息；

（4）所筹集资金的投向符合国家产业政策；

（5）债券的利率不得超过国务院限定的水平；

（6）国务院规定的其他条件。

此外，发行公司债券所筹集的资金，必须符合审批机关审批的用途，不得用于弥补亏损和非生产性支出，否则会损害债权人的利益。

发行可转换的公司债券，除应具备上述条件外，还应符合股票发行的条件，并报请国务院证券管理部门批准。

《公司法》还规定，凡有下列情形之一的不得再次发行公司债券：

（1）前一次发行的公司债券尚未募足的；

（2）对已发行的公司债券或者其债务有违约或延期支付本息的事实，且仍处于持续状态的。

（四）发行债券的程序

发行公司债券要经过一定的程序，办理规定的手续。一般为：

1．作出发行债券的决议或决定

根据我国《公司法》的规定，股份有限公司和国有有限责任公司发行公司债券，由董事会制定方案，股东大会作出决议；国有独资公司发行公司债券，应由国家授权投资的机构或者国家授权的部门作出决定。可见，发行公司债券的决议和决定，是由公司最高机构作出的。

2．报请批准

公司作出发行债券的决议或决定后，应向国务院证券管理部门提出申请并提交公司登记证明、公司章程、公司债券募集办法、资产评估报告和验资报告等文件。国务院证券管理部门根据有关规定，对公司的申请予以核准。

3．制定并向社会公告募集办法

发行公司债券的申请被批准后，发行公司应制定公司债券募集办法，并向社会公告。公司债券募集办法中应载明的主要事项包括：公司名称、债券总额和票面金额、债券利率、还本付息的期限与方式、债券发行的起止日期、公司净资产额、已发行的尚未到期的债券总额、公司债券的承销机构等。

4．募集借款

公司发出公司债券募集公告后，开始在公告所定的期限内募集借款。

公司债券募集方式一般有公募发行和私募发行两种。公募发行是指由证券经营机构承销发行。私募发行是指发行公司直接向社会发行。在我国，根据有关法规规定，公司发行债券须与证券经营机构签订承销合同，由其承销。销售债券是债券发行过程中的一项重要工作，它直接关系到债券发行的成功与否，因此，发行公司应慎重选择承销机构，并且与承销机构签订承销合同。发行期结束后应及时与承销机构结算债款，争取资金早日到位。

（五）债券的发行价格

债券的发行价格是债券发行时使用的价格，即投资者购买债券时所支付的价格。公司债券的发行价格通常有三种：平价、溢价和折价。平价是指以债券的票面金额为发行价格；溢价是指以高于债券票面金额的价格为发行价格；折价是指以低于债券票面金额的价格为发行价格。

对于债券的发行价格，发行公司与投资者是从不同角度来看待的。发行人考虑的是发行收入能否补偿未来所应支付的本息；投资者考虑的则是放弃资金使用权而应该获取的收益。由于公司债券的还本期限一般在一年以上，因此，确定债券发行价格时，不仅应考虑债券票面利率与市场利率之间的关系，还应考虑债券资金所包含的时间价值。

债券之所以会存在溢价发行和折价发行，是因为资金市场上的利息率是经常变化的，而企业债券上的利息率一经印出，便不易再进行调整。从债券的印刷到正式发行，往往需要经过一段时间，在这段时间内如果资金市场上的利率发生变化，就要靠调整发行价格来协调债券购销双方在债券利息上的利益。一般而言，当票面利率高于市场利率时，以溢价发行债券；当票面利率低于市场利率时，以折价发行债券；当票面利率与市场利率一致时，则以平价发行债券。但无论以哪种价格发行债券，投资者的收益都保持在与市场利率相同的水平上。

债券发行价格的计算公式为：

$$债券发行价格=\frac{M}{(1+i)^n}+\sum_{t=1}^{n}\frac{M\times r}{(1+i)^t}$$

式中，M：债券面值；

r：票面利率；

i：市场利率；

n：债券期限；

t：付息期限。

【例 3—4】某公司拟发行面值为 100 元，利息率为 8%，期限为 5 年的债券。在公司决定发行债券时，如果市场上的利率发生变化，就要调整债券的发行价格。

（1）假设债券发行时的市场利率保持在 8%，则债券的发行价格为：

$$发行价格=100\times(P/F,8\%,5)+100\times8\%\times(P/A,8\%,5)=100（元）$$

（2）假设债券发行时的市场利率为 12%，则债券的发行价格为：

$$\begin{aligned}发行价格&=100\ (P/F,12\%,5)+100\times8\%\times(P/A,12\%,5)\\&=85.54（元）\end{aligned}$$

（3）假设债券发行时的市场利率为 6%，则债券的发行价格为：

$$发行价格=100\ (P/F,6\%,5)+100\times8\%\times(P/A,6\%,5)$$

=108.43（元）

（六）债券的信用等级

债券的信用等级对于发行公司和购买人都有重要影响。根据中国人民银行的有关规定，凡是向社会公开发行的企业债券，需要由中国人民银行认可的债券评信机构进行评等定级。债券评信机构通过对发行债券企业的企业素质、财务质量、项目状况、项目前景和偿债能力进行评分，以此评定信用级别。

目前，我国的债券评信工作正在开展，尚无统一的债券等级评定标准和系统评级制度。国际上流行的债券等级是 3 等 9 级。AAA 级为最高级，AA 级为高级，A 级为上中级，BBB 级为中级，BB 级为中下级，B 级为投机级，CCC 级为完全投机级，CC 级为最大投机级，C 级为最低级，见表 3—6。

表 3—6　　债券信用级别设置

级别分类	类别分等	级别次序	级别含义
投资级	一等	AAA	有极高的还本付息能力，投资者没有风险
		AA	有很高的还本付息能力，投资者基本没有风险
		A	有一定的还本付息能力，经采取保护措施后，有可能按期还本付息
	二等	BBB	还本付息资金来源不足，发行债券的公司对经济环境变化的应变能力差，有延期支付本息可能，有一定的投资风险
		BB	还本付息能力脆弱，投资风险较大
		B	还本付息能力低，投资风险极大
投机级	三等	CCC	还本付息能力很低，投资风险极大
		CC	还本付息能力极低，投资风险最大
		C	公司濒临破产，到期没有还本付息能力，绝对有风险

（七）债券筹资的评价

发行债券筹集资本，对发行公司既有利也有弊，企业应加以权衡后再作抉择。

1. 债券筹资的优点

（1）债券成本较低。与股票筹资相比，债券的利息在税前支付，发行公司可以享受税收利益，而股利是在税后支付，不具有抵税作用；另外，债券利息要比股利低。因此，债券成本一般低于股票成本。

（2）可利用财务杠杆。无论发行公司的盈利有多少，债券持有人的收益是固定的债券利息，而更多的收益可用于分配给股东或留用公司经营，从而增加股东和公司财富。

（3）保障股东控制权。债券持有人无权参与发行公司的管理决策，因此，公司发行债券不会像增发新股那样可能会分散股东对公司的控制权。

2. 债券筹资的缺点

（1）财务风险较高。由于债券须到期还本付息，在公司经营不景气时，会加重财务负担，增大财务风险，有时甚至导致破产。

（2）限制条件较多。发行债券的限制条件一般要比长期借款、租赁筹资的限制条件多，从而限制了公司对债券筹资方式的使用，甚至会影响公司以后的筹资能力。

（3）筹资数量有限。公司利用债券筹资会有一定额度的限制，多数国家对此都有限定，我国《公司法》规定，发行公司流通在外的债券累计总额不得超过公司净资产的40%。

二、银行借款筹资

（一）银行借款的种类

银行借款是指企业根据借款合同向银行或非银行金融机构借入所需资金的一种筹资方式。可供企业选择的银行借款种类很多，可按不同的标准进行分类。

1. 按借款的期限不同，可分为短期借款和长期借款

长期借款是指企业向银行或其他非银行金融机构借入的使用期限超过一年的借款，主要用于购建固定资产和满足长期流动资金占用的需要。短期借款是指企业向银行和其他非银行金融机构借入的期限在一年以内的借款，主要用于满足企业流动资金周转的需要。

2. 按提供贷款的机构不同，可分为政策性银行贷款、商业银行贷款和其他金融机构贷款等

政策性银行贷款一般是指办理国家政策性贷款业务的银行向企业发放的贷款。政策性银行的贷款通常为长期借款。现已成立的政策性银行有国家开发银行、中国进出口银行和中国农业发展银行。政策性银行必须在严格界定的政策性业务范围内开展经营活动，并接受中国人民银行监督，如国家开发银行主要为满足企业承建国家重点建设项目的资金需要提供贷款；中国进出口银行则为大型设备的进出口提供买方和卖方信贷。商业银行贷款是指由各商业银行向工商企业提供的贷款，主要为满足企业生产经营的资金需要，包括长期借款和短期借款。其

他金融机构贷款指企业从信托投资公司取得的实物或货币形式的信托投资贷款、从财务公司取得各种中长期贷款、从保险公司取得的贷款等。其他金融机构的贷款一般比商业银行贷款的期限要长，利率要高，对借款企业信用和担保要求比较严格。

3．按照有无担保，可分为信用贷款、担保贷款和票据贴现

信用贷款指不需企业提供抵押品，仅凭其信用或担保人信誉而发放的贷款。由于这种贷款的风险较高，所以银行通常要收取较高的利息，往往还附加一定的限制条件。担保贷款是指以一定的财产作抵押或以一定的保证人作担保为条件所取得的借款，包括保证贷款、质押贷款和抵押贷款。保证贷款是指按《担保法》规定的保证方式，以第三人承诺在借款人不能偿还借款时，按约定承担一定保证责任或连带责任而取得的贷款。质押贷款是指按《担保法》规定的质押方式，以借款人或第三人的动产或权利作为质押物而取得的贷款。抵押贷款是指按《担保法》规定的抵押方式，以借款人或第三人的财产作为抵押物而取得的贷款。票据贴现也是一种抵押贷款，是企业以持有的未到期的商业票据向银行贴现一定的利息而取得的借款。银行通过贴现把款项贷给销货单位，到期向购货单位收款，银行向销货单位所付的金额低于票面金额，其差额部分为贴现息。

企业在申请借款时，应根据各种借款的条件和需要加以选择。

（二）银行借款筹资的程序

企业向银行借款，通常要经过以下步骤。

1．企业提出借款申请

企业向银行借入资金，必须向银行提出申请，填写包括借款金额、借款用途、使用计划、还款计划等主要内容的借款申请书。同时还应准备必要的能说明企业具备借款条件的资料，如借款人及保证人的基本情况、财政部门或会计师事务所核准的上年度财务报告、抵押物清单及同意抵押的证明、项目建议书和可行性报告等。

2．银行审查借款申请

银行接到企业的申请后，按照有关政策和贷款条件，对借款企业的申请进行审查，审查的内容包括企业的财务状况、企业的信用情况、企业的盈利能力、企业的发展前景、借款投资项目的可行性等。

3．签订借款合同

为了维护借贷双方的合法权益，保证资金的合理使用，企业向银行借入资金时，双方应签订借款合同。借款合同主要包括如下内容：

（1）基本条款。这是借款合同的基本内容，主要规定双方的权利和义务。具

体包括借款单位、借款数额、借款方式、借款日期、还款日期、还款方式、利息支付方式、利息率等。

（2）保证条款。这是保证款项能顺利归还的一系列条款，包括借款按规定的用途使用、有关的物资保证、抵押物、担保人及其责任等。

（3）违约条款。这是对双方若有违约行为时应如何处理的条款，主要载明对企业逾期不偿还或挪用贷款的处理和银行不按期发放贷款的处理等内容。

（4）其他条款。如双方经办人、合同生效日期等条款。

4. 企业取得借款

借款合同生效后，银行可在核定的贷款范围内，根据用款计划和实际需要，一次或分次将贷款转入企业的存款账户上，以便企业支用借款。银行不按合同约定按期发放贷款的，应偿付违约金；企业不按合同约定用款的，也应偿付违约金。

5. 企业偿还借款

企业应按借款合同的规定按时足额归还借款本息。一般而言，银行会在短期贷款到期的一个星期之前，中长期贷款到期的一个月之前，向借款企业发送还本付息通知单。企业在接到还本付息通知单后，要及时筹备资金，按期还本付息。贷款到期经银行催收，如果借款企业不予偿付，银行可按合同规定，从借款企业的存款账户中扣还贷款本息及加收利息。如果借款企业不能按期归还借款，应在借款到期之前，向银行申请贷款展期，但是否展期，由贷款银行根据具体情况决定。

（三）银行借款的信用条件

按照国际惯例，银行发放贷款往往带有一定的信用条件，主要有：

1. 贷款期限

在银行与借款企业签订的借款合同中都明确规定了具体的贷款期限。根据我国金融制度规定，贷款到期后无能力偿还的，视为逾期贷款，银行要照章加收逾期罚息。

2. 贷款偿还方式

贷款的偿还方式有到期一次偿还和在贷款期内定期等额偿还两种方式。不同的偿还方式，对企业的财务负担和筹资成本有不同的影响，企业应根据自身的情况作出选择。一般来说，企业希望采用前一种方式，因为这样会减轻企业的财务负担；而银行则希望采用后一种方式，因为这样会提高贷款的实际利率。

3. 贷款利率

短期借款一般采用固定利率，但银行在确定贷款利率时又可根据不同的企业分别采用优惠利率和非优惠利率。优惠利率是银行向财力雄厚、经营状况好的企业贷款时收取的名义利率；而非优惠利率则是银行向一般企业贷款时收取的高于优惠利率的利率。非优惠利率一般是在优惠利率的基础上加一定的百分比，所加百分比的高低由借款企业的信誉、与银行的往来关系等因素决定。

4. 利息支付方式

利息支付方式不同，企业所负担的实际利率也不同。通常，利息支付方式有收款法、贴现法和加息法。

（1）收款法。收款法即利随本清法，是指借款企业在借款到期时一次性支付本息的方法。收款法下的借款实际利率和名义利率是一致的，但是如果有其他附加条件，则应另行加以考虑。

（2）贴现法。贴现法是指银行在向企业发放贷款时，先从本金中扣除利息部分，而到期时企业仍要偿还贷款全部本金的一种计息方法。采用这种方法，企业可利用的贷款额只有本金减去利息部分后的差额，因此，借款实际利率高于名义利率。

$$\text{借款实际利率}=\frac{\text{利息额}}{\text{借款总额}-\text{利息额}}\times 100\%$$

【例 3—5】某企业从银行借入期限为 10 个月，年利率为 12%的短期借款 20 万元，采用贴现法支付利息，则该借款的实际利率为：

$$\frac{20\times\frac{12\%}{12}\times 10}{20-20\times 10\%}=11.11\%$$

（3）加息法。加息法是指银行发放分期等额偿还贷款时所采用的利息收取方法。在分期等额偿还贷款的情况下，银行把根据名义利率计算出的利息加到贷款本金上，计算出贷款的本息和，要求企业在贷款期内分期偿还本息之和的金额。由于贷款分期均匀偿还，借款企业实际只平均用了贷款本金的半数，却要支付全额利息。这样，企业所负担的实际利率便高于名义利率大约 1 倍。

【例 3—6】企业借入利率为 10%的贷款 2 万元，分 12 个月等额偿还本息，则该借款的实际利率为：

$$\frac{2\times 10\%}{\frac{2}{2}}=20\%$$

5. 信贷限额

信贷限额是指银行对借款单位规定的无担保贷款的最高限额。信贷限额的有效期限通常为一年，企业在批准的信贷限额内，可随时使用借款。但是，银行并不承担必须提供全部信贷限额的义务。如果企业信誉恶化，即使银行已经同意按信贷限额提供贷款，企业也可能得不到借款，这时银行不会承担法律责任。

6. 周转信贷协定

周转信贷协定是指银行按照法律义务向借款者承诺提供不超过某一最高限额的贷款协定。在协定的有效期内，只要企业的借款总额未超过最高限额，银行必须满足企业随时提出的借款要求，否则将负法律责任。如果借款企业在协定的有效期内，没能足额使用周转信贷限额，银行除按一般短期贷款向借款人收取利息外，还要就周转信贷限额的未使用部分向借款人收取承诺费。

【例 3—7】某周转信贷限额为 100 万元，借款年利率为 10%，承诺费率为 0.5%，借款企业年度内使用了 60 万元，余额为 40 万元，借款企业该年度除了向银行支付 60×10%＝6（万元）的借款利息外，还要向银行支付承诺费 40×0.5%＝0.2（万元）。

7. 补偿性余额

补偿性余额是指银行要求借款企业在银行中保持按贷款限额或实际借用额的一定百分比（通常为 10%～20%）计算的最低存款余额。从银行的角度来讲，补偿性余额可以降低贷款风险，补偿其可能遭受的损失；但对借款企业来说，补偿性余额则提高了借款的实际利率，加重了企业的利息负担。

$$\text{补偿性余额贷款的实际利率}=\frac{\text{名义利率}}{1-\text{补偿性余额比率}}\times 100\%$$

【例 3—8】某企业按年利率 8%向银行借款 10 万元，银行要求维持贷款限额 10%的补偿性余额，那么企业实际拿到的借款额为 10×(1－10%)＝9 万元，但该企业仍按 10 万元计算并支付利息，利息额为 10×8%＝0.8（万元），则该项借款的实际利率为：

$$\frac{0.8}{9}=8.89\%>8\%$$

可以看到，实际利率高于名义利率。

8. 借款抵押

银行向财务风险较大或信誉不好的企业发放贷款时，有时需要有抵押品担保，以减少自己蒙受损失的风险。借款的抵押品可以是企业的应收账款、存货、股票、债券等。银行接受抵押品后，将根据抵押品的面值决定贷款的金额，一般为抵押品面值的30%～90%，这一比例的高低取决于抵押品的变现能力和银行的风险偏好。通常，抵押借款的成本要高于非抵押借款，这是因为银行向企业实行抵押贷款时承担的风险大，所以收取的利息较高。

9. 其他承诺

银行有时还要求企业为取得借款而作出其他承诺，如及时提供财务报表，保持适当的财务水平等。如果企业违背了自己作出的承诺，银行可要求企业立即偿还全部借款。

(四) 银行借款筹资的评价

1. 银行借款筹资的优点

(1) 筹资速度快。向银行借款与发行证券相比，一般所需时间比较短，可以迅速地获得资金。

(2) 筹资成本低。一方面，利用银行借款所支付的利息比发行债券所支付的利息要低；另一方面，向银行借款不需支付大量的发行费用。

(3) 借款弹性较好。企业与银行可以直接接触，通过商谈确定借款的时间、数量和利息。在借款期间，如果企业情况发生变化，也可与银行进行协商，修改借款的数量和条件。借款到期后，如有正当理由，还可延期归还借款。

2. 银行借款筹资的缺点

(1) 财务风险较大。企业向银行借款，必须定期还本付息，在经营不利的情况下，可能会产生不能偿付的风险，甚至会导致破产。

(2) 限制条款较多。在企业与银行签订的借款合同中，一般都有一些限制条件，如借款限额、补偿性余额、周转信贷协定、借款用途、担保抵押等，这些条件会对企业的筹资和投资活动产生一定影响。

(3) 筹资数量有限。出于对风险的考虑，银行向企业发放贷款都是有一定数量限度的，银行不可能一次性向企业借出大笔资金。

三、商业信用

商业信用是指在商品交换中由于延期付款或预收货款所形成的企业间的借贷行为。商业信用是一种自发性筹资方式，是企业短期资金的重要来源，它广泛存在于商品交换中。商业信用的形式有应付账款、应付票据、预收账款等。

(一) 应付账款

应付账款是指企业购买货物暂未付款而欠对方的款项。应付账款是由商品赊购形成的，是一种最典型、最常见的商业信用形式。卖方利用这种方式可以促进商品销售；买方利用这种方式可以延期付款以弥补企业暂时的资金短缺。为了鼓励购买单位按期付款、提前付款，销售单位往往规定一定的信用条件，如付款期限、折扣期限、现金折扣等。如“2/10，n/30”，这一信用条件表示：信用期限为30天，全部货款必须在30天内付清；折扣期限为10天，企业在10天内付款可以享受2%的现金折扣，如果超过10天付款，企业便不能享受现金折扣。

应付账款这种信用方式，按其是否支付代价可分为免费信用、有代价信用、展期信用。免费信用是指企业无须支付任何代价而取得的信用，即买方企业在规定的折扣期内享受折扣而获得的信用。有代价信用是指企业需要支付一定代价而取得的信用，即买方企业放弃折扣付出代价而获得的信用。展期信用是指企业在销售者提供的信用期限届满后以拖延付款的方式强制取得的信用，即买方企业超过规定的信用期推迟付款而强制获得的信用。

1. 应付账款的成本

倘若买方企业购买货物后在卖方规定的折扣期内付款，便可以享受免费信用，在这种情况下企业没有因为享受信用而付出代价。

倘若买方企业放弃现金折扣，在10天后（30天内）付款，该企业便要承受因放弃折扣而造成的隐含利息成本。放弃现金折扣的成本可由下式求得：

$$\text{放弃现金折扣的资金成本}=\frac{\text{现金折扣}\%}{1-\text{现金折扣}\%}\times\frac{360}{\text{信用期}-\text{折扣期}}$$

【例3—9】某企业按“2/10，n/30”的条件购入货物20万元。若企业放弃上述现金折扣条件，则其资金成本为：

$$\text{放弃现金折扣的资金成本}=\frac{2\%}{1-2\%}\times\frac{360}{30-10}=36.73\%$$

通过计算可以看出，如果买方企业放弃折扣而获得信用，其代价是较高的。

放弃现金折扣的成本与折扣百分比、折扣期、信用期有关。通常，放弃现金折扣的成本与折扣百分比的大小、折扣期的长短同方向变化，与信用期的长短反方向变化。如果企业在放弃折扣的情况下，推迟的付款时间越长，其成本便会越小。比如，企业延至50天付款，其成本为：

$$\text{放弃现金折扣的资金成本}=\frac{2\%}{1-2\%}\times\frac{360}{50-10}=18.37\%$$

2. 商业信用的财务决策

在附有信用条件的情况下，因为获得不同信用要负担不同的代价，买方企业要在利用哪种信用之间作出决策。一般来说，若借款利率小于放弃现金折扣的成本，企业应在现金折扣期内用借入的资金来支付货款，享受现金折扣。比如，若与上例同期的银行短期借款利率为 12%，则买方企业应利用更便宜的银行借款在折扣期内偿还应付账款；反之，企业应放弃折扣。

若短期投资的收益率大于放弃现金折扣的成本，企业则应放弃折扣而将资金用于短期投资。当然，假使企业放弃折扣优惠，也应将付款日推迟至信用期内的最后一天，以降低放弃折扣的成本。

如果企业因缺乏资金而将展延付款期（如上例中将付款日推迟到第 50 天），则需在放弃折扣的成本与展延付款带来的损失之间作出选择。展延付款带来的损失主要是指因企业信誉恶化而丧失供应商乃至其他贷款人的信用，或日后招致苛刻的信用条件。

如果面对两家以上提供不同信用条件的卖方，应通过衡量放弃折扣的成本大小，选择信用成本最小的一家。

【例 3—10】 根据例 3—9 的资料，假定还有一家供应商提出的信用条件是"1/20，n/30"，其放弃现金折扣的成本为：

$$\frac{1\%}{1-1\%}\times\frac{360}{30-20}=36.\dot{3}\dot{6}\%$$

与上例"2/10，n/30"的信用条件相比，后者的隐含利息成本较低，企业应视自己的条件来选择对己有利的供应商。

（二）应付票据

应付票据是指企业根据购销合同的要求，在进行延期付款的商品交易时开具的反映债权债务关系的票据。根据承兑人的不同，应付票据分为商业承兑汇票和银行承兑汇票两种，支付期最长不超过 6 个月。应付票据可以带息，也可以不带息。应付票据的利率一般比银行借款利率低，且没有相应的附加条件，所以应付票据的筹资成本比银行借款成本要低。

（三）预收账款

预收账款是指卖方企业在交付货物之前向买方预先收取部分或全部货款的信用形式。对于卖方来讲，预收账款相当于向买方借用资金后用货物抵偿。预收账款一般用于生产周期长、资金需要量大的货物销售。

此外，企业在非商品交易中也会产生一些自发性筹资，如应付工资、应交税金、应付水电费、其他应付款等。这些应付费用使企业受益在前，费用支付在后，相当于享用了买方的借款，在一定程度上缓解了企业的资金需要。

（四）商业信用筹资的评价

商业信用的优点在于：

（1）筹资便利，容易取得。对于多数企业来说，商业信用是一种自发性的、持续性的信贷形式，无须作特殊的安排，无须办理筹资手续。

（2）筹资成本低。大多数商业信用都是由卖方免费提供的，如果没有现金折扣或使用不带息票据，商业信用筹资不负担成本。

（3）限制条件少。商业信用比其他筹资方式条件宽松，无须担保或抵押，没有像短期借款那样的限制条件，选择余地大。

商业信用的缺点在于：商业信用的期限短，如果享受现金折扣，则时间更短；如果放弃现金折扣，则付出的资金成本较高。

四、融资租赁筹资

（一）租赁的种类

租赁是指资产所有者将其资产出租给承租人使用，并在使用期间按期向承租人收取租金的一种经济活动。租赁是企业筹资的一种特殊方式，是一条有效的筹资渠道。

1. 租赁的特点

租赁与银行信贷一样，是一种信用活动，但它有别于商业信用、银行信用等信用形式，具有以下特点。

（1）所有权和使用权相分离。租赁是出租人以收取租金为条件有偿让渡资产的使用权。在整个租赁期内，出租人拥有出租资产的所有权，承租人拥有出租资产的使用权，这一点使租赁有别于一般的买卖交易和商业信用。

（2）融物代替融资。银行信贷是一种纯粹的货币借贷活动，仅仅起到“筹资”的作用。租赁则是以“融物”的形式达到“融资”的目的，它不是纯粹的资金融通，是融物与融资相结合的一种信用形式。对于出租人来说，出租资产等于向承租人发放一笔贷款，收取的租金等于收回贷款的利息或本金。对于承租人来说，获得资产的使用权就等于获得资金的使用权，满足了生产经营对资金的需要，支付的租金等于支付贷款的利息或本金。

（3）灵活方便。租赁是一种灵活方便的交易方式和信用形式，表现在它既能解决购置资产一次性支付能力不足的困难，又能满足购置资产只需短期、临时使用而不需永久拥有的需求。另外，租赁对象不受商品种类的限制，它通过融物来融资，租期的选择极为灵活，可以根据双方的需要确定，可以是几个月、几年，也可以长达数十年。租赁期届满时，租赁资产的处理方法也多种多样，可以延长租期，可以退还出租人，也可以由承租人留购。

2. 租赁的种类

租赁有多种形式，按租赁的性质不同，可分为经营租赁和融资租赁两大类。

（1）经营租赁。经营租赁又称营业性租赁，指以不转让租赁资产的所有权为前提，以满足承租人临时使用资产的需要为目的而发生的中短期租赁业务。在经营租赁形式下，承租人租进资产只是为了满足经营上短期的、临时的或季节性需要，并没有添置资产的意图。

经营租赁具有以下主要特点：①租赁期较短，经营租赁的期限一般不超过租赁资产寿命的50%。②租金具有不完全支付性，出租人一次租赁收回的租金不能弥补资产的全部成本，出租人需要经过多次出租，从不同的承租人处收回其投资。③出租人不仅提供资产的使用权，也提供维修、保养、保险等服务。④不转让资产的所有权，承租人不拥有所租赁资产的所有权，也不将其作为资产入账，租赁期满将资产归还给出租人，租赁资产的风险和报酬由出租人承担。⑤租赁合同比较灵活，在租约中一般都订有解约条款，可以应一方要求，在短期内解除合约。经营租赁虽然以提供服务为主要目的，但是企业不支付购买设备款即可享有设备的使用权，从这个角度看，经营租赁具有一定的短期筹资作用。

（2）融资租赁。融资租赁又称财务租赁或资本租赁，指租赁公司按照承租人的要求出资购买资产，在较长的契约或合同期限内提供给承租单位使用的信用业务。融资租赁是以满足添置资产、融通资金的需要为目的的租赁业务，具有明显的购置特点。

融资租赁具有以下主要特点：①融资租赁的租期较长，等于或接近于资产使用年限；②用于出租的资产是出租人根据承租人的要求而购置的；③租赁资产的使用成本如保险费、维修费等由承租人负责，出租人几乎可以通过一次出租，就全部收回在租赁资产上的投资；④租赁合同比较稳定，租约不可因一方要求而在短期内撤销；租赁期满时，承租人可以将租赁资产退还给租赁公司，也可以延长租期继续租赁，或按较低的价格作价买下。⑤在融资租赁中所发生的与租赁资产所有权有关的风险和利益，如由于资产闲置或技术进步而变得陈旧所发生的损失，或由于通货膨胀而发生的资产利得等基本转移给承租人。

融资租赁按租赁资产的来源不同，可分为直接租赁、返回租赁、举债租赁（杠杆租赁）和转租赁等几种形式。

直接租赁，是指承租人直接向设备制造公司、租赁公司或金融公司等出租人承租所需要的资产，并按合同支付租金。由出租企业购置设备后直接出租给承租企业使用，租进资产的企业事先对该资产并未拥有所有权。

返回租赁又称售后租回，是指由承租企业将所购买的设备出售给租赁公司，取得价款，同时签订租约，再从租赁公司租回，每期支付规定的租金。这种租赁的实质是通过租赁的方式向承租人发放贷款。一般是企业打算购置设备而无力付出款项或企业自己有资产可以使用，但是由于急需资金而出让资产的所用权，同时又通过租约保持使用权。

举债租赁，是指出租人依靠第三者提供的资金制造或购置资产以供出租，出租人本身出资占租赁资产价款的一部分，通常为20％～40％左右，另一部分以该资产作为担保向第三者借入。出租人作为借款人，一方面要收取租金，另一方面又要支付债务，如果出租人不能按期偿还借款，那么资产的所有权就要转归资金出借者。这种租赁一般适用于规模较大的项目，如大型设备或成套设备的租赁。这种租赁通常又称为杠杆租赁。

转租赁，是指由租赁公司租来设备，再转租给承租企业使用。转租赁的特点是出租人不垫付租赁资产的价款。

（二）融资租赁的基本程序

租赁业务是以融物代替融资，其手续程序比一般信贷复杂，办理融资租赁业务的基本程序如下。

1. 制定投资计划，选择租赁公司

企业为扩大生产经营规模或出于其他目的而进行固定资产投资时，应首先进行投资分析，论证投资项目的可行性，制定投资计划。根据计划选择不同的投资方向，如企业决定采取租赁方式增置设备，应在各个租赁公司之间进行比较，了解各个租赁公司的经营范围、经营能力、资信情况、申请租赁应具备的基本条件以及租赁费用等资料，加以比较后，确定一家租赁公司作为委托对象。

2. 提交租赁申请，办理委托租赁

企业选择租赁公司后，应向该公司提交办理租赁的申请书，申请书应载明所租设备的具体要求，如设备的性能、规格、价格、供货来源及还款能力等。同时还要提供企业的可行性研究报告、财务状况文件及项目必需的其他文件，如有关部门核准的文件，证明企业经营资格的营业证书、执照等。经租赁公司审查同意后，可正式填写租赁委托。

3. 进行租赁谈判，签订租赁合同

租赁公司接受委托后，要进一步进行各种谈判。谈判内容包括技术谈判、商务谈判、租赁谈判及维修谈判。技术谈判是由供货人和承租人共同商定设备的规格、型号、性能、价格、配套附件以及质量保证、技术培训和售后服务等。商务谈判是以租赁公司为主，与承租人一起商定运输方式、包装、途中保险、交货期、支付工具、支付方式、违约索赔与仲裁等。租赁谈判是由出租人与承租人商定租赁手续费、利息率、租金的计算、支付方式等。维修谈判是由承租人与供货人商定维修费用、技术标准等。出租人一般不负担设备的维修。各方在谈判的基础上，签订合同。融资租赁一般要签两个合同，一个是购货合同，一个是租赁合同。购货合同由租赁公司与供货厂商签订，必要时，承租人应在购货合同中联署签名，以表示对设备的确认。租赁合同由租赁公司与承租人签订。租赁合同的内容一般包括：① 合同说明，包括合同性质、当事人身份、合同签订日期以及合同中重要名词的释义。② 与租赁设备有关的条款，包括设备的名称、规格型号、技术性能、交货地点、质量保证等。③ 租期和起租日、租金构成及支付方式条款。此外还有其他特殊条款，如设备维修、违约、保险、经济担保、争议仲裁、期满对设备的处理等条款。

4. 验收货物、办理保险

供货方根据合同将租赁资产运达规定的交货地点后，承租人应按照合同的要求进行检查测试，符合要求即予以验收，并出具验收证明，提交租赁公司，由租赁公司据此向厂商支付设备价款。同时还应办理财产投保的有关事宜。

5. 按期交付租金，期满处置资产

从起租日起，承租人应按合同规定的租金数额、支付方式等向租赁公司支付租金。租金由设备价款、利息费用和租赁手续费三部分构成。设备价款包括设备的买价、运费和途中保险费三部分。利息费用为出租人为购买租赁资产所筹集资金的成本及风险利差。手续费系租赁公司承办租赁业务而发生的营业费用，如办公费、差旅费、邮电费等，以及必要的盈利。利率的高低和手续费的多少，各企业没有统一标准。利率的高低主要取决于租赁公司所筹资金的来源、承租人的资信程度、金融市场的行情及发展趋势等。手续费一般是依据提供劳务的数量、期限及承担的风险等确定。租赁期满时，由承租人和租赁公司双方根据租约处置资产，处置方式一般在租赁合同中载明。资产的处理方式可以是将租赁资产所有权转移给承租人，也可以是继续租用或退还出租人。

（三）融资租赁租金的计算

1. 租金总额

融资租赁的租金是由以下几部分构成的：

（1）设备价款。设备价款是指租赁公司为取得资产所付出的代价，包括买价、运输费、安装调试费、保险费等。它是租金的主要部分。

（2）预计残值。预计残值是指设备租赁期满后，出售可得的市价。

（3）利息。利息是指设备租赁期间的利息，即租赁公司为购买设备所筹资金的成本。

（4）租赁手续费。租赁手续费是指租赁公司承办租赁设备的营业费用和一定的盈利。租赁手续费的高低一般无固定标准，可由承租企业与租赁公司协商确定。

租金总额＝设备价款－设备预计残值＋利息＋租赁手续费

【例 3—11】 某企业于 2009 年 1 月 1 日从租赁公司租入一套设备，价值 30 万元，租期为 5 年，预计租赁期满后的残值为 3 万元，设备归租赁公司，年利率为 8%，租赁手续费为设备价值的 5%，租金每年末支付一次，则租金总额的计算如下：

设备净值＝30－3＝27（万元）

利息＝$30\times(1+8\%)^5-30=14.08$（万元）

租赁手续费＝$30\times5\%=1.5$（万元）

租金总额＝42.58（万元）

2. 租金的支付方式

租金的支付方式是影响每期租金多少的一个重要因素，租金支付次数越多，每次支付的数额越小。租金的支付方式通常有以下几种：

（1）按支付时期长短，可分为年付、半年付、季付和月付等方式。

（2）按支付时期先后，可分为先付租金和后付租金两种方式。

（3）按每期支付金额，可分为等额支付和不等额支付两种方式。

3. 租金的计算方法

在我国的融资租赁业务中，融资租赁租金的计算通常采用以下两种方法：

（1）平均分摊法。平均分摊法是指将租金在租赁期内平均分摊支付。这种方法没有考虑货币的时间价值。

$$每期应付租金=\frac{租金总额}{租期}$$

根据例 3—11 的资料，每年的应付租金计算如下：

$$每年租金=\frac{42.58}{5}=8.52（万元）$$

（2）等额年金法。等额年金法是运用年金现值来计算年金（每期租金）的一种方法。

①后付租金的计算：后付租金是根据普通年金的现值和普通年金的现值系数来求年金（租金）。

$$每期租金=\frac{普通年金的现值}{普通年金的现值系数}$$

$$A=\frac{P}{(P/A,i,n)}$$

②先付租金的计算：先付租金是根据预付年金的现值和预付年金的现值系数来求年金（租金）。

$$A=\frac{P}{[P/A,i,n-1]+1}$$

（四）融资租赁的财务决策

在企业进行财务决策，主要解决“买设备”与“租设备”问题时，应分别测算两种不同方式所引起的各期现金净流出量及其现值，并比较其现值大小。在计算租赁方式下的现金净流出量时，主要考虑各期税后的租赁支出和租赁手续费的影响；在计算贷款购买方式下的现金净流出量时，主要考虑各期贷款偿还额和各期利息费用、折旧费的纳税节约额。

【例3—12】宏达公司需要一台设备，该设备的购置成本为500 000元，使用寿命为5年，采用直线法计提折旧，期满无残值。公司面临两种选择：

（1）贷款购买该设备，从银行借款500 000元，假定借款利率为8%，在5年内的每年年末等额偿还本息。

（2）融资租入该设备，租期5年，每年年初需支付租金110 000元，租赁手续费为4 000元，自租赁开始日支付，并分5年摊销、抵税。租赁期满后公司可获得该设备的所有权。

假定公司适用的所得税税率为25%，综合资金成本为8%，请问该公司应如何决策？

1. 计算贷款购买方式下的现金净流出量及其现值

该公司每年年末应付的贷款本息为：

$$A=\frac{500\ 000}{(P/A,8\%,5)}=\frac{500\ 000}{3.992\ 7}=125\ 228.54(元)$$

每年设备的折旧费用为100 000元，该折旧额可以抵税。贷款分期等额偿还情况如表3—7所示。

表 3—7　　　　贷款分期等额偿还表

年份	期初偿还额	期内利息	期末应还	期末偿还	期末未偿还余额
1	500 000	40 000	540 000	125 228.54	414 771.46
2	414 771.46	33 181.72	447 953.18	125 228.54	322 724.64
3	322 724.64	25 817.97	348 542.61	125 228.54	223 314.07
4	223 314.07	17 865.13	241 179.20	125 228.54	115 950.66
5	115 950.66	9 276.05	125 226.71	125 228.54	−1.83

说明：期末余额−1.83 元，是由于计算中四舍五入而产生的误差所致。

根据表 3—7 中数据，可以计算贷款购买方式下的现金净流出量及其现值，如表 3—8 所示。

表 3—8　　　　贷款购买方式下的现金净流出量及其现值

年份	偿还额 ①	利息 ②	折旧费 ③	抵税额④＝(②＋③)×25%	税后现金流出量 ⑤＝①－④	现值系数 ⑥	现值⑦＝⑤×⑥
1	125 228.54	40 000	100 000	35 000	90 228.54	0.925 9	83 542.61
2	125 228.54	33 181.72	100 000	33 295.43	91 933.11	0.857 3	78 814.26
3	125 228.54	25 817.97	100 000	31 454.49	93 774.05	0.793 8	74 437.84
4	125 228.54	17 865.13	100 000	29 466.28	95 762.26	0.735 0	70 385.26
5	125 228.54	9 276.05	100 000	27 319.01	97 909.53	0.680 6	66 637.23
合计	—	—	—	—	—	—	373 817.20

从表 3—8 可以看出，贷款购买方式下的现金净流出现值为 373 817.20 元。

2. 计算租赁方式下的现金净流出量及其现值

在融资租赁方式下，租金虽然年初支付，但由于在会计上将其记录为租赁费用，可以起到抵税作用，租赁手续费在每年年末的摊销费用为 800 元（4 000/5），也可以起到抵税作用。租赁方式下的现金净流出量及其现值计算过程如表 3—9 所示。

表 3—9　　　　租赁方式下的现金净流出量及其现值

年份	租金 ①	手续费 ②	租赁费 ③	手续费摊销④	抵税额 ⑤	税后现金流出⑥	现值系数 ⑦	现值 ⑧
0	110 000	4 000	—	—	—	114 000	1	114 000
1	110 000		110 000	800	27 700	82 300	0.925 9	76 201.6

续前表

年份	租金 ①	手续费 ②	租赁费 ③	手续费 摊销④	抵税额 ⑤	税后现金 流出⑥	现值系数 ⑦	现值 ⑧
2	110 000		110 000	800	27 700	82 300	0.857 3	70 555.8
3	110 000		110 000	800	27 700	82 300	0.793 8	65 329.7
4	110 000		110 000	800	27 700	82 300	0.735 0	60 490.5
5	—		110 000	800	27 700	−27 700	0.680 6	−18 852.6
合计	—	—	—	—	—	—	—	367 725

从表 3—9 可以看出，融资租赁方式下的现金净流出现值为 367 725 元。

对比两种方式，融资租赁方式下的现金净流出现值小于贷款购买方式下的现金净流出现值，所以应选择融资租入该设备。

（五）租赁融资的评价

实物资产的租赁业务，世界上早就存在，但是早期的租赁业务大都是属于经营租赁。直到近代，租赁才逐渐成为一种资金融通方式，帮助企业解决资金不足的困难。现代租赁之所以成为一种筹资方式有其自身的优点。

1. 租赁融资的优点

（1）融资速度快，能迅速获得所需资产。一方面，租赁融资集“融资”与“融物”于一身，一般要比先筹措现金再购置设备来得更快，可使企业尽快形成生产经营能力。另一方面，租赁融资只须双方签订合约即可完成，不像发行股票、债券那样手续烦琐，也不像从银行取得借款那样需抵押担保和保持补偿性余额等。

（2）租赁不需一次大额举债，只需逐期支付小额租金即可获得资产的使用权。这对于资金不足的企业，特别是对于一些举债困难的中小企业特别方便。

（3）到期还本负担轻。租赁融资的全部租金在整个租赁期内分期支付，可适当降低不能偿付的风险。许多借款都是在到期时一次偿还本金，这会给财务基础薄弱的企业造成相当大的困难，有时会形成不能偿付的风险。

（4）租赁融资可以避开举债融资的限制性条款。在一般的借款合同或契约中通常有一些不利于企业经营与发展的限制性条款，例如，要求借款人在债务未清偿前保持一定的偿还能力，未经债权人许可不得发放新债券，限制股息支付等。相比之下，租赁融资一般没有这些限制条件。

（5）可避免资产陈旧过时所带来的风险。随着科学技术的迅猛发展，固定资产的更新周期日趋缩短，承租人在签订租赁合同时都会考虑企业自身生产技术发展情况，利用租赁融资可避免自行购置设备而发生的无形损耗，从而降低风险。

(6) 税收负担轻。租金可在税前扣除，具有抵免所得税的效用。

2. 租赁融资的缺点

(1) 资金成本高。租赁融资的最主要缺点就是资金成本较高，一般来讲，租赁所付的租金比银行借款或发行债券所负担的利息高得多，而且租金总额通常要高于设备价值的30%，对于财务困难的承租企业来说，支付租金也是一项较沉重的财务负担。

(2) 资产处置权有限，企业不能享受设备残值。

第五节 混合性筹资

企业在筹资过程中发行的证券，有的基本性质是股票，但又具有债券的某些特点；有的基本性质是债券，但又可以转化为股票。这种具有双重性质的筹资活动，称为混合性筹资。混合性筹资的方式主要有发行优先股、发行可转换债券、发行认股权证。

一、发行优先股

(一) 优先股的种类

优先股是股份公司发行的比普通股票享有优先权利的股票，它具有普通股的基本特征，但与债券又有许多相似之处。优先股可以按不同的标准进行分类，形成许多分类类型。

1. 按股利是否能累积可分为累积优先股和非累积优先股

累积优先股是指在某个营业年度内由于经营成果较差，税后利润不足以支付优先股股利时，未支付的股利可以累积起来，由以后的营业年度补发其股利的优先股。通常发行这种股票的公司只有把积欠的优先股股利全部支付以后，才能支付普通股股利。

非累积优先股是指仅按当年净利润分配股利，而不予以累积留待以后补付的优先股。若年度净利润不足以支付全部优先股股利时，公司对所积欠的股利不再在以后年度补发。很明显，对于股东来说，累积优先股比非累积优先股的风险小，更具有吸引力。

2. 按能否参加剩余利润分配可分为参加分配优先股和非参加分配优先股

参加分配优先股是指不仅能取得固定股利，而且有权与普通股一起参加公司净利润分配的优先股。参加分配优先股按参与利润分配的方式不同，又可分为全部参加分配的优先股和部分参加分配的优先股。全部参加分配的优先股是指优先股股东有权与普通股股东共同等额分享本期全部利润；部分参加分配的优先股是指优先股股东有权按规定额度与普通股股东共同参与利润分配，超过规定额度部分的利润归普通股股东所有。

非参加分配优先股是指只能从公司的净利润中取得固定股利，对分配固定股利后的剩余利润不能参与分配的优先股。

参加分配的优先股由于收益率过高，往往会损害普通股的利益，因此，公司在一般情况下很少发行参加分配优先股。

3. 按是否可转换成普通股可分为可转换优先股和不可转换优先股

可转换优先股是指股东可在一定时期内按一定比例把优先股转换成普通股的股票。转换的比例是事先确定的，其数值大小取决于优先股与普通股的现行价格。例如，每股可转换优先股的价格为100元，每股普通股的现行价格为25元，这时就可规定在今后一定时期（如2年）内，可以以1股优先股转换4股普通股。在规定的2年内，当普通股价格超过25元，或优先股的价格低于100元时，对优先股股东有利。

不可转换优先股是指不能转换成普通股，永远作为优先股的股票。持有这种股票只能获得固定的股利，而不能获得转换收益。

4. 按是否有赎回权利可分为可赎回优先股和不可赎回优先股

可赎回优先股又称可收回优先股，是指股份公司可以按一定价格收回的优先股。在发行优先股的条款中，一般都设有赎回条款，在赎回条款中规定了赎回该股票的价格，此价格一般略高于股票的面值。当赎回的条件成熟时，公司有权按预定的价格和方式赎回已发行的优先股。至于是否赎回，在什么时候赎回，则由发行股票的公司决定。

不可赎回优先股是指不能赎回的优先股。这种优先股是永久性的证券，发行公司若要收回这种股票，只有从证券市场上按市价购买。因为优先股都有固定股利，所以，不可赎回优先股一经发行，便会成为一项永久性的财务负担，大多数的优先股都为可赎回优先股，而不可赎回优先股则很少发行。

从以上介绍可以看出，累积优先股、可转换优先股、参与分配优先股均对股东有利，而可赎回优先股则对股份公司有利。

（二）优先股的权利

优先股的“优先”是相对普通股而言的，这种优先权主要表现在以下几个方面：

1. 优先分配股利权

优先分配股利权是优先股的最主要特征。优先股有固定股利，通常按面值的一定比例计算，而且优先股股利必须在支付普通股股利之前予以支付。对于累积优先股来说，这种优先权就更为突出。

2. 优先分配剩余财产权

在企业破产清算时，出售资产所得的收入，优先股的求偿位于债权人之后，但先于普通股。其金额为优先股的票面价值加上累积未支付的股利。

3. 部分表决权

优先股股东的管理权限是有严格限制的。通常，在公司的股东大会上，优先股股东没有表决权，无权过问公司的经营管理，仅在涉及优先股股东权益问题时享有表决权。例如，如果讨论把一般优先股改为可转换优先股，或推迟优先股股利的支付时，优先股股东都有权参加股东大会并有表决权。

（三）优先股的性质

优先股的性质比较复杂，既属于权益资金，又具有债务资金的性质。

从法律地位上看，优先股属于企业权益资金的一部分，表现在：优先股持有人是公司的股东，其拥有的权利同普通股股东相似；优先股的股利和普通股的股利一样，都是从税后净利润中支付。但优先股又具有债券的特征，表现在：优先股有固定的股利，类似债券的利息；优先股对利润的分配和对剩余财产的求偿具有优先权，这也类似于债券。

关于对优先股的性质的认识，不同的利益集团有不同的看法。普通股股东一般把优先股看成是一种特殊债券，因为它必须在普通股之前分得收益、分享剩余资产。投资者在购买普通股时也往往把优先股看做债券。债券持有人则认为优先股属于股票，属于股权资金，因为它对债券起保护作用，可以减少债券投资的风险。从公司管理当局和财务人员的角度看，优先股具有双重性质，因为优先股虽然没有固定的到期日，不用偿还本金，但需要支付固定的股利，成为财务上的一项负担。所以，当公司利用优先股筹资时，一定要考虑它这两方面的特性。

（四）发行优先股的目的

股份有限公司发行优先股主要出于筹集权益资金的需要。但是，由于优先股具有发放固定股利这一基本特征，使优先股的发行具有出于其他动机的考虑。

1. 防止股权分散化，增加普通股股东的权益

一方面，优先股股东不具有公司表决权，公司出于普通股发行会稀释其股权的考虑，在资本额一定的情况下，会发行一定数额的优先股，保护原有普通股股

东对公司经营权的控制；另一方面，优先股的股利是固定的，且优先股对公司留存收益不具有要求权，在公司收益一定的情况下，提高优先股的比重，会相应提高普通股股东的权益，提高每股净收益。

2. 维持举债能力

由于优先股筹资属于权益性筹资的范围，因此，它可作为公司举债的基础，以提高其负债的能力。

3. 调整资本结构

由于优先股在特定情况下，具有可转换性和可赎回性，因此在公司安排权益资金与负债资金比例关系时，可借助于优先股的这些特性，来调整公司的资本结构，从而达到公司的目的。

（五）优先股筹资的评价

1. 优先股筹资的优点

公司利用优先股筹资有许多优点，主要表现在：

（1）没有固定到期日，不用偿还本金。发行优先股筹集资金，实际上近乎得到一笔无限期的长期贷款，公司不承担还本义务，也无须再作筹资计划。对可赎回优先股，公司可在需要时按一定价格收回，这就使得这部分资金的利用更有弹性。当财务状况不佳时发行，而财力较强时收回，有利于调整和控制公司的资本结构。

（2）股利的支付既固定又有一定的灵活性。优先股一般都采用固定股利的方式，但固定股利的支付并不构成公司的法定义务。如果公司的财务状况不佳，可以暂时不支付优先股股利，优先股股东不能像债权人一样迫使公司破产。

（3）有利于增强公司信誉。从法律上讲，优先股属于自有资金，因而，优先股扩大了权益基础，可适当增加公司的信誉，加强公司的借款能力。

（4）保持普通股股东对公司的控制权。利用优先股筹资可以达到既向外界筹资，又保持原有股东控制权的目的。

2. 优先股筹资的缺点

优先股筹资也有自身的缺点，主要表现在：

（1）筹资成本高。优先股所支付的股利要从税后净利润中支付，不像债务利息那样可在税前扣除。因此，优先股的成本高于债务成本。

（2）财务负担重。优先股需要支付固定股利，但又不能在税前支付，所以，当利润下降时，优先股的股利会成为一项较重的财务负担，有时不得不延期支付。

（3）限制条件多。发行优先股，通常有许多限制条款，如对普通股股利支付上的限制、对公司借债的限制等，不利于公司的自主经营。

二、发行可转换债券

(一) 可转换债券的特点

可转换债券是一种特殊债券，是发行公司依法发行的，可在一定时间内按规定的条件和转换比率转换成股票的债券。可转换债券是附有认股权的债券，兼有债券和股票的特征。

1. 债权性

可转换债券首先是一种纯粹的债券，在转换前是公司的负债，具有确定的债券期限和票面利率，并可为债券投资者提供稳定的利息收入和还本保证，因此具有较充分的债权性质。虽然可转换债券的持有者可以享有还本付息的保障，但与股票投资者不同，他不是公司的所有者，只是公司的债权人。因此，债券持有者无权参与企业的经营管理和决策，无权参与企业的利润分配。可转换债券与普通债券相比是有区别的，一般来说，由于可转换债券附有认股权，所以，可转换债券的利率通常低于普通债券的利率。另外，可转换债券只有上市公司和重点国有企业才能发行，普通债券凡是符合有关法律规定的发行条件的企业均可发行。

2. 股权性

可转换债券在转换成股票之后，就变成公司的权益，其具有的公司债券特征将全部消失，取而代之的是股票特征，原债券持有者就由债权人变成了公司的股东，具有参与企业经营管理和利润分配的权利。可转换债券与认股权证是有区别的。一方面，可转换债券与附有的选择权是不可分割的，而认股权证是股票的衍生工具，可作为独立的证券发行和流通。另一方面，可转换债券转换为股票时，并不为企业带来新的资金，只是将长期的负债转换为股东权益。而认股权证行使后，会引起企业股东权益的增加。

3. 可转换性

可转换性是可转换债券的重要标志，债券持有者可以按约定的转换时间和转换价格将债券转换成股票。如果债券持有者不想转换，则可继续持有债券，直到偿还期满时收回本金和利息，或者在流通市场随时出售变现。

(二) 可转换债券的基本要素

1. 基准股票

可转换债券对股票的可转换性，实际上是一种股票期权或股票选择权，它的标的物就是可以转换成的股票。可转换债券的标的股票一般是其发行公司的普通股，但也有其他公司的股票，如可转换债券发行公司的上市子公司的股票。

2. 票面利率

可转换债券的票面利率一般低于普通债券利率和银行利率。这是由于可转换债券主要靠可转换性来吸引投资者认购，投资者有一种特殊的选择权，因而票面利率只是起到给予投资者最低收益率的作用。

3. 转换比率

转换比率是指每份可转换债券可以转换成普通股的股数。例如，某公司债券信托合同规定，每张面值为 1 000 元的公司债券可转换为公司发行的 50 股普通股，其转换比率为 50。

4. 转换价格

转换价格是指可转换债券在转换期内转换为普通股时的每股价格。可转换债券发行之时，都明确了以怎样的价格转换为股票。转换价格的计算公式如下：

$$转换价格=\frac{债券面值}{转换比率}$$

可转换债券在发行时，所确定的转换价格一般高于股票的市场价格，高出的部分称为转换溢价。转换价格一般定在比债券发售日股票市场价格高出 10%～30%。否则，将意味着贴现发行，必然影响发行公司与股东的利益。在可转换债券的期限内，可能会因企业发售低于转换价格的新股票，或大量分派现金股利，从而使可转换债券大幅度贬值，这将损害可转换债券持有者的利益。为避免可转换债券的贬值，通常在发行契约中订有保护性条款。这些条款规定，如果发行可转换债券的公司发行新股票或送红利，必须按相应的比例调整转换比率或转换价格。如果没有保护性条款，当公司的每股收益大幅度增加时，公司会采用送红利或配股的方式强迫可转换债券的持有人放弃转换的权利。

5. 转换期

转换期是指可转换债券转换成股票的起始日至结束日的期间。可转换债券的转换期可以与债券的期限相同，也可以短于债券的期限。例如，某种可转换债券规定只能在其发行一定时间之后（如发行若干年之后）才能行使转换权，这种转换期称为递延转换期，短于债券期限。还有的可转换债券规定只能在一定时间内（如发行日后的若干年之内）行使转换权，超过这段时间转换权失效，这种转换期也短于债券的期限，称为有限转换期。超过转换期后的可转换债券，不再具有转换权，自动成为不可转换债券（或普通债券）。

6. 赎回条款

赎回条款是指发行公司有权在某一预定的期限内按事先约定的价格买回尚未

转股的可转换债券。赎回条款通常包括不赎回期、赎回价格、赎回条件等。通常发行公司只会在股票价格大幅高于转换价格情况下行使赎回权，以迫使投资者将可转换债券转换为股票。因此，赎回条款具有强制转换的作用。

7. 回售条款

回售条款是为可转换债券投资者提供的一项安全保障。回售条款是指公司股票价格在一定时期内连续低于转换价格并达到某一幅度时，债券持有人可以按事先约定的价格将债券出售给发行公司。回售条款也包括回售时间、回售价格等内容。设置回售条款是为了保护债券持有者的利益，使他们避免遭受过大的损失，从而降低投资者的风险。投资者一般是在发行人股票表现欠佳时行使回售权，相当于发行公司提前兑付本息。

8. 转换调整条款

发行公司发行可转换债券之后，其股票价格可能出现巨大的波动，如果股价表现不佳，但又未设置回售条款，公司可设置转换调整条款以保护公司的利益，预防投资者到期集中挤兑引发公司破产的悲剧。转换调整条款又称向下修正条款，允许发行公司在约定的时间内将转换价格向下修正为原转换价格的70%～80%。

9. 强制性转换条款

强制性转换条款是指在某些条件具备之后，债券持有人必须将可转换债券转换为股票，无权要求偿还债券本金的规定。设置强制性转换条款，是为了保证可转换债券顺利地转换成股票，实现发行公司扩大权益筹资的目的。

（三）可转换债券的价值

可转换债券的价值有三种。

1. 非转换价值

非转换价值是指可转换债券的持有者不行使转换权或发行者不行使强制赎回权时可转换债券的价值，非转换价值与普通债券的价值一样，等于未来收取的利息及本金的现值。计算公式为：

$$V=\frac{M}{(1+i)^n}+\sum_{t=1}^{n}\frac{M\times r}{(1+i)^t}$$

式中，V：债券价值；

M：债券面值；

r：票面利率；

i：市场利率；

n：债券期限；

t：付息期限。

【例 3—13】 可转换债券的面值为 2 000 元，期限为 20 年，年利率为 4%，市场利率为 5%，则该债券转换成股票前的价值为：

$$V = 2\,000\times(P/F,5\%,20)+2\,000\times4\%\times(P/A,5\%,20)$$
$$=1\,751\ (\text{元})$$

2. 转换价值

转换价值是指可转换债券转换成普通股时的价值。转换价值取决于转换比率与普通股市场价格。转换价值的计算公式为：

转换价值＝转换比率×普通股市场价格

【例 3—14】 某一可转换债券的转换比率为 50，普通股的市场价格为每股 20 元，转换价值为：20×50＝1 000（元）。

由于股票的市场价格处于不断的波动中，可转换债券的转换价值也随着股票市场价格的波动而波动。转换价值与转换价格的区别在于：转换价格是根据预先确定的转换比率与可转换债券的面值计算的，只要转换比率不变，转换价格就不会变。当转换价格高于股票市价时，将可转换债券转换为普通股是不合算的。

3. 市场价格

市场价格是指可转换债券的市场成交价格。市场价格受到转换价值、非转换价值及投资者的心理等因素影响。按照一般规律，可转换债券的市场价格不会低于非转换价值和转换价值。如果市场价格降到转换价值之下，套购活动将导致市场价格上升至转换价值之上；如果市场价格降到非转换价值之下，这时投资者的需求也将驱使价格上升至非转换价值之上，见图 3—1。

对于图 3—1 说明如下：

（1）转换价值线是一条从原点出发的射线，在转换比率保持不变的情况下，转换价值随正股市价的上涨而提高。

（2）假设可转换债券没有违约风险，所以不含有认股权的普通债券价值与股价高低无关，在图中是一条直线。

（3）A 点价值（即普通债券价值）是可转换债券价值的下限。原因在于：①可转换债券价值不应低于普通债券价值；②可转换债券价值不应低于转换价值。

（4）可转换债券价值高出其下限的部分就是转换溢价，它表示认股权的价值。一般来说，普通债券价值与转换价值相等时，转换溢价最高。

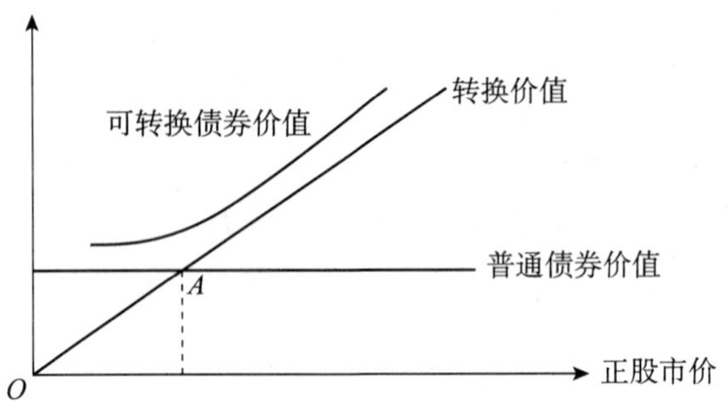

图 3—1　可转换债券价值与正股市价、转换价值及普通债券价值关系图

（5）在正股市价较低时，可转换债券价值接近于普通债券价值，可转换债券更像普通债券，具有更多的债性。由于转换价值较低，可转换债券持有者不愿意转股。在正股市价较高时，可转换债券价值接近于转换价值，可转换债券更像普通股，具有更多的股性。此时，可转换债券持有者愿意将债券转股。

（四）可转换债券的发行条件

根据我国《可转换公司债券管理暂行办法》的规定，目前我国只有上市公司和重点国有企业具有发行可转换债券的资格，它们在具备下列条件之后，可以经证监会批准发行可转换债券。

1. 上市公司发行可转换债券的条件

根据我国《公司法》规定，上市公司发行可转换债券应具备的条件如下：

（1）最近 3 年连续盈利，且最近 3 年公司净资产的平均收益率在 10%以上。属于能源、原材料、基础设施类的公司，最近 3 年的净资产收益率可以略低，但不能低于 7%。

（2）发行可转换债券后，公司的资产负债率不能高于 70%。

（3）累计债券余额不能超过公司净资产的 40%。

（4）发行可转换债券所募集资金的投向符合国家的产业政策。

（5）可转换债券的利率不能超过同期银行存款利率。

（6）可转换债券的发行额不小于人民币 1 亿元。

（7）证监会规定的其他条件。

2. 重点国有企业发行可转换债券的条件

重点国有企业发行可转换债券，除具备上述（3）～（7）项条件外，还应具备下列条件：

（1）最近3年连续盈利，且最近3年的财务报告已经过具有从事证券业务资格的会计师事务所审计。

（2）有明确、可行的企业改制和上市计划。

（3）具有可靠的偿债能力。

（4）具有能够代为清偿债务能力的保证人的担保。

（五）可转换债券筹资的评价

1. 可转换债券筹资的优点

（1）筹资成本较低。可转换债券给予了债券持有人以优惠的价格转换公司股票的好处，故其利率低于同一条件下的不可转换债券（或普通债券）的利率，降低了公司的筹资成本。此外，在可转换债券转换为普通股时，公司无须另外支付筹资费用，又节约了股票的筹资成本。

（2）增强筹资的灵活性。由于可转换债券持有人中有相当一部分会在日后将其转换成普通股，其投资者是公司的潜在股东，与公司的利益冲突较少，发行可转换债券不影响公司偿还其他债务的能力，不会受到其他债权人的反对。如果公司对可转换债券的有关条款设计周到，将有助于公司主动调整资本结构，增强公司财务的弹性。

（3）有利于稳定股票市价。由于可转换债券规定的可转换价格一般要高于其发行时的公司股票价格，因此在发行新股或配股时机不佳时，可以先发行可转换债券，然后通过转换实现股权筹资。事实上，一些公司正是认为当前其股票价格太低，为避免直接发行新股而遭受损失，才通过发行可转换债券变相发行普通股。这样，一来不至于因为直接发行新股而进一步降低公司的股票市价；二来因为可转换债券的转换期较长，即使在将来转换股票时，对公司股价的影响也较温和，从而有利于稳定公司股票。

2. 可转换债券筹资的缺点

（1）存在股价大幅度上扬的风险。虽然可转换债券的转换价格高于其发行时的股票价格，但如果转换时股票价格大幅度上扬，公司只能以较低的固定转换价格换出股票，减少公司股权筹资数量。

（2）存在转换风险。当公司业绩不佳时或转换价格定得过高时，债券难以转换为普通股，到期时公司必须归还本金，从而无法达到发行可转换债券的预期目的。特别是在订有回售条款的情况下，公司短期内集中偿还债务的压力会更明显。

（3）丧失低息优势。可转换债券转换成普通股后，其原有的低利息优势不复存在，公司将要承担较高的普通股成本，从而可能导致公司的综合资金成本上升。

三、发行认股权证

（一）认股权证的含义和特征

认股权证是指由上市公司发行的，能按特定的价格，在特定的时间内购买一定数量该公司股票的选择权凭证。它赋予持有者在一定期间内以事先约定的价格优先购买发行公司一定数量普通股的权利。权证表明持有者有权利而无义务。若届时公司股票价格上涨，超过认股权证所规定的认购价格，权证持有者可按认购价格购买股票，赚取市场价格与认购价格之间的差价；若届时市场价格比约定的认购价格还低，权证持有者可放弃认购。从内容上看，认股权证实质上就是一种看涨期权。认股权证与它所伴随的股票或债券，既可以分开，便于分别交易，也可不分开。认股权证的特征有：

（1）对发行公司而言，发行认股权证是一种特殊的筹资手段，伴随债券与股票而发行的认股权证，可以吸引投资者购买公司发行的股票。

（2）认股权证是一种购买普通股的选择权，它本身含有期权条款，在行使选择权之前，对公司既不拥有债权也不拥有股权。

（3）认股权证是一种有价证券，具有市场价格，其持有人可以行使认股权，也可以不行使认股权，也可将认股权证转让出售。通常用认股权证购买普通股，其价格一般低于市价。不过，由于认股权证的价格随公司股价的变化而波动，认股权证的持有者需要承担这种价格变动的风险。

（4）认股权证具有时间价值，并且时间价值会随着认股权证到期日的临近而降低。

（二）认股权证的基本要素

1. 认购数量

认购数量是指每一份认股权证可认购股票的数量，又称转换比率。认购数量可以用两种方式进行约定。一是确定每一单位认股权证可以认购普通股的金额；二是确定每一单位认股权证可以认购普通股的股数。例如，如果 10 份权证可以认购 1 股正股，则该权证的行权比例为 0.1。

2. 认购价格（行权价格）

认购价格是指认股权证持有者行使认股权时的结算价格。认购价格的确定一般以认股权证发行时公司的股票价格为基础，上浮一定的比例。认购价格一般保持不变，但也可以随着时间的推移逐步提高。当正股数量由于送股、配股等发生变化，或进行除权或除息时，要对认购价格进行调整。

3. 认股期限

认股期限是指认股权证的有效期限。在有效期限内，认股权证的持有者可以随时购买股份，超过有效期，则认股权证失效。

4. 赎回条款

通常，发行认股权证的公司都要制定赎回条款，在特定情况下，公司有权赎回其发行在外的认股权证。

（三）认股权证的种类

1. 美式认股权证与欧式认股权证

美式认股权证，指权证持有人在到期日前，可以随时提出履约要求，买进或卖出约定数量的标的资产。而欧式认股权证，则是指权证持有人只能于到期日当天，才可提出买进或卖出标的资产的履约要求。无论权证属于欧式还是美式，投资者均可于到期日前在市场上出售持有的认股权证。事实上，只有小部分权证持有人会选择行使认股权证，大部分投资者均会在到期前沽出认股权证。

2. 认购认股权证与认沽认股权证

认购权证，是一种买进权利。该权证持有人有权于约定期间（美式）或到期日（欧式），以约定价格买进约定数量的标的资产。认沽权证，则属于一种卖出权利。该权证持有人有权于约定期间或到期日，以约定价格卖出约定数量的标的资产。如不特别说明，认股权证一般是指认购认股权证。

3. 股本认股权证与衍生认股权证

股本认股权证，是以发行人或其子公司的股票作为标的资产而发行的认购或认沽期权。该权证的发行人通常是发行标的股票（正股）的上市公司。行使时，公司将发行新股，并以行使价售予股本认股权证的持有人。衍生认股权证，其标的资产为个股股票或一篮子股票、股指、黄金、外汇等。衍生认股权证通常是投资银行发行的。前者是公司的集资活动，而后者并非为了集资，而是为投资者提供一种管理投资组合的有效工具。

4. 公司认股权证与备兑认股权证

公司认股权证，是由权证标的资产的发行人（一般为上市公司）自行发行，通常伴随企业股票或公司债发行，公司认股权证的履约期限通常较长，如 3 年、5 年甚至 10 年。备兑认股权证，一般由权证标的资产发行人以外的第三人（投资银行或券商等资信良好的专业投资机构）发行，发行人发行备兑认股权证并非为了集资，而是为投资者提供一种管理投资组合的有效工具。备兑权证的权利期间多在 1 年以下。

5. 价内权证、价外权证和价平权证

根据履约价格，权证可分为价内（in the money）权证、价外（out of the

money）权证和价平（at the money）权证三种。标的资产市价高（低）于履约价格的认购（沽）权证，为价内权证；标的资产市价低（高）于履约价格的认购（沽）权证，为价外权证；标的资产市价等于履约价格的认购（沽）权证，为价平权证。

6. 长期认股权证和短期认股权证

短期认股权证的认股期限一般在 90 天以内。长期认股权证的认股期限通常超过 90 天，有的长达数年或永久。

7. 单独发行认股权证和附带发行认股权证

附带发行认股权证是指依附于优先股、普通股、债券发行的一种认股权证。单独发行认股权证是指不依附于公司债券、优先股、普通股而单独发行的认股权证。

（四）认股权证的价值

认股权证实质上是一种期权，它的价值受所认购股票的市场价格、权证规定的认购价格、距认股权证到期日的时间长短等因素的影响，同时还要考虑认股权证的权利一旦付诸实施，必然增加公司流通在外的股票数量，进而影响股票的市场价格和每股盈利，反过来又会对认股权证本身的价值产生影响。

认股权证的价值分为理论价值和时间价值两部分。

1. 理论价值

理论价值（intrinsic value）又称认股权证的底价，是权证本身具有的价值，也就是行使权利时可以获得的收益额。

（1）当正股市价高于行权价格时，内在理论价值的计算公式如下：

$$V=(P-E)\cdot N$$

式中，V：认股权证的理论价值；

P：正股的市价；

E：用认股权证购买公司普通股票的价格（行权价格）；

N：认股权证的转换比率，即一张认股权证可买到的股票数。

（2）当正股市价等于或低于行权价格时，权证便丧失了履约价值，内在价值为零。

【例 3—15】某公司发行认股权证筹资，认股权证规定每股股票的认购价格为 20 元，每张认股权证可以购买 0.5 股普通股，若公司发行权证时的正股市价为 30 元，则公司发行的每张认股权证的理论价值为多少？

$$V=(P-E)\cdot N$$

=(30－20)×0.5=5（元）

通过以上计算可以看出，影响认股权证理论价值的主要因素有：

（1）转换比率。转换比率越大，说明认股权证所能认购的普通股股数越多，其理论价值就越大；反之，则越小。

（2）普通股市价。市价越高，认股权证的理论价值越大；反之，则越小。

（3）行权价格。行权价格越低，认股权证的持有者为换股而支付的代价就越小，普通股市价高于行权价格的机会就越大，认股权证的理论价值就越大；反之，则越小。

（4）剩余有效期间。认股权证的剩余有效期间越长，市价高于行权价格的机会就越大，认股权证的理论价值越大。

（5）市场利率。市场利率的高低，决定着正股投资成本的大小。利率水平越高，投资正股的成本越大，因而认股权证变得较具吸引力，认股权证的价格就会越高。

（6）预期股息。一般而言，由于权证无法享有现金股利，因而预期股息越高，对认股权证越不利，故认股权证的发行或交易价格就越低。但需要指出的是，根据某些权证的（行权）价格调整条款或是交易所的有关规则，正股发放股息时往往会对权证行权价格作相应调整，因而预期股息的高低对认股权证价格及其走势的影响不大。

表3—10总结了上述因素与认股权证发行或交易价格之间的关系。

表3—10　　权证价格与主要影响因素的关系

影响因素	认股权证价格
正股市价越高	越高
权证有效期越长	越高
到期日趋近	越低
权证行权价格越高	越低
利率水平越高	越高
预期股息越高	越低

2. 实际价值（市场价格）

认股权证的实际价值是认股权证在证券市场上的市场价格或售价。在一般情况下，认股权证实际价值通常高于理论价值，高出部分被称为超理论价值的溢价。如果认股权证的市场价格低于其内在价值，则会出现无风险套利的机会。例如，设 $N=1$，认股权证的市场价格为 P'，若 P' 低于 V，那么套利者可以按 P' 的价格在市场上买入认股权证，再按照权证规定的认购价格 E 向公司购入普通股，总支出为 $P'+E$，然后按普通股的市场价格出售股票，总收入为 P，收入与支出之差为：

$$P-(P'+E)=(V+E)-(P'+E)=V-P'>0$$

显然，这种无风险套利机会在市场上是不可能存在的，因此，认股权证的市场价格不会低于 V。

3. 时间价值

时间价值是指在权证有效期内，权证持有人因正股市价波动获得收益的可能性所隐含的价值。时间价值很难直接估计，一般用认股权证的市场价格减去其理论价值计算。其计算公式为：

时间价值＝权证的市场价格－权证的理论价值

认股权证的时间价值主要受权证距到期日的时间长短和标的股票价格的变动性大小的影响。距到期日的时间越长，股票价格的变动性越大，在认股权证有效期内标的股票价格上升的机会越多，投资者获利的机会也越大，认股权证的时间价值也就越高；反之，认股权证的时间价值就越低。

权证价格与其理论价值和时间价值的关系见图 3—2。

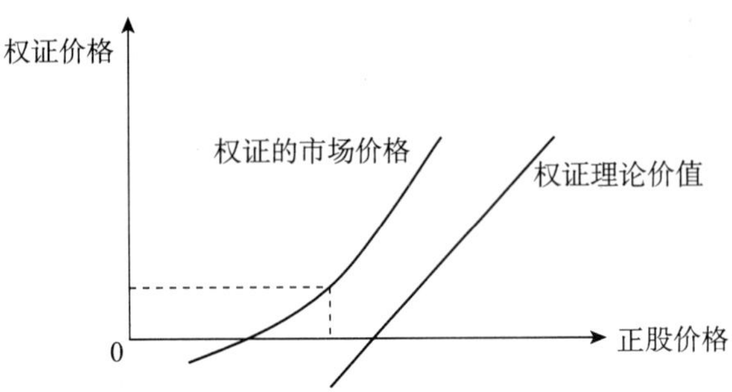

图 3—2　权证价格与其理论价值和时间价值的关系

（五）认股权证的特点

认股权证之所以能有其存在的市场并可得到快速发展，是与其独特的功能密切相关的。然而，收益与风险总是相对的，优势同样也可能变成风险。综合来看，认股权证对投资者来讲主要具有如下特性：

1. 权证为投资者提供获取巨大回报的机会

投资者之所以愿意选择投资认股权证，其根本原因在于权证所具有的高财务杠杆功能。权证属于杠杆投资的一种，具有较高的杠杆比率（gearing ratio）。以认购权证为例，一方面，如果投资者对正股的后市走势判断正确，则权证的投资回报率往往会远高于正股的投资回报率。这是因为购买权证时往往只须缴付较低的权利金，就可获得比该权利金高出数倍的正股认购权。另一方面，当正股的后市行情与投资者的预期相反时，投资者则可选择不行使权证。此时他的最大损失也不过就是买入权证时所支付的并不会太高的权利金，这比直接投资正股的损失要小得多。

另外，除了行使权证赚取利益外，投资者还可选择在二级市场上转让权证来套利。此时，就认购权证而言，如遇正股市价上涨，则权证的二级市场价格也会相应飙涨，因此投资者可以在二级市场上将权证转让以赚取价差；相反，如遇正股市价下跌，投资者仍可在二级市场上将权证转让，此时只承担权证的发行价与二级市场现价之间的价差损失。其实，投资者往往正是由于资金所限才购买成本较低的认股权证的，因此通常不会再介入正股的交易。从而，尽管由于资金不足而无法投资正股，但只要投资者对正股走势判断正确，则他仍可通过投资权证并在二级市场进行交易来获利。

总之，权证具有较高的财务杠杆功能。投资认股权证的最大损失为所付出的权利金，其风险有限；而其获利在理论上却可随着正股的不断上涨而无限增加。

2. 多空皆宜，可成为风险对冲工具

由于权证既可在看涨时做多，又可在看跌时做空，因此，对于已有或即将持有现货、期货仓位的投资者，权证可成为一种有效的避险工具。例如，当某投资者看淡正股走势，欲在股市做空，却又担心错判行情。为保险起见，他可在股市看空股票的同时，用少许的资金成本买进看涨的认购权证。此时，如果股市下跌，这时可放弃行使权证（虽然也因此损失了一笔权利金，但毕竟数额较小）；如果股市上扬，则他可通过转让或行使权证来获利以弥补股市的损失。反之，当某投资者看涨正股走势又担心判断失误时，就可以买进看跌的认沽权证。

作为一种衍生性金融工具，权证源于股票、指数或其他资产等基础金融工具，与股票等基础工具一样可以作为投资者投资理财的渠道之一，并可纳入其投资组合。投资者可配合其对基础工具的投资而购进相应的权证，以此提高资金的使用效率并尽可能规避风险。权证的这种功能很明显是一般基础证券所无法有效提供的。而且，由于投资权证最初只需付出一笔权利金，即可获得将来认购或认沽标的资产的权利，因此投资者用较少的资金调度，即可达到灵活调整其投资组合的目的，从而可保留部分资金用作其他的投资，以提高其理财效率与绩效。

3. 权证价格具有高度的不稳定性

认股权证具有时间价值，该时间价值会随着权证到期日的趋近而降低。权证的最大特性之一就是具有时效性，过了到期日后，投资者就失去了履约的权利。因此，即使投资者对标的资产的后市走势判断正确，权证价值也会随着到期日的趋近而递减，此时权证持有人在二级市场套利的空间变小，而只能选择支付更多资金成本以行使权证并由此获利。正是由于权证具有时效性，因而也就带来了其价值的不稳定性。根据各国权证发展经验看，其价格波幅一般都较大。相对于其他有价证券而言，权证价值处于一种高度不稳定状态。另外，对于只有在到期日才可被行使的欧式认股权证（香港市场多为此品种），投资者必须等到权证到期日方可获利，此段期间的持续也带来了很大的风险。

此外，由于认股权证只是一种权利的代表，用于在未来某个时间认购发行公司的标的资产，虽不会即时增加标的资产发行人的资产和负债，却具有较大的投机性，因而往往要求标的资产发行人具有一定的财务实力。如果标的资产发行人的财务状况不佳，在标的资产行情剧烈波动时，可能发生权证无法行使从而使权证持有人血本无归的情形，因此投资者应该谨慎。

（六）认股权证与优先认股权的比较

认股权证与优先认股权既有相同之处，又有不同之处。相同之处在于二者都具有看涨期权的特征，即按特定的价格购买特定数额的普通股，一旦行使认股权，都会给企业带来新的资金。不同之处主要有三点：（1）获得优先认股权的权利人一定是公司的股东，优先认股权产生于公司筹集资金而向现有股东发行新股时，是对普通股股东的优惠权；而认股权证产生于公司发行债券或优先股时，是为了提高债券或优先股的吸引力而按债券或优先股的面额同时奉送若干认股权证，是对债权人或优先股股东的优惠权。（2）优先认股权的有效期较短，通常只有几个月，一般不超过一年；而认股权证的有效期较长，甚至有的认股权证是永久性的，根本没有到期日。（3）优先认股权的认购价格一般低于发行时股票的市价；而认股权证的认购价格一般高于认股权证发行时公司股票的市价。

（七）认股权证在筹资中的作用

公司通过发行认股权证可以改善企业的筹资条件，促进其他筹资方式的运用。例如，有些公司在发行低利率债券时，由于低利率债券的利率较低，对投资者的吸引力不是很强，这时公司为改善低利率债券的发行状况，可在发行的低利率债券上附有认股权证，促进债券的发售。

认股权证不论单独发行还是附带发行，都有可能为公司筹措一笔资金，从而增强公司的资本实力。

【例 3—16】 某公司原有普通股 1 000 万元（每股面值 1 元），该公司发行附有认股权证的债券 5 000 万元，利率为 10%，每 1 万元面值的债券附有 400 份认股权证，每份认股权证可以购买 1 股普通股，每股市场价格为 5 元，如果认股权证行使认购，则该公司可出售 200 万股（5 000×400）普通股，每股成本价格 1 元，计 200 万元，由于每股溢价 4 元，所以，资本公积增加 800 万元（4×200），最后使总资本增加，其计算过程见表 3—11。

表 3—11　　权证筹资对公司总资本的影响　　单位：万元

筹资来源	筹资前	债券的销售	认购认股权证
债券	—	5 000	5 000
普通股（每股面值 1 元）	1 000	1 000	1 200
资本公积	4 000	4 000	4 800
留存收益	20 000	20 000	20 000
权益资本	25 000	25 000	26 000
总资本	25 000	30 000	31 000

（八）发行认股权证筹资的优缺点

1. 发行认股权证筹资的优点

（1）可降低筹资成本。发行附有认股权证的债券时，由于认股权证的吸引力作用，可以降低债券利率，因而可降低债券的发行成本。

（2）有利于吸引投资者，增加企业资金。附有认股权证的债券可以作为一种诱饵，能有效刺激投资者的投资欲望，使公司较容易筹集到所需资金。另外，只要认股权证的约定价格低于股票价格，认股权就会被行使，从而增加公司的资本金。

（3）有助于调整资本结构，扩大股权。认股权被行使后，公司发行在外的股票数，进而公司的资本金会增加，所有者权益在资产中的比重会上升，从而实现资本结构的调整。

（4）促进其他筹资方式的发展。单独发行的认股权证有利于将来发售股票。附带发行的认股权证可促进其所依附证券发行的效率，为将来的筹资奠定基础。

2. 发行认股权证筹资的缺点

（1）在认股权被行使后，公司的股东数增加，这样会稀释每股收益，分散股东对公司的控制权。

（2）在认股权被行使后，若普通股股价高于认股权证行权价格较多，则公司筹资成本较高，会出现实际的筹资损失。

（3）保留债务。与可转换债券不同，行使认股权之后，原附有认股权证的债券仍作为企业的负债保留在账上；而可转换债券转换成普通股后，债务便从企业的负债账户上消失了。

第六节　资金成本

一、资金成本概述

（一）资金成本的概念

资金成本是指企业为筹集和使用资金而付出的代价。它有广义与狭义之分。广义的资金成本是指企业筹集和使用所有资金（不论短期资金还是长期资金）而付出的代价。狭义的资金成本是指企业筹集和使用长期资金（不论自有资金还是借入资金）而付出的代价。由于长期资金也被称为资本，所以长期资金的成本也称为资本成本。

（二）资金成本的构成要素

资金成本包括资金筹集费和资金占用费两部分。

1. 资金筹集费

资金筹集费是指企业在资金筹集过程中所支付的各项费用，如发行股票、债券所支付的印刷费、发行手续费、律师费、资信评估费、公证费、担保费、广告费等。筹资费用通常在筹集资金时一次性发生，在用资过程中不再发生，因此在计算资金成本时应作为筹资金额的一项扣除。

2. 资金占用费

资金占用费是指企业因使用资金所付出的费用，如向股东支付的股利、向债权人支付的利息等。资金占用费是企业在筹资中经常发生的，它是计算资金成本的主要内容。

资金成本可以用绝对数表示，也可用相对数表示。但为了便于分析比较，资金成本通常不用绝对金额表示，而用相对数——资金成本率来表示。资金成本率是资金占用费与实际筹集资金的比率，用公式表示为：

$$\text{资金成本}=\frac{\text{资金占用费}}{\text{筹资净额}}=\frac{\text{资金占用费}}{\text{筹资总额}-\text{筹资费用}}$$

即

$$K=\frac{D}{P-F} \quad 或 \quad K=\frac{D}{P(1-f)}$$

式中，K：资金成本；

D：资金占用费；

P：筹资金额；

F：资金筹集费；

f：筹资费用率。

资金成本的计量有多种形式。在比较各种筹资方式时，使用个别资金成本，包括普通股成本、留存收益成本、长期借款成本、债券成本等；在进行资本结构决策时，使用加权平均资金成本；在进行追加筹资决策时，使用边际资金成本。

（三）资金成本的性质

1. 资金成本是资金使用者向资金所有者和中介人支付的资金使用费和资金筹措费

在市场经济条件下，资金是一种特殊的商品，企业为了取得资金的使用权，必须向资金所有者支付一定的费用。资金成本是资金所有权与使用权分离的必然结果。

2. 资金成本既具有一般产品成本的基本属性，也有不同于一般产品成本的某些特性

在企业的正常生产经营活动中，一般产品的成本是生产过程中的耗费，需要从企业的收入中加以补偿；资金成本也是企业的一种耗费，也要由企业的收益来补偿，但它是为了获得和使用资金而付出的代价，通常不直接表现为生产成本。此外，产品成本需要计算实际数，而资金成本往往只要求计算预计数，属于预测成本。

3. 资金成本是资金时间价值与风险价值的统一

资金成本与资金时间价值既有联系，又有区别。资金时间价值是资金成本的基础，资金时间价值越大，资金成本越高；反之，资金时间价值越小，资金成本越低。但是，资金时间价值与资金成本在数量上是不一致的。因为资金成本不仅包括资金时间价值，而且还包括风险价值、筹资费用等因素。同时，资金成本还受资金供求、通货膨胀、政府政策等因素的影响。

（四）资金成本的作用

资金成本是企业财务管理中的重要概念，它广泛运用于企业财务管理的许多方面。

1. 资金成本是企业筹资决策的主要依据

资金成本的高低是决定筹资活动的首要因素，因为在不同的资金来源和筹资

方式下，资金成本各不相同，为了提高筹资效果，就必须分析各种筹资方式下的资金成本，并进行合理配置，使资金成本最低。

2. 资金成本是企业评价投资项目的重要标准

对于企业投资来讲，资金成本是评价投资项目、决定投资取舍的重要标准，任何一个投资项目只有在其投资收益率高于资金成本时才是可以接受的，否则将无利可图。

3. 资金成本是衡量企业经营成果的尺度

资金成本作为一种投资报酬是企业最低限度的投资收益率。企业任何一项投资不论所需资金是怎样筹集的，必须实现这一最低的投资收益率，以补偿企业使用资金需要偿付的资金成本。因此，在实际生产经营活动中，资金成本的高低就成为衡量企业投资收益率的最低标准。当企业投资收益率大于资金成本时，说明企业经营业绩较好；反之，说明企业经营业绩欠佳，应立即改善经营管理。

(五) 影响资金成本的因素

1. 资金时间价值

资金时间价值是资金成本的基础，资金时间价值越大，资金成本越高；反之，资金时间价值越小，资金成本越低。

2. 总体经济环境

总体经济环境决定了整个经济中资金的供给与需求，以及预期通货膨胀的水平。总体经济环境变化的影响，反映在无风险的报酬率上。如果整个社会经济中的资金需求与供给发生变动，或者通货膨胀水平发生变化，投资人也将相应改变其所要求的报酬率。如果货币需求增加，而供给没有相应增加，投资人便会提高其投资报酬率，企业的资金成本就会上升；反之，则会降低其要求的投资报酬率，使资金成本下降。如果预期的通货膨胀水平上升，货币购买力下降，投资人也会提出更高的报酬率来补偿预期的投资损失，导致企业资金成本上升。

3. 证券市场条件

如果某种证券的市场流动性不好，投资者想买进或卖出证券相对困难，变现风险加大，要求的报酬率就会提高；或者虽然存在对某证券的需求，但其价格波动较大，投资风险较高，要求的报酬率也会提高。

4. 企业的经营风险及财务风险

经营风险是企业投资决策的结果，表现在资产报酬率的变动上；财务风险是企业举债产生的风险，表现在普通股报酬率的变动上。如果企业的经营风险与财务风险加大，则投资人要求的报酬率相应也会提高。

5. 筹资规模

随着企业筹资规模的扩大，资金成本会相应提高。如果企业发行的证券金额很大，资金筹集费和资金使用费都会上升，而且证券发行规模的增大还会降低其发行价格，由此也会增加企业的资金成本。

二、个别资金成本

个别资金成本是指企业使用各种筹资方式的成本，包括银行借款成本、债券成本、普通股成本和留存收益成本。前两种为债务资金成本，后两种为权益资金成本。

（一）银行借款成本

银行借款成本是指借款利息和筹资费用。由于借款利息计入税前成本费用，可以起到抵减税负的作用，因此，一次还本、分期付息借款的成本为：

$$K_t = \frac{I(1-T)}{P(1-f)} = \frac{r(1-T)}{1-f}$$

式中，K_t：银行借款成本；

I：银行借款年利息；

T：企业所得税税率；

P：银行借款筹资额（借款本金）；

f：银行借款筹资费用率；

r：银行借款年利率。

【例 3—17】某企业取得 5 年期长期借款 200 万元，年利率为 11%，每年付息一次，到期一次还本，筹资费用率为 0.5%，企业所得税税率为 25%，则该项长期借款的资金成本为：

$$K_t = \frac{200\times11\%\times(1-25\%)}{200\times(1-0.5\%)}$$

$$= \frac{11\%\times(1-25\%)}{1-0.5\%}$$

$$=8.29\%$$

银行借款的筹资费用主要是借款手续费，一般数额很小，有时也可忽略不计。这时，银行借款成本可简化为：

$$K_t = r(1-T)$$

$$=11\%\times(1-25\%)=8.25\%$$

在银行借款附加补偿性余额的情况下，银行借款筹资额应当扣除补偿性余额。这时，银行借款成本的计算公式为：

$$K_t = \frac{I(1-T)}{(P-CB)(1-f)}$$

式中，CB 为补偿性余额。

上述计算银行借款成本的方法比较简单，没有考虑货币的时间价值，因而这种方法的计算结果不是十分准确。要想提高资金成本计算的准确性（尤其是计算长期借款成本时），可采用计算现金流量的办法来计算税后成本，其计算方法有两种：

(1) 利用税前现金流量来确定长期借款的税前成本，然后再计算长期借款的税后成本。

长期借款的税前成本，是企业在筹资过程中的现金流出量现值等于现金流入量现值时的贴现率。现金流入量是企业的筹资净额，即筹资总额减去筹资费用后的差额。现金流出量是每期支付的借款利息和到期支付的本金。其计算公式为：

$$P(1-f) = \sum_{t=1}^{n} \frac{I}{(1+K)^t} + \frac{P}{(1+K)^n}$$

式中，K：长期借款的税前成本；

I：长期借款年利息；

P：长期借款筹资额（借款本金）；

f：长期借款筹资费用率。

将例 3—17 的资料代入上述公式得：

$$200 \times (1-0.5\%) = \sum_{t=1}^{5} \frac{200 \times 11\%}{(1+K)^t} + \frac{200}{(1+K)^5}$$

查表，10%，5 年期的年金现值系数为 3.791；10%，5 年期的复利现值系数为 0.621，代入公式有：

200×11%×3.791＋200×0.621－199＝8.602（万元）

8.602＞0，说明 10%的贴现率低了，应提高贴现率再试。

查表，12%，5 年期的年金现值系数为 3.605；12%，5 年期的复利现值系数为 0.567，代入公式有：

200×11%×3.605＋200×0.567－199＝－6.29（万元）

－6.29 万元＜0，说明 12%的贴现率高了，应降低贴现率。此时采用插补法

求贴现率 K。

$$长期借款的税前成本\ (K)=10\%+\frac{8.602}{8.602+6.29}\times(12\%-10\%)$$
$$=11.16\%$$

$$长期借款的税后成本\ (K_t)=K(1-T)$$
$$=11.16\%\times(1-25\%)=8.37\%$$

（2）直接用税后现金流量来计算，资金成本是使税后现金流出量的现值等于现金流入量现值的贴现率。其计算公式为：

$$P(1-f)=\sum_{t=1}^{n}\frac{I(1-T)}{(1+K_t)^t}+\frac{P}{(1+K_t)^n}$$

式中，K_t：长期借款的税后成本；

I：长期借款年利息；

P：长期借款筹资额（借款本金）；

f：长期借款筹资费用率；

T：企业所得税税率。

（二）债券成本

企业发行债券筹资，其资金成本的计算与借款成本的计算基本相同，因为债券利息也是在税前支付的。企业发行债券的成本主要是指债券利息和筹资费用。由于债券的筹资费用较高，不可在计算资金成本时省略。企业发行的债券通常指一次还本、分期付息的普通债券。债券成本的计算公式为：

$$K_b=\frac{I(1-T)}{B(1-f)}$$

式中，K_b：债券成本；

I：债券年利息；

T：企业所得税税率；

B：债券筹资额，按发行价格确定；

f：债券筹资费用率。

债券的发行价格有等价、溢价、折价三种。债券利息按面额（本金）和票面利率确定，但债券的筹资额按债券的实际发行价格计算。

【例 3—18】某公司平价发行总面额为 200 万元的 10 年期债券，票面利率为 10%，发行费用率为 5%，所得税税率为 25%，则该债券成本为：

$$K_b=\frac{200\times10\%\times(1-25\%)}{200\times(1-5\%)}=7.9\%$$

【例 3—19】 某公司溢价发行面额为 200 万元的 10 年期债券，票面利率为 10%，发行费用率为 5%，发行价格为 250 万元，企业所得税税率为 25%，则该债券成本为：

$$K_b=\frac{200\times10\%\times(1-25\%)}{250\times(1-5\%)}=6.32\%$$

【例 3—20】 某公司折价发行面额为 200 万元的 10 年期债券，票面利率为 10%，发行费用率为 5%，发行价格为 150 万元，企业所得税税率为 25%，则该债券成本为：

$$K_b=\frac{200\times10\%\times(1-25\%)}{150\times(1-5\%)}=10.53\%$$

上述计算债券成本的方法，比较简单易行，但它仍然没有考虑货币时间价值。如果需要将债券成本计算得更准确，也应当依据现金流量计算债券的税后成本。其方法同长期借款成本的计算方法相同，仍然是求解下列等式中的 K_b 。

$$B(1-f)=\sum_{t=1}^{n}\frac{I(1-T)}{(1+K_b)^t}+\frac{M}{(1+K_b)^n}$$

式中，B：债券发行价格；

M：债券面值；

I：债券年利息。

【例 3—21】 某公司为筹措项目资金，决定按面值发行票面利率为 8%的 10 年期债券，面值为 1 000 元。假设筹资费用率为 3%，企业所得税税率为 25%。该债券每年付息一次，到期一次还本，则该债券的成本满足下式：

$$1\,000\times(1-3\%)=\sum_{t=1}^{10}\frac{1\,000\times8\%\times(1-25\%)}{(1+K_b)^t}+\frac{1\,000}{(1+K_b)^{10}}$$

利用试算法，求得债券成本为 6.45%。

若债券平价发行，无手续费，则

债券成本=债券利率×(1−所得税税率)

假定例 3—21 的资料中无手续费，则债券成本=8%×(1−25%)=6%。

在实际中，由于债券利率通常高于长期借款利率，同时债券筹资费用较高，因此，债券成本一般高于长期借款成本。

（三）优先股成本

企业发行优先股既要支付筹资费用，又要定期支付股利。优先股的股利通常是固定的。优先股与债券不同的是股利在税后支付，且没有固定的到期日。优先股的筹资额应按优先股的发行价格确定，优先股成本的计算公式为：

$$优先股成本=\frac{优先股年股利}{优先股筹资额\times(1-筹资费用率)}$$

【例 3—22】 某公司发行优先股总面额为 120 万元，总价为 150 万元，筹资费用率为 6%，规定年股利率为 12%，则优先股成本为：

$$K_p=\frac{120\times12\%}{150\times(1-6\%)}=10.21\%$$

由于企业破产时，优先股股东的求偿权位于债券持有人之后，优先股股东的风险大于债券持有人的风险，这就使得优先股的股利率一般大于债券的利息率。另外，优先股股利要从净利润中支付，不能抵减所得税。所以，优先股成本通常高于债券成本。

（四）普通股成本

普通股的资金成本率就是普通股投资的必要收益率，其测算方法一般有三种：股利折现模型、资本资产定价模型、风险溢价法。

1. 股利折现模型

股利折现模型的基本形式是：

$$P_0=\sum_{t=1}^{n}\frac{D_t}{(1+K_s)^t}$$

式中，P_0：普通股筹资净额，即发行价格扣除发行费用；

D_t：普通股第 t 年的股利；

K_s：普通股投资必要收益率，即普通股资金成本率。

运用上面的模型测算普通股资金成本率，因具体的股利政策而有所不同。如果公司采用固定股利政策，即每年分派现金股利 D 元，则资金成本率可按下式测算：

$$K_s=\frac{D}{P_0}\times100\%$$

【例 3—23】A公司拟发行一批普通股，每股发行价格为12元，每股筹资费用为2元，预定每年分派现金股利每股1.2元。其资金成本率为：

$$K_s=\frac{1.2}{12-2}\times100\%=12\%$$

如果公司采用固定股利增长率政策，每年分派的股利是逐年增长的，股利固定增长率为 g，则资金成本率可按下式测算：

$$K_s=\frac{D_1}{P_0}+g$$

式中，D_1：第一年预期股利，$D_1=D_0(1+g)$；

P_0：普通股筹资净额，即发行价格扣除发行费用。

【例 3—24】A公司准备增发普通股，每股发行价格15元，筹资费用率为20%，预定第一年分派现金股利每股1.5元，以后每年股利增长2.5%。其资金成本率为：

$$K_s=\frac{1.5}{15\times(1-20\%)}+2.5\%=15\%$$

在财务管理实务中，股利既不可能保持不变，也不可能永远按恒定比率增长，甚至有的公司根本不发放股利，或者至少在一定时期内不发放股利。对于这些公司，不仅要预测公司股利支付额，还需要预测公司什么时候发放股利。所以股利增长模型适用于那些定期发放股利，股利增长十分稳定的公司。

2. 资本资产定价模型

资本资产定价模型给出了普通股期望收益率 K_s 与它的市场风险 β 之间的关系：

$$K_s=R_f+\beta(R_m-R_f)$$

式中，K_s：普通股成本；

R_f：无风险报酬率；

R_m：平均风险股票必要报酬率；

β：股票的贝塔系数（即某公司股票收益率相对于市场投资组合期望收益率的变动幅度）。

【例 3—25】A公司普通股的 β 值为1.2，该期间市场无风险报酬率为10%，平均风险股票必要报酬率为14%，则该公司的普通股成本为：

$$K_s = R_f + \beta(R_m - R_f)$$
$$= 10\% + 1.2 \times (14\% - 10\%) = 14.8\%$$

资本资产定价模型看上去能够对股权资本成本进行精确估计，但事实上还存在一些问题。如果一个公司的股东投资分散化不够，那么可能会面临"独立风险"，而不仅仅是系统风险。在这种情况下，公司的真正投资风险不能通过 β 系数来衡量，资本资产定价模型的方法会低估 K_s 的数值。

3. 风险溢价法

根据投资"风险越大，要求的报酬率越高"的原理，普通股股东对企业的投资风险大于债券投资者，因而会在债券投资者要求的收益率上再要求一定的风险溢价。依据这一理论，普通股成本的计算公式为：

普通股成本＝债务成本＋风险溢价

债务成本（长期借款成本、债券成本）比较容易计算，难点在于确定风险溢价。风险溢价可以凭借经验估计。一般认为，某企业普通股风险溢价对其自己发行的债券来讲，大约在3%～5%之间，当市场利率达到历史性高点时，风险溢价通常较低，在3%左右；当市场利率处于历史性低点时，风险溢价通常较高，在5%左右；而在通常情况下，常常采用4%的平均风险溢价。这样，普通股成本为：

普通股成本＝债务成本＋4%

（五）留存收益成本

留存收益是企业缴纳所得税后形成的，其所有权属于股东。一般企业都不会将全部收益以股利形式分给股东，所以，留存收益是企业资金的一个重要来源。股东将这一部分未分配的税后利润留存于企业，实质上是对企业追加投资。如果企业将留存收益用于再投资所获得的报酬率低于股东自己进行另一项风险相似的投资的报酬率，企业就不应该保留这部分留存收益，而应将其分配给股东。从成本的实际支付来看，留存收益并不像其他筹资方式那样直接从市场取得资金，而是将利润再投资，因此不产生筹资费用。但它确实存在资金成本，这是因为，投资者如果将这部分收益取出用于其他方面的投资（如购买股票、存入银行等），同样会获得投资收益，投资者同意将这部分收益留用于企业而不作为股利取出投资于别处，其目的是要获得与普通股等价的报酬。所以，留存收益也要计算成本，留存收益成本的计算与普通股成本相同。

$$K_s = \frac{D_1}{P_0} + g$$

优先股、普通股和留存收益都是企业的所有者权益，因此，它们的资金成本被称为“权益成本”。

三、加权平均资金成本

由于受多种因素的制约，企业在筹资过程中，不可能采用某一种筹资方式来筹措资金，往往需要通过多种渠道、多种筹资方式才能筹集到所需资金。由于不同筹资方式的筹资成本是不一样的，为了正确进行筹资和投资决策，就必须计算企业的加权平均资金成本。

加权平均资金成本，通常是指企业全部长期资金的总成本，又称综合资金成本。加权平均资金成本一般是以各种资金占全部资金的比重为权数，对个别资金成本进行加权平均确定的。其计算公式为：

$$K_w = \sum_{j=1}^{n} K_j W_j$$

式中，K_w：加权平均资金成本；

K_j：第 j 种个别资金的成本；

W_j：第 j 种个别资金占全部资金的比重（权数）。

【例 3—26】某公司共有长期资金 100 万元，其中债券 30 万元，优先股 10 万元，普通股 40 万元，留存收益 20 万元；各种资金的成本分别为 6%、12%、15.5%和 15%。试计算该企业的加权平均资金成本。

1. 计算各种资金所占的比重

债券占资金总额的比重＝30/100＝30%

优先股占资金总额的比重＝10/100＝10%

普通股占资金总额的比重＝40/100＝40%

留存收益占资金总额的比重＝20/100＝20%

2. 计算加权平均资金成本

加权平均资金成本＝30%×6%＋10%×12%＋40%×15.5%＋20%×15%

＝12.2%

应当指出的是，上述计算中的个别资金占全部资金的比重，通常是按账面价值确定的，其资料容易取得。但当资金的账面价值与市场价值差别较大时，如股票、债券的市场价格发生较大变动，计算结果会与实际有较大的差距，从而贻误筹资有利时机。为了克服这一缺陷，个别资金占全部资金比重的确定还可以按市场价值或目标价值确定，分别称为市场价值权数、目标价值权数。

市场价值权数是指债券、股票以市场价格确定权数。市场价值与资本市场的当前状况相关，以市场价值为权数，代表了公司目前实际的资本成本水平，有利于财务决策。但由于证券市场价值处于经常变动之中，故需要采用一定的方法进行预测。为弥补证券市场价格变动频繁的不便，计算时也可选用债券或股票的平均价格。

目标价值权数是指债券、股票以未来预计的目标市场价值确定权数。这种权数能体现未来的资本结构，而不是像账面价值权数和市场价值权数那样只反映过去和现在的资本结构，所以按目标价值权数计算的加权平均资金成本更适用于企业筹措新资金。然而，企业很难客观合理地确定证券的目标价值，又使这种计算方法不易推广。

四、边际资金成本

资金成本与所筹集的资金数量是有关系的，任何一个企业都无法以某一固定的资金成本来筹措无限的资金，当其筹集的资金超过一定限度时，原来的资金成本就会增加。因此，企业在追加筹资时，需要确定筹资额增加到多少便会引起资金成本的增加。这就要用到边际资金成本。

边际资金成本是指资金每增加一个单位而增加的成本。边际资金成本也是按加权平均法计算的，是追加筹资时所使用的加权平均资金成本，其权数应为市场价值权数，不应使用账面价值权数。边际资金成本的计算分两种情况。

（一）在现有资本结构和追加筹资额已知的情况下计算边际资金成本

【例 3—27】某公司目标资本结构为：长期借款 20%，债券 10%，普通股 70%。现追加筹资 300 万元，仍按此资本结构来筹资。个别资金成本预计分别为：借款 7.5%，债券 8%，普通股 10%。则追加筹资 300 万元的边际资金成本为：

$$K_w = \sum_{j=1}^{n} K_j W_j$$

$$= 20\% \times 7.5\% + 10\% \times 8\% + 70\% \times 10\% = 9.3\%$$

（二）在现有资本结构下，通过确定筹资总额范围来计算边际资金成本

【例 3—28】 A 公司目前有资金 10 000 万元，其中长期债务 2 000 万元，优先股 500 万元，普通股 7 500 万元。现在公司为满足投资要求，在资本结构不变的情况下，准备筹集更多的资金，试计算资金的边际成本。

1. 确定公司的资金结构

长期债务为 20%，优先股为 5%，普通股为 75%。

2. 确定各种筹资方式的资金成本

经调查，随着该公司筹资规模的不断增加，各种筹资成本也会增加，详细资料如表 3—12 所示。

表 3—12　　　　A 公司筹资资料

筹资方式	资金结构（%）	新筹资的数量范围（万元）	个别资金成本（%）
长期债务	20	0～100 100～400 大于 400	6 7 8
优先股	5	0～25 大于 25	10 12
普通股	75	0～225 225～750 大于 750	14 15 16

3. 计算筹资突破点

因为花费一定的资金成本只能筹集到一定限度的资金，超过这一限度多筹集资金就要多花费资金成本，引起原资金成本的变化，于是就把在保持某资金成本的条件下可以筹集到的资金总限度称为现有资本结构下的筹资突破点。在筹资突破点范围内筹资，原来的资金成本不会改变。一旦筹资额超过筹资突破点，即使维持现有的资本结构，其资金成本也会增加。筹资突破点的计算公式为：

$$\text{筹资突破点}=\frac{\text{某种筹资方式的成本分界点}}{\text{该种筹资方式在资本结构中所占的比重}}$$

分界点是指某一特定筹资方式成本发生变化时的分界点。根据表 3—12 的资料，可以分别求出各种筹资方式的筹资分界点，如表 3—13 所示。

表 3—13　　筹资总额分界点计算表

筹资方式	资金结构（%）	新筹资额（万元）	个别资金成本（%）	筹资总额分界点（万元）	筹资总额的范围（万元）
长期债务	20	0～100 100～400 大于 400	6 7 8	500 2 000 —	0～500 500～2 000 大于 2 000
优先股	5	0～25 大于 25	10 12	500 —	0～500 大于 500
普通股	75	0～225 225～750 大于 750	14 15 16	300 1 000 —	0～300 300～1 000 大于 1 000

4. 计算资金的边际成本

根据表 3—13 计算的筹资总额分界点，可得出如下五组新的筹资范围：①0～300 万元；② 300 万元～500 万元；③500 万元～1 000 万元；④1 000 万元～2 000 万元；⑤2 000 万元以上。对以上五组筹资范围计算加权平均资金成本，便可得到各种筹资范围的资金边际成本，见表 3—14。

表 3—14　　资金边际成本计算表　　单位：万元

序号	筹资总额范围(万元)	筹资方式	资金结构(%)	个别资金成本(%)	资金的边际成本(%)
1	0～300	长期债务	20	6	1.2
		优先股	5	10	0.5
		普通股	75	14	10.5
					合计：12.2
2	300～500	长期债务	20	6	1.2
		优先股	5	10	0.5
		普通股	75	15	11.25
					合计：12.95
3	500～1 000	长期债务	20	7	1.4
		优先股	5	12	0.6
		普通股	75	15	11.25
					合计：13.25

续前表

序号	筹资总额范围(万元)	筹资方式	资金结构(%)	个别资金成本(%)	资金的边际成本(%)
4	1 000～2 000	长期债务	20	7	1.4
		优先股	5	12	0.6
		普通股	75	16	12
					合计：14
5	2 000 以上	长期债务	20	8	1.6
		优先股	5	12	0.6
		普通股	75	16	12
					合计：14.2

第七节　杠杆原理

前面我们已经介绍了风险的种类及风险程度的衡量，但没有从企业本身角度出发，研究企业各种风险的大小。为了进一步研究企业的经营风险和财务风险，需要引入杠杆效应。

自然界中的杠杆效应是指人们通过利用杠杆，用较小的力量移动较重物体的现象。财务管理中也存在着类似的杠杆效应，这种杠杆效应是由于特定费用（固定成本和固定财务费用）的存在而导致的，当某一财务变量以较小幅度变动时，另一相关变量会以较大幅度变动。合理运用杠杆效应，有助于合理规避风险，提高资金营运效率。

财务管理中的杠杆效应有三种形式：经营杠杆、财务杠杆和复合杠杆。

一、经营风险与经营杠杆

风险广泛影响企业的财务活动和经营活动，企业必须防患于未然，正视风险并将风险程度予以量化。由于经营杠杆对经营风险的影响最为综合，因此，常被用来衡量经营风险的大小。

经营风险是指由于商品经营上的原因给公司的收益（EBIT）或报酬率带来的不确定性。影响经营风险的主要因素有：需求、产品售价、投入成本的波动性、调整价格的能力、研发能力、固定成本及对经济周期的敏感性。

（一）经营杠杆的含义及衡量

经营杠杆是指由于固定成本的存在，导致息税前利润变动大于产销业务量变动的杠杆效应。在其他条件不变的情况下，产销量的增加虽然不会改变固定成本总额，但会降低单位固定成本，从而提高单位利润，使息税前利润的增长率大于产销量的增长率。反之，产销量的减少会提高单位固定成本，降低单位利润，使息税前利润的下降率大于产销量下降率。如果不存在固定成本，所有成本都是变动的，那么边际贡献就是息税前利润，这时的息税前利润的变动率就等同于产销量的变动率。

只要企业存在固定成本，就存在经营杠杆效应。不同企业或同一企业的不同产销量基础上的经营杠杆效应的大小也不一样。为了准确计量经营杠杆效应，通常要计算的指标是经营杠杆系数或经营杠杆度。

所谓经营杠杆系数（degree of operating leverage，DOL），是指息税前盈余（利润）变动率与产销业务量（销售量）变动率之间的比值。其计算公式为：

$$经营杠杆系数=\frac{息税前利润的变动率}{产销业务量的变动率}$$

$$DOL=\frac{\dfrac{\Delta EBIT}{EBIT}}{\dfrac{\Delta Q}{Q}}$$

式中，DOL：经营杠杆系数；

$\Delta EBIT$：息税前利润变动额；

$EBIT$：变动前的息税前利润；

ΔQ：销售变动量；

Q：变动前的销售量。

【例 3—29】 A 公司的有关资料见表 3—15。

表 3—15 **A 公司资料** 单位：万元

项目	2008 年	2009 年	变动额	变动率(%)
销售额	1 000	1 200	200	20
变动成本	600	720	120	20
边际贡献	400	480	80	20
固定成本	200	200	0	—
息税前利润	200	280	80	40

根据公式计算得

$$DOL = \frac{40\%}{20\%} = 2$$

根据上述公式计算经营杠杆系数时，必须根据变动前和变动后的有关资料才能进行计算，且计算过程比较复杂。假定企业的成本—销量—利润保持线性关系，可变成本在销售收入中所占的比例不变，固定成本也保持稳定，根据上述公式又可以推导出经营杠杆系数的另外两种计算公式：

$$DOL_q = \frac{\dfrac{\Delta(PQ - VQ - F)}{PQ - VQ - F}}{\Delta Q / Q}$$

$$= \frac{\Delta Q(P - V)}{Q(P - V) - F} \times \frac{Q}{\Delta Q}$$

$$= \frac{Q(P - V)}{Q(P - V) - F} = \frac{Q}{Q - Q_0} \qquad (1)$$

$$DOL_S = \frac{S - VC}{S - VC - F} \qquad (2)$$

式中，DOL_q：销售量为 Q 时的经营杠杆系数；

DOL_S：销售额为 S 时的经营杠杆系数；

Q：基期销售量；

Q_0：盈亏平衡点的销售量；

P：基期单位产品销售价格；

V：基期单位产品变动成本；

S：基期销售额；

VC：基期变动成本总额；

F：基期固定成本。

在实际中，公式（1）可用于计算单一产品的经营杠杆系数；公式（2）除了用于计算单一产品的经营杠杆系数外，还可用于计算多种产品的经营杠杆系数。

从上面（1）和（2）两个公式，我们可以看出，经营杠杆系数的简化公式为：

$$\text{经营杠杆系数} = \frac{\text{基期边际贡献}}{\text{基期息税前利润}}$$

按表 3—15 中的资料，可以求得 2009 年的经营杠杆系数为：

$$经营杠杆系数（DOL_1）=\frac{400}{200}=2$$

按表 3—15 中的资料，还可以求得 2010 年的经营杠杆系数为：

$$经营杠杆系数（DOL_2）=\frac{480}{280}=1.71$$

（二）经营杠杆系数的作用

通过对经营杠杆系数的计算可以得出以下结论：

（1）在固定成本不变的情况下，经营杠杆系数可以说明销售额（或销售量）每增加或减少一单位，$EBIT$ 增长或减少多少单位。比如，DOL_1 说明在销售额为 1 000 万元时，销售额的增长会引起 $EBIT$ 增长 2 倍；DOL_2 说明在销售额为 1 200万元时，销售额的增长会引起 $EBIT$ 增长 1.71 倍。

（2）在固定成本不变的情况下，销售额越大，经营杠杆系数越小，经营风险越小；反之，销售额越小，经营杠杆系数越大，经营风险越大。比如，当销售额为 1 000 万元时，DOL_1 为 2；当销售额为 1 200 万元时，DOL_2 为 1.71。显然前者的经营风险大于后者。

（3）在其他条件不变的情况下，经营杠杆系数与固定成本的关系是呈同方向变化。固定成本越高，经营杠杆系数越大，经营风险越大；如果固定成本为零，则经营杠杆系数等于 1。

（4）如果存在固定成本，经营杠杆系数有正、负之分。当息税前利润＞0 时，经营杠杆系数为大于 1 的正值，表明息税前利润比销售收入以更大的幅度增加；当息税前利润＝0 时，意味着销售收入处于保本点，经营杠杆系数没有意义；当息税前利润＜0 时，经营杠杆系数为负数，表明营业亏损随销售收入增加而减少的程度。

（5）通过公式 $DOL_q=\dfrac{Q(P-V)}{Q(P-V)-F}$ 可以看出，影响经营杠杆系数的因素有产品销量、产品销售价格、单位变动成本和固定成本等。企业一般可以通过增加销售额、降低产品单位变动成本、降低固定成本比重等措施使经营杠杆系数下降，降低经营风险。

值得注意的是，经营杠杆系数本身并不是经营风险变化的来源。如果企业保持固定的销售水平和固定的成本结构，再高的经营杠杆系数也是没有意义的。但是，由于销售和成本水平的潜在变动性，经营杠杆系数会放大息税前利润的变动性，也就放大了企业的经营风险。因此，经营杠杆系数应当仅被看成对“潜在风险”的衡量，这种潜在风险只有在销售和生产成本存在变动性的条件下才会被激活。

二、财务风险与财务杠杆

财务风险是由于企业通过债务筹资而给公司的普通股股东增加的风险。财务风险包括可能丧失偿债能力的风险和每股收益变动的增加。如果公司采用债务筹资就会将经营风险集中到少部分普通股股东身上。这种经营风险的集中之所以会发生，是因为公司的债权人除了得到固定的利息外，并不承担公司的经营风险。财务风险通过常用的财务杠杆来衡量。

（一）财务杠杆的含义及衡量

财务杠杆是指由于债务的存在，导致普通股权益变动大于息税前利润变动的杠杆效应。一般地讲，举债经营的企业，不论利润多少，债务利息和优先股的股利通常是不变的。当息税前利润增大时，每 1 元利润所负担的固定财务费用（利息、优先股股利）就会相对减少，从而使投资者收益有更大幅度地提高。这种债务对投资者收益的影响称为财务杠杆。

只要在企业的筹资方式中有债务和优先股，就会有固定的财务费用发生，就会存在财务杠杆效应。为了准确计量财务杠杆效应的大小，通常要计算的指标是财务杠杆系数。

所谓财务杠杆系数（degree of financial leverage，DFL），是指普通股每股利润的变动率与息税前利润的变动率的比值。其计算公式为：

$$DFL=\frac{\frac{\Delta EPS}{EPS}}{\frac{\Delta EBIT}{EBIT}}$$

式中，DFL：财务杠杆系数；

ΔEPS：普通股每股利润变动额或普通股利润变动额；

EPS：变动前的普通股每股利润或变动前的普通股利润；

$\Delta EBIT$：息税前利润变动额；

$EBIT$：变动前的息税前利润。

【**例3—30**】有三家经营业务相同的公司，它们的有关资料见表3—16。

表3—16 **三家公司的有关资料** 单位：万元

项目＼公司	A	B	C
普通股	200	150	100
发行股数（万股）	2	1.5	1
债务（利率为8%）	0	50	100
资本总额	200	200	200
息税前利润	20	20	20
债务利息	0	4	8
税前利润	20	16	12
所得税（税率为25%）	5	4	3
税后利润	15	12	9
普通股每股利润（元）	7.5	8	9
息税前利润增加	20	20	20
债务利息	0	4	8
税前利润	40	36	32
所得税（税率为25%）	10	9	8
税后利润	30	27	24
普通股每股利润（元）	15	18	24
息税前利润的变动率（%）	100	100	100
普通股每股利润变动率（%）	100	125	167
财务杠杆系数	1	1.25	1.67

根据表3—16中资料，结合上述公式可以计算出三家公司的财务杠杆系数分别为：

$$\text{A公司的财务杠杆系数}=\frac{(15-7.5)\div 7.5}{20\div 20}=1$$

$$\text{B公司的财务杠杆系数}=\frac{(18-8)\div 8}{20\div 20}=1.25$$

$$C公司的财务杠杆系数=\frac{(24-9)\div 9}{20\div 20}=1.67$$

上述公式是计算财务杠杆系数的理论公式，计算时必须掌握变动前和变动后的有关资料，且计算过程比较复杂。通常可以对财务杠杆系数的理论公式进行化简。

设 I 为债务利息，D 为优先股的股利，T 为所得税税率。则：

$$EPS=(EBIT-I)(1-T)-D$$

由于资本结构不变，所以利息费用、优先股的股利相对不变，则：

$$\Delta EPS=\Delta EBIT(1-T)$$

$$DFL=\frac{\dfrac{\Delta EBIT(1-T)}{EPS}}{\dfrac{\Delta EBIT}{EBIT}}$$

$$=\frac{EBIT(1-T)}{(EBIT-I)(1-T)-D}$$

$$=\frac{EBIT}{EBIT-I-\dfrac{D}{1-T}}$$

若企业未发行优先股，则财务杠杆系数的计算公式可简化为：

$$DFL=\frac{EBIT}{EBIT-I}=\frac{息税前利润}{税前利润}$$

将表 3—16 中的资料代入简化公式中：

$$A公司的财务杠杆系数=\frac{20}{20-0}=1$$

$$B公司的财务杠杆系数=\frac{20}{20-4}=1.25$$

$$C公司的财务杠杆系数=\frac{20}{20-8}=1.67$$

(二) 财务杠杆系数的作用

通过对财务杠杆系数的计算可以得出以下结论：

(1) 财务杠杆系数越大，表明财务杠杆作用越大，财务风险就越大；财务杠杆系数越小，表明财务杠杆作用越小，财务风险就越小。

（2）财务杠杆系数可以说明，在原有资本总额和资本结构下，息税前利润变动所带来的财务杠杆利益，即息税前利润每增长（或减少）1 单位，普通股每股利润增长（或减少）的幅度。

（3）财务杠杆系数可以说明，在原有资本总额和息税前利润不变的情况下，调整资本结构所带来的杠杆利益（或损失），即在资本总额和息税前利润相同的情况下，负债比率越高，发生的固定财务费用越大，财务杠杆系数越大，财务风险就越大。

（4）如果存在固定财务费用，财务杠杆系数有正、负之分：当息税前利润＞I 时，财务杠杆系数大于 1，表明息税前利润变动会导致股东收益更大幅度的变动；当息税前利润＝I 时，财务杠杆系数没有意义；当息税前利润＜I 时，财务杠杆系数为负数，表明股东损失随息税前利润增加而减少的程度。

（5）影响企业财务杠杆系数的因素有息税前利润、企业资金规模、企业的资金结构、固定财务费用等。企业可以通过控制负债比率来合理安排资本结构，使负债适度，并且财务杠杆利益抵消财务杠杆损失。

（三）财务杠杆的筹资决策

财务杠杆是一把双刃剑，它对企业的影响具有两面性，即财务杠杆具有正效应和负效应。

企业在运用财务杠杆进行筹资决策时，一定要正视财务杠杆给企业带来的负效应，在权衡风险与收益的基础上做好筹资决策。

在企业无负债的情况下，企业的资本全部为权益资本，企业及其所有者的收益只是企业使用权益资本所获得的收益，这时，企业的权益资本利润率 R_s 等于企业全部资本息税前利润率 R_v，即

$$R_s = R_v = \frac{EBIT}{V} = \frac{EBIT}{S}$$

式中，V：企业总资本市场价值；

S：企业权益资本市场价值。

在企业有负债的情况下，企业的资本由权益资本和负债资本组成。这时，企业及其所有者的收益由两部分构成：一部分是企业使用权益资本所获得的收益，另一部分是企业使用负债资本所获得的收益。企业的权益资本利润率与负债权益比率有如下关系：

$$R_s = \frac{EBIT - iD}{S}$$
$$= \frac{V}{S} \cdot \frac{EBIT}{V} - \frac{D}{S} \cdot i$$
$$= (1 + \frac{D}{S}) \frac{EBIT}{V} - \frac{D}{S} \cdot i$$
$$= R_v + \frac{D}{S}(R_v - i)$$

式中，R_s：权益资本利润率；

R_v：全部资本利润率；

i：负债利息率；

D：企业负债资本市场价值；

S：企业权益资本市场价值；

V：企业总资本市场价值。

从上式可以看出，当企业全部资本息税前利润率 R_v >负债利息率 i 时，负债资本所创造的息税前利润在支付利息费用之后会产生一个余额，这个余额并入到权益资本收益中，从而会提高权益资本利润率，使企业的权益资本利润率高于企业的全部资本利润率，而且权益资本利润率的数值会随着负债权益比率 D/S 的提高而增大。此时，利息成本对额外收益具有放大效应，这就是财务杠杆的正效应。当企业全部资本息税前利润率 R_v <负债利息率 i 时，负债资本所创造的息税前利润还不足以支付固定利息费用，这就需要从权益资本所创造的收益中拿出一部分来补偿利息，从而降低了权益资本利润率，使企业的权益资本利润率低于企业的全部资本利润率，而且权益资本利润率的数值会随着负债权益比率 D/S 的提高而降低。此时，利息成本对额外损失具有放大效应，这就是财务杠杆的负效应。

【例 3—31】某企业准备筹资 1 000 万元用来兴建仪器厂，现有三种资本结构方案，如表 3—17 所示。不同资本结构方案下的每股收益见表 3—18。

表 3—17　　资本结构方案　　单位：万元

方案 / 项目	A		B		C	
	金额	比例（%）	金额	比例（%）	金额	比例（%）
负债	0	0	500	50	750	75
普通股	1 000	100	500	50	250	25
资本总额	1 000	100	1 000	100	1 000	100

表 3—18　　不同资本结构下的收益　　单位：万元

项目＼概率	0.35	0.5	0.15
方案 A			
息税前利润	250	150	80
利息（10%）	0	0	0
税前利润	250	150	80
所得税（25%）	62.5	37.5	20
税后利润	187.5	112.5	60
每股利润（100 万股）	1.875 元	1.125 元	0.6 元
方案 B			
息税前利润	250	150	80
利息（10%）	50	50	50
税前利润	200	100	30
所得税（25%）	50	25	7.5
税后利润	150	75	22.5
每股利润（50 万股）	3 元	1.5 元	0.45 元
方案 C			
息税前利润	250	150	80
利息（10%）	75	75	75
税前利润	175	75	5
所得税（25%）	43.75	18.75	1.25
税后利润	131.25	56.25	3.75
每股利润（25 万股）	5.25 元	2.25 元	0.15 元

根据表 3—18 中的资料，计算不同资本结构的每股利润期望值和标准差，如表 3—19 所示。

表 3—19　　每股利润期望值和标准差计算表

	方案 A	方案 B	方案 C
每股利润期望值（元）	1.309	1.868	2.99
每股利润标准差（元）	0.452	0.904	1.68
每股利润变异系数	0.345	0.484	0.562

通过表 3—19 的分析可以得出如下结论：在资本结构中，负债比率越大，企业面临的财务风险越大，但每股利润期望值也越高，这就是负债筹资所带来的杠杆效应。

为了便于计算企业的经营杠杆系数与财务杠杆系数，我们经常将利润表人为地划分为两部分：上半部分反映在不考虑负债筹资情况下公司的经营收益，即息税前利润；下半部分反映公司在负债筹资情况下公司的净利润（股东收益），如表 3—20 所示。

表 3—20　　杠杆分析中的利润表

经营活动与经营杠杆	销售收入（S） 减：变动成本（VC） 边际贡献（CM） 减：固定成本（F） 息税前利润（$EBIT$）
负债筹资与财务杠杆	减：利息费用（I） 税前利润（EBT） 减：所得税（T） 税后利润（NI） 每股利润（EPS）

三、总风险与复合杠杆

公司总风险是财务风险与经营风险之和。总风险通常用复合杠杆来衡量。将财务杠杆与经营杠杆联合在一起，结果就是复合杠杆。如前所述，由于存在固定成本，产生经营杠杆效应，使息税前利润的变动率大于产销量的变动率；同样由于存在固定财务费用，产生财务杠杆效应，使企业每股利润的变动率大于息税前利润的变动率。如果两种杠杆共同作用，那么销售稍有变动就会使每股收益产生更大的变动。这种由于固定成本和固定财务费用的共同存在而导致的每股利润变动率大于产销业务量变动率的杠杆效应，称为复合杠杆效应。

对复合杠杆的计量最常用的指标是复合杠杆系数或复合杠杆度。所谓复合杠杆系数，是指每股利润变动率与产销业务量变动率的比值，其计算公式为：

$$复合杠杆系数\ DTL=\frac{\frac{\Delta EPS}{EPS}}{\frac{\Delta Q}{Q}}$$

$$=\frac{\frac{\Delta EBIT}{EBIT}}{\frac{\Delta Q}{Q}}\times\frac{\frac{\Delta EPS}{EPS}}{\frac{\Delta EBIT}{EBIT}}$$

从上述公式我们可以看出，复合杠杆是经营杠杆和财务杠杆的乘积，即 $DTL=DOL\times DFL$。

复合杠杆系数的简化公式为：

$$DTL=\frac{S-VC}{EBIT-I-\frac{D}{1-T}}$$

若企业未发行优先股，其复合杠杆系数的简化公式为：

$$复合杠杆系数=\frac{边际贡献}{息税前利润-利息}$$

一般来讲，在其他条件不变的情况下，复合杠杆系数越大，每股收益随销售量增长而扩张的能力就越强，复合风险就越大；复合杠杆系数越小，复合风险就越小。

第八节　资本结构

一、资本结构的概念

资本结构是指在企业的资本总额中各种资本来源所占的比例，又称资金结构。在实务中，企业的资本结构有广义和狭义之分。狭义的资本结构是指长期资金结构；广义的资本结构是指全部资金（包括长期资金和短期资金）的结构。

企业资本结构如何，受企业采用的各种筹资方式影响，不同的筹资方式组合决定着企业资本结构及其变化。企业的筹资方式虽然很多，但总的来看分为负债筹资和权益筹资，所以，企业最基本的资本结构是债务资本和权益资本的比例。资本结构是企业筹资决策的核心问题，不同的资本结构会给企业带来不同的结果，因此，企业应综合考虑有关影响因素，运用科学的方法确定最佳的资本结构，并使资本结构在企业追加筹资中仍能保持最佳。

所谓最优的资本结构，是指企业在一定时期内综合资金成本最低、企业价值最大时的资本结构。判断企业资本结构是否为最佳的标准有三点：

（1）有利于最大限度地增加所有者财富，使企业价值最大。

（2）企业综合资金成本最低。

（3）资产保持适宜的流动，使资本的结构具有弹性。

二、资本结构的影响因素

在企业筹资决策中，要使资本结构最优化，需综合考虑以下因素对资本结构的影响。

（一）企业风险

企业的总风险是由经营风险与财务风险构成的，提高负债比重会增加企业的财务风险，进而使企业的总风险扩大。因此，对于经营风险较高的企业，应适当降低负债比重，以保持较低的财务风险，达到降低企业总风险的目的；而对于经营风险较低的企业，可以适当提高负债比重，充分利用财务杠杆作用以获得较大的风险报酬。

（二）企业的财务状况

财务状况包括企业的资产周转速度、资产的变现能力等因素。财务状况较好的企业，资金周转顺畅，资产变现能力较强，能够承受较大的财务风险，因此可以适当提高负债比重，以达到借鸡生蛋的目的。

（三）行业差异及企业特点

由于不同行业的经营方式不同，从而在资本结构上也存在较大差别。一般而言，工业企业的负债率较低，而流通企业及房地产开发企业的负债率较高。在同一行业的不同企业，由于其各自的经营特点不同，其资本结构也不可能完全相同。

（四）企业的盈利能力及成长性

企业提高负债比率以获得财务杠杆利益的前提是该企业的息税前利润率高于其债务成本，因此企业的盈利状况如何与最佳资本结构的选择密切相关。企业在确定资本结构时，不但要考虑目前的盈利能力，还应考虑企业未来盈利能力的成长性。一般情况下，处于成长阶段的企业盈利能力强，对资金的需求较大，权益资本不能满足其发展需要，这时可以使用较多的负债。

（五）企业所有者和管理者的态度

企业所有者对企业控制权的态度，会影响企业筹资方式的选择。如果企业的控制权掌握在少数股东手里，他们为了确保对企业的控制权不被稀释或旁落他人，就会尽可能以负债筹资方式来增加资本，而不会采用发行新股方式增资，从而会形成较高的负债比率。企业管理者对风险的态度也是影响企业资本结构的重要因素，激进的管理者可能会为了获得较多的财务杠杆利益而安排较高的负债比率；反之，稳健的管理者在筹资决策中为了减少财务风险，可能会尽量降低负债比率。

（六）贷款人的态度和评信机构的影响

企业在进行较大规模的负债筹资时，一般需征求贷款人的意见和向信用评信机构咨询。如果企业的负债过高，则贷款人可能会提高新增贷款的利率，或拒绝向企业提供新增贷款。同样，如果企业的负债过高，信用评信机构可能会降低企业的信用等级，这样会影响企业的筹资能力，提高企业的资本成本。

（七）所得税税率

负债利息具有抵税作用，因此，较高的所得税税率会刺激筹资者更多地采用负债筹资方式；如果所得税税率很低，负债筹资的抵税利益不明显，则筹资者将会更多考虑权益筹资方式。

三、资本结构理论

（一）净收益理论

净收益理论认为，负债可以降低企业的资金成本，负债程度越高，企业的价值越大。这是因为债务利息和权益资金成本均不受财务杠杆的影响，无论负债程度多高，企业的债务资金成本和权益资金成本都不会变化。因此，只要债务成本低于权益成本，那么负债越多，企业的加权平均资金成本就越低，企业的净收益或税后利润就越多，企业的价值就越大。当负债比率为100%时，企业加权平均资金成本最低，企业价值将达到最大值。如果用K_b表示债务资金成本，K_s表示权益资金成本，K_w表示加权平均资金成本，V表示企业总价值，则净收益理论可用图3—3来描述。

（二）营业收益理论

营业收益理论认为，不论财务杠杆如何变化，企业加权平均资金成本都是固定的，因而企业的总价值也是固定不变的。这是因为企业利用财务杠杆时，即使债务成本本身不变，一旦加大权益风险，会使权益成本上升，于是加权平均资金

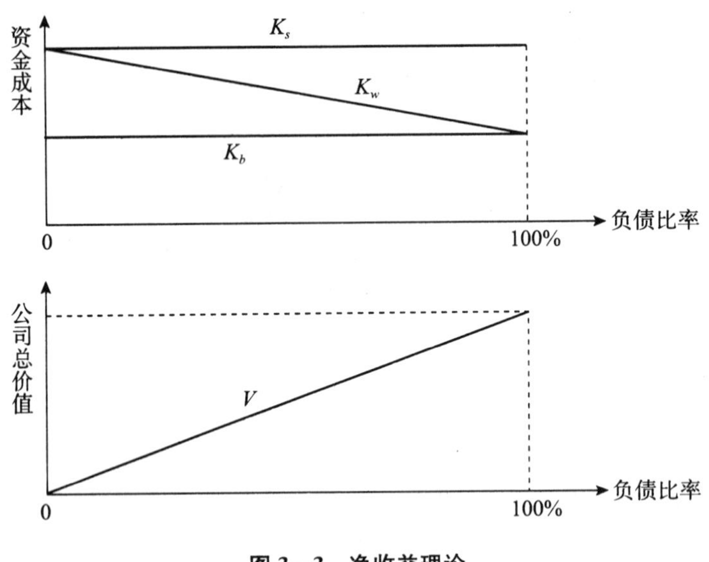

图 3—3　净收益理论

成本不会因为负债比率的提高而降低，而是维持不变。因此，资本结构与公司价值无关，此时决定公司价值的应是其营业收益。营业收益理论下资金成本与公司总价值之间的关系，可用图 3—4 描述。

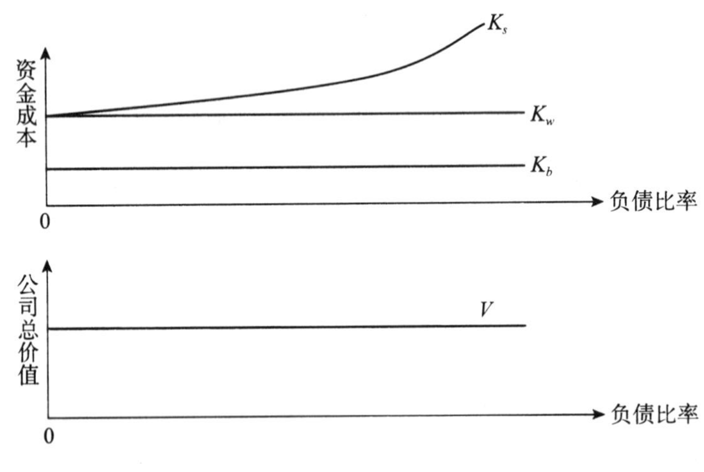

图 3—4　营业收益理论

按照这种理论推论，不存在最佳资本结构，筹资决策也就无关紧要。可见，营业收益理论和净收益理论是完全相反的两种理论。

(三)传统理论

传统理论是一种介于净收益理论和营业收益理论之间的理论。传统理论认为，企业利用财务杠杆尽管会导致权益成本的上升，但在一定程度内却不会完全抵消债务筹资所带来的低成本好处，因此加权平均资金成本会下降，企业总价值会上升。但是，如果超过一定程度，权益成本的上升就不会被债务的低成本所抵消，加权平均资金成本便会上升。随后，债务成本也会上升，它和权益成本的上升共同作用，使加权平均资金成本上升加快。加权平均资金成本从下降变为上升的转折点，是加权平均资金成本的最低点，这时的负债比率就是企业的最佳资本结构。这种理论可以用图 3—5 描述。

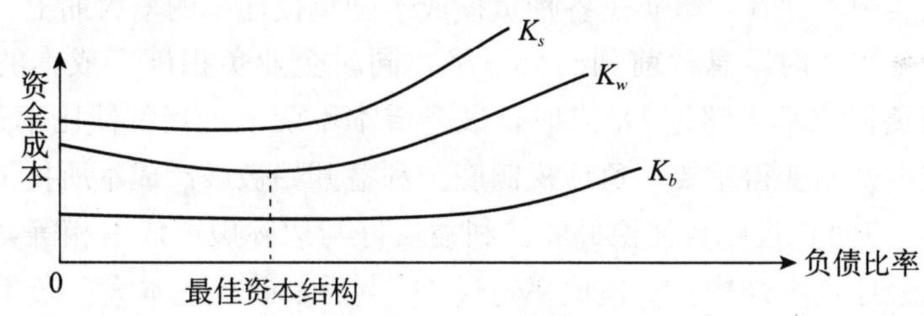

图 3—5 传统理论

(四)权衡理论

现代资本结构研究的起点是 MM 理论。所谓 MM 理论是指两位美国学者莫迪利亚尼(Franco Modigliani)和米勒(Merton Miller)提出的学说。最初的 MM 理论认为，在某些严格的假设下，资本结构与企业价值无关。但是在现实生活中，有的假设是不能成立的，因此早期 MM 理论推导出的结论并不完全符合现实情况，只能作为资本结构研究的起点。此后，在早期 MM 理论的基础上不断放宽假设，继续研究，几经发展，提出了税负利益—破产成本的权衡理论，如图 3—6 所描述。

图中，V_L：只有负债税额庇护而没有破产成本时的企业价值；

V_u：无负债时的企业价值；

V_L'：同时存在负债税额庇护、破产成本时的企业价值；

TB：负债税额庇护利益的现值；

FA：破产成本；

D_1：破产成本变得重要时的负债水平；

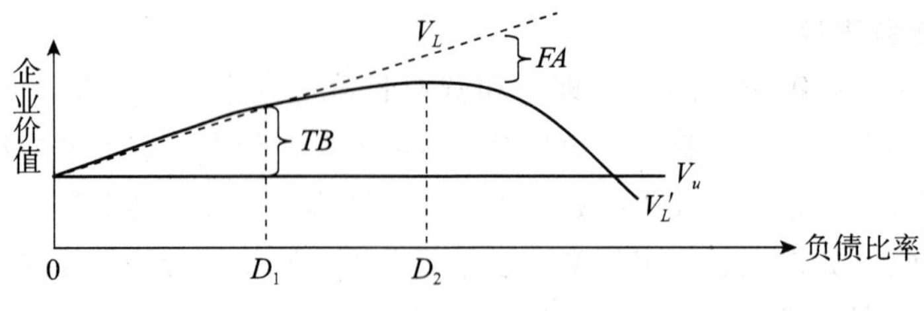

图 3—6　权衡理论

D_2：最佳资本结构。

图 3—6 说明：（1）负债可以为企业带来税额庇护利益。（2）最初的 MM 理论假设在现实中不存在，事实是各种负债成本随负债比率的增大而上升，当负债比率达到某一程度时，息税前利润会下降，同时企业负担破产成本的概率会增加。（3）当负债比率未超过 D_1 点时，破产成本不明显；当负债比率达到 D_1 点时，破产成本开始变得重要，负债税额庇护利益开始被破产成本所抵消；当负债比率达到 D_2 点时，边际负债税额庇护利益恰好与边际破产成本相等，企业价值最大，达到最佳资本结构；负债比率超过 D_2 点后，破产成本大于负债税额庇护利益，导致企业价值下降。

此后，在资本结构的研究中提出的理论还有代理理论、信号传递理论等。各种各样的资本结构理论为企业融资决策提供了有价值的参考，可以指导决策行为。但是也应指出，由于融资活动本身和外部环境的复杂性，目前仍难以准确地确定财务杠杆、每股收益、资本成本及企业价值之间的关系，所以在一定程度上融资决策还要依靠有关人员的经验和主观判断。

四、资本结构的决策方法

企业利用负债资金具有双重作用，适当负债具有节税、降低企业资金成本、使净资产收益率不断提高等杠杆功能，但当企业负债比率太大时，会带来较大的财务风险。为此，企业必须权衡财务风险和资金成本的关系，确定最优的资本结构。财务管理将最佳负债点的选择称为资本结构决策，其决策方法有资金成本比较法、每股盈余分析法和企业价值分析法。

（一）资金成本比较法

资金成本比较法是指通过计算不同资金组合的综合资金成本来确定最佳资本结构的一种方法。其过程为：

（1）确定不同筹资方案的资本结构。

（2）计算不同方案的资金成本。

（3）选择资金成本最低的资本组合，即最佳资本结构。

采用资金成本比较法进行资本结构决策时可分初始资本结构决策和追加资本结构决策两种情况。

1. 初始资本结构决策

企业对拟定的筹资总额，可以采用多种筹资方式来筹集，形成多种筹资方案，然后计算不同筹资方案的综合资金成本。

【例 3—32】 某企业拟筹资组建一个分公司，筹资总额为 500 万元，有三个方案可供选择，有关资料见表 3—21。

表 3—21　　某企业筹资方案　　单位：万元

筹资方式	筹资方案 A			筹资方案 B			筹资方案 C		
	筹资数量	比重（%）	资金成本	筹资数量	比重（%）	资金成本	筹资数量	比重（%）	资金成本
长期借款	40	8	6%	50	10	6.5%	80	16	7.0%
债券	100	20	7%	150	30	8.0%	120	24	7.5%
普通股	360	72	15%	300	60	15%	300	60	15%
合计	500	—	—	500	—	—	500	—	—

三个筹资方案的综合资金成本为：

A 方案：$8\%\times6\%+20\%\times7\%+72\%\times15\%=12.68\%$

B 方案：$10\%\times6.5\%+30\%\times8\%+60\%\times15\%=12.05\%$

C 方案：$16\%\times7\%+24\%\times7.5\%+60\%\times15\%=11.92\%$

2. 追加资本结构决策

企业在持续的生产经营过程中，由于扩大业务或对外投资的需要，有时需要追加筹资。企业追加筹资后会使原有的资本结构发生变化，这时企业应在追加筹资的基础上重新确定最佳的资本结构。追加资本结构决策的方法有两种：

（1）直接测算比较各种备选方案的边际资金成本，从中选择边际成本最低的资本组合为最佳的资本结构。

【例 3—33】 某企业现有两个追加筹资方案可供选择，有关资料如表 3—22 所示。

表 3—22 某企业追加筹资资料

筹资方式	原资本结构		追加筹资方案 A		追加筹资方案 B	
	资本额	资金成本（%）	筹资额	资金成本（%）	筹资额	资金成本（%）
借款	40	6	50	7	60	7.5
债券	100	7	20	8.2	20	8
普通股	360	15	30	16	20	16
合计	500	—	100	—	100	—

方案 A 的边际资金成本为：

$$7\%\times\frac{50}{100}+8.2\%\times\frac{20}{100}+16\%\times\frac{30}{100}=9.94\%$$

方案 B 的边际资金成本为：

$$7.5\%\times\frac{60}{100}+8\%\times\frac{20}{100}+16\%\times\frac{20}{100}=9.3\%$$

两个筹资方案相比较，方案 B 的边际资金成本低于方案 A，因此，在追加筹资时应选择方案 B。

（2）将备选追加筹资方案与原有资本结构汇总，测算各追加筹资条件下汇总资本结构的综合资金成本，比较确定最优追加筹资方案。其计算过程如表 3—23 所示。

表 3—23 某企业追加筹资后的资本结构和资金成本

筹资方式	追加筹资后的资本结构		追加筹资后的资金成本（%）	
	A	B	A	B
借款	90	100	6.56	6.9
债券	120	120	7.2	7.167
普通股	390	380	15.08	15.053
合计	600	600	—	—

采用方案 A 追加筹资后的综合资金成本为：

$$\frac{90\times6.56\%+120\times7.2\%+390\times15.08\%}{600}=12.226\%$$

采用方案 B 追加筹资后的综合资金成本为：

$$\frac{100\times 6.9\%+120\times 7.167\%+380\times 15.053\%}{600}=12.117\%$$

比较追加筹资后两个新资本结构下的综合资金成本，结果是方案 B 追加筹资后的综合资金成本低于方案 A 追加筹资后的综合资金成本，所以选择方案 B。

（二）每股盈余分析法

负债的偿还能力是建立在未来盈利能力基础上的，研究资本结构，不能脱离企业的盈利能力。企业的盈利能力，一般用息税前利润（EBIT）来表示。

负债筹资是通过它的财务杠杆作用来增加股东财富的。确定资本结构不能不考虑它对股东财富的影响。股东财富用每股利润（EPS）来表示。

每股盈余分析法，是通过分析资本结构与每股盈余之间的关系，计算各种筹资方案的每股盈余无差别点，进而来确定合理的资本结构的方法。所谓每股盈余无差别点是指两种筹资方式下普通股每股盈余相等时的销售水平，即在无差别点上每股盈余不受融资方式影响的销售水平。根据每股盈余无差别点可以分析判断在一定的销售水平下适于采用何种资本结构。

每股盈余无差别点可以通过计算求得：

$$EPS=\frac{(S-VC-F-I)(1-T)-D}{N}$$

$$=\frac{(EBIT-I)(1-T)-D}{N}$$

式中，EPS：每股利润；

S：销售额；

VC：变动成本；

F：固定成本；

I：债务利息；

T：所得税税率；

N：流通在外的普通股股数；

$EBIT$：息税前利润；

D：优先股股利。

在每股盈余无差别点上，无论采用负债融资，还是采用权益融资，每股收益都是相等的，即 $EPS_1=EPS_2$。

$$\frac{(S_1-VC_1-F_1-I_1)(1-T)-D_1}{N_1}=\frac{(S_2-VC_2-F_2-I_2)(1-T)-D_2}{N_2}$$

$$\frac{(EBIT_1-I_1)(1-T)-D_1}{N_1}=\frac{(EBIT_2-I_2)(1-T)-D_2}{N_2}$$

在每股盈余无差别点上，$S_1=S_2$，$EBIT_1=EBIT_2$。

利用每股盈余分析法进行筹资分析时，可以得出下列结论：

第一，当息税前利润＞无差别点的每股盈余时，运用负债筹资较为有利；

第二，当息税前利润＜无差别点的每股盈余时，运用权益筹资较为有利；

第三，当息税前利润＝无差别点的每股盈余时，既可以运用负债筹资，又可以运用权益筹资。

【例 3—34】某公司原有资本 700 万元，其中债务资本为 200 万元（年利率为 8%），普通股资本为 500 万元（发行普通股 10 万股，每股面值 50 元）。由于扩大业务，需追加筹资 300 万元，其筹资方式有三：一是全部发行普通股，增发 6 万股，每股面值 50 元；二是全部筹借长期债务，债务利率仍为 8%；三是全部发行优先股，股利率为 10%。

公司的变动成本率为 60%，固定成本为 180 万元，所得税税率为 25%。有关资料见表 3—24。

表 3—24　　资本结构资料表　　单位：万元

筹资方式	目前资本结构		追加筹资后的资本结构					
	金额	比例（%）	增发普通股		增加债务		增发优先股	
			金额	比例(%)	金额	比例(%)	金额	比例(%)
普通股	500	71.43	800	80	500	50	500	50
债务	200	28.57	200	20	500	50	200	20
优先股	—	—	—	—	—	—	300	30
资本总额	700	100	1 000	100	1 000	100	1 000	100
年债务利息	16		16		40		16	
优先股股利	—		—		—		30	
普通股股数（万股）	10		16		10		10	

（1）在增发普通股与增加债务两种筹资方式下的每股盈余无差别点上有：

$$\frac{(S-0.6S-180-16)\times(1-0.25)}{10+6}=\frac{(S-0.6S-180-40)\times(1-0.25)}{10}$$

求得：$S=650$（万元），$EBIT=80$（万元），$EPS=3$（元）。

（2）在增发普通股与增发优先股两种筹资方式下的每股盈余无差别点上有：

$$\frac{(S-0.6S-180-16)\times(1-0.25)}{10+6}=\frac{(S-0.6S-180-16)\times(1-0.25)-30}{10}$$

求得：$S=756.67$（万元），$EBIT=122.67$(万元)，$EPS=5$(元)。

上述每股盈余无差别点分析见图3—7。

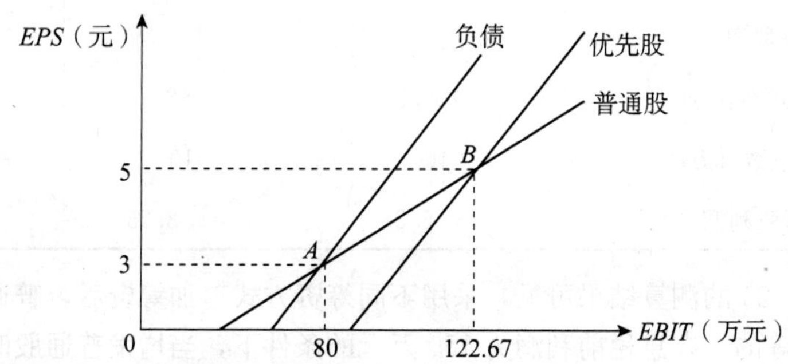

图3—7　每股盈余无差别点分析示意图

从图3—7中可以看出，点A是普通股筹资与负债筹资的无差别点，该点的息税前利润为80万元，每股盈余为3元。当EBIT＝80万元时，采用普通股筹资与采用负债筹资没有差别；当EBIT＞80万元时，采用负债筹资可获得较高的每股盈余；当EBIT＜80万元时，采用普通股筹资可获得较高的每股盈余。

从图3—7中还可以看出，点B是普通股筹资与优先股筹资的无差别点，该点的息税前利润为122.67万元，每股盈余为5元。当EBIT＝122.67万元时，采用普通股筹资与采用优先股筹资没有差别；当EBIT＞122.67万元时，采用优先股筹资可获得较高的每股盈余；当EBIT＜122.67万元时，采用普通股筹资可获得较高的每股盈余。

【例3—35】根据例3—34的资料，假定企业的息税前利润为150万元，则三种筹资方案的每股盈余计算如表3—25所示。

表3—25　　**追加筹资后每股盈余计算表**　　单位：万元

项目	增发普通股	增加债务	增发优先股
息税前利润	150	150	150
负债利息	16	40	16

续前表

项目	增发普通股	增加债务	增发优先股
税前利润	134	110	134
所得税（25%）	33.5	27.5	33.5
税后利润	100.5	82.5	100.5
优先股股利	—	—	30
普通股可分配利润	100.5	82.5	70.5
普通股股数（万股）	16	10	10
普通股每股利润（元）	6.28	8.25	7.05

由表3—25的测算结果可见，采用不同筹资方式追加筹资后，普通股的每股盈余是不相等的。在息税前利润为150万元的条件下，当增发普通股时，普通股每股盈余最低，为6.28元；当增加负债筹资时，普通股每股盈余最高，为8.25元；当增发优先股时，普通股每股盈余居中，为7.05元。此时，增加负债筹资对公司最有利。这反映了在息税前利润一定的条件下不同资本结构对普通股每股盈余的影响。

每股盈余分析法确定最佳资本结构，是以每股盈余最大为分析起点，它直接将资本结构与企业财务目标、企业市场价值等相关因素结合起来，因此，是企业追加筹资时经常采用的一种决策方法。按照这种方法确定的最佳资本结构亦即每股盈余最大的资本结构，但这种方法的缺陷在于没有考虑风险因素。实际上随着每股盈余的增长，风险也增加，如果每股盈余的增长不足以补偿风险增加所需的报酬，尽管每股盈余在增加，企业的总价值也会下降。所以，从财务管理的目标来看，企业的最佳资本结构应当是使企业总价值最大的资本结构，而不是使每股盈余最大的资本结构。

（三）企业价值分析法

企业价值分析法，是通过计算和比较各种资金结构下企业的市场总价值，进而确定最佳的资本结构的方法。

公司的市场总价值等于其股票的总价值加上债券的价值，即：

$$V=S+B$$

为简化起见，假设债券的市场价值等于面值。股票的市场价值则可通过下列公式计算：

$$S=\frac{(EBIT-I)(1-T)}{K_s}$$

式中，K_s 为权益资金成本。

股票的资金成本可通过资本资产定价模型来计算：

$$K_s=R_f+\beta(R_m-R_f)$$

若公司的综合资金成本用 K_w 来表示，则：

K_w ＝税前债务资金成本×(1－所得税税率)×债务资本占总资本的比重＋股票资金成本×股票占总资本的比重

即：

$$K_w=K_b(\frac{B}{V})(1-T)+K_S(\frac{S}{V})$$

式中，K_b 为税前债务资金成本。

【例 3—36】 某公司年息税前利润为 500 万元，资本全部由普通股资本组成，股票的账面价值为 2 000 万元，所得税税率为 25%。该公司认为目前的资本结构不够合理，准备用发行债券购回部分股票的办法予以调整，目前的债务和权益资本的成本情况如表 3—26 及表 3—27 所示。

表 3—26　　不同债务水平对公司债务资本成本和权益资本成本的影响

债券的市场价值 B（万元）	税前债务资金成本 K_b	债务利息（万元）	股票的 β 值	无风险报酬率 R_f	股票平均必要报酬率 R_m	权益资金成本 K_s
0	—	—	1.2	10%	14%	14.8%
200	10%	20	1.25	10%	14%	15%
400	10%	40	1.3	10%	14%	15.2%
600	12%	72	1.4	10%	14%	15.6%
800	14%	112	1.55	10%	14%	16.2%
1 000	16%	160	2.1	10%	14%	18.4%

表 3—27 **公司的市场价值和资本成本** 单位：万元

债券的市场价值 B	股票的市场价值 S	公司的市场价值 V	税前债务资金成本 K_b	权益资金成本 K_s	加权平均资金成本 K_w
0	2 534	2 534	—	14.8%	14.8%
200	2 400	2 600	10%	15%	14.62%
400	2 270	2 670	10%	15.2%	14.42%
600	2 058	2 658	12%	15.6%	14.79%
800	1 796	2 596	14%	16.2%	15.52%
1 000	1 386	2 386	16%	18.4%	17.39%

从表 3—27 中可以看出，在没有债务的情况下，公司的总价值就是原有股票的市场价值。当公司用债务资本部分替换权益资本时，公司的总价值和资金成本均发生变化，在债务资本达到 400 万元时，公司的总价值最大，资金成本最低。因此，债务为 400 万元时的资本结构为该公司的最佳资本结构。

五、资本结构的调整

当企业现有资本结构与目标资本结构存在较大差异时，企业需要进行资本结构的调整。资本结构调整的方法有：

（一）存量调整

存量调整是指在不改变现有资产规模的基础上，根据目标资本结构的要求，对现有资本结构进行必要的调整。存量调整的方法有：

（1）债转股，股转债。

（2）增发新股偿还债务。

（3）调整现有负债结构，如与债权人协商，将短期负债转为长期负债，或将长期负债列入短期负债。

（4）调整权益资金结构，如优先股转换为普通股，或以资本公积转增股本。

（二）增量调整

增量调整是指通过追加筹资量，利用增加总资产的方式来调整资本结构。其主要途径是从外部取得增量资本，如发行新债，举借新贷款，进行融资租赁，发行新股票等。

（三）减量调整

减量调整是指通过减少资产总额的方式来调整资金结构。如提前归还借款，收回发行在外的可赎回债券，股票回购减少公司股本，进行企业分立等。

【本章强化训练题】

一、思考题

1. 简述企业筹集资金的基本要求。
2. 什么是商业信用？商业信用的形式有哪些？
3. 简述权益筹资与债务筹资的区别。
4. 简述租赁筹资的优缺点。
5. 简述资金成本的含义和作用。
6. 简述发行债券筹资的优缺点。
7. 资本结构对企业价值有何影响？为什么？

二、单项选择题

1. 下列各项费用中，属于资金占用费的是（　　）。

A. 向股东支付的股利　　B. 借款的手续费
C. 股票的发行费　　D. 发行债券的广告费

2. 一般而言，企业资金成本最低的筹资方式是（　　）。

A. 发行债券　　B. 短期借款　　C. 发行普通股　　D. 发行优先股

3. 当财务杠杆系数为 1 时，下列表述正确的是（　　）。

A. 息税前利润增长率为零　　B. 息税前利润为零
C. 利息与优先股的股息为零　　D. 固定成本为零

4. 下列各项中，不属于商业信用的是（　　）。

A. 应付账款　　B. 应付票据　　C. 预收账款　　D. 应收账款

5. 企业从银行借入短期借款，不会导致实际利率高于名义利率的利息支付方式是（　　）。

A. 收款法　　B. 贴现法　　C. 加息法　　D. 补偿性余额

6. 利用商业信用筹资方式筹集的资金只能是（　　）。

A. 银行信贷资金　　B. 居民个人资金
C. 其他企业资金　　D. 企业留存收益

7. 不存在财务杠杆作用的筹资方式是（　　）。

A. 银行借款　　B. 发行债券　　C. 发行优先股　　D. 发行普通股

8. 在其他条件不变的情况下，借入资金的比例越大，财务风险（　　）。

A. 越大　　B. 不变　　C. 越小　　D. 逐年上升

9. 当债券的票面利率小于市场利率时，债券应（　　）。

A. 平价发行　　B. 溢价发行　　C. 折价发行　　D. 向外部发行

10. 当预计的息税前利润大于每股盈余无差别点时，运用（　　）筹资较为有利。

A. 负债　　B. 权益　　C. 负债或权益均可　　D. 无法确定

11. 企业全部资本中，权益资本与债务资本各占50%，则企业（　　）。

A. 只存在经营风险　　B. 只存在财务风险

C. 存在经营风险和财务风险　　D. 经营风险与财务风险可以抵消

12. 只要企业存在固定成本，那么经营杠杆系数必然（　　）。

A. 恒大于1　　B. 与销售量成反比

C. 与固定成本成反比　　D. 与风险成反比

13. 下列活动不会加大财务杠杆作用的是（　　）。

A. 增发普通股　　B. 增发优先股

C. 增发公司债券　　D. 增加长期借款

14. 下列各项中，不影响经营杠杆系数的是（　　）。

A. 产品销售数量　　B. 产品销售价格

C. 固定成本　　D. 利息费用

15. 财务杠杆效益是指（　　）。

A. 提高债务比例导致的所得税降低

B. 利用现金折扣获得的利益

C. 利用债务筹资给企业带来的额外收益

D. 降低债务比例所节约的利息费用

16. 企业在追加筹资决策中所使用的资金成本是（　　）。

A. 个别资金成本　　B. 综合资金成本

C. 边际资金成本　　D. 权益资金成本

17. 调整企业资本结构并不能（　　）。

A. 降低资金成本　　B. 降低财务风险

C. 降低经营风险　　D. 增加融资弹性

18. 如果企业的资金来源全部为自有资金，且没有优先股存在，则企业财务杠杆系数（　　）。

A. 等于0　　B. 等于1　　C. 大于1　　D. 小于1

19. 根据收益风险对等观念，在一般情况下，各筹资方式资金成本由小到大依次为（　　）。

A. 银行借款、企业债券、普通股　　B. 普通股、银行借款、企业债券

C. 企业债券、银行借款、普通股　　D. 普通股、企业债券、银行借款

20. 某公司的经营杠杆系数为1.8，财务杠杆系数为1.5，则公司销售额每增长1倍，就会造成每股收益增加（　　）。

A. 1.2倍　　B. 1.5倍　　C. 0.3倍　　D. 2.7倍

21. 我国《公司法》规定公司申请股票上市，公司股本总额超过人民币4亿元的，其向社会公开发行的股票比例为（　　）以上。

A. 15%　　B. 20%　　C. 25%　　D. 30%

22. 以本公司股票在流通市场上买卖的实际价格为基准确定的股票发行价格是指（　　）。

A. 等价　　B. 时价　　C. 中间价　　D. 市价

23. 如果在折扣期内将应付账款用于短期投资，所得的投资收益率高于放弃现金折扣的成本，则应（　　）。

A. 在折扣期内付款，享受现金折扣

B. 选择另一家供应商提供的信用

C. 采用展期信用，延迟到信用后付款

D. 放弃现金折扣，直至到期付款

24. 银行向工商企业发放的贷款大都采用的利息支付方法为（　　）。

A. 收款法　　B. 贴现法　　C. 加息法　　D. 承诺法

25. 放弃现金折扣的成本受折扣百分比、折扣期和信用期的影响。下列各项中，使放弃现金折扣成本提高的情况是（　　）。

A. 信用期、折扣期不变，折扣百分比提高

B. 折扣期、折扣百分比不变，信用期延长

C. 折扣百分比不变，信用期与折扣期等量延长

D. 信用期、折扣期不变，折扣百分比降低

26. 资金成本的基础是（　　）。

A. 银行利率　　B. 资金时间价值

C. 市场利率　　D. 通货膨胀率

三、实务题

（一）练习实际利率的计算

资料1：某企业向银行借款300万元，期限为1年，名义利率为12%，按贴

现法付息，则该项借款的实际利率为多少？

资料 2：某企业按 10%的年利率向银行借款 100 万元，银行要求保留 25%的补偿性余额，则该项借款的实际利率为多少？

资料 3：某公司以 8%的年利率借得贷款 40 万元，银行要求在一年内分 12 个月等额偿还本息，则该项借款的实际利率为多少？

（二）练习放弃现金折扣的成本计算及决策

资料：某公司拟采购一批零件，供应商规定的付款条件如下“2/10，1/20，n/30”，每年按 360 天计算。要求：

（1）假设银行短期贷款利率为 15%，计算放弃现金折扣成本，并确定对该公司最有利的付款日期。

（2）假设目前有一短期投资报酬率为 40%，确定对该公司最有利的付款日期。

（三）练习放弃现金折扣的成本计算及决策

资料：某企业采购一批商品，供应商报价如下：立即付款，价格为9 630元；30 天内付款，价格为9 750元；31～60 天内付款，价格为9 870元；61～90 天内付款，价格为 10 000 元。假设企业资金不足，可向银行借入短期借款，借款利率为 10%，每年按 360 天计算。要求：计算放弃现金折扣成本，并作出对该公司最有利的决策。

（四）练习资金成本的计算

资料：某企业计划筹资 100 万元，所得税税率为 33%。有关资料如下：

（1）向银行借款 10 万元，借款利率为 7%；

（2）发行债券面值为 14 万元，发行价格为 15 万元，票面利率为 9%，期限为 5 年，每年支付一次利息；

（3）发行优先股 25 万元，预计年股利率为 12%；

（4）发行普通股 25 万元，每股发行价格为 10 元，第一年年末每股股利为 1.2 元且以后每年递增 8%；

（5）其余所需资金通过留存收益取得。

要求：

（1）计算个别资金成本；

（2）计算综合资金成本。

（五）练习经营杠杆系数的计算

资料：某企业 2001 年销售额为 10 000 元，2002 年预计销售额为 12 000 元，

2001 年息税前利润为 2 000 元，2002 年预计息税前利润为 2 800 元，计算该公司 2002 年的经营杠杆系数。

（六）练习杠杆系数的计算

资料：某公司 2004 年销售额为 140 万元，息税前利润为 30 万元，固定成本为 12 万元，变动成本率为 70%，资本总额为 100 万元，债券所筹集债务占资本总额的比例为 40%，债券利率为 12%。要求：

（1）计算该公司经营杠杆系数；

（2）计算该公司财务杠杆系数；

（3）计算该公司复合杠杆系数。

（七）练习息税前利润和杠杆系数的计算

资料：甲企业只生产和销售一种产品，其总成本习性模型为 $Y=5\,000+3X$。假定该企业 2004 年度该产品的销售量为 5 000 件，每件售价为 5 元；按市场预测 2005 年该产品的销售数量将增长 15%。要求：

（1）计算 2004 年该企业的边际贡献总额；

（2）计算 2004 年该企业的息税前利润；

（3）计算销售量为 5 000 件时的经营杠杆系数；

（4）计算 2005 年息税前利润增长率；

（5）假定企业 2004 年发生负债利息 2 500 元，且无优先股股息，计算复合杠杆系数。

（八）练习资金边际成本的计算

资料：某企业拥有资金 500 万元，其中，银行借款 200 万元，普通股 300 万元。该公司计划筹集新的资金，并维持目前的资本结构不变。随着筹资额的增加，各筹资方式的资金成本变化见表 3—28。

表 3—28　　筹资额与资金成本对应表

筹资方式	新筹资额	资金成本（%）
银行借款	30 万元以下	8
	30 万～80 万元	9
	80 万元以上	10
普通股	60 万元以下	14
	60 万元以上	16

要求：

（1）计算各筹资总额的分界点；

（2）计算各筹资总额范围内资金的边际成本。

（九）练习资本结构决策

资料：某企业目前拥有的资本为 1 000 万元，其结构为：债务资本为 20%（年利息为 20 万元），普通股权益资本为 80%（发行普通股 10 万股，每股面值 80 元）。现准备追加筹资 400 万元，有两种筹资方案可供选择：（1）全部发行普通股，增发 5 万股，每股面值 80 元。（2）全部筹措长期债务，利率为 10%，利息为 40 万元。企业追加筹资后，税前利润预计为 160 万元，所得税税率为 33%。要求：

（1）计算每股盈余无差别点及无差别点的每股盈余；

（2）比较两种筹资方案下的每股盈余，并作出筹资决策。

【案例分析】

腾讯、蒙牛、国美境外融资案例解析

当公司步入“鲤鱼跳龙门”阶段时，只靠自有资金滚动发展很有可能会错失良机。此时，创业者都希望能与境外成熟的战略投资者牵手，完成国际化的蜕变。

一、得与失的平衡

2004 年 6 月 16 日，腾讯 QQ 正式在香港挂牌上市，上市简称为腾讯控股。在此次上市中，其超额认购的首次公开募股（IPO）将带来总计 14.4 亿港元的净收入，拥有公司 14.43%股权的马化腾个人资产接近 9 亿港元。腾讯此次 IPO 成功无疑是国内民营企业牵手境外资本的成功范例。

从 1998 年注册资本仅为 50 万元人民币的腾讯计算机（腾讯控股的前身）到今天价值约 60 亿港元的腾讯控股，国际投资机构功不可没。2000 年 4 月，IDG 和香港盈科共投入 220 万美元风险投资，分别持有腾讯控股总股本的 20%，马化腾及其团队持股 60%。正是这 220 万美元的风险资金，为腾讯日后的迅速崛起奠定了基础。

2001 年 6 月，在以 110 万美元的投资，不到一年即获得 1 000 余万美元的回报后，香港盈科又以 1 260 万美元的价格将其所持腾讯控股 20%的股权悉数出售给 MIH 米拉德国际控股集团公司。起源于南非的 MIH 传媒巨头不满足于从盈

科手中购得20%腾讯股权，MIH又从IDG手中收购了腾讯控股13%的股份。此后的2002年6月，MIH又从腾讯控股其他主要创始人购得13.5%的股份。此时，MIH的连连出手使得腾讯的股权结构变为创业者占46.3%，MIH占46.5%，IDG占7.2%，MIH成为腾讯最大的股东。

显然按常规来看，一旦看清了腾讯的成长潜力，MIH下一步将不甘仅仅成为一个参股投资的角色。可后来的事实却又证明MIH最终仍然扮演着参股投资的安分角色。这就会引出一个疑问：在曾经占据股权优势的背景之下，MIH为何放弃绝对控股而接受与腾讯创业团队各占50%的股权安排？腾讯又有什么杀手锏让对方没有对自己进一步“蚕食鲸吞”呢？

也许正是因为腾讯在深谙如何正确取悦投资者的同时，仍然不放弃保持和发掘自身的优势，从而掌握了与境外“天使”们较量的底牌。得与失的平衡，自身优势才是制胜砝码。

二、天使还是恶魔

2004年6月10日，蒙牛乳业登陆香港股市，在香港获得206倍的超额认购率，共募集资金13.74亿港元。蒙牛承销商之一摩根士丹利称：“蒙牛首次公开发行创造了2004年第二季度以来，全球发行最高的散户投资者和机构投资者超额认购率。”尽管如此，蒙牛携手境外资本的发展路径仍是毁誉参半。

摩根、英联和鼎辉三家国际机构分别于2002年10月和2003年10月两次向蒙牛注资。首轮增资，摩根、英联和鼎辉三家国际机构联手向蒙牛的境外母公司注入了2 597万美元（折合人民币约2.1亿元），同时取得49%的股权；二次增资注入3 523万美元。此举等于三家投资机构承认公司的价值为14亿元人民币，两次市盈率分别为10倍和7.3倍。对蒙牛来说，出价公道。

正所谓天下没有免费的午餐，只不过对于蒙牛而言，并不是一笔划算的买卖。

第一次注资后，蒙牛管理团队所持有的股票在第一年只享有战略投资者所持股票不到1/10的收益权，而三家投资机构享有蒙牛90.6%的收益权，只有完成约定的“表现目标”，这些股票才能与投资者的股票实现同股同权。二次增资中，三位“天使”的要求却是更加贪婪了。三家投资机构提出了发行可换股债券，其认购的可换股债券除了具有期满前可赎回，可转为普通股的可转债属性，它还可以和普通股一样享受股息。可换股文件锁定了三家战略投资者的投资成本，有效控制了一旦蒙牛业绩出现下滑时的投资风险。三家国际投资机构还取得了所谓的认股权：在十年内一次或分多批按每股净资产购买开曼群岛（蒙牛上市的主体）

股票。此般设计正说明了三家老牌投资者把玩风险的高超技艺。

摩根、英联、鼎辉约4.77亿港币的投入在本次IPO已经套现3.925亿港元。巨额可转债于蒙牛上市12个月（2005年6月）后将使它们的持股比例达到31.1%，价值约为19亿港元。与三大国际投资机构的丰厚收益相比，蒙牛的创始人牛根生只得到价值不到2亿港元的股票，持股比例仅为4.6%，2005年可转债行使后还会进一步下降到3.3%，且5年内不能变现。牛根生还被要求作出5年内不加盟竞争对手的承诺。更严重的是，如果蒙牛不能续写业绩增长的神话，摩根最终对牛根生团队失去耐心，完全有能力像新浪罢免王志东那样对待牛根生。

面对如此的苛刻条件，蒙牛一味盲目取悦投资者的做法大有“为他人作嫁衣”之嫌。诚然，企业在发展的路上离不开资金的支持，可缺钱并不是寻找“天使”的充分条件，还要看企业是否具有谈判中步步为营的王牌。以笔者之见，蒙牛是不是到了“与天使共舞”的火候？如果不到，不如稳中求发展。换言之，如蒙牛具有与“天使”叫板的王牌，又怎至于让别人牵着鼻子走？

三、尴尬的独角戏

2004年6月7日，中国鹏润集团有限公司（简称中国鹏润，0493，HK）在香港复牌，国美上市的悬念至此解开。

国美电器此次借壳上市主要经历了三个步骤：第一步，重组国美电器。先成立北京鹏润亿福网络技术有限公司（以下简称“鹏润亿福”），由黄光裕拥有100%股权，然后，国美集团将北京国美在北京的资产、负债及相关业务和天津、济南、重庆等地共18家公司全部股权装入“国美电器”，由鹏润亿福持有65%的股份，黄光裕直接持有国美电器剩余35%的股份。第二步，把国美电器转型为一家中外合资企业。先在英属维尔京群岛注册成立一家离岸公司Ocean Town，黄光裕通过在该地注册的国美控股百分之百掌控Ocean Town。自2004年4月20日起，鹏润亿福将国美电器65%的股权转让给Ocean Town，国美电器也由此转型为一家中外合资企业。第三步，中国鹏润收购Ocean Town公司，从而持有国美电器65%的股权，实现国美电器借壳上市的目的。

黄光裕“左右手置换”的操作不仅造壳成功，也避开了香港交易所针对“反收购行动”的规定。但此举一毕，也引发了颇多疑虑。国美能否通过上市公司源源不断融得资金呢？局势仍不乐观。80多亿元溢价按20年摊销每年要冲掉4亿元利润，而上市公司从国美电器65%的盈利仅能分享到1.69亿元。在竞争激烈、利润微薄的趋势下，国美电器对上市公司的利润贡献还有多大增长潜力？黄光裕一股独大，其握有的10倍于已发行股票的代价股和可换股票据犹如笼中猛虎。稍有减持的传闻，股价马上报以大跌，在这种情况下套现融资谈何容易。黄光裕如果急于取得现金只有靠股权质押了，这样做的风险是当股价跌到一定幅度质押的股票会被斩仓，从而引发连锁反应。

案例思考：

1. 你认为境外融资会有哪些利与弊？
2. 通过阅读上述案例，给你留下的启示是什么？

（资料来源：《腾讯、蒙牛、国美等上市公司境外融资案例解析》，融资网，2010-01-19。）

第四章 营运资本管理

本章学习目标 通过本章学习，使学生了解营运资本的种类和特点，理解现金成本、应收账款成本及存货成本的内容与计算方法，掌握应收账款信用政策的制定，熟练处理存货经济批量、安全储备和再订货点的关系，并能在此基础上进行科学的投资决策。

第一节 营运资本的概念和特点

一、营运资本的概念

营运资本（working capital），又称营运资金、循环资本，是指一个企业维持日常经营所需的资金。营运资本有广义和狭义之分，广义的营运资金又称毛营运资本（gross working capital），即指一个企业流动资产的总额；狭义的营运资本又称净营运资本（net working capital），即指流动资产减去流动负债后的差额。营运资本管理既包括流动资产管理，又包括流动负债管理。

使用“净营运资本”这一概念，是因为在企业的流动资产中，流动负债部分由于经常面临债权人的短期索求权，而无法供企业在较长期限内自由运用。只有扣除短期负债之后的净营运资本，才能为企业提供一个宽裕的自由使用期间。

营运资本因其较强的流动性而成为企业日常生产经营活动的润滑剂和基础，

在客观存在现金流入量与流出量不同步和不确定的现实情况下，企业持有一定量营运资本十分重要。但企业应控制营运资本的持有数量，既要防止营运资本不足，也要避免营运资本过多。因为营运资本持有量的高低，影响着企业的收益和风险。较高的营运资本持有量，使企业有较大的把握按时支付到期债务，及时供应生产用材料，从而保证经营活动平稳进行，风险性较小。但是，由于流动资产的收益性一般低于固定资产，较高的营运资本持有量会降低企业的收益性。所以，企业需要在风险和收益之间进行权衡，从而将营运资本的数量控制在一定范围之内。

二、营运资本的分类

由于净营运资本是流动资产减去流动负债之后的差额，因此对流动资产和流动负债作进一步分类将有助于理解营运资本的来源。

（一）流动资产的分类

流动资产是指企业可以在一年以内或超过一年的一个营业周期内变现或运用的资产，是企业资产的重要组成部分。

1. 按资产的占用形态不同，可把流动资产分为货币资金、应收及预付款项、短期投资、存货等

（1）货币资金。货币资金是指企业在再生产经营中停留在货币形态的那部分资金，包括现金和银行存款。企业的货币资金拥有量是企业支付能力大小的标志，也是投资者分析企业财务状况好坏的重要标志。

（2）应收及预付款项。应收及预付款项是指企业在生产经营过程中所形成的延期收回和预先支付的款项，包括应收账款、应收票据、其他应收款、预付账款、待摊费用等。在市场经济条件下，为了加强市场竞争能力，企业拥有一定数量的应收及预付款项是不可避免的，企业应力求加速账款的回收，以减少坏账损失。

（3）短期投资。短期投资是指各种能够随时变现、持有时间不超过一年的有价证券以及不超过一年的其他投资。短期投资的目的是利用正常经营中的暂时闲置资金在证券市场上购入热门畅销、易于脱手的股票、债券，以获得短期收益。

（4）存货。存货是指企业在日常生产经营过程中持有以备出售，或者仍然处在生产过程，或者在生产或提供劳务过程中将消耗的材料或物料等，包括各种材料、商品、在产品、半成品、产成品等。企业应加强存货的管理与控制，使存货保持在较优水平上。

2. 按在生产经营过程中所处的领域不同，可把流动资产分为生产领域中的流动资产和流通领域中的流动资产

生产领域中的流动资产是指在产品生产过程中发挥作用的流动资产，如原材料、在产品、半成品等；流通领域中的流动资产主要是指在商品流通过程中发挥作用的流动资产，主要包括应收账款、产成品、货币资金等。

3. 按流动性强弱，可把流动资产分为速动资产和非速动资产

速动资产是指变现能力极强的流动资产，如现金、银行存款、应收票据、应收账款、短期投资等。非速动资产是指变现能力较差的流动资产，如存货、待摊费用等。

（二）流动负债的分类

流动负债是指需要在一年或者超过一年的一个营业周期内偿还的债务，流动负债可以按不同标准作如下分类。

1. 按流动负债产生的原因可分为以下四类

（1）借贷形成的流动负债，如从银行和其他金融机构借入的短期借款。

（2）结算过程中产生的流动负债，如企业购入原材料已经到货，在货款尚未支付前形成一笔待结算的应付款项。

（3）经营过程中产生的流动负债，由于会计上采用权责发生制，有些费用需要预先提取，如预提费用、应付工资、应交税金等。

（4）利润分配产生的流动负债，如应付股利等。

2. 按照流动负债的应付金额是否确定可分为以下三类

（1）确定金额的流动负债。这类流动负债一般在确认一项义务的同时，根据合同、契约或法律的规定，具有确切的金额、确切的债权人和付款日，并且到期必须偿还。如由于购入一批材料，按照合同确定的交易金额开出承兑商业汇票，这一负债具有确定的金额、偿还日期和确定的债权人。

（2）应付金额视经营情况而定的流动负债。这类流动负债需待企业在一定的经营期末才能确定负债金额，在该经营期结束前，负债金额不能以货币确切计量。如应纳所得税、应付股利等，必须到一定的会计期间终了后才能确定应纳所得税的金额，以及应分配给股东的股利。

（3）应付金额需要估计的流动负债。虽然这项负债是过去发生的现存义务，但其金额乃至偿还日期和债权人在编制资产负债表日仍是难以确定的，如产品质量担保债务。这类债务应按以往的经验或依据有关的资料估计确定其金额。

3. 按流动负债的形成情况可分为自然性流动负债和人为性流动负债两类

（1）自然性流动负债。自然性流动负债是指不需要正式安排，由于结算程序

的原因使一部分应付款项的支付时间晚于形成时间，由此自然形成的那部分流动负债。

（2）人为性流动负债。人为性流动负债是指由财务人员根据企业对短期资金的需求情况，通过人为安排所形成的流动负债，如短期银行借款、应付短期融资券等。

三、营运资本的特点

为了有效管理企业的营运资本，不断提高营运资本的利用效果，必须认真研究并把握营运资本的特点。营运资本的特点需从流动资产和流动负债两个方面予以说明。

（一）流动资产的特点

（1）流动性强。企业占用在流动资产上的资金，周转一次所需时间较短，通常会在一年或一个营业周期内变现，具有较强的流动性。

（2）数量具有波动性。流动资产在企业再生产过程中，随着供、产、销的变化，资金占用的数量有高有低，起伏不定，具有波动性。季节性生产的企业如此，非季节性生产的企业也如此。企业在筹集资金时应考虑这一特点，合理安排资金来源，确保资金供需平衡。

（3）占用形态具有并存性。流动资产在循环周转过程中，各种不同形态的流动资产在空间上同时并存，在时间上依次继起，经过供、产、销三个阶段，其占用形态一般在现金、材料、在产品、产成品、应收账款、现金之间顺序转化。因此，在进行流动资产管理时，必须在流动资产的各种形态上合理配置资金数额，以促进资金周转的顺利进行。

（4）具有易变现性。货币资金、短期投资、应收账款等流动资产一般具有较强的变现能力，如果遇到意外情况，企业出现资金周转不灵，现金短缺时，便可迅速变卖这些资产，以获取现金，这对财务上应付临时的资金需求具有重要意义。

（二）流动负债的特点

（1）获取速度快。申请短期借款往往比申请长期借款更容易、更便捷，通常在较短时间内便可获得。因此，当企业急需资金时，往往首先寻求短期借款。

（2）弹性大。与长期债务相比，短期借款给债务人更大的灵活性，借款契约中的限制条款比较少，使企业有更大的行动自由。对于季节性企业，短期借款比长期借款具有更大的灵活性。

（3）成本低。在正常情况下，短期负债筹资所发生的利息支出低于长期负债筹资的利息支出。而某些“自然融资”（应付税金、应计费用等）则没有利息负担。

(4) 风险大。尽管短期债务的成本低于长期债务，但其风险却大于长期债务。这主要表现在两个方面：一方面，长期债务的利息相对比较稳定，在相当长一段时间内保持不变。而短期债务的借款利率则随市场利率的变化而变化，时高时低，使企业难以适应。另一方面，短期借款需在短期内加以偿还，当债务到期时，企业不得不在短期内筹措大量资金来还债，这极易导致企业财务恶化，甚至会因无法及时还债而破产。

四、营运资本的管理原则

企业的营运资本在全部资本中占有相当大的比重，而且周转期短，形态易变，所以是企业财务管理工作的一项重要内容。

（一）认真分析生产经营状况，合理确定营运资本的需要量

企业营运资本的需要量与企业生产经营活动有直接关系，它主要取决于生产经营规模和营运资本的周转速度，同时也受物资与劳动消耗水平及市场状况等因素的影响。当企业产销两旺时，流动资产不断增加，流动负债也相应增加；相反，当企业产销量不断减少时，流动资产和流动负债也会相应减少。因此，企业财务人员应综合考虑各种因素，科学地预测营运资本的需要量，促进企业合理占用营运资本。

（二）在保证生产经营需要的前提下，合理筹集并节约使用营运资本

在营运资本管理中，必须正确处理保证生产经营需要和节约使用资金二者之间的关系，在保证生产经营需要的前提下，遵守勤俭节约的原则，挖掘资金潜力，精打细算地使用资金，不断提高资金的使用效果。

（三）不断加速营运资本的循环与周转，提高资金的利用效果

当企业的生产经营规模及其耗费水平一定时，营运资本的周转速度与其占用量成反比，周转速度越快，所占用的营运资本就越少。加速营运资本的周转可以提高资金的利用效果。

（四）合理安排流动资产与流动负债的比例关系，确保企业有足够的短期偿债能力

流动资产与流动负债二者之间的关系较好地反映了企业的短期偿债能力。根据惯例，当企业的流动资产是流动负债的 2 倍时，通常认为该企业具有较强的短期偿债能力。因此，在营运资本管理中，要合理安排流动资产和流动负债的比例关系，以便既节约使用资金，又保证企业有足够的偿债能力。

第二节　现金管理

现金（cash）是可以立即投入流动的交换媒介。它的首要特点是普遍的可接受性，即可以有效地立即用来购买商品、货物、劳务或偿还债务。属于现金内容的项目，包括企业的库存现金、各种形式的银行存款和银行本票、银行汇票。由于现金是企业中流动性最强的非盈利性资产，因此，现金管理的过程就是在现金的流动性与收益性之间进行权衡的过程。通过现金管理，使现金收支不但在数量上，而且在时间上相互衔接，既保证了企业生产经营活动的现金需要，又降低了企业闲置的现金数量。

一、现金管理的内容

现金管理的内容如图 4—1 所示。

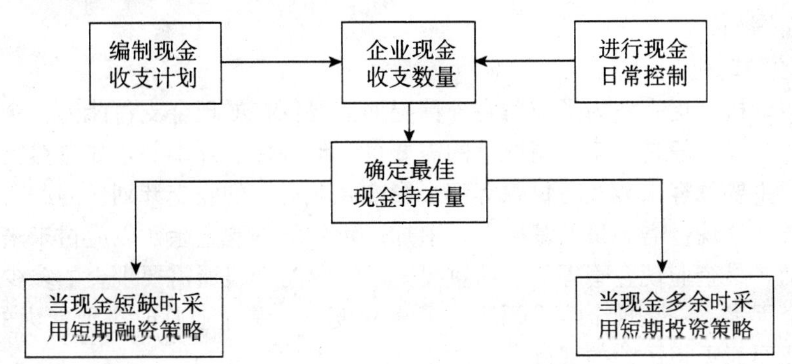

图 4—1　现金管理的内容

1. 编制现金收支计划

通过计划反映企业未来各期现金的状况，为合理地组织生产经营活动，有效控制现金收支提供依据。

2. 控制现金的日常收支

按照国家有关现金管理的规定和企业的实际情况，建立健全现金的内部管理制度，对日常的现金收支进行控制，力求加速收款，延缓付款。

3. 确定企业最佳现金持有量

所谓最佳持有量是指既满足生产经营需要，又使现金的持有成本达到最低时的现金持有量。当企业的实际现金持有量与最佳持有量不等时，采用适当的筹资和投资策略来达到最佳状况。

二、现金持有的动机和成本

现金是企业在生产过程中暂时停留在货币形态的资金，是可以立即投入流动的交换媒介，主要包括企业的库存现金、各种形式的银行存款、银行本票、银行汇票等。

（一）现金的持有动机

企业持有一定数量的现金，主要基于以下三方面的动机：

1. 交易动机

交易动机是指企业在正常生产经营秩序下所需要保持的现金支付能力。企业为了组织日常生产经营活动，必须保持一定数额的现金余额，用于购买原材料、支付工资、缴纳税款、偿付到期债务、支付股利等。企业每天的现金收入和现金支出很少同步同量，保留一定的现金余额可使企业在现金支出大于现金收入时，不致中断交易。一般来说，企业为满足交易动机所持有的现金余额会随销售水平的升高而增加。

2. 预防动机

预防动机是指企业为了应付意外情况而需要保持的现金支付能力。企业预计的现金需要量一般是指正常情况下的需要量，但许多意外事件，如自然灾害、生产事故、主要顾客未能及时付款等都会影响企业现金的收支计划。因此，企业在正常业务活动现金需要量的基础上，追加一定数量的现金余额以应付未来现金流量的波动，是企业现金管理的一项重要要求。预防动机所需要现金的多少取决于以下三个因素：一是现金收支预测的可靠程度；二是企业临时举债能力的强弱；三是企业愿意承担风险的程度。

3. 投机动机

投机动机是指企业为了抓住各种市场机会，获取较大的利益而准备的现金余额。如遇有廉价原材料或其他资产供应的机会，便可用手头现金大量购入；再比如利用证券市价大幅度跌落购入有价证券，以期在价格反弹时卖出证券获取高额资本利得（价差收入）等。一般地讲，企业专为投机性需要而置存现金的不多，因此，投机动机是企业确定现金余额时所需考虑的次要因素之一。其持有量的多少往往与企业在金融市场的投资机会及企业对待风险的态度有关。

（二）现金成本

1. 管理成本

企业持有现金，会发生一定的管理费用，如管理人员的工资及必要的安全措施费等。这些费用是现金的管理成本，该成本属于固定成本，在一定范围内与现金持有量的多少没有明显的比例关系。

2. 机会成本

现金作为企业的一项资金占用是有代价的，这种代价就是它的机会成本，即企业因持有一定数量的现金而丧失的再投资收益。可见机会成本在数额上等同于资金的投资收益。假定某企业的投资收益率为10%，企业欲持有10 000元现金，则企业必须放弃1 000元（10 000×10%）的投资收益，丧失的1 000元收益即为企业持有10 000元现金的机会成本。机会成本属于变动成本，当收益率一定时，现金持有量越大，机会成本就越高；反之，机会成本就越低。

3. 转换成本

转换成本是指企业用现金购入有价证券以及转让有价证券换取现金时付出的交易费用，即现金同有价证券之间相互转换的成本，如委托买卖佣金、委托手续费、证券过户费、交割手续费等。转换总成本与证券转换次数、每次的转换成本有关。假定现金的每次转换成本是固定的，则转换总成本与证券转换次数呈线性关系，即转换成本总额＝证券转换次数×每次的转换成本。由此可知，在企业一定时期现金需要量既定的前提下，企业现金持有量越大，证券转换的次数就越少，相应的转换成本就越低；反之，现金持有量越小，证券转换的次数就越多，相应的转换成本就越高。可见，现金的转换成本与现金持有量成反比。

4. 短缺成本

短缺成本是在现金持有量不足而又无法及时通过有价证券变现等方式加以补充而给企业造成的损失，包括丧失购买机会、造成信用损失和得不到折扣好处。其中失去信用而造成的损失难以准确计量，但其影响往往很大，甚至导致供货方拒绝或拖延供货、债权人要求清算等。现金的短缺成本随现金持有量的增加而下降，随现金持有量的减少而上升。

三、最佳现金持有量

基于支付、预防、投机等动机的需要，企业必须保持一定数量的现金余额。现金是一种非营利资产，其持有量过多会降低企业的盈利能力，然而现金过少也会给企业带来资金周转困难和增加财务风险。因此，企业必须确定最佳现金持有量。

确定最佳现金持有量的方法很多，这里主要介绍成本分析模式、存货模式、现金周转期模式、随机模式等几种常见的模式。

(一) 成本分析模式

成本分析模式是根据现金有关成本，分析预测其总成本最低时的现金持有量的一种方法。该方法只考虑持有一定量现金而产生的管理成本、机会成本及短缺成本，而不考虑转换成本。前已述及，管理成本属于固定成本，与现金持有量的多少无关；机会成本随现金持有量的增加而增高；短缺成本随现金持有量的增加而降低。这些成本与现金持有量之间的关系可用图 4—2 反映出来。

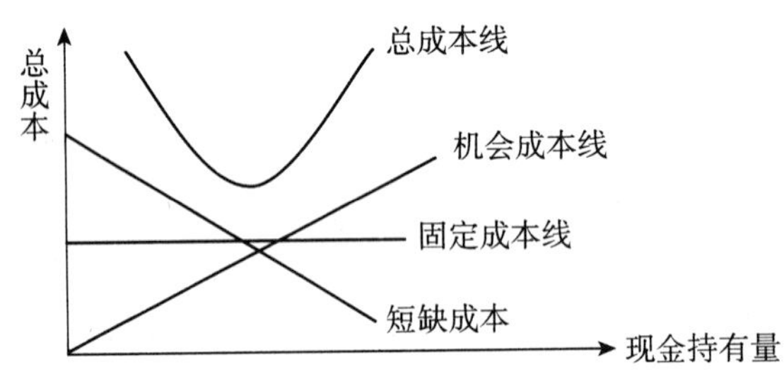

图 4—2　成本分析模式

从图 4—2 可看出，总成本线是一条抛物线，该抛物线的最低点即为持有现金的最低总成本。这一点所对应的横轴上的量即是最佳现金持有量。

【例 4—1】 某企业现有甲、乙、丙、丁四种现金持有方案，有关成本资料如表 4—1 所示。

表 4—1　现金持有方案　　单位：元

项 目	甲	乙	丙	丁
现金持有量	10 000	20 000	30 000	40 000
机会成本率	12%	12%	12%	12%
管理成本	5 000	5 000	5 000	5 000
短缺成本	5 000	3 000	1 000	0

最佳现金持有量的具体计算，可以先分别计算出各种现金持有方案的管理成本、机会成本、短缺成本之和，再从中选出总成本之和最低的现金持有量即为最佳现金持有量。每种方案的总成本计算结果见表 4—2。

表 4—2 **各现金持有方案总成本** 单位：元

项 目	甲	乙	丙	丁
管理成本	5 000	5 000	5 000	5 000
机会成本	1 200	2 400	3 600	4 800
短缺成本	5 000	3 000	1 000	0
总成本	11 200	10 400	9 600	9 800

将以上各方案的总成本加以比较可知，丙方案总成本最低，故 30 000 元为该企业最佳现金持有量。

（二）存货模式

存货模式是由美国经济学家威廉·鲍莫尔（William Baumol）首先提出的，他认为现金持有量在许多方面与存货相似，存货经济订货批量模型可用于确定最佳现金持有量。在存货模型中只考虑现金的机会成本和转换成本，而不考虑管理成本和短缺成本。因为管理成本属于固定成本，与现金持有量无关；短缺成本往往不易计量，所以也不予考虑。存货模式的着眼点也是使现金有关成本最低，因此，能够使现金管理的机会成本与转换成本之和保持最低的现金持有量，即为最佳现金持有量。

前已述及，如果现金持有量大，则现金的机会成本高，转换成本低；反之，现金持有量小，则现金的机会成本低，转换成本高。

现金管理总成本＝机会成本＋转换成本

三者的关系如图 4—3 所示。

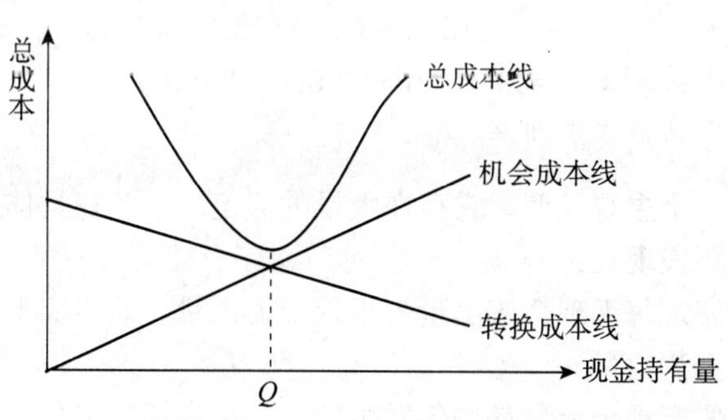

图 4—3 存货分析模式

从图 4—3 可以看出，持有现金的机会成本与证券变现的转换成本相等时，现金管理的总成本最低，此时的现金持有量为最佳现金持有量。

设 T 为一定时期内现金总需求量；F 为每次转换有价证券的固定成本；Q 为最佳现金持有量；K 为有价证券利息率；TC 为现金管理总成本，则

$$TC=\frac{QK}{2}+\frac{TF}{Q} \tag{1}$$

当 $\frac{QK}{2}=\frac{TF}{Q}$ 时，TC 最小，此时

$$Q=\sqrt{\frac{2TF}{K}} \tag{2}$$

将公式（2）代入公式（1）得，最佳现金管理总成本 $TC=\sqrt{2TFK}$

【例 4—2】某企业的现金流量稳定，预计全年（按 360 天计算）现金需要量为 300 000 元，现金与有价证券的转换成本为每次 600 元，有价证券的年收益率为 10%，则：

$$\begin{aligned}\text{最佳现金持有量}\ Q&=\sqrt{\frac{2\times 300\,000\times 600}{10\%}}\\&=60\,000\ \text{（元）}\end{aligned}$$

$$\begin{aligned}\text{最佳现金管理总成本}\ TC&=\sqrt{2\times 300\,000\times 600\times 10\%}\\&=6\,000\ \text{（元）}\end{aligned}$$

其中：

转换成本＝300 000÷60 000×600＝3 000（元）
机会成本＝60 000÷2×10%＝3 000（元）
有价证券转换次数＝300 000÷60 000＝5（次）
有价证券转换间隔期＝360÷5＝72（天）

存货模型是一个主观模型，它存在大量的假定。因此在具体应用中，有其一定的局限性，主要表现在：

（1）该模型假定每天现金流出量大于现金流入量，而事实上有时公司的现金流入量要大于现金流出量。

（2）该模型假定现金流量是均匀发生的，且呈周期性变化，实际上公司现金流量的变化存在不确定性。

（3）该模型假定公司需要现金时，可立刻通过变现有价证券取得，而现实中仅以有价证券变现收入补偿现金不足的公司很少。现金节余时，以有价证券投资

方式处理闲置现金的公司也不多见。

(4) 该模型中的转换成本只是与交易次数有关的固定转换成本，忽略了变动转换成本。

(三) 现金周转期模式

现金周转期模式是从现金周转的角度出发，根据现金的周转速度来确定最佳现金持有量。其计算公式如下：

$$最佳现金持有量=\frac{年现金需求量}{现金周转率}$$

假定年现金需求量为已知，现金周转率是指一年中现金的周转次数，其计算公式为：

$$现金周转率=\frac{计算期日历天数(360天)}{现金周转期}$$

现金周转期是指企业从购买材料支付现金到销售商品收回现金的时间，即现金周转一次所需要的天数。现金周转期越短，则企业的现金持有量越小。周转期的长短取决于三个方面：

(1) 存货周转期。存货周转期是指从购买原材料开始，并将原材料转化为产成品再销售为止所需要的时间。

(2) 应收账款周转期。应收账款周转期是指从应收账款形成到收回现金所需要的时间。

(3) 应付账款周转期。应付账款周转期是指从购买原材料形成应付账款开始直到以现金偿还应付账款为止所需要的时间。

以上三个方面与现金周转期之间的关系可用图 4—4 来加以说明。

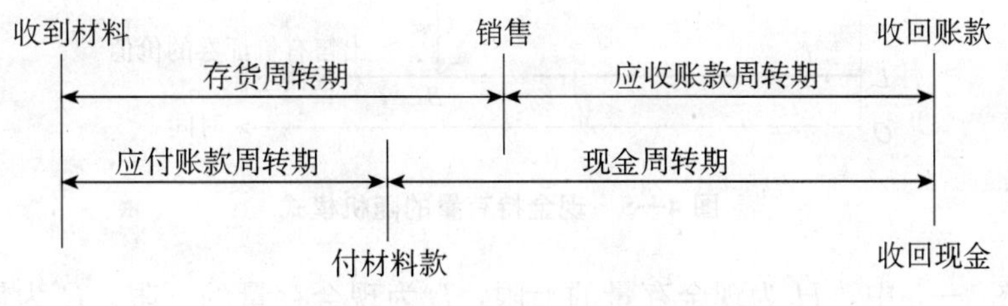

图 4—4 现金周转示意图

由图 4—4 可知

现金周转期=存货周转期+应收账款周转期−应付账款周转期

【例 4—3】某公司预计全年需用现金 2 880 万元，存货周转期为 120 天，应收账款周转期为 60 天，. 应付账款周转期为 90 天，则该公司最佳现金持有量计算如下：

现金周转期＝120＋60－90＝90（天）

现金周转率＝360÷90＝4（次）

最佳现金持有量＝2 880÷4＝720（万元）

即该公司年初持有 720 万元现金即可满足全年支出的需求。

现金周转期模式简单，易于计算，但在应用时应注意两个前提条件：(1) 企业生产经营活动保持相对稳定，以保证未来年度的现金总需求量可以根据产销计划比较准确地预计；(2) 企业能够根据历史资料比较准确地预测出未来年度的现金周转期与周转率，预测结果应符合实际，保证科学与准确。

（四）随机模式

随机模式是 1966 年由米勒和奥尔创建的，又称米勒-奥尔模型。当现金支付不稳定，现金需求难以预知时，现金管理可采用随机模型。

对于企业来讲，现金需求量往往波动大且难以预知，但企业可以根据历史经验和现实需要，测算出现金持有量的控制范围，即设定出现金持有量的上限和下限，将现金持有量控制在上下限之内。这种对现金持有量的控制方式，如图 4—5 所示。

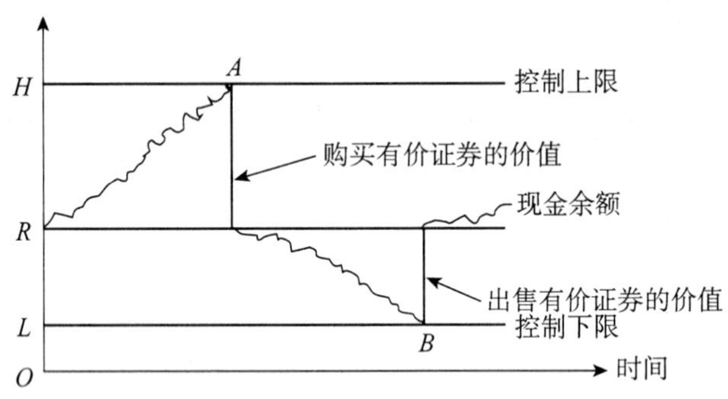

图 4—5　现金持有量的随机模式

在图 4—5 中，H 为现金存量的上限，L 为现金存量的下限，R 为最优现金返回线。从图中可以看出，企业的现金存量是随机波动的，当其达到点 A 时，即达到了现金控制的上限，表明现金余额过多，企业要用现金购买有价证券，使现金持有量回落到现金返回线（R）的水平；当现金存量降至点 B 时，即达到了现金控制的下限，企业则应转让有价证券换回现金，使其存量回升到现金返回线的水平。若现金持有量在上下限之间波动，属于控制范围内的变化，是合理的，不必进行现金与有价证券的转换，保持它们各自的现有存量即可。

在米勒-奥尔模型中，上限 H、现金返回线 R、下限 L 可按下列公式计算：

$$R=\sqrt[3]{\frac{3b\delta^2}{4i}}+L$$

$$H=3R-2L$$

式中，b：每次有价证券的固定转换成本；

i：有价证券的日利息率；

δ：预期每日现金余额变化的标准差。

而下限 L 的确定，则要受到企业每日的最低现金需要、管理人员的风险承受倾向等因素影响。

【例 4—4】假定某企业有价证券的年利率为 9%，每次固定转换成本为 100 元，企业认为任何时候其银行活期存款及现金余额均不能低于 2 000 元，又根据以往经验测算出现金余额波动的标准差为 1 000 元，则

有价证券日利率 $i=\frac{9\%}{360}=0.025\%$

现金返回线 $R=\sqrt[3]{\frac{3b\delta^2}{4i}}+L=\sqrt[3]{\frac{3\times 100\times 1\ 000^2}{4\times 0.025\%}}+2\ 000$

$=8\ 694$（元）

$H=3R-2L=3\times 8\ 694-2\times 2\ 000=22\ 082$（元）

以上计算说明，如果企业的现金余额达到 22 082 元，企业应以 13 388 元的现金买入有价证券，使现金持有量回落到 8 694 元；如果企业的现金余额降到 2 000元，企业应转让 6 694 元的有价证券，使现金持有量回升为 8 694 元，如图 4—6 所示。

随机模式建立在企业的现金未来需求总量和收支不可预测的前提下，因此计算出来的现金持有量比较保守。

四、现金的日常管理

最佳现金持有量确定之后，企业应采取各种措施，加强现金的日常管理，以保证现金的安全完整，最大限度地发挥其效用。现金日常管理的基本内容主要包括以下几个方面。

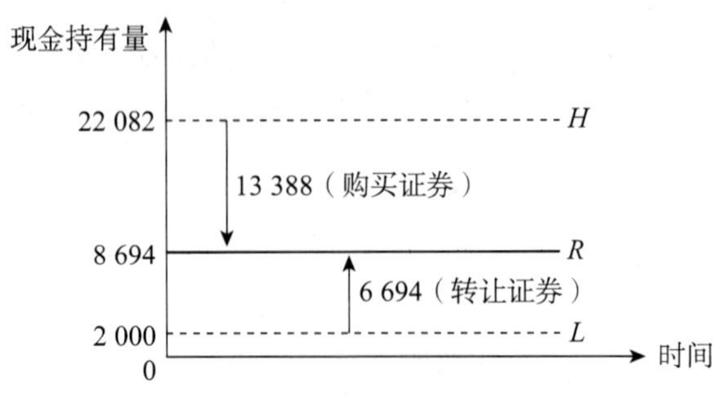

图 4—6 随机模式

（一）库存现金管理

1. 建立健全现金管理的内部控制制度

建立完善的内部现金管理制度，是各单位加强管理、防弊纠错的重要手段。对于库存现金，企业应当配备专职的出纳人员负责办理库存现金的收支管理业务，任何非出纳人员均不得经管现金。严格做到钱账分管，即管账的不管现金，管现金的不管账。同时还应做好现金的清查核对，及时清点库存现金，保证账实相符，做到日清月结，保证库存现金的安全完整。

2. 严格遵守库存现金限额

库存现金限额是指为了保证单位日常零星开支的需要，允许企业留存现金的最高数额。这一限额由开户银行根据单位的实际需要核定，一般按照单位 3～5 天日常零星开支的需要确定，边远地区和交通不便地区开户单位的库存现金限额，可多于 5 天，但不得超过 15 天的日常零星开支。核定后的库存现金限额，开户单位必须严格遵守，超过部分应于当日终了前存入银行。需要增加或减少库存现金限额的单位，应向开户银行提出申请，由开户银行核定。

3. 明确现金使用范围

按我国有关制度规定，企业可以在下列范围内使用库存现金：（1）职工工资、津贴；（2）个人劳务报酬；（3）根据国家规定颁发给个人的科学技术、文化艺术、体育等各种奖金；（4）各种劳保、福利费用以及国家规定的对个人的其他支出；（5）向个人收购农副产品和其他物资的款项；（6）出差人员必须随身携带的差旅费；（7）结算起点（1 000 元人民币）以下的零星支出；（8）中国人民银行确定需要支付现金的其他支出。

除上述情况可以用现金支付外，其他款项的支付应通过银行转账结算。

（二）现金回收管理

现金回收管理的目的是尽快收回现金，加快现金的周转。一般来说，企业账款的收回需要经过四个时点，即客户开出付款票据、企业收到票据、票据交存银行和企业收到现金。这个过程如图 4—7 所示。

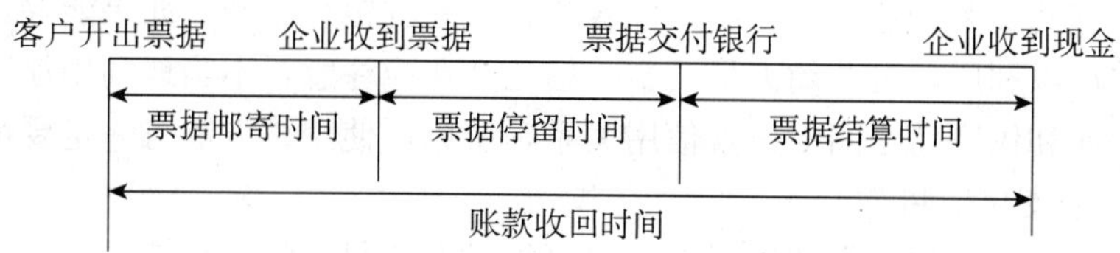

图 4—7 现金回收过程

企业账款收回的时间包括票据邮寄时间、票据在企业停留时间及票据结算的时间。前两个阶段所需时间的长短不但与客户、企业、银行之间的距离有关，而且与收款的效率有关。在实际工作中，缩短这两段时间的方法有邮政信箱法和集中银行法。

1. 邮政信箱法

邮政信箱法又称为锁箱法，它是指在各主要客户所在地租用专门的邮政信箱，并开立分行存款户，授权当地银行每日开启信箱，在取得客户支票后立即予以结算，并通过电汇再将货款拨给企业所在地银行。采用这种方法缩短了支票邮寄以及在企业的停留时间。但是采用这种方法的企业需支付额外费用，导致现金成本增加。因此，是否采用邮政信箱法，需视快速收回现金所产生的收益与增加的成本大小而定。

2. 集中银行法

集中银行法是指通过设立多个收款中心来代替通常在公司总部设立的单一收款中心，以加速账款回收的一种方法。在这种方法下，企业指定一个主要开户行（通常是企业总部所在地）为集中银行，并在收款额较集中的若干地区设立若干个收款中心；客户收到账单后直接汇款给当地收款中心，中心收款后立即存入当地银行；当地银行在进行票据交换后立即转给企业总部所在地银行。这种方法可以缩短现金从客户到企业的中间周转时间。但是采用该方法同时也增加了相应的费用支出，因此，企业应在权衡利弊得失的基础上作出是否采用集中银行法的决策。

（三）现金支出管理

现金支出管理主要是在合理合法的前提下，控制现金的支出和尽可能延缓现金的支出时间。控制现金支出的方法有以下几种：

1. 合理运用现金浮游量

所谓现金浮游量是指企业账户上存款余额与银行账户上所示的存款余额之间的差额。有时，银行账簿上该企业的现金余额远远高于企业账簿上的现金余额，这是由于有些支票企业虽已开出，但客户还没有到银行兑现。如果能够正确预测浮游量并加以利用，可节约大量资金。但是企业应注意，不当地利用浮游量有可能破坏企业和供应商之间的正常信用关系，所以，使用该方法时一定要慎重。

2. 推迟支付应付款

企业可在不影响信誉的情况下，尽可能推迟应付款的支付期。例如，企业在采购材料时，如果付款条件是“1/10，n/30”，则应安排在发票开出日期后的第10天付款，这样，企业可以最大限度地利用现金而又不丧失现金折扣。

3. 采用汇票付款

汇票不是“见票即付”的付款方式，在受票人将汇票放进银行后，银行要将汇票送交付款人承兑，并由付款人将一笔相当于汇票金额的资金存入银行，银行才会付款给受票人，这样就可能合法地延期付款。

（四）闲置资金投资管理

企业在生产经营过程中，会产生大量的现金，这些现金在用于资本投资或其他业务活动之前，通常会闲置一段时间。由于现金没有任何收益，银行存款的利率也比较低。因此，当企业持有较多暂时不用的现金时，可以将其投资于国库券、企业债券、普通股等。这样既可以获得较多的投资收益，又可以在企业急需现金时转换成现金。可见，闲置现金管理得当，可为企业增加相当可观的净收益。

第三节　应收账款管理

一、应收账款管理的目标和内容

应收账款（accounts receivable）是企业因对外赊销产品、材料、提供劳务等而应向购货方或接受劳务单位收取的款项，包括应收销货款、其他应收款、应收票据等。

（一）应收账款管理的目标

在社会主义市场经济条件下，存在着激烈的商业竞争，竞争机制的作用迫使企业以各种手段扩大销售。赊销是扩大销售的重要手段之一，顾客将从赊销中得到好处。为了招揽顾客，扩大销售以增强企业的竞争力，企业不得不提供赊销，于是就产生了应收账款。

既然企业发生应收账款的主要原因是扩大销售，增强竞争力，那么其管理的目标就是求得利润。应收账款是企业的一项资金投放，是为了扩大销售和盈利而进行的投资，而投资肯定要发生成本，因此，应收账款管理需要在应收账款信用政策所增加的盈利和这种政策的成本之间作出权衡。只有当应收账款所增加的盈利超过所增加的成本时，才应当实施赊销，进行应收账款投资；如果赊销有着良好的盈利前景，就应当放宽信用条件增加赊销量。

（二）应收账款管理的内容

应收账款管理的内容包括：（1）制定合理的应收账款信用政策；（2）进行应收账款投资决策；（3）做好应收账款的日常管理工作。

二、应收账款的功能与成本

（一）应收账款的功能

应收账款的功能是指它在企业生产经营中所具有的作用，概括起来主要有：

1. 促进销售

企业销售产品时可以采取两种基本方式，即现销方式与赊销方式。现销方式最大的优点是应计现金流入量与实际现金流入量完全吻合，既能避免呆坏账损失，又能及时地将收回的款项投入再增值过程，因而是企业最期望的一种销售结算方式。然而，在竞争激烈的市场经济条件下，单纯地依赖现销方式是不现实的。由于在赊销方式下，企业在销售产品的同时，向买方提供了可以在一定期限内无偿使用的资金，其数额等同于商品售价，这对购买方而言具有极大的吸引力。因此，赊销是一种重要的促销手段，在企业产品销售不畅、市场疲软、竞争不利的情况下，赊销的促销作用是十分明显的，特别是在企业销售新产品、开拓新市场时，赊销更具有重要意义。

2. 减少存货

赊销可以加速产品销售的实现，加快产成品向销售收入的转化速度，从而对降低存货中产成品的数额，缩短产成品的库存时间，降低产成品存货的管理费用、仓储费用和保险费用等支出有着积极的影响。因此，无论是季节性生产企业还是非季节性生产企业，当产成品较多时，一般应采用较优惠的信用条件进行赊销，把存货转化为应收账款，减少成品存货，节约各种支出。

（二）应收账款的成本

企业在采取赊销方式促进销售的同时，会因持有应收账款而付出一定的代价，这种代价就是应收账款的成本，其内容包括：

1. 机会成本

企业资金如果不投放于应收账款，便可用于其他投资并获得收益，如投资于有价证券便会有利息收入。这种因资金投放于应收账款而丧失的其他收入即应收账款的机会成本。这一成本的大小通常与企业维持赊销业务所需要的资金数量（应收账款的投资额）、资金成本率或有价证券利息率有关。其计算公式为：

$$应收账款机会成本=维持赊销业务所需资金\times资金成本率$$

式中，资金成本率一般可按有价证券利息率计算；维持赊销业务所需资金的计算公式为：

$$\begin{aligned}维持赊销业务所需资金&=应收账款平均余额\times\frac{变动成本}{销售收入}\\&=应收账款平均余额\times变动成本率\end{aligned}$$

在维持赊销业务所需资金的计算上，假设企业的成本水平保持不变，即单位变动成本不变，固定成本总额也不变，因此随着赊销业务的扩大，只有变动成本随之上升。

上式中，应收账款平均余额的计算公式为：

$$应收账款平均余额=\frac{赊销收入净额}{应收账款周转率}$$

而应收账款周转率的计算公式为：

$$应收账款周转率=\frac{日历天数(360天)}{应收账款周转期}$$

【例 4—5】假定某企业预测的年度赊销收入净额为 2 000 000 元，应收账款周转期（收账天数）为 90 天，变动成本率为 60%，资金成本率为 10%，则应收账款的机会成本计算如下：

$$\begin{aligned}\text{机会成本}&=\text{赊销收入净额}\div\left(\text{日历天数}\div\text{应收账款周转期}\right)\times\text{变动成本率}\times\text{资金成本率}\\&=2\ 000\ 000\div(360\div90)\times60\%\times10\%\\&=30\ 000（元）\end{aligned}$$

上述计算表明，企业投放 300 000 元的资金可维持 2 000 000 元的赊销业务，相当于垫支资金的 6.7 倍。这一较高的倍数在很大程度上取决于应收账款成本的收账速度。当其他条件不变时，赊销额增加，维持赊销业务所需资金也将增加，则应收账款机会成本将升高；当其他条件不变时，应收账款周转率提高，则会导致应收账款机会成本下降。因此，提高应收账款周转率是减少应收账款机会成本的有效方法。

2. 管理成本

管理成本是企业对应收账款进行管理而耗费的开支，是应收账款成本的重要组成部分。主要包括：调查顾客信用情况的费用、收集各种信息的费用、账簿的记录费用、催收账款的费用及其他费用。

3. 坏账成本

应收账款基于商业信用而产生，存在无法收回的可能性。应收账款因故不能收回而发生的损失就是坏账成本。坏账成本一般与应收账款的数量成正比。因此，为规避坏账给企业生产经营活动带来不利影响，企业应按应收账款余额的一定比例提取坏账准备。

三、信用政策

制定合理的信用政策是加强应收账款管理，提高应收账款投资效益的重要前提。信用政策又称应收账款的管理政策，是企业对应收账款进行规划与管理而制定的基本原则和行为规范，一般由信用标准、信用条件、收账政策三部分组成。

（一）信用标准

信用标准是客户获得企业的交易信用所应具备的条件，即企业同意向客户提供商业信用而提出的基本要求。如果企业的信用标准较严，只对信誉很好的客户给予赊销，则会减少坏账损失，减少应收账款的机会成本，但这可能不利于扩大销量，甚至会使销量减少。反之，如果信用标准较宽，虽然会增加销量，但会相应增加坏账损失和应收账款的机会成本。为此，企业应根据具体情况，在成本与收益比较原则的基础上进行权衡，确定适宜的信用标准。

1. 信用标准的定性分析

企业在设定某一顾客的信用标准时，往往先要对客户的信用状况进行评价，主要运用5C评价法。所谓5C评价法是指评估客户信用品质的五个方面，即品质（character）、能力（capacity）、资本（capital）、抵押（collateral）和条件（conditions）。

（1）品质。品质指客户的信誉，即履行偿债义务的可能性。企业必须设法了解客户过去的付款记录，看其是否具有按期如数付款的一贯做法，与其他企业的关系是否良好。这一点常被视为客户信誉的首要因素。

（2）能力。能力指客户偿还货款的能力，这主要根据顾客的经营规模和经营状况来判断。此外，客户流动资产的数量、质量及其与流动负债的比例关系是决定其偿债能力的又一重要条件。

(3) 资本。资本主要是指一个企业的财务实力和财务状况，主要根据有关的财务比率进行判断。

(4) 抵押。抵押指客户能否为获取的商业信用提供担保资产。如有担保资产，则对顺利收回货款比较有利。对于不知底细或信用状况有争议的客户，只要能够提供足够的高质量的抵押财产，就可以向他们提供相应的商业信用。但同时应注意作为信用担保的抵押财产，必须为客户实际所有，并具有较强的变现能力。

(5) 条件。条件指一般的经济情况对企业的影响，或某一地区的一些特殊情况对客户偿还能力的影响。这一般要了解客户在过去困难时期的还款记录。

上述各种信息资料可通过客户的财务报告资料、信用评估机构、银行、其他有关企业等渠道来获取。通过 5C 评价分析，基本上可以判断客户的信用状况，为最后决定是否向客户提供商业信用做好准备。

2. 信用标准的定量分析

信用标准的定量分析主要从两方面入手，一是制定信用标准，即确定坏账损失率，以作为是否向客户提供商业信用的依据。二是通过计算对该客户提供商业信用时可能发生的坏账损失率来确定客户的信用等级。

下面举例说明信用标准的定量分析方法。

假定某企业通过比较不同赊销方案之间的销售收入和相关成本，最后比较不同方案之间的净收益，确定信用标准为坏账损失率≤10%。编制企业信用标准与客户信用状况对比评价表，见表 4—3。

表 4—3　　企业信用标准与客户信用状况对比评价表

指标	企业信用标准		客户信用状况	
	指标值范围	拒付风险系数（%）	指标值	拒付风险系数（%）
流动比率	≥2.1 1.5～2.1 ≤1.5	0 5 10	2.2	0
速动比率	≥1.1 0.8～1.1 ≤0.8	0 5 10	1.1	0
现金比率	≥0.4 0.2～0.4 ≤0.2	0 5 10	0.3	5

续前表

指标	企业信用标准		客户信用状况	
	指标值范围	拒付风险系数（%）	指标值	拒付风险系数（%）
产权比率	≤1.8 1.8～4 ≥4	0 5 10	1.6	0
已获利息保障倍数	≥3 1.5～3 ≤1.5	0 2.5 5	4	0
应收账款周转率	≥14 9～14 ≤9	0 2.5 5	12	2.5
存货周转率	≥6 4～6 ≤4	0 2.5 5	8	0
总资产报酬率	≥25 10～25 ≤10	0 2.5 5	30	0
累计拒付风险系数	—	—	—	7.5

由表4—3可以看出，企业通常选取一组有代表性的、能够说明付款能力和财务状况的若干比率作为信用风险评价指标，并给出不同信用状况的指标标准值及其对应的拒付风险系数。通常可选用的评价指标有流动比率、速动比率、现金比率、产权比率、已获利息保障倍数、应收账款周转率、存货周转率、总资产报酬率等。然后通过计算特定客户的财务数据，计算出上述指标值，并与本企业制定的标准值相对比，进而确定出各指标相对应的拒付风险系数（即坏账损失率），最后合计出总的坏账损失率，并将其与制定的信用标准进行对比，以确定是否给该客户提供商业信用。通过该表可知，客户的坏账损失率为7.5%，低于企业10%的信用标准，故企业可向该客户提供商业信用。

对信用标准进行定量分析，有利于企业提高应收账款的效果，但由于实际情况错综复杂，不同企业的同一指标往往存在很大差异，难以按统一标准进行衡量，因此，要求企业财务决策者必须在更加深入地考察各指标内在质量的基础上，结合以往的经验，对各指标进行具体的分析、判断，不能机械地照搬。

（二）信用条件

信用标准是企业评价客户等级，决定是否为客户提供商业信用的依据。一旦企业决定给予客户信用优惠时，就要考虑具体的信用条件。所谓信用条件是指企业向客户提供商业信用时要求其支付赊销款项的条件，主要包括信用期限、折扣期限及现金折扣等。信用条件的基本表示方式如“2/10，n/30”，意思是：若客户在10天内付款，可以享受2%的现金折扣；否则，全部款项必须在30天内付清。在此，30天为信用期限，10天为折扣期限，2%为现金折扣率。

1. 信用期限

信用期限是企业允许客户从购货到付清货款的最长时间。企业产品销售量与信用期限之间存在着一定的依存关系。一般来说，信用期限越长，对客户的吸引力就会越大，因而可以扩大产品的销量，增加毛利。但是应注意到，过长的信用期限可能会增加企业的坏账损失和收账费用，同时会使应收账款的平均收账期限延长，占用在应收账款上的资金也就会增加，进而增加应收账款的机会成本。因此，企业在进行信用期限决策时，应该视延长信用期限增加的边际收入是否大于增加的边际成本而定。

2. 现金折扣和折扣期限

企业为了缩短客户的实际付款时间，加速资金的周转，减少坏账损失，常常给客户提供一个折扣期限。客户若在折扣期限内付款，则企业可以按销售收入的一定比率给予其现金折扣。现金折扣实际上是对现金收入的扣减，企业决定是否提供以及提供多大程度的现金折扣，应该看提供现金折扣后所得的收益是否大于现金折扣的成本。同延长信用期限一样，采取现金折扣方式在有利于刺激销售的同时，也需要付出一定的成本代价。如果加速收款带来的机会收益能够绰绰有余地补偿现金折扣成本，企业就可以采取现金折扣或进一步改变当前的折扣方案；如果加速收款的机会收益不能补偿现金折扣成本，现金优惠条件便被认为是不恰当的。

除上面表述的信用条件外，企业还可以根据需要，采取阶段性的现金折扣期与不同的现金折扣率。如“3/10，2/20，n/45”，意思是：给予客户45天的信用期限，客户若能在开票后10日内付款，便可以得到3%的现金折扣；超过10日而能在20日内付款时，可以得到2%的现金折扣；否则，只能全额支付货款。

3. 信用条件备选方案评价

企业给客户提供商业信用是为了扩大销售量，增加企业收益，因此，应收账款实际上是企业为了获得更大收益而进行的一种投资。但是，应收账款投资占用了大量资金，从而需要支付必要的代价。由于应收账款投资额＝每日平均赊销数额×应收账款平均收账期，因此，应收账款占用资金的总额由以下因素决定：（1）销售规模。销售规模越大，往往应收账款也越多。（2）赊销比重。赊销比重是由企业性质决定的，是决定企业应收账款水平的重要因素。(3) 信用政策。信用标准的宽松与严格、信用条件的优惠与否、收账政策强度的界定以及客户的信用品质，是决定应收账款投资水平的最重要因素。销售规模和赊销比重，主要影响应收账款的每日平均赊销数额，而信用政策主要影响应收账款的平均收账期。虽然企业在信用管理政策中，已对可接受的信用风险水平作了规定，但当企业的生产经营环境发生变化时，需要对信用管理政策中的某些规定进行修改和调整，并对改变条件的各种备选方案进行评价。

【例 4—6】 某企业预测 2009 年度赊销收入净额为 2 000 万元，变动成本率为 70%，资金成本率为 10%，假定企业收账政策不变，固定成本总额不变。该企业准备了两个信用条件的备选方案，有关数据见表 4—4。

表 4—4　　信用条件备选方案表　　单位：万元

项　目	A 方案（n/45）	B 方案（n/90）
年赊销净额	2 000	2 500
应收账款周转率	8	4
应收账款平均余额	2 000÷8＝250	2 500÷4＝625
维持赊销业务所需资金	250×70%＝175	625×70%＝437.5
坏账损失率	2%	5%
坏账损失	2 000×2%＝40	2 500×5%＝125
收账费用	30	50

根据表 4—4 中的资料分别计算 A、B 两方案信用成本后的收益，因固定成本总额不变，故先不予考虑。

A 方案：

信用成本后的收益＝年赊销净额－变动成本－机会成本－坏账损失－收账费用
＝2 000－2 000×70%－175×10%－40－30
＝512.5（万元）

B 方案：

信用成本后的收益＝2 500－2 500×70%－437.5×10%－125－50
＝531.25（万元）

通过计算可知 B 方案比 A 方案多获利 18.75 万元，因此，在其他条件不变的情况下，应选择 B 方案。

【例 4—7】根据例 4—6 中的条件，若企业选择 B 方案，但为了加速应收账款的回收，决定将赊销条件改为“2/10，1/30，n/90”（C 方案），估计约有 60%（按赊销额计算）的客户会利用 2%的折扣，30%的客户将利用 1%的折扣，坏账损失降为 3%，收账费用降为 35 万元。根据上述资料计算 C 方案信用成本后的收益。

应收账款平均周转期＝60%×10＋30%×30＋10%×90
＝24（天）

应收账款周转率＝360÷24＝15（次）

应收账款平均余额＝2 500÷15＝166.67（万元）

维持赊销业务所需资金＝166.67×70%＝116.67（万元）

应收账款的机会成本＝116.67×10%＝11.667（万元）

坏账损失＝2 500×3%＝75（万元）

现金折扣＝2 500×60%×2%＋2 500×30%×1%＝37.5（万元）

C 方案信用成本后的收益＝年赊销净额－现金折扣－变动成本
－机会成本－坏账损失－收账费用
＝2 500－37.5－2 500×70%－11.667－75－35
＝590.833（万元）

计算结果表明，实行现金折扣后的收益增加了 59.583 万元（590.833－531.25）。因此，企业最终应选择 C 方案。

（三）收账政策

在企业向客户提供商业信用时，必须考虑三个问题：首先，客户是否会拖欠或拒付账款，程度如何；其次，怎样最大限度地防止客户拖欠账款；最后，一旦账款遭到拖欠甚至拒付，企业应采取怎样的对策。前两个问题主要靠信用调查和严格信用审批制度；最后一个问题则必须通过完善的收账政策，采取有效的收账措施予以解决。

收账政策是指针对客户违反信用条件，拖欠甚至拒付账款时企业所采取的收账策略与措施。公司给客户提供信用条件，实际上已经承担了客户拖欠甚至拒付账款的风险。所以公司在确定信用政策时，就应当考虑针对客户有可能违反信用规定的收账政策。企业如果采用严格的、积极的收账政策，可能会减少应收账款投资，减少坏账损失，但要增加收账成本。如果采用宽松的、消极的收账政策，则会减少收账费用，但却会增加坏账损失。

一般而言，收账费用支出越多，坏账损失越少，但二者并不一定存在线性关系。在通常情况下，初始花费一些收账费用，应收账款和坏账损失有小部分降低，但减少的幅度并不很大；随着收账费用继续增加，应收账款和坏账损失明显减少；当收账费用达到某一限度以后，应收账款和坏账损失的减少就不再明显了，这个限度称为饱和点。坏账损失与收账费用之间的关系见图4—8。

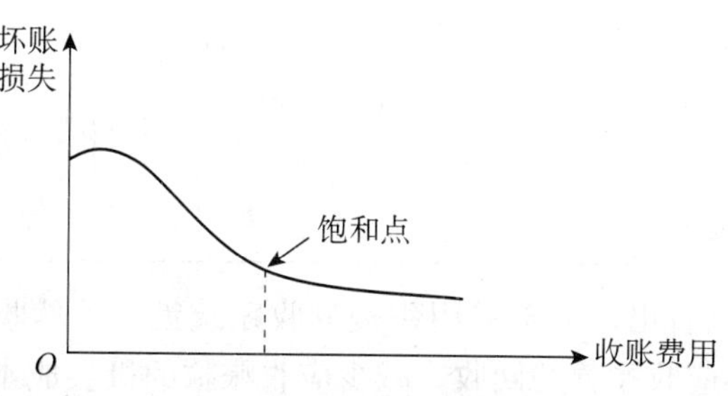

图4—8 坏账损失与收账费用之间的关系

由于商业信用的存在，在市场竞争中发生一定的坏账损失是不可避免的。企业在制定信用政策时，应结合饱和点来权衡增加收账费用与减少应收账款和坏账损失之间的得失，不能无限度地增加收账费用。

【例4—8】假定某企业应收账款现行的收账政策和拟改变的收账政策有关资料如表4—5所示。

表4—5　　收账政策备选方案表

项　目	现行收账政策	改变后收账政策
年收账费用（万元）	2	2.5
平均收账期（天）	45	30
坏账损失率	4%	3%
赊销额（万元）	240	240
变动成本率	60%	60%

假定资金成本率为10%，根据表4—5的资料，可计算两种方案的收账总成本，如表4—6所示。

表4—6　　收账政策分析评价表　　单位：万元

项　目	现行收账政策	改变后收账政策
赊销额	240	240
应收账款周转率	8	12

续前表

项　目	现行收账政策	改变后收账政策
应收账款平均余额	240÷8=30	240÷12=20
维持应收账款所需资金	30×60%=18	20×60%=12
应收账款机会成本	18×10%=1.8	12×10%=1.2
坏账损失	240×4%=9.6	240×3%=7.2
收账费用	2	2.5
应收账款总成本	13.4	10.9

从表4—6可以看出，由于采用积极的收账政策，虽然收账费用增加了0.5万元，但却加速了应收账款的回收，减少应收账款的机会成本和坏账损失共计3万元，从而使收益增加了2.5万元。可见，采用积极的收账政策是有利的。

四、应收账款的日常管理

对于已经发生的应收账款，企业还应进一步强化日常管理工作，采取有力的措施进行分析、控制，及时发现问题，提前采取对策。这些措施主要包括应收账款追踪分析、应收账款账龄分析等。

（一）应收账款追踪分析

应收账款一旦发生，赊销企业就必须考虑如何按期足额收回的问题。要达到这一目的，赊销企业有必要在收账之前，对该项应收账款的运行过程进行追踪分析。既然应收账款是存货变现过程的中间环节，对应收账款实施追踪分析的重点应放在赊销商品的销售与变现方面。客户以赊购方式购入商品后，迫于获利和付款信誉的动力和压力，必然期望快速地实现销售并收回账款。如果这一期望能够顺利实现，而客户又具有良好的信用品质，则赊销企业如期足额地收回客户欠款一般不会有多大的问题。然而，市场供求关系所具有的瞬变性，使得客户所赊购的商品不能顺利地销售与实现，经常出现积压或赊销。但无论积压还是赊销，对客户而言，都意味着与应付账款相对的现金支付能力匮乏。在这种情况下，客户能否严格履行赊销企业的信用条件，取决于两个因素：其一，客户的信用品质；其二，客户现金的持有量与调剂程度。如果客户的信用品质良好，持有一定的现金余额，且现金支出的约束性较小，可调剂程度较大，客户大多是不愿以损失市场信誉为代价而拖欠赊销企业账款的。如果客户信用品质不佳，或者现金匮乏，或者现金的可调剂程度较低，那么，赊销企业的账款遭受拖欠也就在所难免。

（二）应收账款账龄分析

应收账款的账龄是指未收回的应收账款从产生到目前的整个时间。企业已发生的应收账款的账龄有长有短。有的在信用期限内，有的已逾期。一般来讲，拖欠时间越长，款项收回的可能性越小，形成坏账的可能性越大。所以，将应收账款按被拖欠的时间分类，密切关注应收账款的回收情况，是加强应收账款日常管理的重要环节。

应收账款账龄分析，即应收账款账龄结构分析。所谓应收账款账龄结构，是指各类不同账龄的应收账款余额占全部应收账款余额的比重。具体分析可通过编制账龄分析表进行。

【例 4—9】某企业应收账款账龄分析如表 4—7 所示。利用账龄分析表，企业可以了解以下情况：

（1）有多少欠款尚在信用期内。表 4—7 显示，有 8 万元的应收账款处在信用期内，占全部应收账款的 40%。这些款项未到偿付期，欠款是正常的，但企业也不应放松对其进行管理和账龄分析，防止发生新的逾期拖欠。

表 4—7　　应收账款账龄分析表

应收账款账龄	账户数	金额（万元）	比率（%）
信用期限内	200	8	40
超过信用期 1～30 天	100	4	20
超过信用期 31～60 天	50	2	10
超过信用期 61～90 天	30	2	10
超过信用期 91～120 天	20	2	10
超过信用期 121～150 天	10	1	5
超过信用期 151～180 天	6	0.2	1
超过信用期 180 天以上	4	0.8	4
合　计	420	20	100

（2）有多少欠款超过了信用期，超过时间长短不同的款项各占多少，有多少欠款会因拖欠时间太久而可能成为坏账。表 4—7 显示，有 12 万元的应收账款已超过了信用期，占全部应收账款的 60%。不过，其中拖欠时间较短的（30 天内）有 4 万元，占全部应收账款的 20%，这部分账款收回的可能性很大；拖欠时间较长的（31～180 天）有 7.2 万元，占全部应收款的 36%，这部分欠款收回有一定难度；拖欠时间很长的（180 天以上）有 0.8 万元，占全部应收账款的 4%，

这部分欠款有可能成为坏账。对不同拖欠时间的欠款，企业应采取不同的收账方法制定出经济可行的收账政策。对可能发生的坏账损失，需提前有所准备，充分估计这一因素对企业损益的影响。对尚未过期的应收账款，也不能放松管理与监督，以防止发生新的拖欠。

（三）确定合理的收账程序及方法

从理论上讲，履约付款是客户不容置疑的责任和义务，债权企业有权通过法律途径要求客户履约付款。但如果企业对所有客户拖欠或拒付的行为均付诸法律，往往并不是最有效的办法。为了既能保证及时收回货款，又不至于损害与客户的良好关系，企业应“先礼后兵”，确定合理的收账程序。

通常的步骤是：当账款被客户拖欠或拒付时，企业应当首先分析现有的信用标准及信用审批制度是否存在纰漏；然后重新对违约客户的资信等级进行调查评价。将信用品质恶劣的客户从信用名单中删除，对其所拖欠的款项可先写一封比较有礼貌的通用式信函；接着，可以寄去一封措词比较严厉的信件；如果还是不予理睬，则可以通过电话催收；再无效，企业应派员直接与客户面谈，以协商解决问题的办法；如果谈判失败，只好交由企业的律师采取法律行动了。当然，在采取行动之前，应了解客户拖欠货款的原因。顾客拖欠货款的原因是多方面的，但可概括为两个方面：无力偿付和故意拖欠。无力偿付是指客户因经营管理不善，财务上出现困难，没有资金偿付到期债务。这种情况又要具体分析，如果客户遇到的是暂时困难，经过改善经营可以扭转局面，企业可帮助客户渡过难关，建立友好关系，以便收回更多的应收账款。如果客户遇到的困难十分严重，已无力回天，则应及时向法院起诉，以期在破产清算时得到债权的部分清偿。所谓故意拖欠，是指客户有能力偿付，但为了本身利益，故意不予付款。遇到这种情况，则需要确定合理的讨债方法，以达到收回账款的目的，如讲理法、恻隐术法、疲劳战法、激将法、软硬术法等。

（四）建立应收账款坏账准备金制度

不管企业采用怎样严格的信用政策，只要有应收账款，就有发生坏账的可能性。因此，企业应遵循谨慎性原则，对坏账损失的可能性预先进行估计，并建立弥补坏账损失的准备金制度，当发生坏账时再冲减坏账准备金。坏账准备金的计提比例与应收账款的账龄存在着密切的关系，应收账款坏账准备的具体计提比例可以由企业根据自己的实际情况和以往的经验加以确定。

一般来讲，企业的应收账款符合下列条件之一的应确认为坏账：（1）因债务人破产或死亡，以其破产财产或遗产清偿后，仍不能收回的应收账款；（2）债务人逾期未履行偿债义务，且有明显特征表明无法收回。但是对已经确认为坏账的应收账款，并不意味着企业已经放弃了对它的追索权，一旦情况发生变化，债务人有了偿债能力，企业就应该积极追偿。

第四节　存货管理

存货（inventory）是指企业在生产经营过程中为销售或者耗用而储备的物资，包括材料、燃料、在产品、半成品、产成品、协作件、商品等。

在企业的流动资产中，存货占的比重较大，存货利用程度的好坏，存货控制或管理效率的高低，对企业财务状况的影响极大。因此，加强存货的规划与控制，使存货保持在最优水平上，便成为财务管理的一项重要内容。

一、存货管理的目标和内容

（一）存货管理的目标

如果工业企业能在生产投料时随时购入所需要的原材料，或者商业企业能在销售时随时购入该项商品，就不需要存货。实际上企业很少能做到随时购入生产或销售所需的各种物资，一旦生产或销售所需的物资短缺，生产经营将被迫停顿，造成损失。为了避免或减少出现停工待料、停业待货等事故，企业需要储存存货。但是，过多的存货必然要占用较多的资金，使企业付出更大的机会成本，并且存货的仓储费、保险费、维护费、管理人员工资等各项费用开支也会增加，影响企业获利能力的提高。因此，进行存货管理的目标就是要尽力在各种存货成本与存货效益之间作出权衡，达到两者的最佳组合，以最低的存货成本保障企业生产经营的顺利进行。

（二）存货管理的内容

（1）根据有关规定及企业生产经营的特点，制定存货管理的程序和办法；（2）合理确定存货的购货批量，不断降低各种相关成本；（3）加强存货的日常管理，提高存货的利用效率。

二、存货的功能

存货的功能是指存货在生产经营过程中所具有的作用。主要表现在如下几个方面。

（一）保证生产经营顺利进行

对于生产企业来说，如果原材料存货不足，必然会造成生产中断，停工待料；对于商业企业来说，如果畅销商品库存不足，必然会失去销售良机。尽管有些企业自动化程度很高，提出了存货向零进军的口号，但是完全达到这一目标并非易事。存货在生产不均衡和商品供求波动时，可起到缓和矛盾的作用。所以，为了保证生产正常进行，储存适当的原材料、在制品是必需的。

（二）适应市场变化

存货储备能增强企业在生产和销售方面的机动性以及适应市场变化的能力。企业面对的市场是千变万化的，市场对本企业生产产品的需求量是不稳定的，企业有了足够的存货，可以应对市场需求量的突然增加。另外，当发生通货膨胀时，适当地储备一定数量的存货，能使企业获得物价上涨的好处。

（三）维持均衡生产

有的企业生产的产品属于季节性产品，有的企业产品需求很稳定，如果根据需求状况时高时低地进行生产，有时生产能力可能得不到充分利用，有时又会出现超负荷生产，这些情况都会使生产成本提高。为了降低生产成本，实行均衡生产，就要储备一定的产成品存货，也要相应地保持一定的原材料存货。

（四）降低进货成本，预防意外损失

企业采取批量集中进货，可获得较多的商业折扣，即购货达到一定数量时，便可得到销货方在价格上给予相应的折扣优惠。同时，通过增加每次购货数量，减少购货次数，可以降低订货成本支出。此外，在采购、运输、生产和销售过程中，都可能发生意料之外的事故，保持必要的存货保险储备，可避免或减少意外事件造成的损失。

三、存货的成本

虽然存货具有以上多种功能，企业持有存货必不可少，但也会由此而发生各项支出，这就是存货成本。其主要内容如下：

（一）取得成本

取得成本是指为取得某种存货而支出的成本，通常用 TC_a 来表示。取得成本又分为订货成本和购置成本。

1. 订货成本

订货成本指取得订单的成本，如办公费、差旅费、邮资、电报电话等支出。订货成本包括两部分。

（1）固定订货成本。固定订货成本是指与订货次数有关的订货成本，如常设机构的基本开支等，用 F_1 表示。该类成本属于存货批量决策的无关成本。

（2）变动订货成本。变动订货成本是指与订货次数有关的订货成本，如差旅

费，邮资、电报电话等。该类成本属于决策相关成本。其计算公式为：

$$\begin{aligned}\text{变动订货成本} &= \text{订货次数} \times \text{每次订货成本} \\ &= \frac{\text{存货年需要量}}{\text{每次进货量}} \times \text{每次订货成本} \\ &= \frac{D}{Q} \times K_1\end{aligned}$$

2. 购置成本

购置成本指存货本身的价值，经常用存货年需要量与单价的乘积来确定。即

$$\text{购置成本} = \text{存货年需要量} \times \text{单价} = D \times P$$

可见，

$$\text{存货的取得成本 } TC_a = F_1 + \frac{D}{Q} \times K_1 + D \times P$$

（二）储存成本

储存成本是指为保持存货而发生的成本，即存货从入库到出库整个期间内所发生的成本，它包括存货占用资金应计的利息、存货保险费、存货损耗费、仓库内部搬运费、仓库管理费等，通常用 TC_c 来表示。储存成本也可分为固定储存成本和变动储存成本两部分。

1. 固定储存成本

凡总额稳定、与存货数量的多少及储存时间长短无关的成本称为固定储存成本，如仓库折旧费、仓库职工的固定月工资等，常用 F_2 来表示。这类成本属于决策无关成本。

2. 变动储存成本

凡总额大小取决于存货数量的多少及储存时间长短的成本，称为变动储存成本，如存货占用资金利息、保险费等。这类成本属于决策相关成本。其计算公式为：

$$\begin{aligned}\text{变动储存成本} &= \text{单位储存成本} \times \text{存货平均库存量} \\ &= \text{单位储存成本} \times \frac{\text{每次订货量}}{2} \\ &= K_2 \times \frac{Q}{2}\end{aligned}$$

可见，

储存成本 $TC_c = F_2 + K_2 \times \frac{Q}{2}$

（三）缺货成本

缺货成本是指由于存货供应中断而造成的损失。缺货成本通常用 TC_s 来表示，主要包括因待料停工所造成的损失、因商品脱销而损失的利润以及因交货延期而应付的罚金。如果生产企业以紧急采购代用材料解决库存材料中断之急，那么缺货成本还表现为紧急额外购入成本（紧急额外购入的开支会大于正常采购的开支）。缺货成本的多少与库存储备量的大小有关，当库存量、保险储备量较大时，缺货成本就较低；反之，库存量、保险储备量较小时，缺货成本就较高。

如果以 TC 来表示储备存货的总成本，则它的计算公式为：

$$TC = (F_1 + \frac{D}{Q} \times K_1 + D \times P) + (F_2 + K_2 \times \frac{Q}{2}) + TC_s$$

企业存货的最优化，即是使上式中的 TC 为最小。

四、存货经济批量模型

存货经济批量（economic order quantity）是指能够使一定时期存货的总成本达到最低的采购数量。通过上述对存货成本的分析可知，存货的总成本由取得成本、储存成本、缺货成本三部分构成。不同的成本项目与进货批量呈现不同的变动关系。减少进货批量，增加进货次数，在使储存成本降低的同时，会导致订货成本和缺货成本提高；相反，增加进货批量，减少进货次数，尽管降低了订货成本与缺货成本，但同时会使储存成本提高。因此，如何协调各项成本间的关系，使其总成本保持最低水平，是企业组织进货过程需要解决的主要问题。

（一）经济订货批量的基本模型

影响存货总成本的因素很多，为了解决比较复杂的问题，有必要简化或舍弃一些变量，先研究解决简单的问题，然后再扩展到复杂的问题。这需要设立一些假设，在此基础上建立经济订货批量的基本模型。

存货经济订货批量需要设立的假设条件是：

（1）企业一定时期的进货总量 D 可以较为准确地预测；

（2）存货的耗用或销售比较均衡；

（3）存货的价格 P 稳定，且不考虑数量折扣；

（4）仓储条件及所需现金不受限制；

（5）所需存货市场供应充足，并能瞬时供货；

（6）不允许出现缺货，即 $TC_s = 0$；

(7) 能集中到货，而不是陆续入库。

在符合上述基本前提的条件下，可以确定存货的经济订货批量。经济订货批量模型见图 4—9。

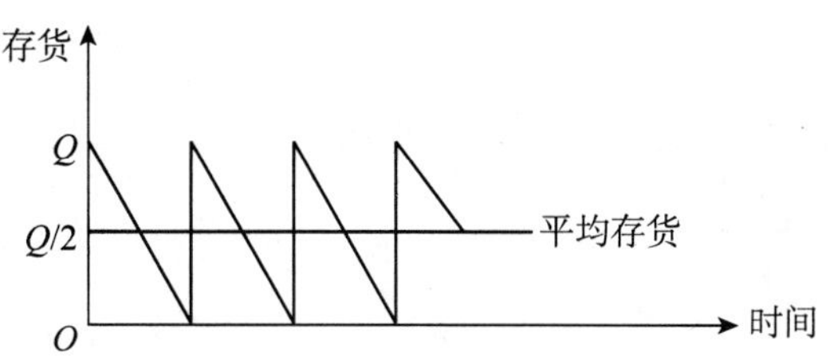

图 4—9　经济订货批量模型

概括以上假设前提可知，由于不考虑数量折扣和不允许出现缺货，所以存货购置成本、缺货成本均属经济批量决策的无关成本。此时，经济批量决策考虑的仅仅是使变动性订货成本与变动性储存成本之和最低。在企业一定时期的进货总量确定的前提下，订购的批量越大，储存的存货越多，储存成本就越高，同时，采购次数少，订货成本就低；反之，订购的批量越小，储存的存货越少，储存成本就越低，同时，采购次数多，订货成本就高。可见，订货成本、储存成本随订货批量的增加呈现出此消彼长的变动趋势。二者同订货批量及总成本（年订货成本和年储存成本之和）的关系可用图 4—10 表示。

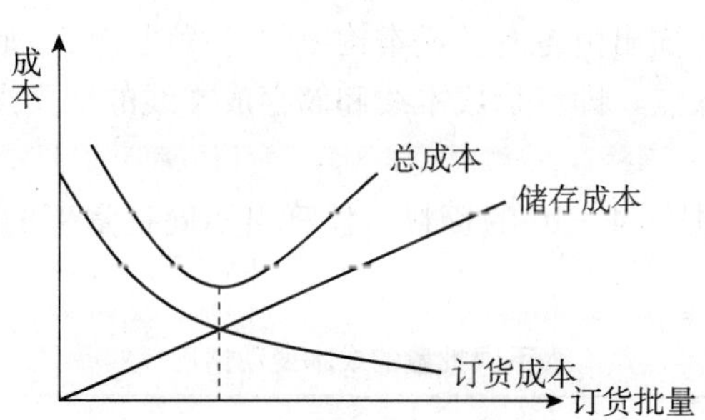

图 4—10　存货成本与订货批量关系图

设立了上述假设后，存货总成本可以简化为：

存货总成本＝年订货成本＋年储存成本

即

$$TC = \frac{D}{Q} \times K_1 + K_2 \times \frac{Q}{2}$$

将该式对 Q 求导，并令导数为零，即求出能使年总成本最低的存货经济批量为：

$$Q=\sqrt{\frac{2K_1D}{K_2}}$$

年最低成本合计（年订货成本和年储存成本之和）：

$$TC=\sqrt{2DK_1K_2}$$

年最佳订货次数：

$$N=\frac{D}{Q}=\sqrt{\frac{DK_2}{2K_1}}$$

【例 4—10】 某企业每年耗用甲材料 7 200 吨，该材料每次订货成本为 50 元，每吨材料年平均储存成本为 2 元，试作出经济订货批量决策。

经济订货批量 $Q=\sqrt{2\times 7\,200\times 50\div 2}=600$（吨）

最佳订货次数 $N=\frac{7\,200}{600}=12$（次）

年最低成本合计 $TC=\sqrt{2\times 7\,200\times 50\times 2}=1\,200$（元）

经济订货批量也可以用图解法求得，即先计算出一系列不同批量的各有关成本，然后在坐标图上描出由各有关成本构成的订货成本线、储存成本线和总成本线。总成本线的最低点，即订货成本线和储存成本线的交叉点，就是相应的经济订货批量。

【例 4—11】 根据例 4—10 的资料，计算出不同批量下的有关成本如表 4—8 所示。

表 4—8　　不同批量的成本变动情况

订货批量（吨）	200	400	600	800	1 000	1 200
平均存量（吨）	100	200	300	400	500	600
储存成本（元）	200	400	600	800	1 000	1 200
订货次数（次）	36	18	12	9	7.2	6
订货成本（元）	1 800	900	600	450	360	300
总成本（元）	2 000	1 300	1 200	1 250	1 360	1 500

从表 4—8 的计算中可以很清楚地看出，当订货批量为 600 吨时总成本最低。

（二）基本模型的扩展

1. 实行数量折扣的经济批量模型

在市场经济条件下，为了鼓励客户多购买自己的产品，供应商对大量购买产品的客户常常实行数量折扣价，即规定每次订购量达到某一数量界限时，就可给予相应的价格优惠。购买越多，所获得的价格优惠越大。此时，进货企业对存货经济批量的确定，除了考虑订货成本与储存成本外，还应考虑存货的采购成本，因为此时的采购成本已经与进货数量的大小有了直接关系，属于决策相关成本。为此，实行数量折扣的经济订货批量是使订货成本、储存成本、采购成本三者之和最低时的采购量。下面举例说明该决策的计算过程。

【例 4—12】某企业 A 材料的年需要量为 8 000 千克，每千克标准价为 20 元。每次订货成本为 240 元，单位材料的年平均储存成本为 6 元。供应商为扩大销售，规定折扣条件如表 4—9 所示。计算该材料经济订货批量。

表 4—9　　数量折扣条件表

订购数量（千克）	折扣率
0～999	无折扣
1 000～1 999	2%
2 000 以上	3%

（1）计算无数量折扣时的经济订货批量。

经济订货批量 $Q=\sqrt{2\times 8\,000\times 240\div 6}=800$（千克）

存货成本总额＝8 000×20＋8 000÷800×240＋800÷2×6

＝164 800（元）

（2）当订货批量在 1 000～1 999 千克之间时，可享受 2%的价格优惠。在此范围内，采购成本是相同的，而订货成本与储存成本之和随采购量接近经济批量（指不考虑数量折扣时的经济批量）而降低。所以，在享受 2%的价格优惠的批量范围内，使成本总额最低的采购量应为 1 000 千克。此时：

采购成本＝8 000×20×(1－2%)＝156 800（元）

订货成本＝8 000÷1 000×240＝1 920（元）

储存成本＝1 000÷2×6＝3 000（元）

成本总额＝156 800＋1 920＋3 000＝161 720（元）

（3）当订货批量在 2 000 千克以上时，可享受 3%的价格优惠，成本总额最低的采购量应为 2 000 千克。此时：

采购成本＝8 000×20×（1－3%）＝155 200（元）

订货成本＝8 000÷2 000×240＝960（元）

储存成本＝2 000÷2×6＝6 000（元）

成本总额＝155 200＋960＋6 000＝162 160（元）

从上述计算可知，经济订货批量是成本总额最低的那一项，即 1 000 千克。

2. 允许缺货的经济批量模型

在允许缺货的情况下，企业对经济订货批量的确定，就不仅要考虑订货成本与储存成本，而且还必须对可能的缺货成本加以考虑，即能够使三项成本总和最低的订货批量便是经济订货批量。

设缺货量为 S，单位缺货成本为 K_3，其他符号同上。则有：

$$Q=\sqrt{\frac{2K_1D}{K_2}\times\frac{K_2+K_3}{K_3}}$$

$$S=\frac{Q\times K_2}{K_2+K_3}$$

【例 4—13】某企业甲材料年需求量为 16 000 千克，每次订货成本为 30 元，单位储存成本为 4 元，单位缺货成本为 8 元，则允许缺货时的经济订货批量和平均缺货量为：

$$\text{允许缺货时的经济订货批量}=\sqrt{\frac{2\times 16\ 000\times 30}{4}\times\frac{4+8}{8}}=600(\text{千克})$$

$$\text{平均缺货量}=600\times\frac{4}{4+8}=200(\text{千克})$$

3. 存货陆续供应和使用的经济批量模型

在建立基本模型时，是假设存货一次全部入库，故存货增加时存量变化为一条垂直的直线。事实上，各批存货可能陆续入库，使存量陆续增加。尤其是产成品入库和在产品转移，几乎总是陆续供应和陆续耗用的。

设经济订货批量为 Q，每日送货量为 q，每日耗用量为 d，故该批货全部送达所需日期为 Q/q，称之为送货期。送货过程如图 4—11 所示。

图 4—11 中的 E 表示最高库存量，$\bar{E}$ 表示平均库存量。这样，与批量有关的总成本为：

$$TC=\frac{D}{Q}\times K_1+K_2\times\frac{1}{2}(Q-\frac{Q}{q}\times d)$$

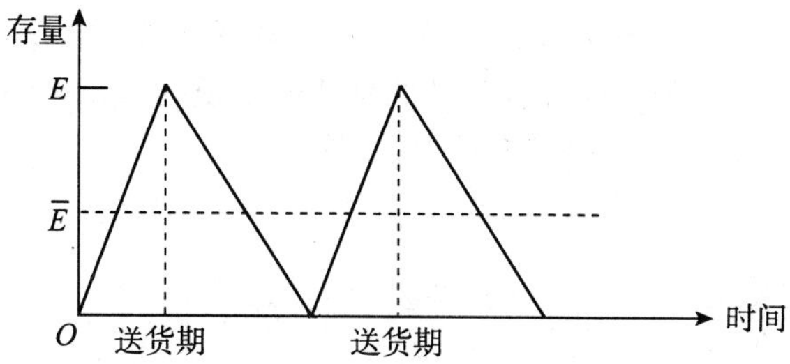

图 4—11　陆续供货时存货数量的变动

$$=\frac{D}{Q}\times K_1+K_2\times\frac{Q}{2}(1-\frac{d}{q})$$

在订货成本与储存变动成本相等时，TC 最小，故存货陆续供应和使用的经济订货批量的公式为：

$$Q=\sqrt{\frac{2K_1D}{K_2}\times\frac{q}{q-d}}$$

将这一公式代入上述 TC 公式中，可得出存货陆续供应和使用的经济订货批量总成本为：

$$TC=\sqrt{2DK_1K_2(1-\frac{d}{q})}$$

【例 4—14】某零件需用量为 7 200 件，每日送货量为 60 件，每日耗用量为 20 件，单价为 20 元，每次订货成本为 50 元，单位储存成本为 4 元，则最佳经济批量为：

$$Q=\sqrt{\frac{2\times7\ 200\times50}{4}\times\frac{60}{60-20}}=520\text{（件）}$$

$$TC=\sqrt{2\times7\ 200\times50\times4\times(1-\frac{20}{60})}=1\ 386\text{（元）}$$

陆续供应和使用的经济订货批量模型，还可以用于自制和外购的选择决策。自制零件属于边送边用的情况，单位成本可能较低，但每批零件投产的生产准备成本比一次外购订货的订货成本可能高出许多。外购零件的单位成本可能较高，但订货成本可能比较低。要在自制零件和外购零件之间作出选择，需要全面衡量它们各自的总成本，才能得出正确的结论。

【例 4—15】某生产企业使用 A 零件，可以外购，也可以自制。如果外购，单价 8 元，每次订货成本为 40 元；如果自制，单位成本为 6 元，每次生产准备成本为 600 元，日产量为 100 件。零件的全年需求量为 7 200 件，储存变动成本为零件价值的 20%，每日平均需求量为 20 件。

外购零件：

$$Q=\sqrt{\frac{2K_1D}{K_2}}=\sqrt{\frac{2\times40\times7\,200}{8\times0.2}}=600\text{（件）}$$

$$TC=\sqrt{2DK_1K_2}=\sqrt{2\times7\,200\times40\times1.6}=960\text{（元）}$$

总成本＝7 200×8＋960＝58 560（元）

自制零件：

$$Q=\sqrt{\frac{2K_1D}{K_2}\times\frac{q}{q-d}}=\sqrt{\frac{2\times600\times7\,200}{1.2}\times\frac{100}{100-20}}=3\,000\text{（件）}$$

$$TC=\sqrt{2DK_1K_2(1-\frac{d}{q})}=\sqrt{2\times7\,200\times600\times1.2\times(1-\frac{20}{100})}$$
$$=2\,880\text{（元）}$$

总成本＝7 200×6＋2 880＝46 080（元）

由于自制的总成本低于外购的总成本，故以自制零件为宜。

（三）再订货点与安全储备

在前面介绍的模型中，其假设前提是存货的年需要量是确定的，且存货可以随用随购。事实上，企业的存货不能做到随用随时补充，因此不能等存货用完再去订货，而需要在存货没有用完时提前订货。但是，如果企业订货过早，会增加存货的储备量，造成积压；如果订货过迟，则会使存货储备量减少，一旦供货不及时，就会影响生产经营的需要。因此，需要正确地确定再订货点和安全储备。

1. 再订货点

在提前订货的情况下，企业再次发出订单时，尚有存货的库存量，称为再订货点，用 R 来表示。

R＝交货时间（T）×每日平均需用量（d）

企业提前订货并不影响存货的经济订货批量、订货次数、订货时间间隔，只不过在达到再订货点时就提前发出订单罢了。

2. 安全储备

上述讨论的再订货点是假定存货每日需求量不变，交货时间固定不变。实际上，存货每日需求量可能变化，交货时间也可能变化。按照某一经济订货批量和再订货点发出订单时，如果需求增大或送货延迟，就会发生缺货或供货中断，给企业带来不必要的损失。为了保证不缺货，再订货点不仅包括交货时间内的存货需求，还应包括安全储备，见图 4—12。

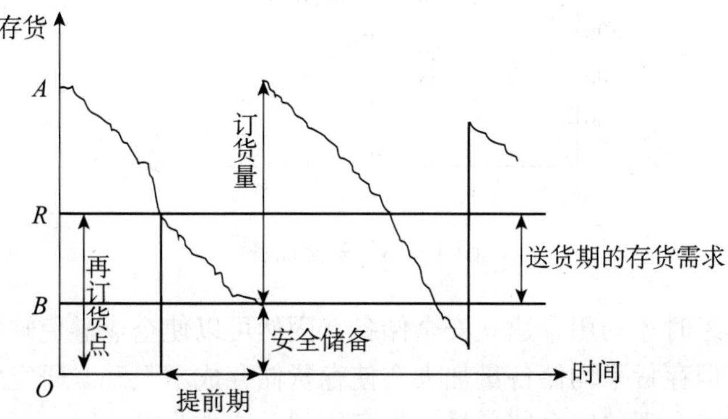

图 4—12　存货水平与安全储备

从图 4—12 可以计算出：

再订货点 R ＝送货期的存货需求＋安全储备量

＝交货时间（T）×每日平均需用量（d）＋安全储备量（B）

【例 4—16】 假定某企业每年耗用 A 材料 3 600 件，单位储存成本为 2 元，每次订货成本为 25 元，该企业的订货提前期为 10 天，每日存货需要量为 10 件，单位缺货成本为 4 元，则

$$经济订货批量\ Q=\sqrt{\frac{2\times 3\ 600\times 25}{2}}=300(件)$$

订货次数 N＝3 600÷300＝12（次）

如果安全储备为 0，则再订货点＝10×10＝100（件），即企业在尚存 100 件存货时，就发出订货单，等下批订货到达时，原有库存刚好用完。

如果为防止需求变化引起缺货损失，企业设置的安全储备量为 100 件，则再订货点为 200 件。

若每日实际需用量等于 10 件，不需要动用安全储备；若每日实际需用量大于 10 件，需要动用安全储备；若每日实际需用量小于 10 件，不仅不需要动用安全储备，且正常储备亦未用完，见图 4—13。

安全储备又称保险储备，这部分存货在正常情况下不动用，只有当存货过量

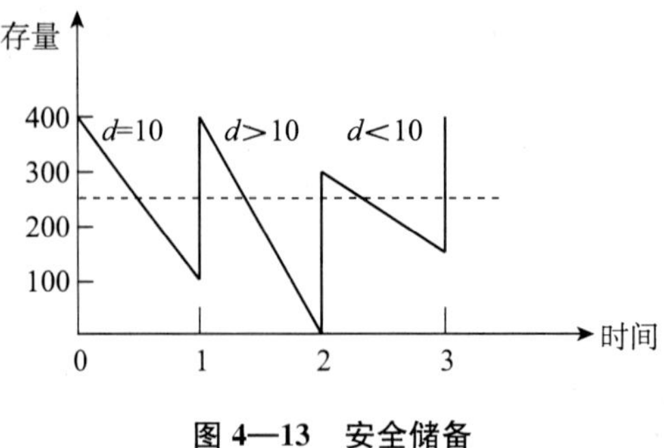

图 4—13　安全储备

使用或送货延迟时才动用。建立安全储备，固然可以使企业避免缺货或供应中断造成的损失，但存货平均储备量加大会使存货储存成本上升。研究安全储备的目的，就是要找出合理的安全储备量，使存货的总成本为最小。

在不确定条件下，年存货总成本＝取得成本＋储存成本＋缺货成本。其中，取得成本在存货经济订货批量一定的情况下是固定不变的，所以最佳的安全储备量可以忽略取得成本，只满足下列条件即可：

存货储存成本＋缺货成本＝最小值

式中，

存货储存成本＝单位储存成本×存货平均库存量

$$=\text{单位储存成本}\times(\frac{Q}{2}+\text{安全储备量})$$

缺货成本＝单位缺货成本×平均缺货量×年订货次数

在现实中，缺货量大小及其概率可根据历史经验估计得出。表 4—10 给出了交货期内的存货需要量及其概率分布情况的一个例子。

表 4—10　交货期内的存货需要量及其概率分布

需求量（件）	70	80	90	100	110	120	130
概率	0.01	0.04	0.2	0.5	0.2	0.04	0.01

（1）不设置安全储备量，即 $B=0$，且以 100 件为再订货点。在此种情况下，当交货期内的需求量小于 100 件时，不会发生缺货，其概率为 0.75；当需求量在 100 件以上时，会发生缺货，缺货的概率分布如表 4—11 所示。

表 4—11　　安全储备量为零时的缺货概率分布

缺货量（件）	10	20	30
概率	0.2	0.04	0.01

平均缺货量＝10×0.2＋20×0.04＋30×0.01＝3.1（件）

缺货成本＝4×3.1×12＝148.8（元）

储存成本＝2×150＝300（元）

存货总成本（不考虑取得成本）＝148.8＋300＝448.8（元）

（2）设置安全储备量 B＝10 件，则再订货点为 110 件。在此种情况下，当交货期内的需求量小于 110 件时，不会发生缺货，其概率为 0.95；当需求量在 110 件以上时，会发生缺货，缺货的概率分布如表 4—12 所示。

表 4—12　　安全储备量为 10 件时的缺货概率分布

缺货量（件）	10	20
概率	0.04	0.01

平均缺货量＝10×0.04＋20×0.01＝0.6（件）

缺货成本＝4×0.6×12＝28.8（元）

存货储存成本＝2×(150＋10)＝320（元）

存货总成本＝320＋28.8＝348.8（元）

（3）设置安全储备量 B＝20 件，则再订货点为 120 件。在此种情况下，当交货期内的需求量小于 120 件时，不会发生缺货，其概率为 0.99；当需求量在 120 件以上时，会发生缺货，其概率为 0.01。

平均缺货量＝10×0.01＝0.1（件）

缺货成本＝4×0.1×12＝4.8（元）

存货储存成本＝2×(150＋20)＝340（元）

存货总成本＝340＋4.8＝344.8（元）

（4）设置安全储备量 B＝30 件，则再订货点为 130 件。在此种情况下不会发生缺货现象，缺货成本为 0。

存货储存成本＝2×(150＋30)＝360（元）

存货总成本＝360（元）

由此可以将不同储备量条件下的总成本计算出来，见表 4—13。

表 4—13　　安全储备与再订货点的确定

再订货点（件）	安全储备（件）	平均存货（件）	缺货成本（元）	储存成本（元）	总成本（元）
100	0	150	148.8	300	448.8
110	10	160	28.8	320	348.8
120	20	170	4.8	340	344.8
130	30	180	0	360	360
140	40	190	0	380	380

从表 4—13 的计算中可以看出，当安全储备量为 20 件时，其存货的总成本为最小。故最佳安全储备量为 20 件，再订货点为 120 件。

五、存货的日常管理

存货的日常管理是指在日常生产经营过程中，按照存货计划的要求，对存货的使用和周转情况进行的组织、调节和监督。存货日常管理方法主要有以下两种：

（一）存货的归口分级管理

1. 在厂长、经理的领导下，财务部门对存货资金实行统一管理

企业对存货资金实行集中统一管理，可以促进供、产、销相互协调，加速企业资金周转。财务部门的统一管理主要包括以下几个方面的工作：（1）根据国家财务制度和财经法规，结合本企业具体情况，制定企业资金管理的各种制度。（2）认真测算企业资金需要量，并及时足额筹措资金。（3）编制存货资金计划，并把有关计划指标分解落实到有关单位和个人。对各单位的资金运用情况进行检查和分析，及时发现问题、处理问题，并按照已制定的资金管理制度对相关部门进行考核评估。

2. 实行资金的归口管理

根据使用资金和管理资金相结合、物资管理和资金管理相结合的原则，存货资金由哪个部门使用就归哪个部门管理。具体分工如下：（1）原材料、燃料、包装物等资金归供应部门管理。（2）在产品和自制半成品资金归生产部门管理。（3）产成品资金归销售部门管理。（4）工具、用具占用资金归工具部门管理。（5）修理用备件占用资金归设备动力部门管理。

3. 实行资金的分级管理

资金的分级管理是在资金归口管理的前提下，各归口管理部门根据具体情况进一步对各资金计划指标进行分解，分配给所属单位或个人，层层落实，实行分

级管理。具体而言，可按下列方式进行分解：(1) 原材料资金计划指标可分配给供应计划、材料采购、仓库保管等各业务组管理。(2) 在产品资金计划指标可分配给各车间、半成品库管理。(3) 产成品资金计划指标可分配给销售、仓库保管、产成品发运等各业务组管理。

(二) 存货 ABC 分类管理

19 世纪意大利经济学家巴雷特首创了 ABC 控制法，该方法在存货管理中的具体应用是将存货按照一定的标准分成 A、B、C 三类，分别实行分品种重点管理、分类别一般控制和按总额灵活掌握的存货管理方法。

企业存货品种繁多，尤其是大中型企业的存货往往多达上万种。实际上，不同存货对企业财务目标的实现具有不同的作用。有的存货尽管品种数量很少，但金额巨大，如果管理不善，将给企业造成极大的损失。相反，有的存货品种虽然繁多，但金额微小，即使管理当中出现一些问题，也不至于对企业产生较大的影响。因此，无论是从能力还是经济角度方面看，企业均不可能也没有必要对所有存货事无巨细地严加管理。ABC 分类管理正是基于这一考虑而提出的，其目的在于使企业分清主次、突出重点，以提高存货管理的整体效果。

1. 存货 ABC 分类标准

存货的划分标准主要有两个：一是存货金额，二是存货的品种数量。划分标准以存货金额为主。其中：A 类存货的标准是存货金额最大，存货品种数量最少；B 类存货的标准是存货金额较大，存货品种数量较多；C 类存货的标准是存货金额最小，存货品种数量最多。一般而言，三类存货的金额比重大致为 A∶B∶C＝0.7∶0.2∶0.1，而品种数量比重大致为 A∶B∶C＝0.1∶0.2∶0.7。可见，A 类存货占用企业绝大多数资金，企业对 A 类存货应重点管理，经常检查这类存货的库存情况，严格控制该类存货的支出。A 类存货的品种数量很少，企业应对其按照每一个品种分别进行管理；B 类存货金额相对较小，品种数量远远多于 A 类存货，企业通常没有能力对每一具体品种进行控制，因此，可以通过划分类别的方式进行管理；C 类存货占用金额最小，品种数量最多，可以只对其进行总量控制和管理。

2. ABC 三类存货的具体划分

(1) 列示企业全部存货的明细表，并计算出每种存货的价值总额及占全部存货金额的百分比。

(2) 按照金额由大到小进行排序并累加金额百分比。

(3) 当金额百分比累加到 70％左右时，以上存货视为 A 类存货。百分比在 70％～90％之间的存货作为 B 类存货，其余则为 C 类存货。

【例 4—17】某公司共有 20 种材料，总金额为 200 000 元，按金额多少的顺序排列并按上述原则将其划分成 A、B、C 三类，具体情况如表 4—14 所示。

表 4—14 **材料资金占用及分类表**

材料品种编号	占用资金数额（元）	类别	各类存货所占的品种数及比重		各类存货所占的资金及比重	
			品种数	比重（%）	金额（元）	比重（%）
1 2	100 000 50 000	A	2	10	150 000	75
3 4 5 6 7	20 000 10 000 5 000 3 000 2 000	B	5	25	40 000	20
8 9 10 11 12 13 14 15 16 17 18 19 20	1 800 1 600 1 400 1 200 1 000 800 600 400 380 360 340 100 20	C	13	65	10 000	5
合 计	200 000		20	100	200 000	100

【本章强化训练题】

一、思考题

1. 经济订货批量基本模型的确定是以哪些假设条件为前提的？
2. 结合实际谈谈企业如何加速应收账款的回收。
3. 结合实际谈谈企业如何加强存货控制。
4. 什么是信用政策？企业制定的信用政策应包括哪些内容？
5. 存货的成本包括哪些？
6. 如何进行应收账款投资的信用分析？

二、单项选择题

1. 下列成本中属于变动订货成本的是（　　）。

A. 采购人员的工资　　B. 采购部门管理费用　　C. 订货业务费

D. 预付订金的机会成本

2. 已知某种存货的全年需要量为 3 6000 个单位，该种存货的再订货点为 1 000 个单位，则其交货期为（　　）。

A. 36 天　　B. 10 天　　C. 18 天　　D. 12 天

3. 在确定最佳现金持有量时，成本分析模式和存货模式均需考虑的因素是（　　）。

A. 机会成本　　B. 转换成本　　C. 短缺成本　　D. 管理成木

4. 卜列各项中，与再订货点无关的因素是（　　）。

A. 经济订货量　B. 日耗用量　　C. 交货日数　　D. 保险储备量

5. 建立合理储备的目的是（　　）。

A. 在过量使用存货时保证供应

B. 在进货延迟时保证供应

C. 使存货的缺货成本与储存成本之和最小

D. 降低存货的储备成本

6. 采用 ABC 分类法对存货进行控制时，应当重点控制的是（　　）。

A. 数量较多的存货　　B. 占用资金较多的存货

C. 品种较多的存货　　D. 库存时间较长的存货

7. 根据存货陆续供应与使用模型，下列情形中能够导致经济批量降低的是（　　）。

A. 存货需求量增加　　B. 单位订货成本增加

C. 单位储存成本增加　　D. 每日消耗量增加

8. 应收账款赊销效果的好坏，依赖于企业的信用政策。公司在对是否改变信用期间进行决策时，不考虑的因素是（　　）。

A. 等风险投资的最低报酬率　　B. 产品变动成本

C. 应收账款的坏账损失率　　D. 公司的所得税税率

9. 企业评价客户等级，决定给予或拒绝客户信用的依据是（　　）。

A. 信用标准　　B. 收账政策　　C. 信用条件　　D. 现金折扣

10. 下列各项中，不属于信用条件构成要素的是（　　）。

A. 信用期限　　B. 现金折扣　　C. 现金折扣期限　　D. 商业折扣

11. 根据营运资金管理理论，下列各项中不属于企业应收账款成本内容的是（　　）。

A. 机会成本　　B. 管理成本　　C. 短缺成本　　D. 坏账成本

12. 持有过量的现金可能导致的不利后果是（　　）。

A. 财务风险加大　　B. 收益水平下降

C. 偿债能力下降　　D. 资产流动性下降

13. 下列各项中，属于应收账款机会成本的是（　　）。

A. 应收账款占用资金的应计利息　　B. 客户资信调查费用

C. 坏账损失　　D. 收账费用

14. 在与存货有关的成本费用中，不影响经济订货批量的是（　　）。

A. 采购部门的基本开支　　B. 差旅费

C. 存货资金占用费　　D. 存货的保险费

15. 在最佳现金持有量的存货模式中，若每次证券变现的交易成本提高，其他条件不变，则最佳现金持有量（　　）。

A. 降低　　B. 提高　　C. 不变　　D. 无法确定

16. 企业在进行现金管理时，可利用的现金浮游量是指（　　）。

A. 企业账户所记录的存款余额

B. 银行账户所记录的企业存款余额

C. 企业账户现金余额与银行账户上所列企业存款余额之差

D. 企业实际现金余额超过最佳现金持有量的部分

三、实务题

（一）练习现金最佳持有量的计算

资料：某企业的原料购买和产品销售均采用信用方式，其应收账款的平均收账期为 60 天，应付账款平均付款期为 35 天，从原料购买到产成品销售的期限为 95 天。要求：

（1）计算该企业的现金周转期。

（2）计算该企业的现金周转率。

（3）若该企业现金年需求总量为 270 万元，则最佳现金持有量为多少？

（二）练习应收账款信用条件的决策

资料：某企业由于目前的信用政策过于严厉，不利于扩大销售，且收账费用较高，该企业正在研究修改现行的信用政策。现有甲、乙两个放宽信用政策的备选方案，有关数据见表 4—15。

表 4—15　　某企业应收账款数据表

项目	现行收账政策	甲方案	乙方案
年销售额（万元）	2 400	2 600	2 700
信用条件	n/60	n/90	2/60，n/180 （估计 50%的客户享受）
收账费用（万元）	40	20	10
坏账损失率	2%	2.5%	3%

已知该企业的变动成本率为 80%，应收账款投资要求的最低报酬率为 15%，假设不考虑所得税的影响。

要求：通过计算分析回答，是否应改变现行的信用政策，如果改变，应选择哪一个方案。

（三）练习存货经济订货批量的决策

资料：已知某公司与库存有关的信息如下：

（1）年需要数量为 30 000 单位（假设每年 360 天）；

（2）购买价格每单位 100 元；

（3）库存储存成本是商品买价的 30%；

（4）订货成本每次 60 元；

（5）订货数量只能按 100 的倍数（四舍五入）确定。

要求：

（1）计算经济订货批量为多少。

（2）计算存货平均占用多少资金。

（四）练习数量折扣条件下存货经济订货批量的决策

资料：某公司每年需用某种材料 6 000 件，每次订货成本为 150 元，单位材料的年储存成本为 5 元，该种材料的采购价为 20 元/件，一次订货量在 2 000 件以上时可获得 2%的折扣，在 3 000 件以上时可获得 5%的折扣。要求：

（1）计算公司每次采购多少时成本最低。

（2）若企业最佳安全储备量为 400 件，再订货点为 1 000 件，假设一年工作 50 周，每周工作 5 天，则企业的到货期为多少天？

（3）计算公司存货平均占用多少资金。

【案例分析】

阿迪达斯对市场错误估计引发数亿元存货危机

由于对奥运后市场增长态势的错误估计，阿迪达斯引发了数亿元的存货危机，而太多的存货也危及它和它的经销商的业绩表现。

一心希望凭借奥运势头超越老对手耐克的阿迪达斯，正在为自己的急功近利付出代价。距离短暂的胜利不过一年，阿迪达斯却像是从天堂跌进了地狱。该公司的最新财报显示，在过去的半年里，其净利润同比下降了 95%。而与受金融危机影响走下坡路的欧美市场不同，它在中国市场的问题则更为棘手。

8 月初，在 51job 和中国招聘热线等网站，相继出现了一则阿迪达斯公司的招聘广告，职位为 Inventory Sales Specialist（存货销售专员），工作地点为上海阿迪达斯中国区总部。该职位描述的首要条件是：能够按照不同渠道，根据实际库存情况，制定一个年度库存削减计划。

这时存货问题已经让阿迪达斯陷入危机，程度甚至令其难以控制，并将对其今年后两季甚至明年的发展造成影响。

阿迪达斯本应更早启用类似的专业库存管理人才来准确预期产能变化。去年 9 月的秋季订货会上，与阿迪达斯一起乐观地预期市场增长的渠道商们发现，其目前的痛苦指数与当初签下的拿货协议数额成正比——从去年第四季度开始，由于市场并未达到预期，经销商多拿的货变成了自己身上的包袱。迫于经营压力，甚至有一些经销商因缺少现金拒不提货，宁愿违反协议。由于阿迪达斯与经销商采取的是半年预定、货到付款的方式，这些未根据协议提走的、积压在阿迪达斯仓库中的货品总额甚至高达上亿人民币。

胜道与百丽是阿迪达斯国内最大的两个经销商。大量的存货已对经销商现金流造成了威胁。百丽国际2008财年报告显示，其2008年存货较2007年增加了近100%，存货从占流动资产的约25%增加至近44%，现金却由52.1亿元减少至23.3亿元。在这家公司的业务构成中，45.9%的收入来自对体育品牌的代理，而其中80%来自耐克和阿迪达斯。

7月30日，百丽在上海启动了大规模清仓活动，在此之前，为缓解运营压力，该集团已经在第一季度关闭了176间运动门面店。

另一大经销商胜道认为百丽不大可能完全退出这一领域，百丽集团在内地拥有1 000多家阿迪达斯专卖店，退出成本太大。

经过不断协商沟通之后，阿迪达斯决定和经销商一起，渡过这个危机。阿迪达斯允许经销商开折扣店，甚至开在正价店的周围。胜道在近几个月就增开了七八家折扣店。

与此同时，当经销商处理存货到一定数额时，阿迪达斯会给予一定的金额补偿。因为处理存货只能够收回现金，当低到一定折扣，往往是不赚钱的，这意味着阿迪达斯和经销商要共同承担损失。对于那些想退出的经销商，阿迪达斯也在变更合约和商谈退出机制方面给予支持，尽管这意味着烦琐的手续。

5个月来，阿迪达斯在中国市场折扣店大幅增加。业内人士透露说，华北和华东地区受损最为严重，杭州次之。杭州主要商业街上开设的专卖店更难过，往往销售额仅能抵过房租。而在南京，阿迪达斯全场上架新品打7折，经销商通常进货成本为5.1～5.2折，加上商家的运营成本，这一售价就意味着亏损。但从去年下半年开始到今年，越来越多的折扣店涌现在内地市场，尤其是北方市场。以前这些工厂店只是开在城市外围，但是现在，它开始开在市中心繁华商业区的百货公司里。新开设的这些折扣店往往和正价店几步之遥。

这些新开的折扣店遍布城中各大中档百货商场和购物网站，比如奥运运动城、俏物俏语网等。而一些小经销商在大幅增开折扣店的同时，将一些阿迪达斯店铺转卖别家，慢慢退出运动品牌市场。其实，阿迪达斯的老对手们也遭遇了类似的库存危机，但问题并不似前者严重。

目前阿迪达斯在全球多个区域市场都陷入泥沼，扣除汇率因素，阿迪达斯在欧洲市场销售额同比减少8%，北美市场销售额同比减少10%，以中国和日本为主的亚洲市场销售额同比减少9%，仅有拉丁美洲市场销售额同比增加了24%，但也只有4.43亿欧元而无法扭转全局。这次存货危机也对阿迪达斯的未来表现造成了一定程度的影响。对奥运后市场增长的过高预期使其忽视了一些基本数据——通常大公司都在库存管理和预期方面有一套严格的控制方法，比如，通过软件计算、历史数据作为参考。而阿迪达斯近几个月来在库存管理上出现的种种问题很可能在一定程度上削弱上下游对它的信任度。与此同时，上一个订货季未能消化的存货也要分摊到后续的几个季度完成，比如，胜道等经销商目前在大幅增设折扣店的同时，已经在逐步减少订单；原来阿迪达斯每周更新一次货品，而现在只能两周更新一次。

案例思考：

1．你认为阿迪达斯应如何尽快摆脱存货危机？

2．通过阅读上述案例，有何启示？

（资料来源：张晶：《阿迪达斯对市场错误估计引发数亿元存货危机》，载《第一财经周刊》，2008。）

第五章

长期项目投资管理

本章学习目标 通过本章学习，了解项目投资的概念、类型和程序，弄清现金流量的构成和计算方法，掌握项目投资决策的评价方法——净现值、现值指数、内含报酬率、投资回收期的计算与应用，把握各种评价指标之间的关系。

第一节 项目投资管理概述

一、投资的概念与分类

投资从广义上讲，就是企业资金的运用，是企业以未来收回现金并取得收益为目的而发生的现金流出活动。投资活动是企业整个生产经营活动的中心环节，投资成功与否直接影响企业的收益与分配，影响企业的生存与发展。企业投资的范围很广，按不同的标准，投资可以划分为不同的种类。

（一）直接投资和间接投资

按投资活动与企业本身经营活动的关系，企业投资可分为直接投资和间接投资。

1. 直接投资

直接投资是指企业将资金投放于生产经营性资产以获取利润的投资。例如，投资设立工商企业需将资金投放于流动资产、固定资产乃至无形资产上，企业才能开展正常的生产经营活动。而一个已经设立的工商企业，在经过一定时间的生产经营后，则要对已经达到寿命期的固定资产进行更新改造项目投资。

2. 间接投资

间接投资又称证券投资，是指企业将资金投放于有价证券等金融性资产，以获取利息收入或股利的投资。随着我国金融市场的逐步完善以及多渠道、多形式筹资格局的形成，证券投资将日益广泛地成为企业投资的一个重要组成部分。

以上两种投资在决策方法上有较大的差异。直接投资要根据投资目的设计一个或几个备选方案，并在分析评价的基础上进行决策。间接投资则是根据投资目的，对证券市场上已有的股票、债券进行分析评价，选择其中合适的证券组成投资组合。

(二) 长期投资和短期投资

按投资的时间长短，企业投资可分为长期投资和短期投资。

1. 长期投资

长期投资是指在一年以上才能收回的投资。它包括企业在固定资产、无形资产以及不准备在一年内变现的长期有价证券上的投资。由于企业的长期投资中固定资产所占的比重较大，而且固定资产相对于其他长期投资项目来说，变现更为困难，所以长期投资有时专指固定资产投资。

2. 短期投资

短期投资又称流动资产投资，是指能够并且准备在一年以内收回的投资。主要包括对现金、应收账款、存货、短期有价证券等的投资。

长期投资和短期投资在决策方法上也有较大的差别，由于长期投资经历的时间长、风险大，因此，在进行长期投资的决策分析时一般都要考虑资金时间价值和投资风险价值。

(三) 对内投资和对外投资

按投资的方向，企业投资可分为对内投资和对外投资。

1. 对内投资

对内投资又称内部投资，它是指将资金投放在企业内部以购置生产经营用资产的投资。包括固定资产、流动资产等投资。

2. 对外投资

对外投资是指企业以货币资金、实物资产、无形资产等方式或者以购买股票、债券等有价证券的方式向其他企业进行投资。

从风险角度看，由于对外投资的不可控因素多于对内投资，因此，对外投资的风险一般要大于对内投资；从收益角度看，对外投资收益通常要大于对内投资，否则不会吸引企业去冒更大的风险；对内投资都是直接投资，而对外投资既可以是直接投资，也可以是间接投资。

（四）初创投资与后续投资

按投资在再生产过程中的应用，企业投资可分为初创投资和后续投资。

1. 初创投资

初创投资是指建立企业时所进行的各种投资，从而形成企业的原始资产，为企业的生产、经营创造必要条件。

2. 后续投资

后续投资是指为巩固和发展企业再生产所进行的各种追加投资。

本书重点介绍的长期投资，主要指项目投资与证券投资。

二、项目投资的概念和分类

项目投资是指企业以特定项目为对象，直接与新建项目或者更新改造项目有关的长期投资行为。项目投资是直接投资中最重要的一种，这种投资的结果是形成企业的经营性资产，它是企业维持简单再生产的基础。对于不同的企业而言，项目投资的内容是多种多样的，但概括地说，企业进行的项目投资可以按照下列不同的标志来分类。

（一）按照对企业的影响，分为战略性投资与战术性投资

1. 战略性投资

战略性投资是指涉及企业的整体方向和规模，对企业全局产生重大影响的投资，如扩大企业规模、开发新产品等，这类投资对企业影响深远，应慎重决策。

2. 战术性投资

战术性投资是指只涉及企业某一局部的具体经营业务的投资。如设备的技术改造、原有产品新功能的开发、产品成本的降低等。

战略性投资与战术性投资相比，所需资金量较大，回收时间长，风险较大，对企业的生存发展影响深远，所以战略性投资必须按照严格的投资程序进行分析才能作出决策。

（二）按照项目投资的对象，分为固定资产投资、无形资产投资和其他资产投资

1. 固定资产投资

固定资产投资是指将资金投放于房屋和建筑物、机器设备等固定资产上。本章的项目投资中主要介绍固定资产投资。

2. 无形资产投资

无形资产投资是指将资金投放于专利权、非专利技术、商标权、著作权、土地使用权、商誉等无形资产上。

3. 其他资产投资

其他资产投资是指除以上资产投资之外的投资，如应在以后年度内分期摊销的各项费用（如办公费）。

（三）按照增加利润的途径，分为增加收入投资与降低成本投资

1. 增加收入投资

增加收入投资是指通过扩大企业生产经营规模或营销活动来增加收入，进而增加利润的投资。

2. 降低成本投资

降低成本投资是指企业维持现有的经营规模，通过投资来降低生产经营中的成本费用，间接增加企业利润的投资。

（四）按照项目投资之间的关系，分为相关性投资、独立性投资与互斥性投资

1. 相关性投资

相关性投资是指当采纳或放弃某个投资项目时，会使另外一个投资项目的经济指标发生显著变动的投资，如对车间厂房与生产设备的投资就属于相关性投资。

2. 独立性投资

独立性投资是指当采纳或放弃某一项目时，并不影响另一项目的经济指标的投资，如企业在专用机床上的投资与对办公设施的投资就属于独立性投资。

3. 互斥性投资

互斥性投资是指接受某一项目，必须拒绝其他项目的投资。即使所有的互斥项目都通过了可行性研究，均可以接受，但也只能选择其中一个，如在一块地上兴建运动场与游泳池的投资就属于互斥性投资。

研究项目投资分类，可以更好地掌握投资的性质和它们之间的相互关系，有利于抓住重点、分清主次。当然，上述分类方法采用了不同的分类标准，可使同一个项目投资同时分属不同的类别，如企业引进新的生产设备，可能既属于战术性投资，又属于固定资产投资，还可能属于增加收入投资等。

三、项目投资的特点

在企业的整个投资中，项目投资具有十分重要的地位，对企业的稳定与发展、未来盈利能力、长期偿债能力都有着重大影响。与企业其他类型的投资相比，项目投资具有以下几个特点。

1. 投资数额大、回收期长

项目投资所形成的大量固定资产，需要企业投入大量相应的资金，其投资额往往在企业总资产中占有相当大的比重，而且项目投资决策一旦实施，将在很长时间内影响企业的资金周转，一般都要在几年甚至十几年后才能收回固定资产的全部投资。

2. 投资的专用性强、变现能力差

项目投资的实物形态主要是厂房和机器设备等固定资产，项目投资一旦完成，要想再改变原有设备、厂房的用途，不是技术上无法实现，就是代价太大，经济上得不偿失。由于项目投资专用性强、金额大，出售也非常困难，有时即便能出售也往往会伴随着很大的价值损失，因此其变现能力很差。

3. 项目投资影响企业的长期经济效益和发展方向

项目投资对于企业的规模效益、劳动生产率、企业的发展方向以及长期的经济效益具有决定性、战略性的影响。

4. 时效性差、风险大

项目投资决策的现金流入与流出发生在不同的时期，投资时往往需要一次性流出大量资金，而产生的收益却在一段比较长的时期内分期获得，因此，决策时必须考虑货币时间价值。同时，由于项目的投资回收期长，未来的不确定性因素增多，加之投资项目不容易变现，所以项目投资的风险较大。

项目投资的特点表明，项目投资决策对于企业未来经济效益和可持续发展具有重要意义，同时具有很大的风险。一个正确的项目投资决策可以促使企业持续、稳定、健康地发展并获得长期的经济效益；而一个错误的决策，则很可能使企业毁于一旦。因此，企业必须慎重对待项目投资决策。

四、项目投资的程序

认真执行项目投资决策的程序，运用科学方法进行项目投资方案的可行性研究，是保证正确决策的有效措施。项目投资决策程序一般包括如下几个步骤：

1. 投资项目的提出

企业领导人应组织由企业生产、技术、营销和财务等部门的专业人员参加的专门工作小组，在调查研究、广泛收集信息的基础上，根据投资环境、市场状况、企业的发展方向和生产经营的需要提出投资方向，拟定投资项目建议书。在该建议书中应明确投资项目的作用和依据、投资概算以及经济效益的初步测算。

2. 投资项目的方案设计和分析评价

（1）根据投资项目的要求进行多种可能的投资方案设计。企业要对调查研究所获得的大量数据资料进行加工整理和分析，对未来各种情况作出假设，预测各种投资方案的收益和成本费用，预测方案的现金流量，为分析评价做准备。

（2）组织有关专家对投资项目进行技术、经济的可行性论证。

（3）运用各种投资决策评价指标进行分析，把各项投资方案按可行性顺序进行排队。

（4）以定性与定量相结合的方式，全面客观地写出分析评价报告，报有关领导批准。

3. 投资项目的决策

投资项目评价报告完成后，应按企业投资决策管理权限，在不同层面上（部门经理、总经理、董事会乃至股东大会）进行决策。决策者应根据企业的经济技术实力和风险承受能力以及决策者自身对未来形势的判断对投资方案进行选择。决策者应着重检验各种方案的可行性，特别是各种假设的合理性和可靠性。决策中既要考虑方案的自身效益，还要考虑企业的整体效益和战略选择；既要考虑方案的短期经济效益，又要重视企业的长远发展需要。决策中，方案的各种评价指标固然重要，但它们不是投资决策的全部依据。决策实质上是对未来的判断，因此，它在很大程度上取决于决策者自身或决策者集体的经验和判断能力，取决于他们的综合素质。决策的结果通常有三种：一是接受项目，进行投资；二是拒绝项目，不予投资；三是将项目退还提出部门，重新调查研究后，择日再作抉择。

4. 投资项目的执行

投资项目经决策批准投资后，应按筹资方案积极筹措项目投资所需的资金，并着手实施投资。同时应根据被批准的投资方案编制具体的实施计划，并严格按计划行事。在计划执行过程中，应对工程进度、质量和成本进行严格控制，以确保投资项目按计划高质量地完成。

5. 投资项目的再评价

在投资项目的执行过程中，一方面强调要严格按计划办事；另一方面也要强调应考虑原有决策的信息基础是否可靠、预测是否准确、客观情况是否发生了没有预见到的变化等等。一旦发现这些方面存在问题而使原计划难以执行甚至无法执行时，应及时作出新的分析评价和决策，并对计划进行必要的调整。如果原有决策依据发生了根本性变化，原有投资项目已失去继续投资的意义，为了避免更大损失，则应作出投资项目调整下马的决策。

投资项目建设完工并投入实际运行后，并不意味着投资过程和投资决策分析过程的结束。投资过程包括该投资项目的建设期和该项目实际发挥作用的整个寿命期，完整的投资决策分析过程应从投资项目建设前就开始，一直到该项目发挥作用的寿命期末为止。因此，投资者应在项目建设完工后，对项目的运行状况和效果进行分析评价，并与原决策分析进行对比，找出差异，分析原因，总结经验教训，以便改进以后的投资决策。同时，这种事后分析评价也为考核项目提出者、决策者和执行者的业绩提供了基础。

五、项目计算期的构成和项目投资的内容

（一）项目计算期的构成

项目计算期是指投资项目从投资建设开始到最终清理结束整个过程的全部时间，即该项目的有效持续期间。完整的项目计算期包括建设期和生产经营期。其中，生产经营期又包括试产期与达产期。项目计算期示意图见图5—1。

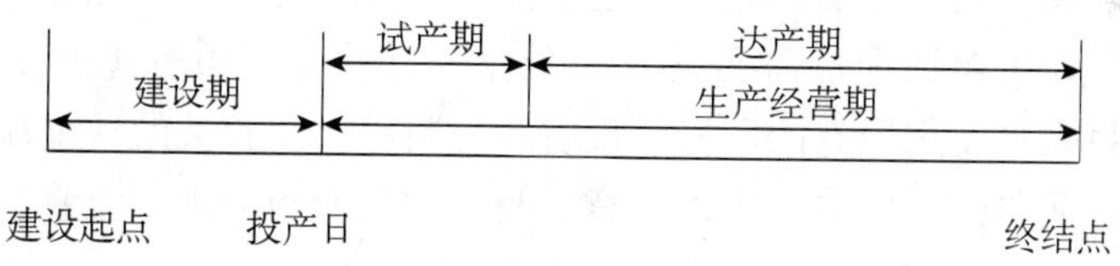

图5—1　项目计算期示意图

（二）项目投资的内容

从项目投资的角度看，原始投资是企业为使项目完全达到设计生产能力，开展正常经营而投入的全部现实资金，包括建设投资和流动资金投资两项内容。

1. 建设投资

建设投资是指在建设期内按一定的生产经营规模和建设内容进行的投资。包括：

（1）固定资产投资。固定资产投资是指用于购置或安装固定资产所发生的投资。固定资产原值与固定资产投资之间的关系是：

固定资产原值＝固定资产投资＋建设期资本化借款利息

（2）无形资产投资。无形资产投资是指项目用于取得无形资产而发生的投资。

（3）其他资产投资。其他资产投资是指除固定资产和无形资产以外的投资，包括生产准备和开办费投资。

2. 流动资产投资

流动资产投资是指项目投产前后分次或一次投放于流动资产项目的资金，又称垫支流动资金或营运资金投资。

项目总投资等于原始投资和建设期资本化利息之和。其中建设期资本化利息是指在建设期发生的与购建项目所需的固定资产、无形资产等长期资产有关的借款利息。

第二节　项目投资的现金流量分析

一、现金流量的概念和种类

现金流量是指与投资项目有关的现金流入和流出的数量，或由投资项目引起的现金支出和现金收入增加的数量。这里的“现金”是广义的现金，它不仅包括各种货币资金，也包括项目需要投入的企业现有的非货币资源的变现价值。例如，一个项目需要使用原有的厂房、设备和材料等，则相关的现金流量是指它们的变现价值，而非账面成本。值得注意的是，这里所指的现金流量与财务会计中编制的现金流量表所使用的现金流量是不同的，不能混为一谈。

（一）按现金流动的方向划分

1. 现金流出量

现金流出量是指与投资项目相关的企业现金支出的增加额。现金流出量包括：

（1）建设投资。建设投资是指在建设期内按投资设计方案进行的固定资产、无形资产和开办费等投资的总和。包括土地购买或租赁的费用、土建工程费用、生产设备支出、设备安装支出、人员培训费用等。但建设投资不一定等于固定资产的价值，有些投资支出，如开办费，就不增加固定资产的价值。

（2）营运资金。营运资金是指因项目投资引起的现金、应收账款及原材料、在产品、半成品等流动资产和应付账款、应付费用等流动负债的变化。

（3）付现成本。付现成本是指在项目经营期间需用现金支付的成本。它是项目投产后最主要的现金流出项目。企业生产经营费用不一定都要在当期用现金支付，如固定资产的折旧费。因此，在计算现金流出量时应将其剔除，以客观地反映现金流出的情况。

付现成本＝生产经营费用－折旧费用

（4）企业缴纳的所得税。

2. 现金流入量

现金流入量是指与投资项目相关的现金收入的增加额。现金流入量主要包括：

（1）营业现金收入。项目投产后，营业现金收入是现金流入量的主要部分。本期的现金流入量是指本期实际流入的营业现金收入，既包括当期现金收入，又包括收回前期的赊销收入，但不包括当期营业收入中的赊销部分，这部分营业收入要递延到以后各期收回。

（2）收回的固定资产残值。收回的固定资产残值是指投资项目报废或中途转让时，固定资产报废清理或转让的变价收入扣除清理费用后的净额。

（3）收回的营运资金。收回的营运资金是指投资项目终结时收回的原垫付的营运资金。为简化计算，一般在发生营运资金垫付时，把它视为现金流出，而在投资项目的使用过程中循环发生的营运资金收回和再垫支，既不作为现金流入，也不作为现金流出，只将项目终结时收回的营运资金作为现金流入对待。

（4）购入新设备时旧设备的变现收入。

3. 现金净流量

现金净流量是指一定期间现金流入量和现金流出量的差额。其计算公式为：

现金净流量＝现金流入量－现金流出量

如果投资项目不能单独计算盈亏，即不会使企业的销售收入增加，但能使企业的付出成本减少，则现金净流量可以按下式计算：

现金净流量＝付现成本的节约额＝原付现成本－现付现成本

在现金流量的计算中，如果不作特殊说明，为统一计算口径和简化计算过程，假设各年的投资都在年初一次发生，各年的营业现金流量都在各年年末一次实现，终结现金流量在最后一年的年末发生。

（二）按现金流动的时间划分

1. 初始现金流量

初始现金流量是指项目投资开始至建成投入使用期间的现金流量，一般是项目的投资支出。它主要包括：

（1）在固定资产上的投资。包括固定资产的购建成本、运杂费和安装费等。

（2）在流动资产上的投资。即流动资金的垫支，包括对原材料、在产品、产成品、现金和应收账款等方面的投资。

（3）其他投资费用。其他投资费用是指与投资项目相关的且不能列入上述两项的专用支出，如职工培训费、谈判费用、注册登记费、筹建费等。

（4）原有固定资产的变价收入。如果投资项目是固定资产的更新、改造项目，则初始现金流量还可能包括原有固定资产的变价收入（扣除清理费用支出）。

初始现金流量还可能包括在无形资产上的投资，这取决于项目投资阶段是否购入或自主开发无形资产。初始现金流量主要表现为现金的流出，一般就构成了项目的原始总投资。

2. 营业现金流量

营业现金流量是指投资项目建成投入运行后，在其整个寿命周期中，由于生产经营而发生的现金流入和流出的数量。营业现金流量一般按会计年度计量，它主要包括：

（1）营业现金流入。如各种产品或劳务销售所得到的现金收入。

（2）营业现金流出。如采购原材料、支付职工工资、支付燃料动力费用、支付期间费用等而引起的现金流出。

（3）交纳的各项税金的支出。

营业现金流量＝营业收入－付现成本－所得税
＝营业收入－(生产经营费用－折旧费)－所得税
＝净利＋折旧费

3. 终结现金流量

终结现金流量是指投资项目终结（报废或转让）时发生的各种现金流量。主要包括：

（1）固定资产的变价净收入或残值净收入（扣除发生的清理费用）；

（2）原先垫支的流动资金的收回；

（3）停止使用的土地变价收入。

二、现金流量的估算

由于项目投资的投入、回收及收益的形成均以现金流量的形式表现，因此，在整个项目计算期和各个阶段上，都有可能发生现金流量。企业必须逐年估算每一时点上的现金流入量和现金流出量。

（一）现金流入量的估算

1. 营业收入的估算

营业收入是经营期最主要的现金流入量，应按项目在经营期内有关产品的预计单价和预计销售量进行估算。

2. 补贴收入的估算

补贴收入是与经营期收益相关的政府补贴，可根据政策退还的增值税、按销量或工作量计算的定额补贴和财政补贴加以估算。

3. 垫支收回的流动资金的估算

在终结点上一次回收的流动资金等于各年垫支的营运资金的合计数。

（二）现金流出量的估算

1. 建设投资的估算

固定资产投资是所有类型的项目投资在建设期必然会发生的现金流出量，应按项目规模和投资计划所确定的各项建筑工程费用、设备购置费用、安装工程费用来估算。

在估算构成固定资产原值的资本化利息时，可根据长期借款本金、建设期年数和借款利率按复利计算，且假定建设期资本化利息只计入固定资产的原值。

2. 营运资金投资的估算

在项目投资决策中，营运资金是指在运营期长期占用并周转使用的资金。

营运资金＝流动资产－流动负债

流动资产主要考虑存货、货币资金、应收账款、预付账款；流动负债主要考虑应付账款和预收账款。

3. 付现成本的估算

付现成本是在经营期内为满足正常生产经营而动用货币资金来支付的成本费用。它是所有类型的项目投资在经营期都要发生的主要现金流出量，其估算公式如下：

某年付现成本＝该年外购原材料、燃料和动力费＋该年工资及福利费
＋该年修理费＋该年其他费用

或：

付现成本＝该年不包括财务费用的总成本费用－该年折旧
－该年无形资产和开办费的摊销额

式中的其他费用是指从制造费用、管理费用、销售费用中扣除折旧费、摊销费、材料费、修理费、工资及福利费之后的剩余部分。

【例 5—1】宏达公司某投资项目投产后第 1～5 年每年预计外购原材料、燃料和动力费为 50 万元，工资及福利费为 30 万元，其他费用为 10 万元，每年折

旧费为 20 万元，无形资产的摊销费为 5 万元；第 6～10 年每年不包括财务费用的总成本费用为 150 万元，其中，每年预计外购原材料、燃料和动力费为 90 万元，每年折旧费为 20 万元。

第 1～5 年每年的付现成本＝50＋30＋10＝90(万元)

第 1～5 年每年不包括财务费用的总成本费用＝付现成本＋折旧费＋无形资产摊销
＝90＋20＋5
＝115(万元)

第 6～10 年每年的付现成本＝150－20＝130(万元)

【例 5—2】宏达公司准备购入一设备以扩充生产能力，现有甲、乙两个方案可供选择，甲方案需投资 11 000 元，使用寿命为 5 年，采用直线法计提折旧，5 年后设备残值为 1 000 元，5 年中每年的销售收入为 6 000 元，每年付现成本为 2 000元。乙方案需投资 12 000 元，采用直线法计提折旧，使用寿命为 5 年，5 年后残值收入 2 000 元，5 年中每年的销售收入为 8 000 元，付现成本第一年为 3 000元，以后随设备陈旧，逐年将增加修理费 400 元，另需垫支营运资金 3 000 元，假设所得税税率为 25%，试计算两个方案的现金净流量。

具体计算过程见表 5—1 和表 5—2。

表 5－1　　甲、乙两方案的营业现金流量计算表　　单位：元

时间	1	2	3	4	5
甲方案：销售收入	6 000	6 000	6 000	6 000	6 000
付现成本	2 000	2 000	2 000	2 000	2 000
折旧	2 000	2 000	2 000	2 000	2 000
税前利润	2 000	2 000	2 000	2 000	2 000
所得税	500	500	500	500	500
税后利润	1 500	1 500	1 500	1 500	1 500
营业现金流量	3 500	3 500	3 500	3 500	3 500
乙方案：销售收入	8 000	8 000	8 000	8 000	8 000
付现成本	3 000	3 400	3 800	4 200	4 600
折旧	2 000	2 000	2 000	2 000	2 000
税前利润	3 000	2 600	2 200	1 800	1 400
所得税	750	650	550	450	350
税后利润	2 250	1 950	1 650	1 350	1 050
营业现金流量	4 250	3 950	3 650	3 350	3 050

表 5—2　　甲、乙两方案的现金流量计算表　　单位：元

时间	0	1	2	3	4	5
甲方案：固定资产投资	−11 000					
营业现金流量		3 500	3 500	3 500	3 500	3 500
固定资产残值						1 000
现金流量合计	−11 000	3 500	3 500	3 500	3 500	4 500
乙方案：固定资产投资	−12 000					
营运资金垫支	−3 000					
营业现金流量		4 250	3 950	3 650	3 350	3 050
固定资产残值						2 000
营运资金收回						3 000
现金流量合计	−15 000	4 250	3 950	3 650	3 350	8 050

根据表 5—2 的计算可知，

甲方案的现金净流量＝7 500（元）

乙方案的现金净流量＝8 250（元）

三、估算现金流量时应注意的问题

在确定投资项目相关的现金流量时，应遵循的最基本原则是：只有增量现金流量才是与项目有关的现金流量。所谓增量现金流量，是指接受或拒绝某个投资项目后，企业总现金流量因此发生变动的部分。只有那些由于采纳某个项目引起的现金支出增加额，才是该项目的现金流出；只有那些由于采纳某个项目引起的现金流入增加额，才是该项目的现金流入。

为了正确计算投资项目的增量现金流量，需要正确判断哪些支出会引起企业总现金流量的变动，哪些支出不会引起企业总现金流量的变动。为此，应注意以下问题。

（一）区分相关成本与非相关成本

1. 相关成本

相关成本是指与特定投资项目有关的、在分析评价时必须加以考虑的成本。如差量成本、重置成本、机会成本、未来成本等。

2. 非相关成本

非相关成本是指与特定投资项目决策无关、在分析评价时不必加以考虑的成本。如沉没成本、账面成本等。

在进行现金流量估算时，如果将非相关成本纳入投资项目的总成本，则一个

有利的项目可能因此变得不利，一个较好的投资项目可能变为较差的项目，从而造成决策错误。

（二）考虑机会成本

机会成本是指在投资项目选择中，选择此投资机会而放弃彼投资机会所丧失的潜在利益。它虽然不是实际发生的费用支出，但却是潜在的损失，在现金流量计量中应视同现金流出量。例如，某公司准备新建一厂房，需要使用本公司现有的一块土地，假设该土地出售可得 10 万元，则这 10 万元就是该投资项目的机会成本。

机会成本在决策中的意义在于，它有助于全面考虑可能采取的各项方案，以便为既定资源寻求最为有利的使用途径。

（三）要考虑该投资项目对公司其他项目的影响

当采纳一个新的项目后，该项目可能对公司的其他项目造成有利或不利的影响。例如，公司某一新产品的上市，可能会对原有产品的销售量带来一定的影响，使原有产品的销售量减少。因此，公司在进行投资分析时，不应将预计的新产品全部销售额作为增量收入来处理，而应扣除其他项目因此减少的销售收入。当然，也可能发生相反的情况，新产品上市后将促使其他产品销售增长，这要看新项目与原有项目是竞争关系还是互补关系。

（四）要考虑投资项目对营运资金的影响

在一般情况下，当公司的投资项目投产后，对于存货和应收账款等经营性流动资产的需求会相应增加，公司必须筹措新的资金以满足这种额外需求；另一方面，公司扩充后也会造成应付账款及一些应付费用等经营性流动负债的增加，从而降低公司流动资金的实际需要。

当投资项目快要结束时，公司将与项目有关的存货出售，应收账款变为现金，应付账款也随之偿付，净营运资金恢复到原有水平。通常，在进行投资分析时，假定开始投资时筹措的净营运资金在项目结束时收回。

四、现金流量的作用

财务会计按权责发生制计算企业的收入、成本和利润，并用其来评价企业的经济效益。而在项目投资决策中，则以按收付实现制计算的现金净流量作为项目投资决策的依据。主要原因如下：

1. 采用现金流量有利于科学地考虑货币时间价值

由于投资项目的长期性，必须将货币时间价值因素引入到投资决策中，将不同时点上的现金流量调整到同一时点进行汇总和比较。现金流量指标能够弄清每一笔现金收入和现金支出的具体时点；而利润的计算则不考虑货币时间价值。从数量上看，投资项目寿命期内的现金净流量与净利润是相等的，但利润与现金流量却有很大差异：（1）购置固定资产付出大量现金却不计入成本；（2）将固定资产的价值以折旧的形式逐期计入成本时，却不需要付出现金；（3）计算利润时不考虑垫支的流动资产的数量和收回时间；（4）只要销售行为已经确定，就计算当期的销售收入，尽管其中有一部分并未于当期收到现金。

2. 采用现金流量可保证评价的客观性

通常，利润的计算受各种人为因素的影响，而现金流量的计算则不受这些因素的影响。比如，一个投资项目是采用直线法折旧，还是加速法折旧，其利润在投资寿命周期内的分布是不同的，但营业现金流量的分布不受折旧方法变动的影响，这可以使投资项目的决策分析更加客观。当然，影响利润分布的人为因素不仅有折旧方法的选择，还有存货计价方法、间接费用分配方法、成本计算方法等。

3. 在投资决策分析中，现金流动状况比盈亏状况更重要

投资企业账面上有无利润和手中有无现金是两个概念。有利润的年份不一定能产生多余的现金用于其他项目的再投资。一个项目能否维持下去，关键看用于该项目各项支付的现金有多少，而与企业一定时期内盈利的多少没有直接的联系。现金一旦用于支付，不管其是否消耗都不能再用于其他目的，而只有等它收回之后，才能用于再投资。因此，在投资决策分析中，现金流动状况比盈亏状况更重要。

五、所得税对现金流量的影响

在决策分析中，我们预测的现金流量是扣除所得税之后的现金流量，由于所得税是企业的一种现金流出，其大小取决于企业利润大小和税率高低。在营业收入一定的条件下，企业利润的大小受各项费用（包括折旧）的影响，因此，讨论所得税对现金流量的影响必然会涉及折旧问题。折旧的发生实际上会产生减少所得税税负的作用，即税收抵免效应。

（一）所得税对投资现金流量的影响

投资现金流量包括投资固定资产和流动资产上的资金两部分。由于投资在流动资产上的资金一般在项目结束时全部收回，不涉及企业的损益，因此不受所得税影响。

如果企业以原有旧设备进行固定资产投资，在计算成本投资现金流量时，一般是以该设备的变现价值作为其现金流出量，但同时还要考虑企业由此而可能支付或减免的所得税，即

投资现金流量＝投资在流动资产上的资金＋旧设备的变现价值－（设备变现价值－账面净值）×所得税税率

【例 5—3】假设宏达公司要进行固定资产更新与否的决策，若更换旧设备，则可获得旧设备的出售收入 8 万元，若此时旧设备的账面净值为 6 万元，则企业出售旧设备的净收益为 2 万元，企业要按 2 万元的所得来缴纳所得税（2×25%=0.5 万元），这时，企业实际的现金流入为 8−0.5=7.5（万元）。若假设旧设备出售时的账面净值为 10 万元，则企业会产生 2 万元的亏损，这 2 万元可以作为一项费用支出在税前利润中扣除，因而会产生税收抵免 0.5 万元，此时，出售旧设备所产生的现金流入量为 8+0.5=8.5（万元）。

（二）所得税对营业现金流量的影响

缴纳所得税是企业的一项现金流出，它会使企业的营业现金流量减少，讨论所得税必然要涉及折旧问题。折旧作为一项成本，一方面要在计算税前利润时扣除，因此折旧具有税收抵免作用，折旧的税负减少额=折旧额×所得税税率；另一方面，由于折旧不需要支付现金，因此可以把它当作一项现金流入。综合折旧的两方面作用，折旧会使企业的营业现金流量增加。

营业现金流量=净利润+折旧
=税前利润×(1−所得税税率)+折旧
=(收入−总成本)×(1−所得税税率)+折旧
=收入×(1−所得税税率)−总成本
×(1−所得税税率)+折旧

式中，收入×(1−所得税税率）称为税后收入，总成本×(1−所得税税率）称为税后成本。同时，营业现金流量又可以推导为：

营业现金流量=(收入−付现成本−折旧)×(1−所得税税率)+折旧
=收入×(1−所得税税率)−付现成本×(1−所得税税率)
+折旧×所得税税率

（三）所得税对项目终结现金流量的影响

项目终结现金流量包括固定资产的残值收入和营运资金的收回。营运资金的收回由于不涉及利润的增减，因此也不受所得税的影响。固定资产的残值收入如果等于预定的固定资产残值，那么也不受所得税的影响。如果两者不等，它们之间的差额会引起企业利润的增加或减少，因此在计算现金流量时，要考虑这部分差额所带来的所得税影响。

项目终结现金流量=固定资产残值收入
−(实际残值收入−预计残值收入)×所得税税率
+预计垫付的营运资金

【例 5—4】宏达公司拟投资甲项目，经过可行性分析，有关资料如下：(1) 该项目需固定资产投资 100 万元，于第一年年初和第二年年初分别投资 55 万元和 45 万元，第一年年末该项目部分竣工并投入试生产，第二年年末该项目全部竣工并交付使用。(2) 该项目投产时需垫支营运资金 60 万元，用于购买原材料、支付工资及存货增加占用等。其中第一年年末垫支 35 万元，第二年年末又增加垫支 25 万元。(3) 该项目经营期计划为 6 年，固定资产按直线法提折旧，预计残值为 10 万元。(4) 根据有关部门的市场预测，该项目投产后第一年销售收入为 70 万元，以后 5 年的销售收入均为 95 万元，第一年付现成本为 35 万元，以后 5 年每年的付现成本均为 46 万元。(5) 该项目需征用土地 10 亩，支付土地 10 年使用费共计 60 万元，于项目建设第一年年初支付。(6) 企业适用的所得税税率为 25%。计算该项目 6 年的预计现金流量。

(1) 计算固定资产及土地使用费的摊销额。

固定资产的折旧额＝(100－10)÷6＝15(万元)

土地使用费的摊销额＝60÷10＝6(万元)

(2)计算营业现金流量和现金净流量，见表 5—3 和表 5—4。

表 5—3 营业现金流量计算表 单位：万元

时间	0	1	2	3	4	5	6	7
销售收入			70	95	95	95	95	95
－付现成本			35	46	46	46	46	46
－折旧			15	15	15	15	15	15
－摊销土地使用费			6	6	6	6	6	6
＝税前利润			14	28	28	28	28	28
－所得税			3.5	7	7	7	7	7
＝税后利润			10.5	21	21	21	21	21
＋折旧			15	15	15	15	15	15
＋摊销土地使用费			6	6	6	6	6	6
＝营业现金流量			31.5	42	42	42	42	42

表 5—4　　　　　　　　　　　　**现金流量计算表**　　　　　　　　　　　单位：万元

时间	0	1	2	3	4	5	6	7
固定资产投资	－55	－45						
土地使用费投入	－60							
营运资金投入		－35	－25					
营业现金流量			31.5	42	42	42	42	42
固定资产残值								10
营运资金收回								60
现金流量合计	－115	－80	6.5	42	42	42	42	112

六、通货膨胀对现金流量的影响

经济发展的长期实践表明，任何国家的经济都呈现出一种周期性的现象，即通货膨胀与通货紧缩伴随着一国经济发展缓慢交替演变。在通货膨胀期间，持续的物价上涨，对投资项目的现金流量会产生重要影响。

首先，在会计上，对存货发出的计价有先进先出和后进先出等不同的计价方法。在通货膨胀期间，后进的存货价格较高，如果采用先进先出法计价，由于成本相对较低，导致利润增加，所得税额会相应增加，使企业税后现金净流量减少。如果采用后进先出法计价，则成本相对较高，导致利润下降，所得税额减少，使企业税后现金净流量增加。因此，在通货膨胀时期，存货发出采用何种方法计价对企业现金流量有重要影响。

其次，在通货膨胀时期，货币购买力被不断侵蚀，它对投资项目的收益现值产生重大影响。为消除通货膨胀的影响，在计算投资项目的决策指标时一般有两种方法可供选择，一种是调整投资项目决策指标计算的折现率；另一种是调整投资项目的现金流量。

1. 对折现率的影响

通常，我们用利率作为折现率，利率一般是以名义利率而不是实际利率来表述的。假设某人年初投资 10 000 元购买利率为 6%的 1 年期国库券，政府向他承诺到年末收到 10 600 元，但政府不保证 10 600 元实际能购买到多少商品。如果这一年的通货膨胀率预期为 5%，那么本利和 10 600 元的实际价值只有10 600÷1.05＝10 095.2 元。因此，这里的名义利率为 6%，而实际利率仅为 0.952%。

2. 对现金流量的影响

如果企业对未来现金流量的预测是基于预测年度的价格水平，并去除了通货膨胀的影响，那么这种现金流量称为实际现金流量。包含了通货膨胀影响的现金流量则为名义现金流量。两者的关系为：

$$名义现金流量 = 实际现金流量 \times (1 + 通货膨胀率)^n$$

式中，n 为相对于基期的期数。

在资本预算的编制过程中，应遵循一致性原则，名义现金流量用名义折现率进行折现，实际现金流量用实际折现率进行折现。

【例 5—5】 假设宏达公司某投资项目的实际现金流量如表 5—5 所示，名义折现率为 12%，预计一年内的通货膨胀率为 8%，求该项目的净现值。

表 5—5　　实际现金流量　　单位：万元

时间	0	1	2	3
实际现金流量	－100	45	60	40

解法一：将名义现金流量用名义折现率进行折现，此时需要先将实际现金流量调整为名义现金流量，然后用 12%的折现率进行折现。具体计算过程见表 5—6。

表 5－6　　名义现金流量及现值的计算　　单位：万元

时间	0	1	2	3
实际现金流量	－100	45	60	40
名义现金流量	－100	$45\times1.08=48.6$	$60\times1.08^2=69.98$	$40\times1.08^3=50.39$
现值（按 12%）	－100	43.39	55.79	35.87
净现值	43.39＋55.79＋35.87－100＝35.05			

解法二：将实际现金流量用实际折现率进行折现，此时需要将名义折现率换算成实际折现率，然后再计算净现值。具体计算过程见表 5—7。

$$实际折现率=\frac{1+名义折现率}{1+通货膨胀率}-1=\frac{1+12\%}{1+8\%}-1=3.7\%$$

表 5—7　　实际现金流量的现值计算　　单位：万元

时 间	0	1	2	3
实际现金流量	－100	45	60	40

续前表

时 间	0	1	2	3
现值（按 3.7%）	−100	45/1.037=43.39	$60/1.037^2=55.79$	$40/1.037^3=35.87$
净现值	43.39+55.79+35.87−100=35.05			

第三节　项目投资决策评价方法

一、项目投资决策的评价指标及类型

项目投资决策评价指标是指用于衡量和比较投资项目可行性，据以进行方案决策的定量化标准与尺度。主要指标有投资回收期、会计收益率、净现值、净现值率、现值指数、内含报酬率等。

（一）按照是否考虑货币时间价值分类

（1）贴现指标。贴现指标是指考虑了货币时间价值因素的指标。主要有净现值、净现值率、现值指数、内含报酬率。

（2）非贴现指标。非贴现指标是指没有考虑货币时间价值因素的指标。主要有投资回收期、会计收益率。

（二）按照数量特征分类

（1）绝对量指标。主要有投资回收期、净现值。

（2）相对量指标。主要有会计收益率、净现值率、现值指数、内含报酬率。

（三）按照指标的性质分类

（1）正指标。正指标意味着指标值的大小与投资项目的好坏成正相关关系，即指标值越大，该项目越好。主要有会计收益率、净现值、净现值率、现值指数、内含报酬率。

（2）逆指标。逆指标意味着指标值的大小与投资项目的好坏成负相关关系，即指标值越小，该项目越好。主要有投资回收期。

二、贴现评价方法及其运用

（一）净现值

1. 净现值的含义及计算

净现值是投资决策评价中最常使用的决策标准。净现值（net present value，NPV）是指投资项目未来现金流入的现值与未来现金流出的现值之差，它反映了项目投资的新增价值额。其计算公式为：

$$净现值(NPV)=\sum_{t=0}^{n}\frac{I_t}{(1+i)^t}-\sum_{t=0}^{n}\frac{O_t}{(1+i)^t}$$

式中，n：投资项目整个寿命周期；

I_t：第 t 年的现金流入量；

O_t：第 t 年的现金流出量；

i：贴现率。

计算净现值必须设定一个合适的贴现率。一般可以采用企业的资金成本率，也可以采用企业愿意接受的最低报酬率作为贴现率。

如果净现值为正数，即贴现后现金流入大于贴现后现金流出，说明该投资项目的报酬率高于原先设定的贴现率。假定该项目投资所需的资金都是以一定的资金成本率借入的，并以这个资金成本率作为计算净现值的贴现率，当净现值为正数时，说明该投资项目在偿还本息后有剩余收益。

如果净现值为零，即贴现后现金流入等于贴现后现金流出，说明该投资项目的报酬率等于原先设定的贴现率。如果投资所需资金是借入的，则该投资项目的现金流入只够偿还本息，没有剩余收益。

如果净现值为负数，即贴现后现金流入小于贴现后现金流出，说明该投资项目报酬率低于原先设定的贴现率。如果投资所需的资金是借入的，则该投资项目的现金流入连偿还本息都不够。

2. 净现值的决策规则

在用净现值进行投资决策时，要区分项目的性质。

(1) 对于独立项目而言，如果净现值大丁零，说明投资收益能够抵补投资成本，则投资项目在经济上是可行的。

(2) 对于互斥项目，应在多个方案中选择净现值大于零中的最大者作为最优方案。

【例 5—6】宏达公司计划扩大生产能力，现有三个方案可供选择（见表 5—8)。假设该公司的资金成本率为 10%，并以此作为贴现率。固定资产采用直线法计提折旧，期末无残值。

表 5—8　　投资方案现金流量表　　单位：元

期间	A方案		B方案		C方案	
	净利	现金净流量	净利	现金净流量	净利	现金净流量
0	—	−60 000	—	−36 000	—	−51 000

续前表

期间	A方案		B方案		C方案	
	净利	现金净流量	净利	现金净流量	净利	现金净流量
1	5 000	35 000	−7 800	4 200	3 000	20 000
2	9 200	39 200	11 000	23 000	3 000	20 000
3	—	—	11 000	23 000	3 000	20 000
合计	14 200	14 200	14 200	14 200	9 000	9 000

$$\begin{aligned}NPV(A)&=(35\,000\times0.909\,1+39\,200\times0.826\,4)-60\,000\\&=64\,213.38-60\,000=4\,213.38(\text{元})\end{aligned}$$

$$\begin{aligned}NPV(B)&=(4\,200\times0.909\,1+23\,000\times0.826\,4+23\,000\times0.751\,3)-36\,000\\&=40\,105.32-36\,000\\&=4\,105.32(\text{元})\end{aligned}$$

$$\begin{aligned}NPV(C)&=20\,000\times2.486\,9-51\,000\\&=49\,738-51\,000\\&=-1\,262(\text{元})\end{aligned}$$

从上述计算结果可知，A、B两方案的净现值都是正数，说明它们的报酬率都要高于资金成本率，是有利可图的。如果孤立地看，A、B两方案都可以接受；如果比较地看，当A、B两方案是互斥关系时，则A方案比B方案更有利。C方案的净现值是负数，经济上不可行，应予放弃。

净现值法所依据的原理是：假设预计的现金流入在年末肯定可以实现，并把原始投资看成是按预定贴现率借入的。当净现值为正数时，偿还本息后该项目仍有剩余收益；当净现值为负数时，该项目收益不足以偿还本息。

3. 净现值的优缺点

净现值的优点主要表现在：

(1) 考虑了货币的时间价值，属于价值属性。

(2) 考虑了投资风险的影响，这是因为资本成本或投资者要求的报酬率中包括了风险，风险较大的投资项目，其选择的贴现率将较高。

净现值的缺点主要表现在：

(1) 不能直接显示各投资项目本身可能达到的实际报酬率。

(2) 在互斥项目决策中，没有考虑互斥项目的投资规模差异，从而不能说明单位投资所取得的净现值是多少。

（3）贴现率的确定比较困难，而其正确性与否对净现值的影响至关重要。若项目的现金流量相同，当选择的贴现率较低时，项目决策结果可能是可行的，而当提高贴现率时，项目决策可能会变得不可行。所以，贴现率对决策结果的弹性影响会很大。

（二）净现值率

净现值率是项目净现值与全部投资现值之比。其计算公式为：

$$净现值率=\frac{项目净现值}{总投资的现值}$$

利用净现值率进行决策时，只要项目的净现值率为正，就意味着其能为公司带来财富，该项目在财务上就是可行的。如果存在多个互斥项目，应选择净现值率最大的项目。

根据例 5—6 的资料，三个方案的净现值率分别为：

A 方案净现值率＝4 213.38/60 000
＝7.02％

B 方案净现值率＝4 105.32/36 000
＝11.4％

C 方案净现值率＝－1 262/51 000
＝－2.47％

A 方案和 B 方案的净现值率均为正值，则 A 方案和 B 方案在财务上都是可行的。若两者是互斥方案，应选择 B 方案。

净现值率在某种程度上克服了净现值的缺点，考虑了互斥项目的投资规模差异，从而说明单位投资所取得的净现值是多少。

（三）现值指数

1．现值指数的含义及计算

现值指数（present index，PI），又称获利指数（profitability index），是指投资项目未来现金流入的现值与未来现金流出的现值之比。它反映了项目的投资效率，其计算公式为：

$$现值指数（PI）=\frac{\sum_{t=0}^{n}\frac{I_t}{(1+i)^t}}{\sum_{t=0}^{n}\frac{O_t}{(1+i)^t}}$$

现值指数的计算与净现值一样，也必须先设一个贴现率。从计算结果上看，现值指数的分界点是大于 1、等于 1 和小于 1，它们与净现值的分界点正数、零和负数是相对应的，其基本经济意义也是一致的。由于现值指数是相对数形式，反映的是项目的投资效率，而净现值是绝对数形式，反映的是项目的投资效益，因此，现值指数更适用于独立投资方案的获利能力比较，净现值适用于互斥投资方案的效益比较。

根据例 5—6 的资料，三个方案的现值指数分别为：

$$PI(A)=64\ 213.38\div 60\ 000$$
$$=1.070$$
$$PI(B)=40\ 105.32\div 36\ 000$$
$$=1.114$$
$$PI(C)=49\ 738\div 51\ 000$$
$$=0.975$$

可见，A、B 两个方案的现值指数都大于 1，说明贴现后现金流入大于贴现后现金流出，投资项目的报酬率大于资金成本率，方案有利可图。C 方案的现值指数小于 1，说明贴现后的现金流入小于现金流出，该项目的报酬率小于资金成本率，经济上不可取。

2. 现值指数的决策规则

现值指数的决策规则也要视项目间的性质而定。

(1) 对于独立项目，现值指数大于 1，项目可行；反之，项目不可行。

(2) 对于互斥项目，应选择净现值大的项目。例如，A、B 两个方案，从净现值的角度评价，A 方案优于 B 方案；从现值指数的角度评价，B 方案优于 A 方案。换句话说，投资效益是 A 方案最优，投资效率是 B 方案最优。当 A、B 两个方案是互斥方案时，应根据净现值指标选择 A 方案。因为净现值指标的基本原理是假定投资所需资金是借入的，用资金成本率作为贴现率计算得到的净现值为正数时，说明投资项目还本付息之后还有剩余收益。既然两者只能选择其一，当然应选剩余收益大的方案。当 A、B 两个方案是独立方案时，则应根据现值指数优先选择 B 方案，以求得较高的投资效率，在资金总量允许的情况下，还可以继续选择 A 方案。在实践中，一般不单独使用现值指数的评价方法，因为高现值指数的背后也可能是收益绝对量水平很低的一个投资项目。如果出现这种情况，则在经济上也是没有多大实际意义的。

3. 现值指数的优缺点

现值指数考虑了货币时间价值，能够真实地反映投资项目的盈亏程度，可以对投资规模不同的互斥项目进行比较，但现值指数依然无法反映投资项目本身的报酬率水平。

（四）内含报酬率

1. 内含报酬率的含义及计算

内含报酬率（internal rate of return，IRR）是指能使投资项目的净现值等于零的贴现率，也就是能使投资项目未来现金流入的现值等于现金流出的现值的贴现率。它是投资项目本身所具有的真实报酬率，与计算净现值和现值指数之前都需要设定一个贴现率不同，计算内含报酬率不需要作这样的设定，因为贴现率本身成为求解的对象。计算净现值和现值指数时，贴现率的设定是否合理，会影响投资方案的优劣顺序；而计算内含报酬率时就不存在这个问题，它最后只需要有一个合理的资金成本率或投资者愿意接受的最低报酬率作为项目是否可行的判断标准，即内含报酬率大于或等于资金成本率，项目可行；内含报酬率小于资金成本率，则项目不可行。如果是不同方案之间的比较，则应在内含报酬率大于和等于资金成本率的各个方案中，选择内含报酬率最高的方案作为最优方案。

内含报酬率的计算公式为：

$$\sum_{t=0}^{n}\frac{I_t}{(1+R)^t}-\sum_{t=0}^{n}\frac{O_t}{(1+R)^t}=0$$

式中，R 为内含报酬率。

内含报酬率的计算一般需要采用“逐步测试”的方法，即首先估计一个贴现率，用它来计算方案的净现值。如果净现值为正数，说明估计的贴现率低于方案本身的报酬率，应提高贴现率进一步测试；如果净现值为负数，应降低贴现率进一步测试。经过多次测试，寻找出净现值接近于零的贴现率，这就是方案本身所具有的真实报酬率。如果对测试结果的精确度要求较高，可找出净现值由正到负并且比较接近于零的两个对应的贴现率，通过插补法可以计算出比较精确的内含报酬率。

根据例 5—6 的资料，计算 A、B、C 三个方案的内含报酬率，其中 A 方案和 B 方案的计算见表 5—9 和表 5—10。

表 5—9　　A 方案内含报酬率的测试

期间	现金净流量	贴现率 16%		贴现率 15%	
		贴现系数	现 值	贴现系数	现 值
0	−60 000	1	−60 000	1	−60 000
1	35 000	0.862	30 170	0.870	30 450

续前表

期间	现金净流量	贴现率 16%		贴现率 15%	
		贴现系数	现 值	贴现系数	现 值
2	39 200	0.743	29 125.6	0.756	29 635.2
合计	—	—	−704.4	—	85.2

可见，A 方案的内含报酬率介于 15%～16% 之间，如果需要比较精确的内含报酬率，可采用插补法。

贴现率　　　　现值

15%　}x%　}1%　　　　85.2　}85.2　}789.6

?%　　　　0

16%　　　　−704.4

$$\frac{x}{1}=\frac{85.2}{789.6}$$

解得：$x=0.108$

A 方案的内含报酬率＝15%＋0.108%＝15.108%

表 5—10　　B 方案内含报酬率的测试

期间	现金净流量	贴现率 16%		贴现率 15%	
		贴现系数	现 值	贴现系数	现 值
0	−36 000	1	−36 000	1	−36 000
1	4 200	0.862	3 620.4	0.870	3 654
2	23 000	0.743	17 089	0.756	17 388
3	23 000	0.641	14 743	0.658	15 134
合计	—	—	−547.6	—	176

贴现率　　　　现值

15%　}x%　}1%　　　　176　}176　}723.6

?%　　　　0

16%　　　　−547.6

$$\frac{x}{1}=\frac{176}{723.6}$$

解得：$x=0.243$

B 方案的内含报酬率＝15%＋0.243%＝15.243%

C 方案的各期现金流入量相等，符合年金形式，内含报酬率可以直接利用年金现值来计算，不需要经过逐步测试。即：

$$51\,000=20\,000(P/A,i,3)$$
$$(P/A,i,3)=2.550$$

查年金现值系数表可得：

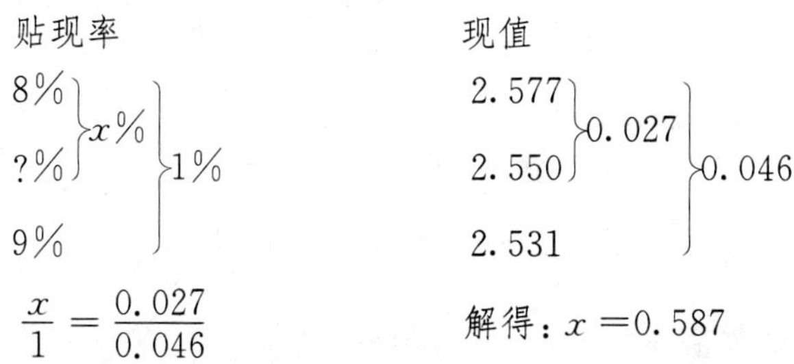

$$\frac{x}{1}=\frac{0.027}{0.046}$$ 解得：$x=0.587$

C方案的内含报酬率=8%+0.587%=8.587%

2. 内含报酬率的决策规则

在评价独立项目时，只要内含报酬率大于公司的资金成本或要求的报酬率，投资项目就可行；反之，则项目不可行。在评价互斥项目时，应选择内含报酬率较高的项目。

以上计算表明：三个方案中，B方案的内含报酬率最高，其次是A方案，最低的是C方案。如果该企业的资金成本率为10%，则C方案就不可取，这与前两个评价指标得出的结论相一致。如果A、B两个方案是互斥方案，应主要根据净现值指标进行选择，即优先选择净现值最大的A方案；如果A、B两个方案是独立方案，则应主要根据内含报酬率或现值指数指标进行选择，即优先选择内含报酬率和投资效率高的B方案，等企业有足够的资金后还可以安排A方案。

3. 内含报酬率的优缺点

内含报酬率指标在考虑货币时间价值的同时，反映了投资方案本身所具有的真实报酬率，利用该指标可以为独立方案进行优劣排序，在计算时也不需要像现值指数那样设定贴现率，因此它已经越来越多地应用到企业投资项目的分析评价中。该指标的缺点是，当投资项目每年的现金净流量不相等时，其计算或测试过程比较复杂。

三、非贴现评价方法及其运用

(一) 投资回收期

1. 投资回收期的含义及计算

投资回收期（payback period，PP）是指收回全部初始投资所需要的时间。一般以年为单位。过去该指标曾经长期作为投资项目评价的主要指标，在其他条件相同的情况下，一般选择投资回收期短的项目。投资回收期的计算，因每年营业现金净流量是否相等而有所差异。

（1）初始投资是一次性投入，没有建设期且投资后每年的营业现金净流量相等时，投资回收期可按下列公式计算：

$$\text{投资回收期}=\frac{\text{原始投资额}}{\text{每年的营业现金净流量}}$$

根据例5—6的资料，C方案每年的营业现金净流量相等，则：

$$\text{C 方案的投资回收期}=\frac{51\ 000}{20\ 000}=2.55(\text{年})$$

（2）初始投资是一次性投入，没有建设期且投资后每年的营业现金净流量不相等时，应先计算各年尚未回收的投资额，然后再计算投资回收期。

根据例5—6的资料，A、B两个方案每年的营业现金净流量都不相等，现以B方案为例，计算过程见表5—11。

表5—11　　B方案投资回收期分析表

年 度	每年营业现金净流量	年末尚未收回的投资额
1	4 200	31 800
2	23 000	8 800
3	23 000	—

$$\text{B 方案投资回收期}=2+8\ 800\div 23\ 000=2.38(\text{年})$$

（3）初始投资是分期投入，有建设期且投资后每年的营业现金净流量不相等时，应首先逐年计算到每年末为止累计的现金净流量。

假设第 N 年末累计现金流量等于零，则包含建设期的回收期为 N。

假设从第 N 年末开始累计现金净流量大于零，则投资回收期可按下列公式计算：

$$\text{包括建设期的投资回收期}=(N-1)+\frac{\text{第 }N-1\text{ 年末尚未收回的投资额}}{\text{第 }N\text{ 年的现金净流量}}$$

$$\text{不包括建设期的投资回收期}=\text{包括建设期的投资回收期}-\text{项目建设期}$$

【例5—7】宏达公司各年现金流量如表5—12所示。

表 5—12 **各年现金流量表** 单位：万元

项目	0	1	2	3	4	5	6	7
各年现金流量	−200	−200	−400	60	60	260	260	460
累计现金流量	−200	−400	−800	−740	−680	−420	−160	300

则：

包括建设期的投资回收期＝(7−1)＋160÷460＝6.348(年)

2. 投资回收期的决策规则

决策者在判定投资项目是否可行时，一般会事先设定一个可接受的投资回收期，称为基准回收期。当备选项目是独立方案时，只要投资项目回收期短于基准回收期，项目就可行；反之，则不可行。若备选项目是互斥方案，首先应考虑其回收期短于设定的期限，然后选择回收期最短的投资项目。

3. 投资回收期的优缺点

投资回收期概念简单、计算简便，可以用于衡量投资项目的相对风险。但是由于它不考虑资金时间价值，不考虑回收期内的现金流量序列，不考虑回收期以后的收益，因此，它现在仅仅作为贴现指标的辅助指标，主要用于评价项目的流动性大小。

【例 5—8】宏达公司有 A、B、C 三个项目，项目预期现金流量如表 5—13 所示。

表 5—13 **预期现金流量** 单位：万元

年份	A 项目	B 项目	C 项目
0	−100	−100	−100
1	20	50	50
2	30	30	30
3	50	20	20
4	60	60	150
回收期（年）	3	3	3

表 5—13 显示，A、B、C 三个项目的回收期均为 3 年，但通过比较，便可发现三个项目给企业带来的影响是不一样的。我们先来看 A 项目与 B 项目，在投资回收期内，A 项目的现金流量从 20 万元增加至 50 万元，B 项目的现金流量

从 50 万元降到 20 万元。但由于 B 项目的大额现金流量 50 万元发生的时间早于 A 项目，其净现值相对较高，而单纯看两个项目的投资回收期，都是 3 年，没有体现出差别来，即投资回收期不考虑回收期内的现金流量序列。我们再来看 B 项目与 C 项目，两者在回收期内的现金流量是完全相同的，但 C 项目现金总流量明显高于 B 项目，因为，C 项目在第 4 年有 150 万元的现金流入，但投资回收期忽略了回收期以后的现金流量。

上述投资回收期的计算没有考虑货币时间价值，常被称为静态回收期，为了克服静态回收期不考虑货币时间价值这一缺陷，财务上可以计算动态回收期，即将未来各期现金流量采用适当的折现率进行折算，然后再计算回收期。

根据例 5—8 的资料，计算宏达公司 A 项目的动态回收期，设折现率为 10%，计算过程见表 5—14。

表 5—14　　　　A 项目动态回收期计算表

年份	现金流量	现值系数	现金流量现值	年末尚未收回的投资额
0	−100	1		100
1	20	0.909 1	18.18	81.82
2	30	0.826 4	24.79	57.03
3	50	0.751 3	37.57	19.46
4	60	0.683 0	40.98	

$$\text{动态回收期}=3+\frac{19.46}{40.98}=3.47\text{（年）}$$

由此可见，考虑货币时间价值后的项目回收期会相对变长。虽然动态回收期考虑了货币时间价值，但它仍然没有考虑回收期内的现金流量序列及回收期以后的收益。

（二）会计收益率

会计收益率是指项目达到设计生产能力后正常年份内的年均净收益与项目总投资的比率。其计算公式为：

$$\text{会计收益率}=\frac{\text{年平均净收益}}{\text{原始投资额}}\times 100\%$$

根据例 5—6 的资料，A、B、C 三个项目的会计收益率分别为：

$$A\text{项目会计收益率}=\frac{(5\ 000+9\ 200)\ \div 2}{60\ 000}\times 100\%$$
$$=11.83\%$$

$$B\text{项目会计收益率}=\frac{(-7\ 800+11\ 000+11\ 000)\ \div 3}{36\ 000}\times 100\%$$
$$=13.15\%$$

$$C\text{项目会计收益率}=\frac{3\ 000}{51\ 000}\times 100\%$$
$$=5.88\%$$

采用会计收益率对投资项目进行分析评价时，需要事先确定一个企业期望的必要报酬率，以便与项目的会计收益率进行比较，并决定取舍。只要会计收益率高于必要报酬率，该项目就是可以接受的。当存在多个互斥方案时，选择会计收益率较高的项目。

会计收益率法从概念到计算也很简单，它的缺点也是不考虑资金的时间价值，对时间跨度大的投资项目，这类非贴现的评价指标不能准确反映项目的优劣。因此，现在一般把它们作为贴现指标的辅助指标用于投资决策评价。

四、项目投资决策评价方法的差别

静态投资回收期比较容易理解，计算简便，可以表示项目风险的大小。但是它没有考虑投资回收期以后的收益，有可能把后期效益好、整体效益也不错的项目舍弃了，进而导致错误的决策。事实上，有战略意义的长期投资往往早期收益较低，而中后期收益较高。静态投资回收期优先考察急功近利的项目，可能导致放弃长期成功的方案。

会计收益率易懂易算，能够反映项目的盈利水平，与静态投资回收期相比，它能够全面考虑项目整个寿命期内的现金流量。但是，非折现评价方法都存在一个致命的缺陷，就是未能考虑资金的时间价值。因此，一般在决策过程中，只将其作为辅助评价方法。

净现值法具有广泛的适用性，在理论上也比其他方法完善，是目前应用最多的一种投资决策评价方法。此方法考虑了资金的时间价值，能够反映各种投资方案的净收益。净现值法应用的主要问题是如何确定贴现率，一种办法是根据资本成本来确定，另一种办法是根据企业要求的最低资金利润率来确定。尽管净现值法应用较多，但是它也存在着不能揭示各个投资方案本身可能达到的实际报酬率的缺陷。

净现值率法适用于投资额相等或相差不大的互斥方案之间的比较。它是相对指标，反映了单位投资现值所能实现的净现值的大小。净现值率说明了项目运用资金的效率，便于同行业之间进行比较。

现值指数法的主要优点是，可以进行独立投资机会获利能力的比较。如果方案之间是互斥的，当然选择净现值大的项目。如果项目是独立的，优先考虑哪一个，可以根据现值指数来选择。现值指数可以看成是 1 元原始投资可望获利的现值净收益，它是一个相对指标，反映了投资的效率；而净现值指标是绝对数指标，反映的是投资的效益。

内含报酬率法考虑了货币时间价值，反映了投资项目的真实报酬率，概念也易于理解。但这种方法的计算过程比较复杂，特别是每年净现金流量不相等的投资项目，一般要经过多次测算才能得出结果。内含报酬率存在“多值性”，而且不适于互斥方案的分析评价，因为内含报酬率是相对量指标，只能说明项目报酬率的相对水平，反映不出项目未来全部报酬规模的大小，因此，内含报酬率大的项目不一定获得的总报酬就大，这时需要用净现值法进行决策。另外，净现值法的评估结果随资金成本变动而变动，而内含报酬率不考虑经济环境的变化。也就是说，企业的资金成本在内含报酬率上没有反映。还值得注意的是，用净现值法和内含报酬率法对互斥项目进行决策可能产生冲突。此时，应以净现值法为准。

总的来看，企业在进行投资决策时，以贴现评价方法为主，非贴现评价方法为辅。在贴现评价方法中，净现值法和内含报酬率法应用最广，但是两者会产生冲突。对互斥方案进行评价时，应以净现值法为主要方法。对于独立方案进行评价时，应利用多种评价方法，考虑企业的实际情况，进行综合评定。

第四节　项目投资评价方法的具体应用

在前一节，我们重点介绍了投资决策中的基本指标与评价方法，在本节将结合几个具体实例来研究投资决策方法的应用。

一、固定资产更新决策

固定资产更新是指对技术上或经济上不宜继续使用的资产，用新的资产更新或用先进的技术对原有设备进行局部改造。随着科技的不断发展，固定资产更新周期大大缩短。因此，固定资产更新决策便成为企业长期投资决策的一项重要内容。

固定资产更新决策主要研究两个问题：一是决定是否更新，即继续使用旧设备还是更换新设备；二是决定选择什么样的设备来更新。实际上，这两个问题是结合在一起考虑的，如果市场上没有比现有设备更合适的设备，那么就继续使用旧设备。

（一）差量净现值法

若新旧设备的未来使用年限相同，但年生产能力不同，说明更新不但影响投资额和年付现成本，而且还影响各年的销售收入，这时可用净现值法及差量净现值法来进行投资决策。

【例 5—9】宏达公司计划用一台生产效率更高的新设备替换旧设备，新旧设备的有关资料如表 5—15 所示。

表 5—15　　新旧设备有关资料　　单位：元

项目	旧设备	新设备
原值（元）	80 000	110 000
预计使用年限（年）	10	5
已使用年限（年）	5	0
已提折旧（元）	40 000	0
残值（元）	0	10 000
变现价值（元）	20 000	110 000
使用设备每年营业收入（元）	100 000	140 000
每年付现成本（元）	60 000	70 000

假设该公司的资金成本率为 10%，所得税税率为 25%，新旧设备均采用直线法计提折旧。试作出该公司是继续使用旧设备还是更新设备的决策。（注：忽略旧设备变现价值对所得税的影响。）

由于新、旧设备都可以使用 5 年，所以可以采用差量分析法，即先计算两个方案的差量现金流量，然后再根据差量现金流量计算差量净现值。

1. 计算初始投资和折旧的差量（见表 5—16）

表 5—16　　初始投资与折旧差量计算表　　单位：元

项 目	计算	差量
初始投资	110 000−20 000	90 000
年折旧额	20 000−8 000	12 000

2. 计算各年营业现金流量的差量（见表 5—17）

表 5—17　　营业现金流量计算表　　单位：元

项　目	计算	第1～5年各年的差量
营业收入	140 000－100 000	40 000
付现成本	80 000－70 000	10 000
折旧额	20 000－8 000	12 000
税前利润	40 000－10 000－12 000	18 000
所得税	18 000×25%	4 500
税后利润	18 000－4 500	13 500
营业现金净流量	12 000＋13 500	25 500

3. 计算两个方案现金流量的差量（见表 5—18）

表 5—18　　现金流量计算表　　单位：元

项　目＼年　份	第0年	第1年	第2年	第3年	第4年	第5年
初始投资	－90 000					
营业现金净流量		25 500	25 500	25 500	25 500	25 500
终结现金净流量						10 000
方案现金流量	－90 000	25 500	25 500	25 500	25 500	35 500

4. 计算差量的净现值

$$
\begin{aligned}
\text{NPV} &= 25\,500(P/A,10\%,4)+35\,500(P/F,10\%,5)-90\,000\\
&= 25\,500\times3.170+35\,500\times0.621-90\,000\\
&= 80\,835+22\,045.5-90\,000\\
&= 12\,880.5(\text{元})
\end{aligned}
$$

设备更新后，有正的净现值，说明更新方案在经济上可行，应售旧购新。

由于以上两个方案都有对应的现金流入和流出，因此也可以分别求出两个方案的净现值并进行对比，其结果是一样的。

$$
\begin{aligned}
\text{旧设备每年的营业现金流量} &= (100\,000-60\,000-8\,000)\times0.75+8\,000\\
&= 32\,000(\text{元})
\end{aligned}
$$

$$\text{旧设备的净现值}=32\,000\times(P/A,10\%,5)-20\,000=101\,280(\text{元})$$

$$
\begin{aligned}
\text{新设备每年的营业现金流量} &= (140\,000-70\,000-20\,000)\times0.75\\
&\quad +20\,000
\end{aligned}
$$

$$=57\ 500(\text{元})$$

$$\text{新设备的净现值}=57\ 500\times(P/A,10\%,5)+10\ 000\times(P/F,10\%,5)+110\ 000=114\ 125(\text{元})$$

（二）年均净现值法

若新旧设备的未来使用期限不相等，且年生产能力不同，这时可以采用年均净现值法进行投资决策。

【例 5—10】 宏达公司准备上一条生产线，现有两个投资项目可供选择。甲项目投资 160 000 元，项目投资后每年的销售收入为 150 000 元，每年需支付的付现成本为 50 000 元，项目的使用寿命为 4 年，期满后无残值。乙项目需投资 240 000 元，使用寿命为 6 年，期满无残值，每年可产生的净利润为 50 000 元。假设企业的资本成本为 10%，所得税税率为 25%，项目均采取直线法提折旧。问如何进行投资决策？

甲项目：年折旧额为 40 000 元。

每年的营业现金流量为：

$$(150\ 000-50\ 000-40\ 000)\times75\%+40\ 000=85\ 000(\text{元})$$

有效期内的净现值为：

$$85\ 000\times(P/A,10\%,4)-160\ 000=109\ 450(\text{元})$$

$$\text{年均净现值}=\text{净现值}\div\text{年金现值系数}=109\ 450\div(P/A,10\%,4)=34\ 526.81(\text{元})$$

乙项目：年折旧额为 40 000 元。

每年的营业现金流量为：

$$50\ 000+40\ 000=90\ 000(\text{元})$$

有效期内的净现值为：

$$90\ 000\times(P/A,10\%,6)-240\ 000=151\ 950(\text{元})$$

$$\text{年均净现值}=\text{净现值}\div\text{年金现值系数}=151\ 950\div(P/A,10\%,6)=34\ 890.93(\text{元})$$

从年均净现值看，乙项目大于甲项目，所以宏达公司应选择乙项目。

上述两种方法在固定资产更新与否决策中的应用并不十分普遍，差量分析法的前提是新旧设备继续可使用年限要正好相等，另外两个方案都必须要有对应的现金流入和流出。但在一般情况下，设备的更新并不改变企业的生产能力，不增加企业的现金流入。此时，更新决策的现金流量主要表现为现金流出，即使有少量的旧设备残值的变价收入，也只是支出的抵减，这里没有真正意义上的现金流入的增加；另外，更新后的设备可使用年限一般都要比旧设备继续可使用的年限要长，因此，差量分析法或净现值法的应用就受到限制。针对这种情况，比较好的分析方法是现金净流出现值法或年均成本法，并以成本较低的方案作为优选方案。

（三）现金净流出现值法

若新旧设备的未来使用年限相同，且年生产能力也相同，说明更新只影响投资额和年付现成本，不影响各年的销售收入，这时可用现金净流出现值法来进行投资决策。

【例 5—11】宏达公司计划用一台新设备更换一台旧设备，假设所得税税率为 25%，资本成本为 10%，有关资料如表 5—19 所示。

表 5—19　　新旧设备资料

项　目	旧设备	新设备
原值（元）	80 000	50 000
税法规定的残值（残值率 10%）	8 000	5 000
税法规定的使用年限（年）	6	4
已使用年限（年）	3	0
尚可使用年限（年）	4	4
每年付现成本（元）	8 600	5 000
两年后大修成本（元）	28 000	—
最终残值（元）	8 500	10 000
目前变现价值（元）	10 000	—
年折旧额（元）	（直线法）	（年数总和法）
第一年	12 000	18 000
第二年	12 000	13 500
第三年	12 000	9 000
第四年	—	4 500

说明：这里考虑所得税对现金流出量的影响，即成本费用可抵税，变现损失减税，残值净收益纳税。

旧设备的投资现金流量＝设备变现价值－(设备变现价值－账面余值)

×税率 =10 000－(10 000－44 000)×25%

=18 500(元)

旧设备的残值流入＝设备实际残值－(实际残值收入－预计残值)×税率

=8 500－(8 500－8 000)×25%

=8 375(元)

税后成本包括：

每年的付现成本×(1－25%)＝8 600×75%

=6 450(元)

大修理费用×(1－25%)＝28 000×75%

=21 000(元)

折旧抵税(流入)＝折旧×25%

=12 000×25%

=3 000(元)

旧设备的现金流出量的现值＝18 500＋6 450×$(P/A,10\%,4)$－3 000×$(P/A,10\%,3)$＋21 000×$(P/F,10\%,2)$－8 375×$(P/F,10\%,4)$

=43 111.38(元)

为了便于计算现金流出量的现值，我们列出旧设备各年的现金流量，见表5—20。

表 5—20　　旧设备的现金流出情况　　单位：元

项目＼时间	0	1	2	3	4
旧设备投资现金流量	(18 500)				
每年付现成本		(6 450)	(6 450)	(6 450)	(6 450)
每年折旧抵税		3 000	3 000	3 000	
大修理费用			(21 000)		
残值（减纳税）					8 375
合计	(18 500)	(3 450)	(24 450)	(3 450)	1 925

新设备的购置成本＝50 000(元)

税后成本＝每年的付现成本×(1－25%)

=5 000×75%

=3 750(元)

折旧抵税（流入）：

第一年：18 000×25％＝4 500(元)
第二年：13 500×25％＝3 375(元)
第三年：9 000×25％＝2 250(元)
第四年：4 500×25％＝1 125(元)
设备的残值流入＝10 000－(10 000－5 000)×25％
＝8 750（元）

新设备的现金流出量的现值＝50 000＋3 750×$(P/A,10\%,4)$－4 500×$(P/F,10\%,1)$－3 375×$(P/F,10\%,2)$－2 250×$(P/F,10\%,3)$－1 125×$(P/F,10\%,4)$－8 750×$(P/F,10\%,4)$
＝46 574.87(元)

为了便于计算现金流出量的现值，我们列出新设备各年的现金流量，见表5—21。

表 5—21　新设备的现金流出情况　单位：元

项目＼时间	0	1	2	3	4
设备购置成本	(50 000)				
每年付现成本		(3 750)	(3 750)	(3 750)	(3 750)
每年折旧抵税		4 500	3 375	2 250	1 125
残值（减纳税）					8 750
合计	(50 000)	750	(375)	(1 500)	6 125

由此可见，新设备的现金流出量的现值＞旧设备的现金流出量的现值，所以公司应继续使用旧设备。

（四）年均成本法

若新旧设备的未来使用年限不相同，但新旧设备的年生产能力相同，此时可采用年均成本法来进行投资决策。

年均成本的计算公式如下：

$$年均成本=\frac{项目的现金流出的现值}{年金现值系数}$$

如上例，新设备的年均成本为：

46 574.87÷(P/A,10%,4)=14 692.39(元)。

由于上例新旧设备的未来使用年限相同，所以没必要再计算年均成本。

二、固定资产经济寿命的决策

固定资产的经济寿命又叫固定资产的最优更新期，按照这一寿命期进行更新，可使固定资产的平均年成本最低。

固定资产使用初期其运行成本较低，以后随着设备的逐渐老化、性能变差，其维护、修理费用以及能耗等会逐渐增大，即随着固定资产的不断使用，其运行成本是递增的；而随着固定资产的使用，其价值逐步转移，该固定资产占用的资金应计的利息也会逐渐减少，即固定资产的持有成本是递减的。运行成本和持有成本随时间推移呈反方向变化，两者之和呈马鞍形状，这就是固定资产平均成本曲线，如图5—2所示。

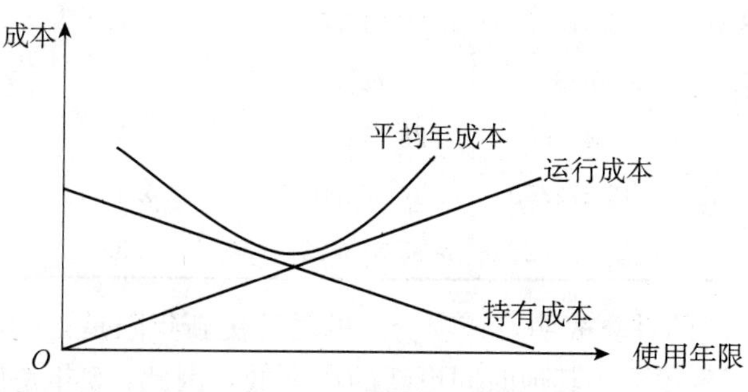

图5—2　固定资产经济寿命图

从图5—2中很容易看出，固定资产最经济的使用年限应是固定资产平均年成本曲线最低点所对应的年限。

【例5—12】宏达公司的某项固定资产的原值为22 000元，预计可使用8年，第8年末有残值2 000元，采用直线法计提折旧，运行成本逐年增加，该公司的资金成本率为10%，有关数据见表5—22。

表5—22　　**固定资产的经济寿命**　　单位：元

更新年限	原值 (1)	余值 (2)	贴现系数 (i=10%)(3)	余值现值 (4)=(2)×(3)	运行成本 (5)
1	22 000	19 500	0.909	17 725.50	2 000
2	22 000	17 000	0.826	14 042.00	2 100

3	22 000	14 500	0.751	10 889.50	2 250
4	22 000	12 000	0.683	8 196.00	2 450
5	22 000	9 500	0.621	5 899.50	2 750
6	22 000	7 000	0.564	3 948.00	3 150
7	22 000	4 500	0.513	2 308.50	3 650
8	22 000	2 000	0.467	934.00	4 250

更新年限	运行成本现值(6)=(5)×(3)	更新时运行成本现值(7)=∑(6)	现值总成本(8)=(1)−(4)+(7)	年金现值系数(i=10%)(9)	平均年成本(10)=(8)÷(9)
1	1 818.00	1 818.00	6 092.50	0.909	6 702.42
2	1 734.60	3 552.60	11 510.60	1.736	6 630.53
3	1 689.75	5 242.35	16 352.85	2.487	6 575.33
4	1 673.35	6 915.70	20 719.70	3.170	6 536.18
5	1 707.75	8 623.45	24 723.95	3.791	6 521.75
6	1 776.60	10 400.05	28 452.05	4.355	6 533.19
7	1 872.45	12 272.50	31 964.00	4.868	6 566.15
8	1 984.75	14 257.25	35 323.25	5.335	6 621.04

通过表 5—22 的计算表明，该项资产的最佳更新年限是 5 年，此时每年的平均成本是 6 521.75 元，比其他时间更新的成本低，因此，5 年是该项固定资产的经济寿命。

三、投资开发时机决策

有些投资项目涉及自然资源的开采，如果该种自然资源的储量不多，随着已有企业的不断开采，该种资源会越来越少，其销售价格会迅速上升。因此，早开发收益少，晚开发收益多；但早开发赚得的收入，其时间价值更大一些。显然，这里有一个投资开发时机的选择问题。

在进行此类决策时，其基本原理也是在不同的方案中找出净现值最大的方案，即在同一时点比较两个方案的净现值，净现值大的为优选方案。

【例 5—13】宏达公司拟开采一稀有矿藏，由于储量不断减少，该矿产品的价格一直面临着上涨的压力，据预测，5 年后价格将一次性上升 30%，因此该公司要对现在开发还是 5 年后开发作出决策。假定不论何时开发，初始投资都相同，建设期为1年，第二年初投产运营，预计矿藏在投产后4年全部开采完毕。有关资料见表5—23。

表5—23　　宏达公司投资开发时机决策资料

投资与回收		收入与成本	
固定资产投资（万元）	120	年产销量（吨）	2 000
营运资金垫支（万元）	10	现在开采每吨售价（元）	1 000
固定资产残值	0	5年后开采每吨售价（元）	1 300
资金成本率	10%	每吨付现成本（元）	400
		所得税税率	25%

1. 计算现在开发的净现值

年销售收入＝2 000×1 000元＝200（万元）

每年应提折旧＝120÷4＝30（万元）

每年付现成本＝2 000×400元＝80（万元）

每年营业现金净流量＝(200－80－30)×(1－25%)＋30

＝97.5（万元）

现在开发净现值＝97.5 $(P/A,10\%,4)(P/F,10\%,1)$

$+10(P/F,10\%,5)-10(P/F,10\%,1)-120$

＝97.5×3.17×0.909＋10×0.621－10×0.909－120

＝158.07(万元)

2. 计算5年后开发的净现值

年销售收入＝2 000×1 300元＝260(万元)

每年应提折旧＝120÷4＝30(万元)

每年付现成本＝2 000×400元＝80(万元)

每年营业现金净流量＝(260－80－30)×(1－25%)＋30＝142.5(万元)

5年后开发净现值＝$[142.5\ (P/A,10\%,4)(P/F,10\%,1)+10(P/F,10\%,5)-10(P/F,10\%,1)-120](P/F,10\%,5)$

＝[142.5×3.17×0.909＋10×0.621－10×0.909－120]×0.621 ＝178.69(万元)

两个方案的现金流量计算见表5—24。

表 5—24　　投资开发时机方案现金流量计算表　　单位：万元

方案	时间	0	1	第 2～4 年	5	6	第 7～9 年	10
现在开发	固定资产投资	－120						
	营运资金垫支		－10					
	营业现金流量			97.5	97.5			
	营运资金收回				10			
	现金流量	－120	－10	97.5×3	107.5			
5 年后开发	固定资产投资				－120			
	营运资金垫支					－10		
	营业现金流量						142.5	142.5
	营运资金收回							10
	现金流量				－120	－10	142.5×3	152.5

经计算对比，5 年后再开发的净现值大于现在马上开发的净现值，在其他条件不变的情况下，5 年后开发从经济上更加可行。

四、投资建设期决策

投资建设期是指从开始投资至投资结束项目进入正常运转为止的时间。很多项目的投资建设期可以通过增加建设力量的投入、集中施工力量、交叉作业以及加班加点等措施，缩短建设期使项目早日竣工，提前投产运营并产生效益。但是缩短建设期往往需要增加投资额，这样在经济上也要判断缩短建设期的利弊得失，以便进行选择。

【例 5—14】宏达公司计划进行一项投资，正常的建设期为 3 年，每年投资额为 200 万元，3 年共需投入 600 万元。项目建成后有效期为 10 年，每年的现金净流量为 180 万元。如果把建设期缩短为 2 年，每年需要投资 330 万元，2 年共需投入 660 万元。假定竣工投产后项目寿命和每年的现金净流量不变，资金成本率为 10%，寿命终结无残值，项目投入运转之初需垫支营运资金 20 万元，并于寿命期末收回，试分析是否应缩短建设期。

正常建设期和缩短建设期方案的现金流量如表 5—25 所示。

表 5—25　　　正常建设期和缩短建设期方案的现金流量表　　　单位：万元

方案	时间	0	1	2	3	4	5	6	7	8	9	10	11	12	13
正常建设期	固定资产投资	－200	－200	－200											
	营运资金垫支				－20										
	营业现金流量					180	180	180	180	180	180	180	180	180	180
	营运资金收回														20
	现金流量	－200	－200	－200	－20	180	180	180	180	180	180	180	180	180	200
缩短建设期	固定资产投资	－330	－330												
	营运资金垫支			－20											
	营业现金流量				180	180	180	180	180	180	180	180	180	180	—
	营运资金收回													20	
	现金流量	330	330	－20	180	180	180	180	180	180	180	180	180	200	—

$$
\begin{aligned}
\text{正常建设期的净现值} &= -200-200(P/A,10\%,2)-20(P/F,10\%,3)\\
&\quad +180(P/A,10\%,10)(P/F,10\%,3)\\
&\quad +20(P/F,10\%,13)\\
&= -200-200\times1.736-20\times0.751+180\times6.145\times\\
&\quad 0.751+20\times0.290\\
&= 274.26(\text{万元})
\end{aligned}
$$

$$
\begin{aligned}
\text{缩短建设期的净现值} &= -330-330(P/F,10\%,1)-20(P/F,10\%,2)\\
&\quad +180(P/A,10\%,10)(P/F,10\%,2)\\
&\quad +20(P/F,10\%,12)\\
&= -330-330\times0.909-20\times0.826+180\times6.145\times\\
&\quad 0.826+20\times0.319\\
&= 273.53(\text{万元})
\end{aligned}
$$

通过计算表明，缩短建设期方案的净现值小于正常建设期方案的净现值，说明缩短建设期是得不偿失的，应该维持正常的投资建设期。

五、资本限量决策

资本限量决策是指在企业投资资金数额既定的情况下所进行的投资决策。在资金有限的条件下，企业没有足够多的资金来投资所有可接受的项目。为提高投资收益率，企业应投资于一组使净现值最大的项目。通常采用比较现值指数和净现值两种方法来进行选择。

（1）当投资项目可以拆分时，最好的方法是采用现值指数来进行决策。具体步骤如下：

①计算所有项目的现值指数，并列出每一个项目的初始投资额。

②接受现值指数大于或等于1的项目，如果这些项目都有足够的资金，则表明资本没有限量，选择过程到此即可结束。

③一般情况下，资金不能满足所有现值指数大于或等于1的项目，这时，应在资本限量范围内，按现值指数由高到低进行项目的最优组合。

④接受加权平均现值指数（即净现值总额）最大的一组项目。

【例5—15】 宏达公司有5个可供选择的投资项目A、B、C、D、E，该公司可供投资的资金总额为400 000元。各项目有关资料见表5—26。

表5—26　　宏达公司资本限量决策资料　　单位：元

投资项目	初始投资	现值指数	净现值
A	120 000	1.56	67 000
B	150 000	1.53	79 500
C	300 000	1.37	111 000
D	125 000	1.17	21 000
E	100 000	1.18	18 000

若投资项目可以拆分，则项目投资组合为：A项目投资120 000元，B项目投资150 000元，C项目投资130 000元，此时，项目组合为最优组合，其净现值是最大的，平均现值指数是最大的。

$$项目组合的净现值=67\ 000+79\ 500+\frac{130\ 000}{300\ 000}\times 111\ 000=194\ 600(元)$$

（2）当投资项目不可以拆分时，通常采用净现值法来进行决策，在资本限量下寻求最高净现值的项目组合。具体步骤如下：

①计算所有项目的净现值，并列出项目的初始投资额。

②接受净现值大于或等于零的项目，如果这些项目都有足够的资金，则表明资本没有限量，选择过程到此即可结束。

③一般情况下，资金不能满足所有净现值大于或等于零的项目，这时要对所

有项目在资本限量范围内进行各种可能的组合，并计算各种组合的净现值总额。

④接受净现值合计数最大的一组项目。

根据例 5—15，各项目组合有关资料见表 5—27。

表 5—27　　各项目组合的净现值及现值指数计算表　　单位：元

项目组合	初始投资	加权平均现值指数	净现值合计
ABD	395 000	1.425	167 500
ABE	370 000	1.445	164 500
ADE	345 000	1.309	106 000
BDE	375 000	1.317	118 500
CE	400 000	1.323	129 000

从表 5—27 中的组合可以看出，ABD 是最优的项目组合，其净现值总额最大，资金利用效率最高。但在资金总额为 400 000 元的投资条件下，选择 ABD 组合，会有 5 000 元资金没有用完，假设这 5 000 元可投资于有价证券，其现值指数为 1，净现值为 0。

第五节　项目投资的风险分析

在考察前面的投资决策时，我们对各种项目现金流量的分析包含着这样一个假定，即这些现金流量到期肯定能实现。事实上，项目投资决策涉及的时间长、影响因素多，对项目的成本、收益很难做到准确预测。各种投资决策项目都不同程度地存在风险。有些项目如果风险较小，有时我们会忽略不计以简化分析；如果风险较大，则必须考虑风险因素对方案选择的影响。项目投资的风险分析方法比较多，主要有风险调整贴现率法和风险调整现金流量法。

一、风险调整贴现率法

风险调整贴现率法是指将与特定投资项目有关的风险报酬，加入到资金成本或企业要求达到的最低无风险报酬率中，构成按风险调整的贴现率，并据以进行投资决策分析的方法。

特定投资项目按风险调整的贴现率可以通过下式来计算：

$$k = i + b \cdot Q$$

式中，k：按风险调整的贴现率；

i：无风险报酬率或贴现率（考虑通货膨胀因素后的资金时间价值率）；

b：风险报酬斜率；

Q：风险程度。

在公式中，bQ 是风险报酬率。Q 是风险程度的衡量指标，即变化系数或标准离差率。一般来说，风险程度越大，投资者要求的风险报酬率越高。因此，风险报酬率与风险程度成正比。另一方面，影响风险报酬率高低的还有 b，即风险报酬斜率，它取决于社会全体投资者对风险的规避程度。如果投资者普遍愿意冒风险，则风险报酬斜率就小；如果投资者普遍不愿意冒风险，则风险报酬斜率就大。b 值可以通过积累历史资料运用统计的方法或凭经验加以估算。

【例 5—16】假定宏达公司最低的无风险报酬率为 6%，现有 3 个投资方案，有关资料如表 5—28 所示。试分析评价三个风险投资项目的优劣顺序。

表 5—28　　宏达公司风险投资项目现金流量表　　单位：元

时间＼方案	A 方案		B 方案		C 方案	
	现金净流量	概率	现金净流量	概率	现金净流量	概率
0	−50 000	1	−20 000	1	−20 000	1
1	35 000 20 000 5 000	0.25 0.50 0.25				
2	40 000 30 000 20 000	0.20 0.60 0.20				
3	30 000 20 000 10 000	0.30 0.40 0.30	20 000 40 000 60 000	0.20 0.60 0.20	30 000 40 000 50 000	0.10 0.80 0.10

1. 计算风险程度

(1) 计算风险投资项目的期望现金净流量，以反映现金流入的集中趋势。

A 方案：

$$E_{A1}=35\ 000\times0.25+20\ 000\times0.50+5\ 000\times0.25=20\ 000(\text{元})$$

$$E_{A2}=40\ 000\times0.20+30\ 000\times0.60+20\ 000\times0.20=30\ 000(\text{元})$$

$$E_{A3}=30\ 000\times0.30+20\ 000\times0.40+10\ 000\times0.30=20\ 000(\text{元})$$

B 方案：

$$E_B = 20\ 000 \times 0.20 + 40\ 000 \times 0.60 + 60\ 000 \times 0.20 = 40\ 000(\text{元})$$

C 方案：

$$E_C = 30\ 000 \times 0.1 + 40\ 000 \times 0.80 + 50\ 000 \times 0.1 = 40\ 000(\text{元})$$

（2）计算风险投资项目的标准差，以反映现金流入的离散趋势。

A 方案：

$$d_{A1} = [(35\ 000 - 20\ 000)^2 \times 0.25 + (20\ 000 - 20\ 000)^2 \times 0.50 + (5\ 000 - 20\ 000)^2 \times 0.25]^{\frac{1}{2}} = 10\ 606.60(\text{元})$$

$$d_{A2} = [(40\ 000 - 30\ 000)^2 \times 0.20 + (30\ 000 - 30\ 000)^2 \times 0.60 + (20\ 000 - 30\ 000)^2 \times 0.20]^{\frac{1}{2}} = 6\ 324.56(\text{元})$$

$$d_{A3} = [(30\ 000 - 20\ 000)^2 \times 0.30 + (20\ 000 - 20\ 000)^2 \times 0.40 + (10\ 000 - 20\ 000)^2 \times 0.30]^{\frac{1}{2}} = 7\ 745.97(\text{元})$$

B 方案：

$$d_B = [(20\ 000 - 40\ 000)^2 \times 0.20 + (40\ 000 - 40\ 000)^2 \times 0.60 + (60\ 000 - 40\ 000)^2 \times 0.20]^{\frac{1}{2}} = 12\ 649.11(\text{元})$$

C 方案：

$$d_C = [(30\ 000 - 40\ 000)^2 \times 0.20 + (40\ 000 - 40\ 000)^2 \times 0.80 + (50\ 000 - 40\ 000)^2 \times 0.10]^{\frac{1}{2}} = 4\ 472.14(\text{元})$$

（3）计算风险投资项目的变化系数，以反映现金流入的风险程度。

反映现金流入离散程度的标准差是一个绝对数，当它在不同项目的期望值不相等时，不能准确反映风险程度，为此可以将期望值不同的因素从中剔除，即计算变化系数或标准离差率 q：

$$q = \frac{\text{标准差}}{\text{期望值}} = \frac{d}{E}$$

它是用相对数表示的离散程度，因此可以准确反映风险程度。

由于 A 方案各年的期望值和标准差都不相同，为了综合各年的风险，可以用综合变化系数 Q 来描述：

$$Q=\frac{\text{综合标准差}}{\text{现金流入预期现值}}=\frac{D}{EPV}$$

$$D=\sqrt{\sum_{t=1}^{n}\frac{d_t^{\,2}}{(1+i)^{2t}}}$$

$$EPV=\sum_{t=1}^{n}\frac{E_t}{(1+i)^t}$$

$$D_A=\sqrt{\frac{(10\ 606.60)^2}{(1.06)^2}+\frac{(6\ 324.56)^2}{(1.06)^4}+\frac{(7\ 745.97)^2}{(1.06)^6}}=13\ 194.92(\text{元})$$

$$EPV_A=\frac{20\ 000}{1.06}+\frac{30\ 000}{(1.06)^2}+\frac{20\ 000}{(1.06)^3}=62\ 360.20(\text{元})$$

$$Q_A=\frac{13\ 194.92}{62\ 360.20}=0.212$$

$$Q_B=\frac{12\ 694.11}{40\ 000}=0.316$$

$$Q_C=\frac{4\ 472.14}{40\ 000}=0.112$$

2. 估算风险报酬斜率

假定社会上中等风险程度的项目变化系数为 0.5，通常要求含有风险报酬的最低报酬率为 11%，前面已假定无风险报酬率为 6%，按风险调整的贴现率为

$$k=i+b\times Q$$

则：

$$11\%=6\%+b\times 0.5$$
$$b=0.1$$

3. 确定各投资项目的风险调整贴现率

$$K_A=6\%+0.1\times 0.212=8.12\%$$
$$K_B=6\%+0.1\times 0.316=9.16\%$$
$$K_C=6\%+0.1\times 0.112=7.12\%$$

4. 根据经过风险调整的贴现率计算各项目的净现值

$$NPV_A=\frac{20\ 000}{(1+8.12\%)}+\frac{30\ 000}{(1+8.12\%)^2}+\frac{20\ 000}{(1+8.12\%)^3}-50\ 000$$

$$=18\ 497.97+25\ 663.10+15\ 823.84-50\ 000$$
$$=9\ 984.91(\text{元})$$

$$NPV_B=\frac{40\ 000}{(1+9.16\%)^3}-20\ 000=10\ 751.72(\text{元})$$

$$NPV_C=\frac{40\ 000}{(1+7.12\%)^3}-20\ 000=12\ 542.30(\text{元})$$

计算结果表明：三个方案的优劣顺序为 C>B>A，如果不考虑风险因素，各项目以概率最大的现金流量作为肯定的现金流量，则其顺序是 C=B>A，即

$$NPV_A=\frac{20\ 000}{1.06}+\frac{30\ 000}{(1.06)^2}+\frac{20\ 000}{(1.06)^3}-50\ 000=62\ 360.20-50\ 000$$
$$=12\ 360.20(\text{元})$$

$$NPV_B=\frac{40\ 000}{(1.06)^3}-20\ 000=13\ 584.77(\text{元})$$

$$NPV_C=\frac{40\ 000}{(1.06)^3}-20\ 000=13\ 584.77(\text{元})$$

可见，风险调整贴现率法的实质是根据项目风险大小来相应提高贴现率，对高风险的项目，应当采用较高的贴现率计算净现值。

风险调整贴现率法比较符合事物的逻辑，应用也较广泛。但由于该种方法是将风险调整因素折算到货币时间价值中去，因此，在计算净现值时，它是按一个统一的贴现率去调整各年的现金流量，这样，越往后调整程度就越大，也就是说越往后的现金流量风险越大。这与有些项目的事实可能不符，这些项目前期的现金流量难以估计，但越往后却越有把握，如果园、饭店、商场等。因此，在进行风险投资项目分析评价时，应该注意分析方法的合理选择。能够克服风险调整贴现率法缺陷的是风险调整现金流量法。

二、风险调整现金流量法

风险调整现金流量法又叫肯定当量法或约当系数法，它是将有风险的期望现金流量按肯定当量系数折算为肯定的现金流量，然后再用无风险的贴现率来计算风险投资项目的净现值并进行评价分析的方法。

风险调整现金流量法的最大特点是可以对项目各年的现金流量按其风险程度分别进行调整，即

$$NPV=\sum_{t=0}^{n}\frac{\alpha_t NCF}{(1+i)^t}$$

式中，α_t：t 年现金流量的肯定当量系数；

i：无风险贴现率；

NCF：现金净流量。

肯定当量系数的值在 0～1 之间，它是将不肯定的现金流量换算为肯定的现金流量所使用的系数，即

$$\alpha_t = \frac{\text{肯定的现金流量}}{\text{不肯定的现金流量期望值}}$$

各年的肯定当量系数，可以由经验丰富的专业人员凭经验判断确定，也可以根据各年现金流量的变化系数来选择，如表 5—29 所示。

表 5—29　　变化系数与肯定当量系数的经验关系表

变化系数 Q	肯定当量系数
0.00～0.07	1
0.08～0.15	0.9
0.16～0.23	0.8
0.24～0.32	0.7
0.33～0.42	0.6
0.43～0.54	0.5
0.55～0.70	0.4

根据例 5—16 的资料，现采用风险调整现金流量法来分析评价三个风险投资项目。

1. 计算风险投资项目各年现金流量的变化系数

A 方案：

$$Q_{A1} = \frac{d_{A1}}{E_{A1}} = \frac{10\ 606.60}{20\ 000} = 0.53$$

$$Q_{A2} = \frac{d_{A2}}{E_{A2}} = \frac{6\ 324.56}{30\ 000} = 0.21$$

$$Q_{A3} = \frac{d_{A3}}{E_{A3}} = \frac{7\ 745.97}{20\ 000} = 0.39$$

B 方案：

$$Q_B = \frac{d_B}{E_B} = \frac{12\ 649.11}{40\ 000} = 0.316$$

C 方案：

$$Q_C=\frac{d_C}{E_C}=\frac{4\ 472.14}{40\ 000}=0.112$$

2. 查表选择肯定当量系数

$\alpha_{A1}=0.5$ $\alpha_{A2}=0.8$ $\alpha_{A3}=0.6$ $\alpha_B=0.7$ $\alpha_C=0.9$

3. 按肯定当量系数调整各年现金流量并计算各项目的净现值

$$NPV_A=\frac{0.5\times 20\ 000}{1+6\%}+\frac{0.8\times 30\ 000}{(1+6\%)^2}+\frac{0.6\times 20\ 000}{(1+6\%)^3}-50\ 000$$
$$=-9\ 130.69(\text{元})$$

$$NPV_B=\frac{0.7\times 40\ 000}{(1+6\%)^3}-20\ 000=3\ 509.34(\text{元})$$

$$NPV_C=\frac{0.9\times 40\ 000}{(1+6\%)^3}-20\ 000=10\ 226.29(\text{元})$$

从上面的计算可以看出，方案的优劣顺序仍然是 C>B>A。但风险调整贴现率法和风险调整现金流量法对三个投资项目净现值的调整程度是不同的，风险调整贴现率法对远期现金流量的调整程度大。表 5—30 表明在风险调整贴现率法下，A 项目的净现值比较接近 B、C 两个项目的净现值，而 B、C 两个项目都是现金流量集中在后期的项目，说明该调整方法对 B、C 两个项目调整大，对 A 项目调整小。采用风险调整现金流量法后，由于可以按各年的现金流量的风险分别进行调整，A 项目在优劣顺序中的位置大幅度地往后退。这说明由于现金流量时间分布上的不同而导致的风险调整程度不同这种方法上的缺陷，在风险调整现金流量法中得以消除。

表 5—30　　不同风险调整方法对项目 NPV 影响对比表　　单位：元

项目＼方法	风险调整贴现率法	风险调整现金流量法
A	9 984.91	−9 130.69
B	10 751.72	3 509.34
C	12 542.30	10 226.29

风险调整现金流量法的主要困难是确定合理的肯定当量系数。肯定当量系数的确定既与项目风险大小有关，也与投资决策人员的风险偏好有关，即投资项目的风险越大，肯定当量系数取值越低；而在同样的风险条件下，投资决策人员的风险偏好越强，则肯定当量系数的取值越高。如果像上述例题中根据项目现金流量的变化系数来选择肯定当量系数，而不是完全由投资决策分析人员凭经验来确定该系数，看上去似乎客观了一些，但是肯定当量系数与变化系数的对应关系本

身也是人为估算的结果，因此，这种方法仍不能完全避免人为因素的影响。

【本章强化训练题】

一、思考题

1. 长期投资决策的评价方法主要有几种？各种方法分别有什么优缺点？

2. 为什么说净现值法是长期投资决策评价中相对科学的方法？

3. 什么是现金流量？现金流量的构成有哪些？

4. 试述投资决策分析中采用现金流量的原因。

5. 简述折旧与所得税对现金流量的影响。

二、单项选择题

1. 下列属于企业长期投资的是（　　）。

A. 现金　　B. 应收账款　　C. 存货　　D. 固定资产

2. 在投资决策方法中，对于互斥方案来说，最好的评价方法是（　　）。

A. 净现值法　　B. 现值指数法　　C. 内含报酬率　　D. 投资回收期

3. 在下列指标中，属于静态评价指标的是（　　）。

A. 净现值法　　B. 现值指数法　　C. 内含报酬率　　D. 投资回收期

4. 在下列长期投资决策评价指标中，其指标数值越小越好的是（　　）。

A. 净现值法　　B. 现值指数法　　C. 内含报酬率　　D. 投资回收期

5. 当贴现率与内含报酬率相等时，（　　）。

A. 净现值小于零　　B. 净现值大于零

C. 净现值等于零　　D. 净现值不确定

6. 若某投资方案的净现值大于零，则其内含报酬率（　　）。

A. 可能小于零　　B. 一定等于零

C. 一定大于设定的贴现率　　D. 一定小于设定的贴现率

7. 如果其他因素不变，一旦贴现率提高，则下列指标中其数值将会变小的是（　　）。

A. 投资回收期　　B. 投资收益率　　C. 内含报酬率　　D. 净现值

8. 企业通过购买股票、债券进行投资，从投资方式来看属于（　　）。

A. 直接投资　　B. 间接投资　　C. 生产性投资　　D. 内部投资

9. 某投资项目当贴现率为8%时，净现值为100万元，当贴现率为10%时，净现值为－80 万元，则该项目的内含报酬率为（　　）。

A. 9.11%　　B. 9.4%　　C. 8.5%　　D. 18%

10. 折旧具有抵减税负的作用，可用（　　）计算由于计提折旧而减少的所得税额。

A. 折旧额×所得税税率

B. 折旧额×（1－所得税税率）

C.（付现成本＋折旧）×所得税税率

D.（付现成本＋折旧）×（1－所得税税率）

11. 在评价单一方案的财务可行性时，如果不同指标之间的评价结论发生了矛盾，应以（　　）指标为准。

A. 净现值　　B. 现值指数　　C. 内含报酬率　　D. 投资回收期

12. 在肯定当量法下，有关变化系数与肯定当量系数关系的正确表述是（　　）。

A. 变化系数越大，肯定当量系数越大

B. 变化系数越小，肯定当量系数越小

C. 变化系数越大，肯定当量系数越小

D. 变化系数与肯定当量系数同方向变化

13. 某企业计划投资 10 万元建一生产项目，预计投资后每年可获得净利1.5 万元，年折旧率为 10%，则静态投资回收期为（　　）。

A. 3 年　　B. 4 年　　C. 5 年　　D. 6 年

14. 某投资项目的有效期限为 5 年，净现值为 100 万元，行业基准折现率为 10%，已知（P/A,10%,5）＝3.791，则该项目的年均净回收额为（　　）万元。

A. 20　　B. 26.38　　C. 37.91　　D. 50

15. 项目投资决策中，完整的项目计算期是指（　　）。

A. 建设期　　B. 运营期

C. 建设期＋达产期　　D. 建设期＋运营期

16. 运用肯定当量法进行投资风险分析，需要调整的项目是（　　）。

A. 有风险的贴现率　　B. 无风险的贴现率

C. 有风险的现金流量　　D. 无风险的现金流量

17. 某企业准备进行一项固定资产投资，设定贴现率为 12%，有四个方案可供选择。其中，甲方案的项目计算期为 10 年，净现值为 1 000 万元；乙方案的净现值率为－15%；丙方案的项目计算期为 11 年，其年均净回收额为 150 万元；丁方案的内含报酬率为10%，则最优的投资方案是（　　）。

A. 甲方案　　B. 乙方案　　C. 丙方案　　D. 丁方案

18. 如果某一投资项目的净现值为正数，则必然存在的结论是（　　）。

A. 投资回收期在一年以内

B. 获利指数大于1

C. 投资收益率高于100%

D. 年均现金净流量大于原始投资额

19. 某投资方案的年营业收入为10万元，年营业成本为6万元，其中年折旧额为1万元，所得税税率为25%，则该方案的年营业现金净流量为（　　）。

A. 2.68万元　　B. 3.68万元　　C. 29.25万元　　D. 4万元

20. 如果考虑货币的时间价值，固定资产平均年成本是未来使用年限内现金流出总现值与（　　）的乘积，与（　　）的比值。

A. 年金终值系数　　B. 年金现值系数

C. 投资回收系数　　D. 偿债基金系数

三、实务题

（一）练习项目投资决策评价指标的计算

资料：某公司为扩大生产能力，计划进行固定资产投资，现有A、B两个方案可供选择。A方案需投入60万元，用于购置固定资产，固定资产使用寿命为8年，采用直线法计提折旧，期末有残值4万元，另外需垫支营运资金5万元，项目寿命期末可收回。该项目每年的销售收入为20万元，每年的付现成本为5.6万元。B方案需投入70万元，用于购置固定资产，使用寿命也是8年，采用直线法计提折旧，期末有残值6万元，另外需垫支营运资金4万元，项目寿命期末可收回。该项目每年的销售收入为22万元，第一年的付现成本为6万元，以后随着设备的陈旧，逐年增加设备维修费用0.8万元。假设该公司所得税税率为25%，资金成本率为10%。要求：

（1）计算两个方案的现金流量；

（2）计算两个方案的净现值；

（3）计算两个方案的内含报酬率；

（4）根据计算结果对两个方案作出评价。

（二）练习固定资产更新决策方法的运用

资料：某企业有一台旧设备，预计使用寿命为10年，已使用6年，设备原值为30 000元，预计残值2 000元，每年运行成本为4 800元，其变现价格为

6 000元。现企业技术人员计划以基本性能相近的设备进行更新，新设备价值28 000元，预计可使用10年，预计残值2 000元，每年的运行成本平均为1 600元，企业的资金成本率为10%。

要求：对该企业固定资产更新方案进行分析评价。

（三）练习项目投资建设期的决策

资料：某公司有一投资项目，正常投资建设期为3年，每年投资280万元，3年共需投资840万元。项目建成后有效寿命期为10年，每年现金净流量为320万元。如果把投资建设期缩短1年，则每年需投资460万元，2年共投资920万元，竣工投产后项目有效寿命期和每年现金净流量不变，该公司的资金成本率为10%。项目寿命终结无残值，项目投入运转之初需垫支营运资金30万元，并可在寿命期末收回。

要求：试分析是否应缩短投资建设期。

（四）练习项目投资开发时机的决策

资料：某公司拥有一稀有矿藏，由于该类矿藏总储量在不断减少，它的价格一直面临上涨的压力。4年后价格将一次性上升至0.14万元/吨，因此该公司要对该项目的投资开发时机进行决策。假定不论何时开发，初始投资相同，建设期为1年，在第二年初投产运营时需垫支营运资金，投产后4年该矿藏全部开采完毕，固定资产采用直线法计提折旧，有关资料如表5—31所示。

表5—31　　项目投资的收入与成本资料

投资与回收		收入与成本	
固定资产投资(万元)	100	产销量（吨）	1 800
营运资金垫支（万元）	20	现在开采每吨售价（万元）	0.12
固定资产残值	0	4年后开采每吨售价（万元）	0.15
资金成本率	10%	每吨付现成本（万元）	0.08
		所得税税率	25%

要求：作出投资开发时机决策。

（五）练习项目投资的风险分析

资料：某公司准备进行一项投资，项目各年的现金流量和分析人员确定的肯定当量系数如表5—32所示，公司的资金成本率为10%，分析该项目是否可行。

表5—32　　现金流量与肯定当量系数

年份	0	1	2	3	4
现金净流量（万元）	−20	6	7	8	9
肯定当量系数	1	0.95	0.9	0.8	0.8

【案例分析】

中南日用化学品公司资本预算分析

中南公司成立于 1990 年，由中洁化工厂和南宏化工厂合并而成。合并之时，中洁化工厂主要生产“彩虹”牌系列洗涤用品，这是一种低泡沫、高浓缩粉状洗涤剂；南宏化工厂主要生产“波浪”牌系列洗涤用品，它具有泡沫丰富、去污力强等特点。两种产品在东北地区的销售市场各占有一定份额。两厂合并后，仍继续生产两种产品，并保持各自的商标。1995 年，这两种洗涤剂的销售收入是合并前的 3 倍，其销售市场已经从东北延伸到全国各地。

面对日益激烈的商业竞争和层出不穷的科技创新，中南公司投入大量资金进行新产品的研究和开发工作，经过两年的不懈努力，终于试制成功一种新型、高浓缩液体洗涤剂——长风牌液体洗涤剂。该产品采用国际最新技术、生物可解配方制成，与传统的粉状洗涤剂相比，具有以下几项优点：(1) 采用长风牌系列洗涤剂漂洗相同重量的衣物，其用量只相当于粉状洗涤剂的 1/6 或 1/8；(2) 对于特别脏的衣物、洗衣量较大或水质较硬的地区，如华北、东北，可达最佳洗涤效果，且不需要事前浸泡，这一点是粉状洗涤剂不能比拟的；(3) 采用轻体塑料瓶包装，使用方便，容易保管。

1997 年 4 月 14 日上午，中南日用化学品公司召开会议，讨论新产品开发及其资本支出预算等有关问题。会上，研究开发部经理首先介绍了新产品的特点、作用，研究开发费用以及开发项目的现金流量等。研究开发部经理指出，生产长风牌液体洗涤剂的原始投资为 2 500 000 元，其中新产品市场调查研究费 500 000 元，购置专用设备、包装用品设备等需投资 2 000 000 元。预计设备使用年限为 15 年，期满无残值。按 15 年计算新产品的现金流量，与公司一贯奉行的经营方针相一致，在公司看来，15 年以后的现金流量具有极大的不确定性，与其预计误差，不如不予预计。

研究开发部经理列示了长风牌洗涤剂投产后公司的年现金流量（见表 1），并解释由于新产品投放后会冲击原来两种产品的销量，因此长风牌洗涤剂投产后增量现金流量见表 2。

表 1　　开发长风牌产品后公司预计现金流量

年份	现金流量（元）	年份	现金流量（元）
1	280 000	9	350 000
2	280 000	10	350 000
3	280 000	11	250 000
4	280 000	12	250 000
5	280 000	13	250 000
6	350 000	14	250 000
7	350 000	15	250 000
8	350 000		

研究开发部经理介绍完毕，会议展开了讨论，在分析了市场状况、投资机会以及同行业发展水平的基础上，确定公司投资机会成本为10%。

公司财务部经理首先提出在长风牌洗涤剂开发项目资本支出预算中为什么没有包括厂房和其他设备支出。

研究开发部经理给出的解释为，目前“彩虹”牌系列洗涤剂的生产设备利用率仅为55%，由于这些设备完全适用于生产长风牌液体洗涤剂，故除专用设备和加工包装所用的设备外，不需再增加其他设备。预计长风牌洗涤剂生产线全部开机后，只需要10%的工厂生产能力。

表 2　　开发长风牌产品后公司增量现金流量

年份	现金流量（元）	年份	现金流量（元）
1	250 000	9	315 000
2	250 000	10	315 000
3	250 000	11	225 000
4	250 000	12	225 000
5	250 000	13	225 000
6	315 000	14	225 000
7	315 000	15	225 000
8	315 000		

公司总经理问道：开发新产品是否应考虑增加的流动资金？研究开发部经理解释说：新产品投产后，每年需追加流动资金200 000元，由于这项资金每年年初借，年末还，一直保留在公司，所以不需将此项费用列入项目现金流量中。

接着，公司董事长指出：生产新产品占用了公司的剩余生产能力，如果将这部分剩余能力出租，公司将得到近2 000 000元的租金收入，因此新产品投资收入应该与租金收入相对比。但他又指出，中南公司一直奉行严格的设备管理政策，即不允许出租厂房设备等固定资产。按此政策，公司有可能接受新项目，这与正常的投资项目决策方法有所不同。

讨论主要集中的问题是：如何分析严格的设备管理政策对投资项目收益的影响？如何分析新产品市场调查研究费和追加的流动资金对项目的影响？

案例思考：

1. 如果你是财务部经理，你认为新产品市场调查研究费属于该项目的现金流量吗？

2. 关于生产新产品所追加的流动资金，应否算作项目的现金流量？

3. 新产品生产使用公司剩余的生产能力，是否应该支付使用费？为什么？

4. 投资项目现金流量中是否应该反映由于新产品上市使原来老产品的市场份额减少而丧失的收入？如果不引进新产品，是否可以减少竞争？

5. 如果投资项目所需资金是银行借入的，那么与此相关的利息支出是否应在投资项目现金流量中得以反映？

6. 试计算投资项目的净现值、内含报酬率和现值指数，并根据其他因素，作出你最终的选择：是接受项目还是放弃项目？

第六章 长期证券投资管理

本章学习目标 通过本章学习，了解证券投资的种类和基本程序，理解证券投资的风险和收益，掌握债券投资、股票投资、基金投资等价值评价方法，把握证券投资组合的风险分析方法和策略。

第一节 证券投资概述

一、证券的分类与特征

证券是有价证券的简称，是发行公司为筹集资金而发行的、具有一定票面金额、代表持券人对公司直接或间接享有的财产所有权或债权，并可在证券市场上有偿转让的一种信用凭证或金融工具。

（一）证券的分类

证券的种类很多，可以按不同的标准进行分类。

1. 按发行主体不同，可分为政府证券、金融证券和公司证券

（1）政府证券。政府证券，又称政府债券，是指政府为筹措资金，凭其信誉，采用信用方式，按照一定程序向投资者出具的一种债权债务凭证。政府债券又分中央政府债券和地方政府债券。如我国政府发行的国库券、国家重点建设债券、特种国债等。

（2）金融证券。金融证券是指银行或非银行性的金融机构为筹集资金而发行的证券，如定期存单式的金融债券、贴现金融债券等。

（3）公司证券。公司证券是指公司为筹集资金而发行的证券，公司证券主要包括股票、公司债券等。

2. 按证券的期限不同，可分为短期证券和长期证券。

（1）短期证券。短期证券是指期限在1年以内的证券，如国库券、商业票据等。

（2）长期证券。长期证券是指期限在1年以上的证券，如股票、债券等。

一般而言，短期证券的风险小，变现力强，但收益率相对较低；长期证券的收益一般较高，但时间长，风险大。

3. 按所体现的内容不同，可分为货币证券、资本证券和商品证券

（1）货币证券。货币证券是指可以用来代替货币使用的证券。货币证券是商业信用工具，在范围和功能上与商业票据基本相同，主要包括期票、汇票、支票和本票等。

（2）资本证券。资本证券是有价证券的主要形式，包括股权证券和债权证券。股权证券具体表现为股票及权证；债权证券则表现为各种债券。狭义的有价证券通常仅指资本证券，它是本章证券投资中重点要介绍的内容。

（3）货物证券。货物证券，又称商品证券，是指对货物有提取权的证明，它证明证券持有人可以凭单提取单据上所列明的货物，货物证券主要包括货运单、提货单等。

4. 按证券所体现的权益关系不同，可分为权益性证券、债权性证券、混合性证券和投资基金

（1）权益性证券。权益性证券是一种既不定期支付利息，又无偿还期的证券，它表示了投资者在被投资企业中所占权益的份额，投资者可按所占的权益份额分享企业净收益。普通股票是最典型的权益性证券。

（2）债权性证券。债权性证券是一种必须定期支付利息，并按期偿还本金的证券，也就是我们通常所说的债券。

（3）混合性证券。混合性证券是指兼有权益性证券和债权性证券两种性质的证券，通常指优先股与可转换债券。

（4）投资基金。投资基金是一种集合投资制度，是指由基金发起人，以信托、契约或公司的形式，通过发行基金证券将众多投资者的资金集中起来，委托专门的投资机构进行专业的资金投放和投资管理，投资者按出资比例分享投资收益，并共同承担投资风险。

（二）证券的特征

1. 产权性

证券的产权性是指有价证券记载着权利人的财产权内容，拥有证券就意味着享有财产的占有、使用、收益和处置的权利。

2. 流动性

证券的流动性又称证券的变现性，是指证券持有人可以按照自己的需要灵活地转让证券，以换取现金的属性。流动性是证券生命力之所在，流动性不但可以使证券持有人随时把证券转换为现金，而且还可以使持有人根据自己的偏好选择持有证券的种类。证券的流动性是通过承兑、贴现、交易等方式实现的。

3. 收益性

收益性是指证券能够给证券投资者带来相应的投资回报，这种回报包括两部分：一是证券的持有收益，如股票股利、债券利息；二是证券的出售收益，即买卖证券的价差（资本利得）。

4. 风险性

风险性是指证券持有者达不到预期收益或遭受各种损失的可能性。持有证券可能会获得巨大的收益，同时也可能遭受巨大的损失，具有很大的不确定性。

二、证券投资

证券投资是指资金所有者将资金用于购买债券、股票、基金及衍生证券等金融资产的投资行为。与其他投资一样，证券投资也是企业重要的投资活动之一。证券投资与前面所述的项目投资不同，项目投资是购买厂房、机器设备等固定的实物资产，直接与企业的生产经营活动有关，属于直接投资；证券投资是购买金融资产，这些资金转移到其他企业后再投入生产活动，因此又称间接投资。证券投资与项目投资相比，具有投资方便、变现能力强的特点。

本章所介绍的证券投资主要包括债券投资、股票投资、组合投资和基金投资四种。

（一）证券投资的目的

1. 合理配置资金，获取更多利润

最大限度地获取收益，提高资产的利用效率是证券投资的基本目的。在企业生产经营过程中，由于各种原因有时会出现资金的闲置，这些闲置的资金虽然具有较大的流动性，但其收益甚微，因此企业可以考虑将这些闲置资金投资于证券，以谋取更多的投资收益。

2. 优化投资组合，降低投资风险

企业在日常的生产经营中，经常会面临较大的经营风险，为了能够有效降低风险，企业通常实行多元化经营和投资。一方面，企业可以通过对内多种经营，拓宽产品种类和经营领域，达到降低经营风险的目的；另一方面，企业可以通过对外的证券投资，购买股票、债券等金融资产，使外部投资多元化，降低投资风险。对外证券投资与对内经营投资相比，不会存在行业的进入壁垒，不受地域和经营范围的限制，资金的退出和收回比较快，因而可以有效地规避风险。

3. 保持资产的流动性，提高应变能力

为保证企业未来的现金支付或者满足季节性经营对现金的需求，企业可以留有一定的现金用于购买有价证券，这样既可以获取一定的投资收益，又可以待将来需要现金时，及时兑现有价证券。

4. 获取关联企业的控制权

有的企业从战略目标考虑，试图控制某一关联企业，取得对该企业的控制权，通常的手段是对其进行股权性投资，购买被投资企业的普通股票。

（二）证券投资的程序

在一个成熟、发达的证券市场里，进行证券投资是非常简便易行的。通过证券市场，投资者可以获取投资的各种信息，在各个行业、各种类型的企业中选择投资对象，并快捷、方便地进行投资，甚至不必与被投资企业进行协商。因此，证券投资是很受企业欢迎的一种投资方式。但是，进行证券投资必须遵循特定的程序。企业进行证券投资，通常要经过四个常规步骤，见图 6—1。

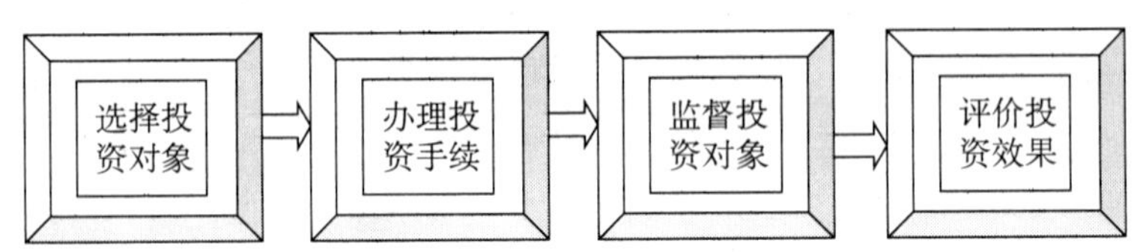

图 6—1 证券投资程序

1. 选择投资对象

企业进行证券投资首先要选择合适的投资对象，即选择投资于何种证券，投资于哪家企业的证券。投资对象的选择是证券投资最关键的一步，它关系到投资的成败，投资对象选择得好，可以更好地实现投资目标；投资对象选择得不好，就有可能蒙受损失。

企业在选择投资对象时，可根据自身的经营情况，综合考虑外部的政治、经济和证券市场的态势，明确投资目的，提出若干投资备选方案，并采用科学的分析方法，对备选方案进行分析、评价，最终选出最佳的投资方案。当然，不同企业的投资目的不同，投资对象的选择也不同。如果企业投资的目的是获得高额回报，此时可以适当选择经济增长较快、成长性较好的股票作为投资对象；如果投资目的是分散投资风险，就应选择不同的证券来进行组合，以达到分散风险的目的；如果投资目的是控制关联企业，就可以大量购买该企业的股票。总之，企业在选择投资对象时应遵循安全性、流动性和收益性原则。

（1）安全性原则。企业在选择证券投资对象时必须关注投资的安全性，尽可能降低投资风险，使投资能够安全地收回。

（2）流动性原则。企业在进行证券投资时必须注意证券的流动性，即证券的变现能力。不同的证券，其流动性各异，企业应根据自己的投资目的进行选择。

（3）收益性原则。获取收益是任何一项投资的首要目的，企业在选择证券投资对象时，除了要坚持安全性与流动性原则外，还应力求投资收益的最大化。

2. 办理投资手续

在企业确定投资对象之后，应选择合适的时机与方式实施证券投资，在保证企业正常生产经营的条件下，合理选择证券资产，并按规定程序办理手续。

（1）开设证券账户。证券投资一般是通过托管交易的方式实现的。因此，从事证券交易的投资者，必须向证券登记公司申请开设证券账户。证券账户分为个人账户和法人账户两种。投资者取得账户后，就有资格购买在证券交易所上市的所有品种，包括股票、债券、基金等。证券账户是投资者进行证券投资的“身份证”，投资者据此可以进行证券的买卖、过户、托管、挂失，领取股息、红股和配股。

（2）开设资金账户。投资者取得证券账户之后，便可以按照自己的意愿选择证券经营机构为经纪人。在进行投资之前尚需开设资金账户，存入交易所需的资金。开立资金账户后，委托买卖证券就不必携带大量现款，手续简便，也不必担心被窃或遗失，再加上享受存款计息，因此在安全、方便、收益等方面都得到保障。目前，开立资金账户有两种类型，一是在经纪商处开户，二是直接在指定银行开户。开设资金账户后，投资者就可享用证券经纪机构提供的各种经纪服务。

（3）委托买卖。委托是投资者进行投资决策的行为，是决定买进还是卖出，买什么，买多少，卖什么，卖多少，以及以什么样的价格买进或卖出。投资者开立了股票账户和资金账户以后就可以在证券营业部办理委托买卖。从投资者的角度来看，委托买卖是指投资者根据国家法规和交易规则用自己可以自主支配的货币或证券，通过证券经营机构在市场上寻找另一个投资者来完成买入或卖出证券的交易行为。从证券商的角度来看，委托买卖是指证券公司等证券商接受投资者的买卖委托后，按投资者的指令以本公司的名义在证券交易所进行的买卖。

(4) 清算与交割。清算是指证券买卖双方结清价款的过程；交割则是指买卖双方交付实际成交证券的过程。证券交易成交后，买卖双方要相互交付价款和证券。目前，在我国上海、深圳两个证券交易所，都已实行了“无纸化”和股票集中托管制度，投资者手中的股票全部由特定的部门统一管理。这样，实际发生的交割仅为买方交付证券价款，并在股票账户上确认买入；卖方取得价款并在股票账户上确认卖出。在整个交割过程中，并不出现实实在在的股票，而以股票账户上的划账代之。整个交割过程实际上变成了价款的交割。

(5) 过户。对于不记名证券，投资者办完交割手续之后，交易程序即告结束。如果投资者购买的是记名证券，则需办理过户手续。投资者只有办理了过户手续，才能享有证券所有者的权益。目前，我国上海、深圳两个证券交易所均已实行了电脑自动过户，即股票交易、电脑成交、过户一体化，通过电脑在买卖成交时使股票自动过户。因此，在这两个证交所购买股票，无须专门办理过户手续，只需在交割时交纳一定的过户费即可。

3. 监督投资对象

企业在选择合适的投资对象并实施证券投资之后，必须对投资对象的运行状况实施监督和控制，以便及时发现问题和解决问题。当发现投资对象出现生产经营出现问题而面临困境时，作为股东的企业可以积极参与被投资企业的生产经营决策，帮助企业走出困境；或者采取抛售股票的方式来收回投资。

4. 评价投资效果

投资完成后，需要对投资情况和投资结果进行客观的分析和评价，及时发现问题并予以纠正。对投资效果的评价主要从盈利性、风险性、流动性等方面进行，对比实际投资效果与预期投资效果，评价投资绩效的好坏，以便对今后的投资提供决策依据。

第二节　债券投资

债券投资是指企业通过证券市场购买各种债券（政府债券、金融债券、公司债券及短期融资券等）并成为债权人，在约定时间获得债券利息和到期收回本金或提前出售赚取买卖差价的投资行为。

一、债券价值的估算

债券的估价具有重要的实际意义。投资者在资本市场上进行债券投资，必须首先知道债券本身的价值，然后才能决定是否购买该债券。债券的估价就是对债券的理论价值或内在价值进行评估。只有当债券的内在价值大于债券的市场价格，该债券才值得投资，否则企业会选择其他的投资机会而放弃该债券。那么，如何对债券的内在价值进行合理的估价呢？

债券的内在价值是指债券在未来时间内的现金流入的现值，是进行债券投资决策时使用的重要指标。债券作为一种投资，其现金流出是债券的购买价格，其现金流入是每期利息和到期归还的本金或出售时获得的现金。不同的债券，其现金流入是不同的。

（一）债券估价的基本模型

在一般情况下，普通债券是每期计算并支付利息，到期归还本金。其债券价值的基本模型为：

$$P=\sum_{t=1}^{n}\frac{r\cdot M}{(1+K)^{t}}+\frac{M}{(1+K)^{n}}$$

$$P=I\cdot(P/A,K,n)+M\cdot(P/F,K,n)$$

式中，P：债券内在价值；

r：债券票面利率；

M：债券面值；

K：市场利率或投资者的必要报酬率；

n：付息总期数。

【例 6—1】某普通债券的面值为 1 000 元，票面利率为 10%，期限为 5 年。某企业要对这种债券进行投资，当前的市场利率为 12%，问债券价格为多少时才能进行投资？

根据债券估价公式，可得：

$$P=1\,000\times10\%\times(P/A,12\%,5)+1\,000\times(P/F,12\%,5)$$
$$=100\times3.605+1\,000\times0.567=927.5(\text{元})$$

即这种债券的价格必须低于 927.5 元时，该企业才能购买。

（二）影响债券价值的因素

1. 债券面值

债券面值是指债券设定的票面金额，面值代表债券发行方承诺在未来某一特定日期偿付给债券持有者的金额。债券面值越大，债券的内在价值也越大。

2. 债券的票面利率

债券的票面利率是指债券发行方预计一年内向投资者支付的利息占票面金额

的比率。票面利率不同于实际利率，实际利率通常是指按复利计算的一年期的利率。债券的计息和付息方式有多种，可能使用单利计息，利息支付可能半年一次、一年一次或到期一次总付，这时票面利率可能不等于实际利率。债券的票面利率是计算债券利息的依据，票面利率越高，债券的利息越大，债券的内在价值也越大。

3. 市场利率（投资必要报酬率）

债券价值与必要报酬率有密切的关系，必要报酬率越高，债券的内在价值越低。对于所有类型的债券估价都遵循下面这一原理：

（1）当必要报酬率＝债券票面利率时，债券内在价值＝债券面值；

（2）当必要报酬率＞债券票面利率时，债券内在价值＜债券面值；

（3）当必要报酬率＜债券票面利率时，债券内在价值＞债券面值。

【例 6—2】某债券面值为 1 000 元，票面利率为 10%，期限为 5 年。现计算不同市场利率水平下的债券价值。

（1）当市场利率为 10%时，债券内在价值为：

$$P=100\times(P/A,10\%,5)+1\,000\times(P/F,10\%,5)=1\,000(\text{元})$$

（2）当市场利率为 12%时，债券内在价值为：

$$\begin{aligned}P&=100\times(P/A,12\%,5)+1\,000\times(P/F,12\%,5)\\&=100\times3.605+1\,000\times0.567=927.5(\text{元})\end{aligned}$$

（3）当市场利率为 8%时，债券内在价值为：

$$\begin{aligned}P&=100\times(P/A,8\%,5)+1\,000\times(P/F,8\%,5)\\&=100\times3.993+1\,000\times0.681=1\,080.3(\text{元})\end{aligned}$$

4. 债券类型

不同类型的债券，其计息办法和付息频率是不同的。

（1）零息债券。零息债券是指承诺在债券到期日只偿还本金，而在债券持有期间不支付任何利息的债券。这种债券没有票面利率，到期按面值偿还。我国目前发行的债券都是附息债券（标明面值与票面利率），没有发行零息债券。零息债券的估价模型为：

$$P=\frac{M}{(1+K)^n}=M\cdot(P/F,K,n)$$

公式中的符号含义同前式。

【**例 6—3**】某债券面值为 1 000 元，期限为 3 年，以折现方式发行，期内不计利息，到期按面值偿还，当时市场利率为 10%。其价格为多少时，企业才能购买？

由上述公式可得：

$$P=1\ 000\times(P/F,10\%,3)=1\ 000\times0.751\ 3=751.3(\text{元})$$

该债券价格只有低于 751.3 元时，企业才能购买。

（2）一次还本付息且不计复利的债券。我国很多债券属于一次还本付息且不计复利的债券，其估价计算公式为：

$$P=\frac{M(1+r\cdot n)}{(1+K)^{n}}$$

$$P=M(1+r\cdot n)\cdot(P/F,K,n)$$

【**例 6—4**】某企业拟购买另一家企业发行的利随本清的企业债券，该债券面值为 1 000 元，期限为 5 年，票面利率为 10%，不计复利，当前市场利率为 8%。该债券发行价格为多少时，企业才能购买？

由上述公式可得：

$$P=\frac{1\ 000\times(1+10\%\times5)}{(1+8\%)^{5}}=1\ 020.87(\text{元})$$

债券价格必须低于 1 020.87 元时，企业才能购买。

（3）平息债券。平息债券是指利息在到期时间内平均支付的债券。支付的频率可能是半年一次或每季度一次。平息债券价值的计算公式如下：

$$P=\sum_{t=1}^{mn}\frac{I/m}{(1+\frac{K}{m})^{t}}+\frac{M}{(1+\frac{K}{m})^{mn}}$$

式中，m：年付利息次数；

n：到期时间（年数）；

K：投资者的必要报酬率；

I：年付利息；

M：面值。

【**例 6—5**】有一债券面值为 1 000 元，票面利率为 8%，每半年支付一次利息，5 年到期。假设必要报酬率为 10%，则该债券的价值为：

$$P=40\times(P/A,10\%\div2,2\times5)+1\ 000\times(P/F,5\%,10)=922.77(\text{元})$$

（4）永久债券。永久债券是指没有到期日，永不停止定期支付利息的债券。英国和美国都发行过这种债券。对于永久债券，通常政府都保留了回购债券的权利。优先股实际上也是一种永久债券，如果公司的股利支付没有问题，将会持续地支付固定的优先股股息。永久债券价值的计算公式如下：

$$P=\frac{\text{利息额}}{\text{必要报酬率}}=\frac{I}{K}$$

【例 6—6】有一优先股，承诺每年支付优先股股息 40 元，假设必要报酬率为 10%，则其价值为：

$$P=\frac{40}{10\%}=400(\text{元})$$

（5）流通债券。流通债券是指已发行并在二级市场上流通的债券。不同于新发行的债券，它们已经在市场上流通了一段时间，其到期时间小于债券发行在外的时间，且其估价时点不在发行日，可以是任何时点，会产生非整数计算期问题，因此，在估价时需要考虑现在至一次利息支付的时间因素。

【例 6—7】某公司在 2005 年 9 月 1 日发行了面值为 1 000 元的 5 年期债券，票面利率为 8%，每年支付一次利息。某投资者在 2008 年 8 月 1 日准备购买该公司的流通债券，假设投资报酬率为 10%（见图 6—2），问该债券的价值是多少？

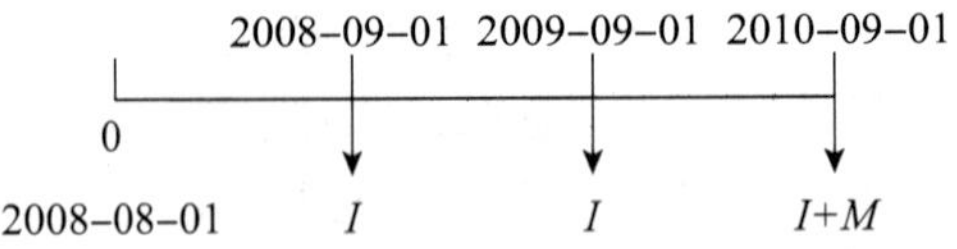

图 6—2　流通债券的现金流量

第一种估算方法，债券价值为：

$$P=80\times\left(P/A,10\%,\frac{1}{12}\right)+80\times\left(P/A,10\%,1\frac{1}{12}\right)$$
$$+(80+1\,000)\times\left(P/A,10\%,2\frac{1}{12}\right)$$
$$=1\,037.06(\text{元})$$

第二种估算方法，债券价值为：

$$P=[80+80\times(P/A,10\%,1)$$

$$+(80+1\ 000)\times(P/A,10\%,2)]\times\left(P/A,10\%,\frac{1}{12}\right)$$

$$=1\ 037(\text{元})$$

5. 债券到期日

债券到期日是指当前日期至债券到期日之间的时间间隔。在必要报酬率不变的情况下，无论必要报酬率是高于还是低于票面利率，债券价值都随到期时间的缩短逐渐向债券面值靠近，至到期日，债券价值等于债券面值。

【例 6—8】 某债券面值为 1 000 元，票面利率为 10%，当前的市场利率为 12%。现计算不同到期日下的债券价值。

若到期时间为 5 年，则债券价值为：

$$P=100\times(P/A,12\%,5)+1\ 000\times(P/F,12\%,5)=927.5(\text{元})$$

若到期时间为 3 年，则债券价值为：

$$P=100\times(P/A,12\%,3)+1\ 000\times(P/F,12\%,3)$$
$$=100\times2.402+1\ 000\times0.712=952.2(\text{元})$$

当必要报酬率高于票面利率时，随着时间向到期日靠近，债券价值逐渐提高，最终等于债券面值。

【例 6—9】 某债券面值为 1 000 元，票面利率为 10%，当前的市场利率为 8%。现计算不同到期日下的债券价值。

若到期时间为 5 年，则债券价值为：

$$P=100\times(P/A,8\%,5)+1\ 000\times(P/F,8\%,5)=1\ 080.3(\text{元})$$

若到期时间为 3 年，则债券价值为：

$$P=100\times(P/A,8\%,3)+1\ 000\times(P/F,8\%,3)$$
$$=100\times2.577+1\ 000\times0.794=1\ 051.7(\text{元})$$

当必要报酬率低于票面利率时，随着时间向到期日靠近，债券价值逐渐下降，最终等于债券面值。

【例 6—10】 某债券面值为 1 000 元，票面利率为 10%，当前的市场利率为 10%。现计算不同到期日下的债券价值。

若到期时间为 5 年，则债券价值为：

$$P=100\times(P/A,10\%,5)+1\ 000\times(P/F,10\%,5)=1\ 000(\text{元})$$

若到期时间为 3 年，则债券价值为：

$$P=100\times(P/A,10\%,3)+1\ 000\times(P/F,10\%,3)=1\ 000(\text{元})$$

当必要报酬率等于票面利率时，到期时间对债券价值没有影响，债券价值一直等于债券面值。

综上，债券价值与到期时间的变动规律可用图 6—3 表示。

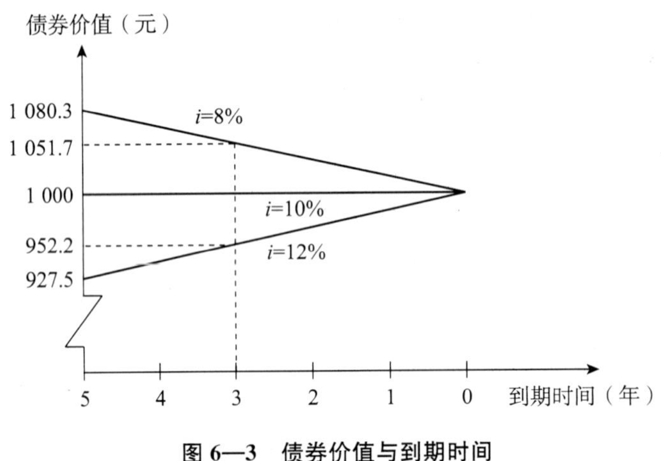

图 6—3 债券价值与到期时间

值得强调的是，尽管我们可以用前面的方法对债券价值进行评估，但这种估价并非是准确无误的。因为虽然债券的面值、票面利率、计息方式和期限都不会变化，但估价时所使用的折现率却不是一成不变的，它受市场各种因素的影响而不断变化，所以在进行债券投资时，投资者还须全面考虑影响债券市场价格的各种因素。

二、债券投资收益的计算

任何投资活动最终都是为了获得投资收益，在进行债券投资时，有必要比较各种债券的收益情况，以便做好投资决策。不同种类的债券，因计息方式不同，投资期限不同，其投资收益的计算方法也有所差异。通常衡量债券投资收益的指标有投资收益额和投资收益率两种。

（一）债券投资收益额

债券投资收益额包括三部分：

（1）利息收入。利息收入是债券投资收益的主要部分，是债券面值与票面利率的乘积，是投资者的名义投资收益。

（2）利息再投资收益。在对债券投资进行评价时，有两个基本假定：一是本金是到期收回的，而债券利息是分期取得的；二是将分期取得的利息重新投资于同一个项目，并取得与本金同等的利息收益率。按复利计算债券的投资收益，就已经考虑了利息的再投资因素。

（3）资本利得。资本利得即买卖差价收益，当卖出价高于买入价时为资本收益，反之为资本损失。

以上我们是从绝对量的角度来研究投资收益额，但在实际中，我们经常计算的是投资收益率。

（二）债券投资收益率

债券投资收益率是一定时期内企业债券投资所获得的收益额与投资额的比率，通常用年利率表示。债券投资收益率是衡量债券投资是否可行的常用指标，它有名义收益率与实际收益率之分。

1. 名义收益率

名义收益率就是债券的票面利率，它是债券年利息收入与债券面值的比率。在实际中，投资者购买债券实际支付的价格并不一定等于面值，因此，用票面利率衡量投资收益没有实际意义。

2. 实际收益率

实际收益率是指投资者从债券认购至债券到期日（或出售日）所获得的实际投资收益。短期债券投资收益率的计算不考虑货币时间价值，而长期债券投资收益率的计算必须考虑货币时间价值。

（1）短期债券投资实际收益率的计算。

①直接收益率，又称当期收益率，是指债券的年利息收入与买入债券的实际价格之比。

$$\text{直接收益率}=\frac{\text{债券年利息}}{\text{债券买入价格}}$$

②持有收益率，是指买入债券后持有一段时间，又在债券到期前将其出售所获得的收益率。

$$\text{持有收益率}=\frac{\text{持有期间利息收入}+(\text{卖出价格}-\text{买入价格})}{\text{持有期数}\times\text{买入价格}}$$

③到期收益率，又称最终收益率，是指以特定价格购买债券并持有至到期日所获得的收益率。其计算公式为：

$$到期收益率=\frac{利息总额+(面值-买入价)}{债券期限\times买入价格}$$

(2) 长期债券投资实际收益率的计算。

长期债券实际收益率的计算，通常指债券到期收益率，它是使未来现金流入现值等于债券买入价格的贴现率。对于不同的债券，其到期收益率的计算也不同。

①零息债券。

$$到期收益率=\sqrt[n]{\frac{面值}{买入价格}}-1$$

②一次还本付息且不计复利的债券。

$$到期收益率=\sqrt[n]{\frac{面值(1+n\times票面利率)}{买入价格}}-1$$

③普通债券。计算到期收益率的方法是求解含有贴现率 K 的方程，即

$$\begin{aligned}买入价格&=每年利息\times年金现值系数+面值\times复利现值系数\\&=I\cdot(P/A,K,n)+M\cdot(P/F,K,n)\end{aligned}$$

【例 6—11】 宏达公司于 2008 年 1 月 1 日平价购买一张面值为 1 000 元的债券，期限为 5 年，票面利率为 8%，每年 1 月 1 日计算并支付一次利息。该公司持有该债券至到期日，计算到期收益率。

$$1\,000=80\times(P/A,K,5)+1\,000\times(P/F,K,5)$$

解该方程要用试误法。用 $K=8\%$试算：

$$80\times(P/A,8\%,5)+1\,000\times(P/F,8\%,5)=1\,000(元)$$

可见，平价发行的普通债券，其到期收益率等于债券票面利率。但如果不是定期付息的普通债券，即使平价发行，其到期收益率也可能不等于票面利率。如果债券的价格高于面值，则情况将发生变化。

【例 6—12】 宏达公司于 2008 年 1 月 1 日以 1 105 元的价格购买一张面值为 1 000元的普通债券，期限为 5 年，票面利率为 8%。该公司持有该债券至到期日，计算到期收益率。

$$1\,105=80\times(P/A,K,5)+1\,000\times(P/F,K,5)$$

通过前面试算可知，$K=8\%$时等式右方为 1 000 元，小于 1 105 元，可判断收益率低于 8%，应降低贴现率进一步试算：

用 $K=6\%$ 试算：

$$80\times(P/A,6\%,5)+1\ 000\times(P/F,6\%,5)=80\times4.212+1\ 000\times0.747$$
$$=1\ 083.96(\text{元})$$

由于贴现结果仍小于 1 105 元，还应进一步降低贴现率。

用 $K=4\%$ 试算：

$$80\times(P/A,4\%,5)+1\ 000\times(P/F,4\%,5)=80\times4.452+1\ 000\times0.822$$
$$=1\ 178.16(\text{元})$$

由于贴现结果高于 1 105 元，可以判断，收益率介于 4%～6%之间。用插补法计算近似值：

$$K=4\%+\frac{1\ 178.16-1\ 105}{1\ 178.16-1\ 083.96}\times(6\%-4\%)=5.55\%$$

试误法比较麻烦，可用下面的简便公式来近似计算：

$$K=\frac{I+(M-P)\div N}{(M+P)\div 2}\times100\%$$

式中，I：每年的利息；

M：本金；

P：买价；

N：年数。

公式中的分母为平均资金占用，分子为年平均收益。将数据代入：

$$K=\frac{80+(1\ 000-1\ 105)\div 5}{(1\ 000+1\ 105)\div 2}\times100\%=5.6\%$$

三、债券投资决策

从投资者的角度出发，将投资者购买债券实际付出的成本视为现金流出，而将其未来收益视为现金流入，投资者可借此来确定债券投资的实际收益率并进行决策。根据前述原理可知：当债券发行价格高于其内在价值时，债券投资的实际收益率将低于投资者预期收益率；当债券发行价格低于其内在价值时，债券投资的实际收益率将高于投资者预期收益率；当债券发行价格等于其内在价值时，债券投资的实际收益率正好等于投资者预期收益率。

【例 6—13】 某投资者按 1 105 元的发行价格购买了面值为 1 000 元的企业债券，该债券的票面利率为 8%，每年计息一次，5 年后到期还本。假定投资者的必要报酬率为 6%。问该投资者此次债券投资是否可行?

判断该项投资是否可行，有两种办法：

(1) 从绝对数的价值增值角度来对比债券的购买价格与债券的内在价值，若债券的购买价格＜债券内在价值，该项投资可行；否则，不可行。

$$
\begin{aligned}
\text{债券内在价值} &= 80\times(P/A,6\%,5)+1\,000\times(P/F,6\%,5)\\
&= 1\,083.96(\text{元})
\end{aligned}
$$

计算结果表明，债券的购买价格＞债券内在价值，则该项投资不可行。

(2) 从相对数的收益率角度来对比债券的到期收益率与投资者要求的收益率，若债券的到期收益率＞投资者要求的收益率，该项投资可行；否则，不可行。

从例 6—12 中得知，该债券的到期收益率为 5.55%，而投资者要求的报酬率为 6%，显然，该项投资是不可行的。

四、债券投资的优缺点

(一) 债券投资的优点

1. 本金安全性高

与股票相比，债券投资风险比较小。其中，政府发行的债券（包括中央政府发行的国库券和地方政府发行的一般金融债券、收入债券等），因有政府财力作后盾，其本金的安全性非常高，通常被视为无风险债券或称为“金边债券”。企业债券（包括抵押债券、无抵押债券、收入债券、可转换债券、零息债券、浮动利息债券等）的持有者拥有优先索偿权，当发行债券的企业破产时，债券投资者优先于股东分得企业资产，因此，其本金损失的可能性较小。

2. 收入稳定性强

债券票面一般都标有固定利息率，债券的发行人有按时支付利息的法定义务。因此，在正常情况下，债券投资者都能获得较稳定的收入。

3. 市场流动性好

许多债券都具有较好的流动性，政府及大企业发行的债券一般都可在金融市场上迅速出售，流动性很好。

(二) 债券投资的缺点

1. 购买力风险较大

由于债券面值和收入的固定性，在通货膨胀时期，债券本金和利息的购买力会不同程度地受到侵蚀，投资者名义上虽然有收益，但实际上却可能有损失。

2. 没有经营管理权

投资债券主要是为了获得报酬，而无权对债券发行企业施加影响和控制。

第三节　股票投资

股票投资是企业进行证券投资的一个重要方面，随着我国股票市场的发展，股票投资将变得越来越重要。

一、股票投资的目的

企业进行股票投资的目的主要有两个：

(1) 获利，即作为一般的证券投资，获取股利及股票买卖差价。

(2) 控股，即通过购买某一企业的大量股票达到控制该企业的目的。

在第一种情况下，企业仅将某种股票作为它证券组合的一个部分，不应冒险将大量资金投资于某一企业的股票上。而在第二种情况下，企业应集中资金投资于被控企业的股票，这时考虑更多的不应是目前利益——股票投资收益的高低，而应是长远利益——占有多少股权才能达到控制的目的。

二、股票投资的相关概念

(一) 面值

股票面值是股份公司在其所发行的股票票面上标明的金额，它以元/股为单位。股票面值的作用表现为两方面：一是股票面值表明股票投资者在股份公司中所占的投资比例，作为确定股东权利的依据；二是股票面值是确定股票首次发行定价的依据。一般来说，股票的发行价格都会高于其面值。当股票进入流通市场后，股票的面值就与股票的价格关系不大了。

(二) 股票市价

股票本身是没有价值的，仅是一种凭证。它之所以有价格，可以买卖，是因为它能给持有人带来预期收益。一般说来，公司第一次发行时，要规定发行总额和每股面值，一旦股票发行后上市买卖，股票价格就与原来的面值分离。

股票市价是指股票在交易过程中交易双方达成的成交价，通常所说的股票价格就是指市价。股票的市价直接反映着股票市场的行情，是投资者购买股票的依据。由于受诸多因素影响，股票的市价处于经常性的变化之中。股票市价是股票市场价值的集中体现，因此这一价格又称为股票行市。

股票市价可分为开盘价、收盘价、最高价和最低价等，投资者在进行股票估价时经常使用收盘价。

（三）股票净值

股票净值又称为账面价值，也称为每股净资产，是用会计统计的方法计算出来的每股股票所包含的资产净值。其计算方法是用公司的净资产（包括注册资金、各种公积金、累积盈余等，不包括债务）除以总股本，得到的就是每股的净值。股份公司的账面价值越高，则股东实际拥有的资产就越多。由于账面价值是财务统计的结果，数据较准确而且可信度很高，所以它是股票投资者评估和分析上市公司实力的重要依据之一，投资者应注意上市公司的这一数据。

（四）股票的清算价格

股票的清算价格是指股份公司破产或倒闭后进行清算时，每股股票所代表的实际价值。从理论上讲，股票的每股清算价格应与股票的账面价值相一致，但企业在破产清算时，其财产价值是以实际的销售价格来计算的，且实际售价一般都会低于实际价值，所以股票的清算价格就会与股票的净值不一致。股票的清算价格只是在股份公司因破产或其他原因丧失法人资格而进行清算时才被作为确定股票价格的依据，在股票的发行和流通过程中没有意义。

三、股票的估价

与债券投资一样，股票投资也需要确定股票的内在价值，并将其与股票市价进行比较，视其低于、高于或等于市价，决定买入、卖出或继续持有股票。

股票价值的评估类似于债券，因为股票价值的大小也取决于股票投资者预期能得到的现金流入量的现值。股票预期的未来现金流入包括两部分：（1）每期的预期股利；（2）出售股票时的变现收入。但由于股票没有固定的股息，也没有一定的期末价值，因此，股票价值的评估方法还不同于债券。由于股利的发放方式不同，有固定股利、固定增长的股利、非固定增长的股利等发放方式，因此股票价值的计算模型有所不同，下面介绍几种最常见的股票估价模型。

（一）股票价值的基本模型

$$\text{股票价值} = \sum_{t=1}^{n} \text{未来所获股利现值} + \text{未来股票出售收入现值}$$

$$P = \sum_{t=1}^{n} \frac{\text{各期股利}}{(1+\text{贴现率})^t} + \frac{\text{出售收入}}{(1+\text{贴现率})^n}$$

该模型是美国财务管理学家威廉斯在 1938 年阐述的股价贴现现金流量模型，也称威廉斯公式。由基本模型，我们可以对不同类型股票估价进行扩展。

（二）短期持有、未来准备出售的股票估价模型

$$P=\sum_{t=1}^{n}\frac{d_t}{(1+K)^t}+\frac{V}{(1+K)^n}$$

式中，P：股票的价值；

V：未来出售时预计的股票价格；

K：投资者的必要报酬率；

d_t：第 t 期的预期股利；

n：预计持有股票的期数。

（三）长期持有、股利稳定不变的股票估价模型

如果股东长期甚至无限期持有股票，他只获得股利，可以看做一个永续的现金流入。这个现金流入的现值就是股票的价值。

$$P=\sum_{t=1}^{n}\frac{d_t}{(1+K)^t}$$

当 $n\rightarrow\infty$ 时，$\sum_{t=1}^{n}\frac{d_t}{(1+K)^t}$ 则可以看做是永续年金。此时，股票估价模型可简化为：

$$P=\frac{d}{K}$$

式中，d 为每年固定股利。

（四）长期持有、股利固定增长的股票估价模型

如果一个公司的股利在不断增长，投资者的投资期限又非常长，那么股票的估价就更困难了，只能计算近似数。设上年股利为 d_0，每年股利的增长率为 g，则有：

$$P=\sum_{t=1}^{\infty}\frac{d_0\times(1+g)^t}{(1+K)^t}$$

代入等比数列前 n 项求和公式，当 $n\rightarrow\infty$ 时，普通股的价值为：

$$P=\frac{d_0(1+g)}{K-g}=\frac{d_1}{K-g}$$

式中，d_1 为第 1 年的股利。

【例 6—14】 宏达公司拟投资购买 N 公司的股票，该股票上年每股股利为 3.2 元，以后每年以 4%的增长率增长。宏达公司要求获得 15%的报酬率，问该

股票的价格为多少时，宏达公司才能购买？

$$P=\frac{3.2\times(1+4\%)}{15\%-4\%}=30.25(\text{元})$$

由计算可知，只有当股票市场上 N 公司的股票在 30.25 元以下时，宏达公司才能投资购买。

(五) 非固定成长股票的价值模型

在现实生活中，有的公司股利是不固定的。例如，在一段时间里高速成长，在另一段时间里固定成长或固定不变。在这种情况下，就要分段计算，才能确定股票的价值。

【例 6—15】宏达公司购买 A 企业的股票，A 企业最近支付的股利为 2 元/股，预计未来 3 年 A 企业的股利将高速增长，增长率为 20%，在此以后转为正常增长，增长率为 12%，宏达公司要求的投资最低报酬率为 15%，计算 A 企业股票的价值。

首先，计算非正常增长期的股利现值，见表 6—1。

表 6—1　　股利现值的计算

年份	股利	现值系数（15%）	现值（元）
1	$2\times(1+20\%)=2.4$	0.870	2.088
2	$2\times(1+20\%)^2=2.88$	0.756	2.177
3	$2\times(1+20\%)^3=3.456$	0.658	2.274
合计	—	—	6.539

其次，计算 3 年以后股利正常增长的股票在第 3 年底的现值。

$$P_3=\frac{d_4}{K-g}=\frac{d_3(1+12\%)}{15\%-12\%}=\frac{3.456\times1.12}{15\%-12\%}=129.02(\text{元})$$

最后，计算该股票的价值。

$$P=6.539+129.02\times(P/F,15\%,3)=6.539+84.9=91.44(\text{元})$$

四、股票的投资收益率

企业进行股票投资，每年获得的股利是经常变动的，当企业出售股票时，也可收回一定的资金，股票的投资收益率就是能使未来现金流入量的现值等于目前购买价格的贴现率。

（一）短期持有、未来准备出售的股票收益率的计算

$$P=\sum_{t=1}^{n}\frac{d_t}{(1+K)^t}+\frac{V}{(1+K)^n}$$

式中，P：股票的购买价格；

d_t：股票投资报酬（各年获得的股利）；

V：股票的出售价格；

K：股票投资的收益率；

n：投资期限。

计算股票投资收益率和计算债券投资收益率相类似，也可用试误法和插值法计算。

【例 6—16】 宏达公司在 2005 年 1 月 1 日以 60 000 元的价格购入了四通公司 15 000 股的普通股，该股票在 2006 年 1 月 1 日、2007 年 1 月 1 日、2008 年 1 月 1 日、2009 年 1 月 1 日、2010 年 1 月 1 日分别发放现金股利，分别为每股 0.32 元、0.40 元、0.44 元、0.52 元、0.40 元，并于 2010 年 1 月 1 日以每股 5 元的价格出售。试计算宏达公司该项股票投资的收益率。

现采用插值法来计算，详细情况如表 6—2 所示。

表 6—2 **宏达公司测试表** 单位：元

年份	各年现金流量	测试（10%）		测试（12%）		测试（14%）	
		系数	现值	系数	现值	系数	现值
2006	15 000×0.32	0.909 1	4 363.68	0.892 9	4 285.92	0.877 2	4 210.56
2007	15 000×0.40	0.826 4	4 958.4	0.797 2	4 783.2	0.769 5	4 617
2008	15 000×0.44	0.751 3	4 958.58	0.711 8	4 697.88	0.675 0	4 455
2009	15 000×0.52	0.683 0	5 327.4	0.635 5	4 956.9	0.592 1	4 618.38
2010	15 000×5.4	0.620 9	50 292.9	0.567 4	45 959.4	0.519 4	42 071.4
合计	—	—	69 900.96	—	64 683.3	—	59 972.34

在表 6—2 中，先按 10%的贴现率进行测算，得到现值为 69 900.96 元，比原来的投资额 60 000 元大，说明实际收益率要高于 10%，于是把收益率调到 12%，进行第二次测算，得到的现值为 64 683.3 元，说明实际收益率比 12% 还要高，于是再把收益率调到 14% 进行第三次测算，得到的现值为 59 972.34 元，比 60 000 元小，说明实际收益率要比 14%低。因此，要求的收益率在 12%～

14% 之间，再采用插值法计算股票投资收益率。

贴现率	现值
12%	64 683.3
?%	60 000
14%	59 972.34

其中：12%至?%之差为 $x\%$，12%至14%之差为 2%；64 683.3至60 000之差为 4 683.3，64 683.3至59 972.34之差为 4 710.96。

$$\frac{x\%}{2\%}=\frac{4\ 683.3}{4\ 710.96} \qquad x\%=1.99\%$$

该项投资收益的收益率$=12\%+1.99\%=13.99\%$

（二）长期持有、股利稳定不变的股票收益率的计算

根据此种股票的估价模型 $P=\dfrac{d}{K}$，可以求得投资收益率 $K=\dfrac{d}{P}$。

（三）长期持有、股利固定增长的股票收益率的计算

根据此种股票的估价模型 $P=\dfrac{d_1}{K-g}$，可以求得投资收益率 $K=\dfrac{d_1}{P}+g$

五、股票投资的优缺点

股票投资是一种最具有挑战性的投资，具有以下特点。

（一）股票投资的优点

1. 投资收益高

普通股票的价格虽然变动频繁，但从长期看，优质股票的价格总是上涨的居多，只要选择得当，都能取得优厚的投资收益。

2. 购买力风险低

普通股的股利不固定，在通货膨胀率比较高时，由于物价普遍上涨，股份公司盈利增加，股利的支付也随之增加。因此，与固定收益证券相比，普通股能有效地降低购买力风险。

3. 拥有经营控制权

普通股股东属于股份公司的所有者，有权监督和控制企业的生产经营情况。因此，欲控制一家企业，最好是收购这家企业的股票。

（二）股票投资的缺点

1. 股票投资的风险大

与债券投资相比，股票投资的风险较大。投资者购买股票之后，不能要求股份公司偿还本金，只能将其在证券市场上转让。股票投资的收益取决于股票发行公司的经营状况和股票市场的行情。如果公司经营状况较好，盈利能力强，则股票价格也会上涨，投资者的收益就会较高；如果公司的经营状况不佳，整个经济形势不景气，则股票价格就会下跌，投资者就会遭受较大的损失；如果公司破产，股东的求偿权位于债权人之后，因此，股东原来的投资可能得不到全额补偿，甚至会血本无归。

2. 股票价格的波动性大

股票价格受多种因素影响，波动性较大，变化无常。人们常把股市比作政治经济的“晴雨表”，一个国家乃至国际上的任何风吹草动都会反映在股票价格上。自从有股市以来，股价暴涨暴跌的现象屡见不鲜。这一特点决定了股票市场具有极大的投机性，投资者既可以在这个市场上赚取高额利润，也可能会损失惨重。

3. 收益不稳定

股票投资的收益主要是公司发放的股利和股票转让的差价，其稳定性较差。股票股利的多少，视发行公司经营状况和财务状况而定，其有无、多寡均无法律上的保障。股票转让的差价收益主要取决于股票市场的行情，股市行情好，出售股票就可以得到较大的差价收益；股市低迷时，出售股票不仅得不到差价收益，反而会遭受损失。

第四节　基金投资

投资基金是一种通过发售基金份额，将投资者的资金集中起来形成独立资产，委托专业投资管理机构进行投资运作，在扣除一定运作费用后将投资收益分配给投资者的集合投资方式。

投资基金起源于1868年的英国，而后兴盛于美国，现在已风靡于全世界。在不同的国家，投资基金的称谓有所区别，英国称为单位信托投资基金，美国称为共同基金，日本则称为证券投资信托基金。虽然称谓不同，但这些投资基金在内涵和运作上无太大区别。投资基金在西方国家早已成为一种重要的融资、投资手段，并在当代得到了进一步发展。20世纪60年代以来，一些发展中国家积极仿效，越来越多地运用投资基金这一形式吸收国内外资金，促进本国经济的发展。在我国，随着改革中金融市场的发展，投资基金也在不断发展和规范。我国早期设立的投资基金主要是产业投资基金。1987年，中国新技术创业投资公司与汇丰集团在中国香港联合设立了中国置业基金，首期筹资3 900万元人民币，直接投资于以珠江三角洲为中心的周边乡镇企业，随即在中国香港联交所上市，标志着中资金融机构开始正式涉足投资基金。其后，一批由中资金融机构与外资金融机构在境外设立的“中国概念基金”相继推出。我国证券投资基金的发展历程表明，基金的发展与壮大，推动了证券市场的健康稳定发展及金融体系的健全和完善，在国民经济和社会发展中发挥着日益重要的作用。

投资基金根据投资对象不同，可以分为证券投资基金和实业投资基金。证券投资基金的投资对象主要是流动性强、变现性好的股票、国债、企业债券等有价证券。实业投资基金的投资对象主要是实业，包括高新技术产业、传统产业、基础设施、房地产业等。产业投资基金、创业投资基金，都属于实业投资基金。本节介绍的投资基金主要是指证券投资基金。

一、证券投资基金概述

（一）证券投资基金的概念

证券投资基金是指通过发售基金份额，将众多投资者的资金集中起来，形成独立财产，由基金托管人托管，基金管理人管理，以投资组合的方式进行证券投资的一种利益共享、风险共担的集合投资方式。证券投资基金通过发行基金份额的方式募集资金，个人投资者或机构投资者通过购买一定数量的基金份额参与基金投资。基金所募集的资金在法律上具有独立性，由选定的基金托管人保管，并委托基金管理人进行股票、债券的分散化组合投资。

（二）证券投资基金的性质

1．证券投资基金是一种集合投资制度

证券投资基金是一种积少成多的整体组合投资方式，它从广大的投资者那里聚集巨额资金，组建投资管理公司进行专业化管理和经营。在这种制度下，资金的运作受到多重监督。

2．证券投资基金是一种信托投资方式

证券投资基金与一般的金融信托关系一样，主要有委托人、受托人、受益人三方，其中受托人与委托人之间订有信托契约。但证券投资基金作为金融信托业务的一种形式，又有自己的特点。如在从事有价证券投资主要当事人中还有一个不可缺少的托管机构，它不能与受托人（基金管理公司）由同一机构担任，而且基金托管人一般是法人；基金管理人并不分别运用每个投资者的资金，而是将其集合起来，形成一笔巨额资金再加以运作。

3．证券投资基金是一种金融中介机构

证券投资基金存在于投资者与投资对象之间，起着把投资者的资金转换成金融资产，通过专门机构在金融市场上再投资，从而使货币资产得到增值的作用。证券投资基金的管理者对投资者所投入的资金负有经营、管理的职责，而且必须按照合同（或契约）的要求确定资金投向，保证投资者的资金安全和收益最大化。

4. 证券投资基金是一种证券投资工具

证券投资基金发行的凭证即基金券（或受益凭证、基金单位、基金股份）与股票、债券一起构成有价证券的三大品种。投资者通过购买基金券完成投资行为，并凭之分享证券投资基金的投资收益，承担证券投资基金的投资风险。

（三）证券投资基金的特征

基金作为一种现代化的投资工具，主要具有以下三个特征。

1. 集合投资

基金是这样一种投资方式，它将零散的资金巧妙地汇集起来，交给专业机构投资于各种金融工具，以谋取资产的增值。基金对投资的最低限额要求不高，投资者可以根据自己的经济能力决定购买数量，有些基金甚至不限制投资额大小，完全按份额计算收益的分配，因此，基金可以最广泛地吸收社会闲散资金，集腋成裘，汇成规模巨大的投资资金。在参与证券投资时，资本越雄厚，优势越明显，而且可能享有大额投资在降低成本上的相对优势，从而获得规模效益的好处。

2. 分散风险

以科学的投资组合降低风险、提高收益是基金的另一大特点。在投资活动中，风险和收益总是并存的，不能将所有的鸡蛋都放在一个篮子里，这是证券投资的箴言。但是，要实现投资资产的多样化，需要一定的资金实力，对中小投资者而言，由于资金有限，很难做到这一点，而基金则可以帮助中小投资者解决这个困难。基金可以凭借其雄厚的资金，在法律规定的投资范围内进行科学的组合，分散投资于多种证券，借助于资金庞大和投资者众多，使每个投资者面临的投资风险变小，另一方面又利用不同投资对象之间的互补性，达到分散投资风险的目的。

3. 专业理财

基金实行专家管理制度，这些专业管理人员都经过专门训练，具有丰富的证券投资和项目投资经验。他们善于利用基金与金融市场的密切联系，运用先进的技术手段分析各种信息资料，能对金融市场上各种证券的价格变动趋势作出比较正确的预测，最大限度地避免投资决策的失误，提高投资成功率。对于那些没有时间，或者对市场不太熟悉，没有能力专门研究投资决策的中小投资者来说，投资于基金，实际上就可以获得专家在市场信息、投资经验、金融知识和操作技术等方面所拥有的优势，从而尽可能地避免盲目投资带来的失败。

二、证券投资基金的运作流程

证券投资基金运作流程基本步骤（见图 6—4）包括：

（1）基金公司设计产品，然后发行，卖给投资者后完成募集，把投资者资金汇集成基金。

（2）把这些资金委托给投资专家（基金公司）来管理运作。其中，投资者、基金管理人、基金托管人（银行）通过基金合同方式建立信托协议，确立投资者出资、基金管理人受委托负责理财、基金托管人负责保管资金三者之间的信托关系。基金的投资操作与资产管理是分开的，也就是说基金公司只负责投资，并不直接接触资金和证券，而投资者的钱是由基金托管人来保管的。我国《证券投资基金运作管理办法》（自 2004 年 7 月 1 日起施行）规定，基金托管人必须由合格的商业银行担任，基金管理人与基金托管人通过托管协议确立双方的责任和权利。基金投资者享受证券投资基金的收益，也承担亏损的风险。

（3）基金公司通过专业理财，将投资收益分配给投资者。

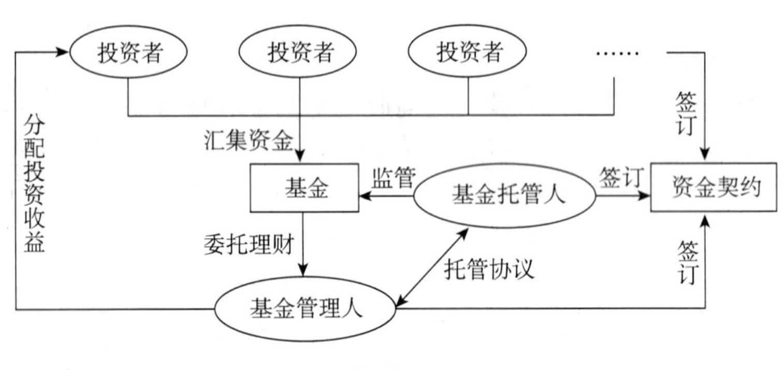

图 6—4　基金的运作流程图

三、证券投资基金的种类

（一）按组织形态可分为契约型基金与公司型基金

1. 契约型基金

契约型基金，也称信托型投资基金，是指投资者、管理人、托管人三者作为基金的当事人，通过签订基金契约的形式来发行受益凭证而设立的一种基金。基金管理人可以作为基金的发起人，通过发行受益凭证将资金筹集起来组成信托财产，并依据信托契约，由基金保管人负责保管信托财产，具体办理证券、现金管理及有关的代理业务等；投资者是受益凭证的持有人，通过购买受益凭证，参与基金投资，享有投资收益。契约型基金是基于契约原理而组织起来的代理投资行为，没有基金章程，也没有公司董事会，而是通过基金契约来规范三方当事人的行为。

2. 公司型基金

公司型基金又叫做共同基金，是指基金本身为一家股份有限公司，公司通过发行股票或受益凭证的方式来筹集资金，然后再由公司委托一家投资顾问替公司进行投资。公司型基金依公司法成立，通过发行基金股份将集中起来的资金投资于各种有价证券。公司型投资基金在组织形式上与股份有限公司类似，基金公司资产为投资者（股东）所有，由股东选举董事会，由董事会聘请基金管理人，基金管理人负责管理基金业务；聘请基金保管人负责保管基金财产。

历史上最早的投资基金是以投资信托形式出现的，即便是现在，契约型基金仍为很多国家所采纳。契约型基金在英国较为普遍，公司型基金在美国较为普遍。目前我国绝大多数投资基金都属于契约型基金。

契约型基金与公司型基金的不同点有以下几个方面：

(1) 资金的性质不同。契约型基金的资金是通过发行基金份额筹集起来的信托财产；公司型基金的资金是通过发行普通股票筹集的公司法人的资本。

(2) 投资者的地位不同。契约型基金的投资者购买基金份额后成为基金契约的当事人之一，投资者既是基金的委托人，即基于对基金管理人的信任，将自己的资金委托给基金管理人管理和营运，又是基金的受益人，即享有基金的受益权；公司型基金的投资者购买基金的股票后成为该公司的股东。因此，契约型基金的投资者没有管理基金资产的权利，而公司型基金的股东通过股东大会享有管理基金公司的权利。

(3) 基金的营运依据不同。契约型基金依据基金契约营运基金；公司型基金依据基金公司章程营运基金。

由此可见，契约型基金和公司型基金在法律依据、组织形态以及有关当事人角色扮演上是不同的。但对投资者来说，投资于公司型基金和契约型基金并无多大区别，它们的投资方式都是把投资者的资金集中起来，按照基金设立时所规定的投资目标和策略，将基金资产分散投资于众多的金融产品上，获取收益后再分配给投资者。

（二）按基金能否赎回，可分为封闭式基金和开放式基金

1. 开放式基金

开放式基金是指基金设立时，其基金的规模（基金发行总额）不固定，在基金的存续时间内，基金单位总数随时增减，投资者可随时认购基金单位，也可随时向基金公司或银行等中介机构提出赎回基金单位的一种基金。

2. 封闭式基金

封闭式基金是指在设立基金时，规定基金的封闭期限及固定基金发行规模，在封闭期内投资者不能向基金管理公司提出赎回所持有的基金份额，而只能在证券交易所或其他交易场所转让。

开放式基金与封闭式基金的主要区别如下：

（1）期限不同。封闭式基金通常有固定的封闭期，并且在5年以上，一般为10～15年。而开放式基金则没有固定期限，投资者可以随时向基金公司或银行等中介机构提出赎回。

（2）发行规模要求不同。封闭式基金发行规模固定，并在封闭期内不能再增加发行新的基金单位。开放式基金则没有发行规模限制，投资者认购新的基金单位时，其基金规模就增加；赎回基金单位时，其基金规模就减少。

（3）转让方式不同。在封闭式基金的封闭期内，投资者一旦认购了基金单位就不能向基金管理公司提出赎回，只能寻求在证券交易所或其他交易场所转让，交易方式类似于股票及债券的买卖，交易价格受市场供求情况影响较大。开放式基金的投资者则可以在首次发行结束一段时间（多为3个月）后，随时向基金管理人或中介机构提出购买或赎回申请，买卖方式灵活。

（4）交易价格的计算标准不同。封闭式基金与开放式基金的基金单位除了首次发行价都是按面值加一定百分比的购买费计算外，以后的交易计价方式不同。封闭式基金的交易价格是随行就市，不完全取决于基金资产净值，受市场供求关系等因素影响较大；而开放式基金的价格则取决于每单位资产净值的大小，通常，申购价一般是基金单位资产值加上一定的购买费，赎回价是基金单位资产值减去一定的赎回费，不直接受市场供求影响。

（5）投资策略不同。封闭式基金的基金单位数不变，资本不会减少，因此基金可进行长期投资，基金资产的投资组合能有效在预定计划内进行。开放式基金因基金单位可随时赎回，为应付投资者随时赎回兑现，基金资产不能全部用来投资，更不能把全部资本用来进行长线投资，必须保持基金资产的流动性，在投资组合上需保留一部分现金和高流动性的金融商品。

从海外尤其是发达国家的基金业发展来看，证券投资基金在早期的发展中

主要以封闭式基金为主，但目前开放式基金则成为证券投资基金的主流。我国第一个开放式基金是华安基金管理公司于2001年推出的“华安创新”开放式基金，它的总规模为50亿基金份额（每基金份额面值为人民币1元），其中30亿面向个人投资者销售，交通银行为其基金托管人和代理销售人。该基金在13个城市同时发行，采取“总量控制、限额发号、领号预约、凭号认购”的方法，基金发行的头3个月内不受理赎回。发行时间从2001年9月11日到18日，个人认购的最低额为1万元，超过部分必须是1万元的整数倍，最高限额为30万元。

（三）按基金资产的投资标的，可分为货币基金、债券基金、股票基金和混合基金等

1. 货币基金

货币基金是指仅投资于货币市场工具的基金，通常投资于银行短期存款、大额可转让存单、商业票据等。由于货币市场一般是供大额投资者参与，所以货币基金的出现为小额投资者进入货币市场提供了机会。货币基金具有投资成本低、流动性强、风险小等特点。投资者常常在股票基金业绩表现不佳时，将股票基金转换为货币基金，以避开“风浪”，等待时机再选择认购股票基金或其他基金品种，因此货币基金也称为停泊基金。通常，货币基金的收益会随着市场利率的下跌而降低，与债券基金正好相反。货币基金通常被认为是无风险或低风险的投资。

2. 债券基金

债券基金将80%以上的基金资产投资于债券，通过对债券进行组合投资，寻求较为稳定的收益。由于债券收益稳定，风险也较小，因而债券基金的风险性较低，适于不愿过多冒险的稳健型投资者。通常债券基金收益会受货币市场利率的影响，当市场利率下调时，其收益就会上升；反之，若市场利率上调，则基金收益率下降。但债券基金的价格也受到市场利率、汇率、债券本身等因素影响，其波动程度比货币基金大。

3. 股票基金

股票基金是指将60%以上的基金资产投资于股票的基金，这是所有基金品种中最流行的一种。与投资者直接投资于股票市场相比，股票基金具有流动性强、可分散风险等特点。虽然股票价格会在短时间内上下波动，但其提供的长线回报比现金存款或债券投资要高。因此，从长期来看，股票基金收益可观，但风险也比债券基金、货币基金要大。

4. 指数基金

指数基金是20世纪70年代以来出现的新的基金品种。为了使投资者能获取与市场平均收益相接近的投资回报，产生了一种功能上近似或等于所编制的某种证券市场价格指数的基金。其特点是：它的投资组合等同于市场价格指数的权数比例，收益随着当期的价格指数上下波动。当价格指数上升时基金收益增加，反之收益减少。基金因始终保持当期的市场平均收益水平，因而收益不会太高，也不会太低。指数基金的优势是：（1）费用低廉，指数基金的管理费较低，尤其交易费用较低。（2）风险较小。由于指数基金的投资非常分散，可以完全消除投资组合的非系统风险，而且可以避免由于基金持股集中带来的流动性风险。（3）在以机构投资者为主的市场中，指数基金可获得市场平均收益率，为股票投资者提供更好的投资回报。（4）指数基金可以作为避险套利的工具。对于投资者尤其是机构投资者来说，指数基金是避险套利的重要工具。指数基金由于其收益率的稳定性和投资的分散性，特别适用于社保基金等数额较大、风险承受能力较低的资金投资。

5．混合基金

将基金资产投资于股票、债券和货币工具，并且股票投资和债券投资的比例不符合前述规定的，为混合基金。

（四）按投资目标不同，可分为成长型基金、收入型基金、平衡型基金

1．成长型基金

成长型基金是基金中最常见的一种，它追求的是基金资产的长期增值。为了达到这一目标，基金管理人通常将基金资产投资于信誉度较高、有长期成长前景或长期盈余的所谓成长公司的股票。成长型基金又可分为稳健成长型基金和积极成长型基金。

2．收入型基金

收入型基金主要投资于可带来现金收入的有价证券，以获取当期的最大收入为目的。收入型基金资产成长的潜力较小，损失本金的风险相对也较低，一般可分为固定收入型基金和股票收入型基金。固定收入型基金的主要投资对象是债券和优先股，因而尽管收益率较高，但长期成长的潜力很小，而且当市场利率波动时，基金净值容易受到影响。股票收入型基金的成长潜力比较大，但易受股市波动的影响。

3．平衡型基金

平衡型基金将资产分别投资于两种不同特性的证券上，并在以取得收入为目的的债券及优先股和以资本增值为目的的普通股之间进行平衡。这种基金一般将25％～50％的资产投资于债券及优先股，其余的投资于普通股。平衡型基金的主要目的是从其投资组合的债券中得到适当的利息收益，与此同时又可以获得普通股的升值收益。投资者既可获得当期收入，又可得到资金的长期增值。平衡型基金的特点是风险比较低，缺点是成长的潜力不大。

（五）按基金资本来源和运用地域，可分为国内基金、国际基金、离岸基金和海外基金

1．国内基金

国内基金是指基金资本来源于国内并投资于国内金融市场的投资基金。一般而言，国内基金在一国基金市场上占主导地位。

2．国际基金

国际基金是指基金资本来源于国内但投资于境外金融市场的投资基金。由于各国经济和金融市场发展的不平衡性，因而在不同国家会有不同的投资回报，通过国际基金的跨国投资，可以为本国资本带来更多的投资机会以及在更大范围内分散投资风险，但国际基金的投资成本和费用一般也较高。国际基金有国际股票基金、国际债券基金和全球商品基金等种类。

3．离岸基金

离岸基金是指基金资本从国外筹集并投资于国外金融市场的基金。离岸基金的特点是两头在外。离岸基金的资产注册登记不在母国，为了吸引全球投资者的资金，离岸基金一般都在素有“避税天堂”之称的地方注册，如卢森堡、开曼群岛、百慕大等，因为这些国家和地区对个人投资的资本利得、利息和股息收入都不收税。

4．海外基金

海外基金是指基金资本从国外筹集并投资于国内金融市场的基金。海外基金通过发行受益凭证，把筹集到的资金交由指定的投资机构集中投资于国内的股票和债券，把所得收益进行再投资或作为红利分配给投资者，它所发行的受益凭证则在国际著名的证券交易所挂牌上市。海外基金已成为发展中国家利用外资的一种较为理想的形式，一些资本市场没有对外开放或实行严格外汇管制的国家可以利用海外基金。

四、基金与股票、债券的关系

（一）基金与股票的关系

证券投资基金是一种投资受益凭证。股票是股份有限公司在筹集资本时向出资人发行的股份凭证。两者是有区别的。

1．反映的关系不同

股票反映的是所有权关系，而证券投资基金反映的是信托关系。

2. 在操作上投向不同

股票是融资工具，其集资主要投向实业，是一种直接投资方式。而证券投资基金是信托工具，其集资主要投向有价证券，是一种间接投资方式。

3. 风险与收益状况不同

股票的收益是不确定的，其收益取决于发行公司的经营效益，投资股票有较大风险。证券投资基金采取组合投资，能够在一定程度上分散风险，风险小于股票，收益也较股票稳定。

4. 投资回收方式不同

股票没有到期日，股票投资者不能要求退股，如果想变现股票，只能在二级市场出售。开放式基金的投资者可以按资产净值赎回基金单位，封闭式基金的投资者在基金封闭期内不得赎回基金单位，如果想变现，只能在交易所或者柜台市场上出售，但存续期满投资者可以得到投资本金的返还。

（二）基金与债券的关系

债券是政府、金融机构、工商企业等机构直接向社会筹措资金时，向投资者发行，承诺按一定利率支付利息并按约定条件偿还本金的债权债务凭证。证券投资基金与债券的区别表现在以下几个方面。

1. 反映的关系不同

债券反映的是债权债务关系，证券投资基金反映的是信托关系。

2. 在操作上投向不同

债券是融资工具，其集资主要投向实业，是一种直接投资方式。而证券投资基金是信托工具，其集资主要投向有价证券，是一种间接投资方式。

3. 风险、收益不同

债券的收益一般是事先确定的，其投资风险较小。证券投资基金的投资风险高于债券，收益也高于债券。证券投资基金的风险、收益比债券高，比股票低。

五、证券投资基金的估价

证券投资基金的价值取决于基金净资产的现在价值，这一点与股票、债券不同。股票与债券的价值取决于其未来现金流入量的现值，而基金的价值是用现在的现金流量来反映，即基金净资产的现在价值。这是因为股票、债券的未来现金流入量是可以预测的，而基金的投资组合是不断变动的，其未来收益是不可预测的，所以投资者把握的是“现在”，即基金单位净值。

（一）基金单位净值

基金单位净值（net asset value，NAV），是指在某一基金估值时点上，每一基金单位所具有的市场价值。基金的价值取决于基金净资产的现在价值，因此基金单位净值是评价基金业绩最直观的指标。其计算公式为：

$$基金单位净值=\frac{基金净值总额}{基金单位总份数}=\frac{基金资产总额-基金负债总额}{基金单位总份数}$$

式中，基金资产总额是指基金拥有的所有资产（包括股票、债券、银行存款和其他有价证券等）按照公允价格计算的资产总额；基金负债总额是指基金运作及融资时所形成的负债，包括应付给他人的各项费用、应付资金利息等；基金单位总份数是指当时发行在外的基金单位的总量。一般说来，基金负债是相对固定的，而基金资产的市场价值是不断变动的。因此，只有每日对基金单位净值重新计算，才能及时反映基金的投资价值。

表 6—3 为 2009 年 11 月 25 日我国前十位基金单位净值排行表。

表 6—3　　基金单位净值排行表

序号	基金代码	基金简称	单位净值上期(元)	单位净值(元)	累计净值(元)	净值增长率	涨跌额(元)
1	519089	新华优选成长股票	1.966 1	1.966 4	2.016 4	+0.015 3%	+0.000 3
2	200001	长城久恒平衡混合	1.509 0	1.508 0	2.618 0	−0.066 3%	−0.001 0
3	162102	金鹰中小盘精选混合	1.441 7	1.446 1	2.356 1	+0.305 2%	+0.004 4
4	200002	长城久泰中信标普300指数	1.344 4	1.346 6	4.206 6	+0.163 6%	+0.002 2
5	510081	长盛动态精选混合	1.230 5	1.233 1	2.933 1	+0.211 3%	+0.002 6
6	210002	金鹰红利价值混合	1.146 6	1.145 2	1.433 2	−0.122 1%	−0.001 4
7	630001	华商领先企业混合	1.067 1	1.066 3	1.171 3	−0.075 0%	−0.000 8
8	519100	长盛中证 100 指数	1.055 6	1.056 4	1.626 4	+0.075 8%	+0.000 8
9	210003	金鹰行业优势股票	0.994 2	0.992 4	0.992 4	−0.181 1%	−0.001 8
10	200006	长城消费增值股票	0.964 7	0.966 5	2.406 5	+0.186 6%	+0.001 8

（二）累计净值

累计净值是反映该基金自成立以来的总体收益情况。其计算公式为：

$$累计净值=基金单位净值+基金成立后累计单位派息金额$$

当然，基金净值的高低并不是选择基金的主要依据，基金净值未来的成长性才是判断投资价值的关键。净值的高低除了受到基金经理管理能力的影响之外，还受到很多其他因素的影响。若基金成立时间较长，且成长性较好，基金的净值自然就会比较高；若基金成立时间较短，或是进场时点不佳，都可能使基金净值相对较低。因此，如果只以现时基金净值的高低作为是否要购买基金的标准，就常常会作出错误的决定。

（三）基金的交易价格

基金的交易价格是以基金单位净值为基础的，基金单位净值越高，基金的交易价格就越高。但基金的交易价格因基金的性质、交易方式而有所不同。

1. 封闭式基金的交易价格

封闭式基金因有封闭期规定，在封闭期内基金规模稳定不变，既不接受投资者的申购也不接受投资者的赎回。因此，为满足投资者的变现需要，封闭式基金成立后通常申请在证券交易所挂牌，交易方式类似股票，即在投资者之间转手交易。

封闭式基金在二级市场上竞价交易，其交易价格由供求关系和基金业绩决定，围绕基金单位净值上下波动，行情即时揭示。一般而言，当投资者预期证券市场行情看涨，或基金利好政策即将出台，会引起市场需求增加，基金单位的交易价格就上升，反之下跌，从而使基金价格相对其单位净值经常出现溢价或折价交易的现象。另外，基金市场同股票市场一样，也存在着“坐庄”操纵现象。由于封闭式基金的“盘子”是既定的，因此资金实力大户往往通过人为放大交易量或长期单向操作来达到影响市场供求关系及交易价格，从中获利的目的。

2. 开放式基金的交易价格

开放式基金因其规模是“开放”的，在基金存续期内其规模是变动的，除了法规允许自基金成立日至基金成立满 3 个月期间，依基金契约和招募说明书规定，可只接受申购不办理赎回外，其余时间如无特别原因，应在每个交易日接受投资者的申购与赎回。

（1）开放式基金认购。投资者在开放式基金募集期间，基金尚未成立时购买基金单位的过程称为认购。通常认购价为基金单位面值（1 元）加上一定的认购费用，即

认购价格＝基金单位面值＋认购费用

（2）开放式基金申购。在基金成立后，投资者通过基金管理公司或其销售代理机构申请购买基金单位的过程称为申购。投资者办理申购时，应填写申购申请书并交付申购款项。申购基金单位的金额是以申购日的基金单位资产净值为基础

计算的。

申购价格＝申购日基金单位净值×(1＋申购费率)

申购基金份数＝申购金额/申购价格

【例 6—17】 某投资者有 100 万元用来申购开放式基金，假定申购费率为 2%，当天基金单位净值为 1.5 元。则：

申购价格＝1.5×(1＋2%)＝1.53(元)

申购单位数＝100/1.53＝65.359 4(万份基金单位)(非整数份额取整数)

(3) 开放式基金赎回。投资者为变现其基金资产，将手持基金单位按一定价格卖给基金管理人，并收回现金的过程称为赎回。赎回金额是以当日的基金单位资产净值为基础计算的。

赎回价格＝基金单位净值×(1－赎回费率)

赎回金额＝赎回基金单位数×赎回价格

【例 6—18】 某投资者要赎回 100 万份基金单位，假定赎回费率为 1%，当天基金单位净值为 1.5 元。则：

赎回价格＝1.5×(1－1%)＝1.485(元)

赎回金额＝100×1.485＝148.5(万元)

六、投资基金的收益率

基金收益率反映基金增值的情况，它通过基金净资产的市场价值变化来衡量。如果基金资产的市场价值增加，意味着基金的投资收益增加，基金投资者的投资收益也随之增加。基金收益率的计算公式为：

$$\text{基金收益率}=\frac{\text{年末持有份数}\times\text{年末基金单位净值}-\text{年初持有份数}\times\text{年初基金单位净值}}{\text{年初持有份数}\times\text{年初基金单位净值}}$$

如果年末持有份数与年初相同，则公式简化为：

$$\text{基金收益率}=\frac{\text{年末基金单位净值}-\text{年初基金单位净值}}{\text{年初基金单位净值}}$$

可见，上述公式简化成了基金单位净值的变化幅度。

【例 6—19】 某投资者于 2008 年 1 月 4 日申购了 10 000 元泰达荷银行业精选基金（简称：荷银精选），申购费率为 1.5%，则申购价格为 1＋1.5%＝1.015

(元)，申购份额为 $\frac{10\ 000}{1.015}=9\ 852.22$（份）。

2008 年 2 月 20 日，荷银精选分红，每 10 份基金份额派发红利 0.5 元，该投资者选择了现金分红，则获得红利收入：9 852.22×0.05＝492.611（元）。

若该投资者持有荷银精选至 2009 年 6 月 13 日赎回，当日基金单位净值为 2.217 3元，赎回费率为 1%，则赎回价格为 2.217 3×（1－1%）＝2.195 1（元），赎回后获得现金：9 852.22×2.195 1＝21 626.6（元）。对比期初投资成本 10 000 元，投资者的买卖价差为 116 26.6 元。

投资总收益＝买卖价差＋红利收入＝11 626.6＋492.611＝12 119.21（元），投资期间的收益率为 121.19%

第五节　证券投资组合

证券投资组合是指投资者在进行证券投资时，不是将所有的资金都投向单一的某种证券，而是有选择地投向一组不同的证券。由于证券投资存在着较高的风险，而各种证券的风险大小又不相同，因此，企业进行证券投资时，不应将所有的资金都集中投资于一种证券，而应同时投资于多种证券，这就形成了证券投资组合。证券投资组合对分散和降低投资风险具有重要的作用，正因为这样，一些国家的法律和制度规定银行、保险公司、各类共同基金、信托公司等其他金融机构都必须将其投资分散，以形成高度多元化的投资组合，起到规避风险的作用。

从投资者的角度看，某一特定证券价格的涨跌并不重要，重要的是对它们所组成的证券组合的风险和收益的影响。证券投资组合是证券投资的重要武器，它可以帮助投资者全面捕捉投资机会，降低投资风险。

一、证券投资组合的收益

证券投资组合的收益是指投资组合中各单项资产预期收益率的加权平均数，其计算公式为：

$$R_p=\sum_{i=1}^{n}W_i\cdot R_i$$

式中，R_p：投资组合的期望收益率；

W_i：第 i 种证券在投资组合总体中所占的比重；

R_i：第 i 种证券的期望收益率；

n：投资组合中证券的种类数。

【例 6—20】某投资组合中包括 A、B、C 三种证券，其期望收益率分别为 18%、16%和 20%，在这个组合中，股票 A、B、C 的比重分别为 50%、25%和 25%，则这个投资组合的期望收益率为：

$$R_p = 50\% \times 18\% + 25\% \times 16\% + 25\% \times 20\% = 18\%$$

二、证券投资组合的风险

证券投资组合的风险不能像计算期望收益率那样用各个证券的风险或标准差的加权平均数来计算。投资组合的风险除了与单个证券的个别风险有关外，还与这些证券之间的相关性有关，这也是投资组合能降低风险的原因所在。要计算证券投资组合的风险，首先要了解证券投资组合的风险构成。

证券投资组合的风险是由两种性质完全不同的风险组成，它们是非系统风险和系统风险（见图 6—5）。

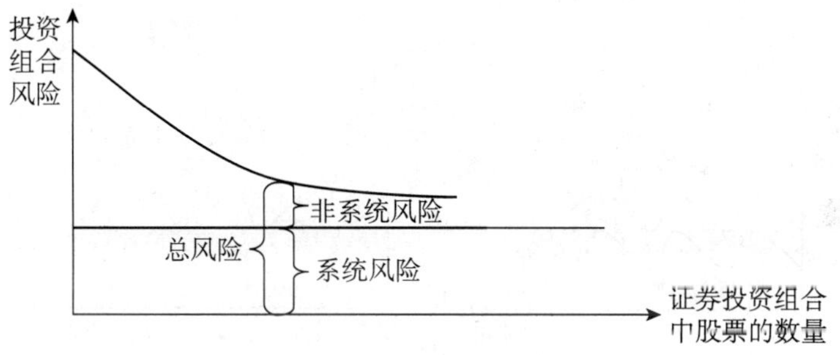

图 6—5 证券投资组合的风险

非系统风险又称可分散风险，它在总风险中所占的比重约为 60%～75%。该种风险可以通过证券持有的多样化来抵消，即多买几家公司的证券，其中某些证券收益上升，另一些证券收益下降，从而将风险抵消。至于风险能被分散掉的程度，则取决于投资组合中不同资产预期收益之间的相关程度。如果多元化投资组合充分有效，这种风险就有可能被完全消除。从图 6—5 可以看出，非系统风险随证券组合中股票数量的增加而逐步降低。

系统风险又称不可分散风险。该种风险由市场变动所产生，它对所有股票都有影响，不能通过证券投资组合来消除。关于这两种风险的理论含义我们在前面已经介绍过，在此重点研究证券投资组合风险和系统风险的度量。

（一）投资组合风险的度量

在理论上，完全可以找出这样两种证券，当分别进行投资时，它们的风险很高；但当将它们进行组合投资的时候，风险会降低，甚至有可能被完全消除掉，这取决于证券之间的相关程度。

相关程度是指投资组合中各证券之间在预期收益上的变动方向及联系程度。如果两个证券预期收益的变动方向相同，表明它们之间具有正相关关系；如果两个证券预期收益的变动方向相反，则表明它们之间具有负相关关系。证券收益之间的相关程度，通常用相关系数 r 来计量。r 的取值范围在[－1，＋1]之间，如果两个证券之间的相关系数等于＋1，表明它们之间具有完全的正相关关系；反之，如果两个证券之间的相关系数等于－1，则表明它们之间具有完全的负相关关系。完全的正相关与完全的负相关，是相关程度的两个极端。

假设有 A 与 B 两种证券，如果它们之间具有完全的正相关关系，其预期收益的变动趋势将如图 6—6（a）所示；反之，如果它们之间具有完全的负相关关系，则其预期收益的变动趋势将如图 6—6（b）所示。

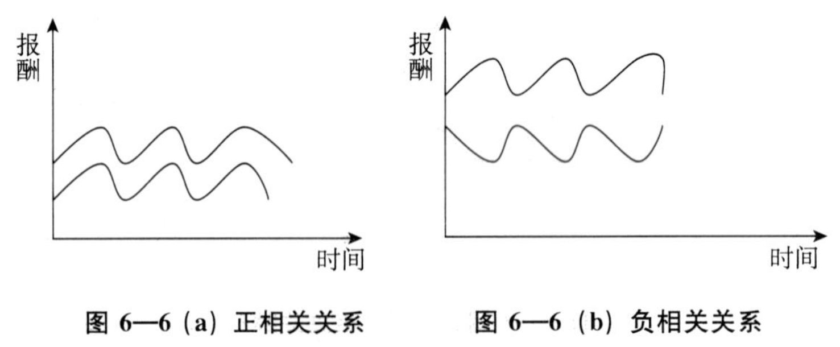

图 6—6（a）正相关关系　　**图 6—6（b）负相关关系**

若两个证券的收益变动完全正相关，则它们组合在一起的非系统风险不能被抵消；若两个证券的收益变动完全负相关，则它们组合在一起的非系统风险可以完全被抵消。

【例 6—21】假设 A 股票和 B 股票的预期收益变动完全负相关，将它们组合在一起，每种股票在证券组合中各占 50%，投资组合的收益率和风险的详细情况如表 6—4 所示。

表 6—4　　完全负相关的两种股票及其构成的投资组合的收益情况

年份	K_A	K_B	K_p
2005	50%	−10%	20%
2006	0%	40%	20%
2007	40%	0%	20%
2008	−10%	50%	20%
2009	20%	20%	20%
平均收益率	20%	20%	20%
标准差	22.8%	22.8%	0%

说明：表中 K 代表收益率。

根据表 6—4 的资料，可以绘制出两种股票以及由它们构成的证券组合的收益率，如图 6—7 所示。

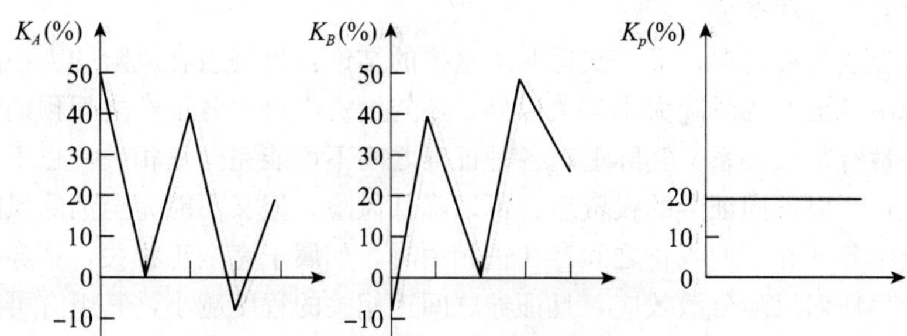

图 6—7　两种完全负相关股票的收益图

从表 6—4 可以看出，如果投资者单独投资 A 股票和 B 股票，其风险程度都很高，即 δ_A＝22.8%，δ_B＝22.8%；但如果把它们组合在一起，则投资组合的风险就完全消失了，即此时投资组合的风险 δ_p 为 0。其原因正是由于 A 和 B 两种股票的预期收益变动完全负相关。同理，如果 A 和 B 两种股票属于完全正相关，这样的证券组合便不能抵消任何风险。

【例 6—22】 假设 A 股票和 B 股票的预期收益变动完全正相关，将它们组合在一起，每种股票在证券组合中各占 50%，投资组合的收益率和风险的详细情况如表 6—5 所示。

表 6—5　　完全正相关的两种股票及其构成的投资组合的收益情况

年份	K_A	K_B	K_p
2005	50%	50%	50%
2006	0%	0%	0%
2007	40%	40%	40%
2008	−10%	−10%	−10%
2009	20%	20%	20%
平均收益率	20%	20%	20%
标准差	22.8%	22.8%	22.8%

从表 6—5 可以看出，投资组合的风险与分别投资于 A 股票和 B 股票是一样的，即 $\delta_A=\delta_B=\delta_p=22.8\%$ 。这一现象的出现主要归因于 A、B 两只股票完全同向的收益率变动态势。

通过上述两种情形，又一次证明了这样的结论：投资组合风险的大小除了与投资组合中各证券的风险大小有关以外，还与投资组合中各证券之间预期收益变化的相关性有很大关系。实际上，各种证券之间不可能完全正相关，也不可能完全负相关，所以不同证券的投资组合可以降低风险，但又不能完全消除风险。当投资组合中各证券预期收益之间存在正相关时，如属于完全正相关，证券投资组合不会产生任何风险分散效应，且证券之间正相关的程度越小，其组合可产生的风险分散效应越大。当投资组合中各证券预期收益之间存在负相关时，如属于完全负相关，证券投资组合可使其整体的风险趋近于零（即可使其中单个证券内含的风险全部分散掉），且证券之间负相关的程度越小，其投资组合产生的风险分散效应也越小。

在现实的证券市场上，绝大多数证券的收益变化是呈正相关的，在经济状况良好时收益提高，在经济状况恶劣时收益下降。因此，即使是最大限度的证券组合也只能消除一定程度的风险。

既然投资组合的风险不是各证券风险（标准差）的简单加权平均，那么它如何度量呢？

1. 投资组合风险

证券投资组合的风险通常用标准差来衡量，其计算公式为：

$$\delta_p = \sqrt{\sum_{j=1}^{m}\sum_{k=1}^{m} A_j A_k \delta_{jk}}$$

式中，m：组合内证券种类；

A_j：j 种证券在投资总额中的比例；

A_k：k 种证券在投资总额中的比例；

δ_{jk}：j 种证券与 k 种证券报酬率的协方差。

2. 协方差

协方差是用来衡量两种（多种）证券报酬率之间变动程度的指标。协方差的计算公式为：

$$\delta_{jk} = r_{jk}\delta_j\delta_k$$

式中，r_{jk}：j 种证券与 k 种证券报酬率之间的相关系数；

δ_j：j 种证券的标准差；

δ_k：k 种证券的标准差。

基于协方差的计算，投资组合的标准差又可以写成：

$$\delta_p = \sqrt{\sum_{j=1}^{m}\sum_{k=1}^{m} A_j A_k r_{jk}\delta_j\delta_k}$$

从上述公式可以看出，证券组合的标准差 δ_p 不仅取决于单个证券的标准差 δ_j 与 δ_k，而且还取决于证券之间的协方差 δ_{jk}。随着证券组合中证券个数的增加，协方差项比方差项越来越重要，这一结论可以通过考察协方差矩阵得到证明。

【例 6—23】 在两种证券的投资组合中，其协方差的矩阵为：

$$\begin{pmatrix} \delta_{1,1} & \delta_{1,2} \\ \delta_{2,1} & \delta_{2,2} \end{pmatrix}$$

如果证券投资组合中的证券个数增加为 3，则其协方差的矩阵如下：

$$\begin{bmatrix} \delta_{1,1} & \delta_{1,2} & \delta_{1,3} \\ \delta_{2,1} & \delta_{2,2} & \delta_{2,3} \\ \delta_{3,1} & \delta_{3,2} & \delta_{3,3} \end{bmatrix}$$

从 3 种证券的投资组合中可以看出，有 3 个方差项，6 个协方差项。如果组合中证券数量较多时，协方差项会更多，这时的方差项将变得微不足道。因此，充分组合的投资风险只受证券之间协方差的影响，而与各证券本身的方差无关。

【例 6—24】假设等比例投资于两种证券，A 证券的预期报酬率为 10%，标准差为 12%。B 证券的预期报酬率为 18%，标准差为 20%。求证券投资组合的标准差。

若两种证券的相关系数为 1，在等比例投资的情况下该组合的标准差等于两种证券各自标准差的简单算术平均数。

$$\delta_p = 12\% \times 0.5 + 20\% \times 0.5 = 16\%$$

若两种证券的相关系数为 0.2，在等比例投资的情况下该组合的标准差为：

$$\begin{aligned}\delta_p &= [(0.5\times 0.5\times 1\times 12\%\times 12\%)+(2\times 0.5\times 0.5\times 0.2\times 12\%\times 20\%)+(0.5\times 0.5\times 1\times 20\%\times 20\%)]^{\frac{1}{2}} \\ &=12.65\%\end{aligned}$$

12.65%<16%，说明只要两种证券之间的相关系数小于 1，证券组合的标准差就小于各证券标准差的加权平均数。

另外，对于两种证券的投资组合风险还可以通过下式来计算：

$$\delta_p = \sqrt{A_j^2\delta_j^2 + A_k^2\delta_k^2 + 2A_jA_k\delta_j\delta_k r_{jk}}$$

在上面的实例中，两种证券的投资比例是相等的，各占 50%。如果投资比例发生变化，投资组合的预期报酬率和标准差也会发生变化。计算过程见表 6—6。

表 6—6　　不同投资比例的组合收益与风险

组合	A 证券的投资比例	B 证券的投资比例	组合的期望收益率	组合的标准差
1	1	0	10%	12%
2	0.8	0.2	11.6%	11.11%
3	0.6	0.4	13.2%	11.78%
4	0.4	0.6	14.8%	13.79%
5	0.2	0.8	16.4%	16.65%
6	0	1	18%	20%

（二）系统风险的度量

由于非系统风险可以通过分散投资消除，因此一个充分分散的投资组合几乎没有非系统风险。假设投资者都是理智的，都会选择充分分散的投资组合，非系统风险将与资本市场无关。既然证券的非系统风险可以通过投资组合分散掉，那么系统风险就成了投资者研究的焦点。

对投资者而言，系统风险既无法消除，又无法通过证券投资组合分散。系统风险通常用贝塔系数来度量，用希腊字母 β 表示。贝塔系数反映的是个别证券相对于市场上全部证券平均收益的变动程度。

1. 单项资产的系统风险

单项资产系统风险的度量是通过计算单项资产的 β 系数来实现的。β 系数的计算方法有三种：

(1) 回归直线法。β 系数可以通过同一时期内的资产收益率和整个市场收益率的历史数据，采用线性回归方程预测出来。β 系数就是该线性方程的回归系数 b。

【例 6—25】 J 股票收益率和整个市场收益率的历史资料如表 6—7 所示。

表 6—7　　股票市场的收益资料（%）

年份	J 股票的收益率 y	市场收益率 x
2004	1.8	1.5
2005	−0.5	1
2006	2	0
2007	−2	−2
2008	5	4
2009	5	3

解回归方程 $y=a+bx$ 中的回归系数 b，计算过程及计算公式如表 6—8 所示。

表 6　8　　β 值计算表

年份	J 股票的收益率 y	市场收益率 x	x^2	xy
2004	1.8	1.5	2.25	2.7
2005	−0.5	1	1	−0.5
2006	2	0	0	0
2007	−2	−2	4	4
2008	5	4	16	20
2009	5	3	9	15
合计	11.3	7.5	32.25	41.2

$$b=\frac{n\sum xy-\sum x\sum y}{n\sum x^2-\left(\sum x\right)^2}=\frac{6\times 41.2-7.5\times 11.3}{6\times 32.25-7.5\times 7.5}=\frac{162.45}{137.25}=1.18$$

（2）公式法。β系数为某证券收益率与整个市场收益率的协方差除以整个市场收益率的方差。其计算公式如下：

$$\beta_j=\frac{COV(K_j,K_M)}{\delta_M^2}=\frac{r_{jM}\delta_j\delta_M}{\delta_M^2}=r_{jM}\frac{\delta_j}{\delta_M}$$

式中，r_{jM}：该股票与整个股票市场的相关性（相关系数）；

δ_j：该股票自身的标准差；

δ_M：整个市场的标准差。

$$\text{相关系数}\, r_{jM}=\frac{\sum(x-\bar{x})(y-\bar{y})}{\sqrt{\sum(x-\bar{x})^2}\sqrt{\sum(y-\bar{y})^2}}$$

$$\text{或}=\frac{n\sum xy-\sum x\sum y}{\sqrt{n\sum x^2-(\sum x)^2}\sqrt{n\sum y^2-(\sum y)^2}}$$

根据例6—25的资料，可以计算J股票与整个股票市场的相关性（见表6—9）。

表6—9　　相关系数的计算表

年份	J股票的收益率 y	市场收益率 x	x^2	xy	y^2
2004	1.8	1.5	2.25	2.7	3.24
2005	−0.5	1	1	−0.5	0.25
2006	2	0	0	0	4
2007	−2	−2	4	4	4
2008	5	4	16	20	25
2009	5	3	9	15	25
合计	11.3	7.5	32.25	41.2	61.49

将表6—9中的数据代入计算公式中，得：

$$r_{jM}=\frac{6\times 41.2-7.5\times 11.3}{\sqrt{6\times 32.5-7.5\times 7.5}\times\sqrt{6\times 61.49-11.3\times 11.3}}$$

$$= \frac{247.2 - 84.75}{\sqrt{195 - 56.25} \times \sqrt{368.94 - 127.69}} = \frac{162.45}{11.78 \times 15.53} = 0.89$$

计算标准差：

$$\delta = \sqrt{\frac{\sum_{i=1}^{n}(x_i - \bar{x})^2}{n-1}} = \sqrt{\frac{n\sum x^2 - \left(\sum x\right)^2}{n(n-1)}}$$

将表 6—9 中的数据代入到标准差的计算公式中，得：

$$\delta_M = \sqrt{\frac{6 \times 32.25 - 7.5^2}{6 \times 5}} = 2.138\ 9$$

$$\delta_j = \sqrt{\frac{6 \times 61.49 - 11.3^2}{6 \times 5}} = 2.835\ 8$$

$$\beta_j = r_{jM}\frac{\delta_j}{\delta_M} = 0.89 \times \frac{2.835\ 8}{2.138\ 9} = 1.18$$

(3) 资本资产定价法。资本资产定价理论假定投资者是理性的，资本市场是完全竞争和有效的。在这种情况下，资本资产定价模型阐述了充分多元化的组合投资中风险与要求收益率之间的均衡关系，并形成证券市场线。证券市场线是对任一证券或证券组合预期报酬率和风险之间关系的一种描述，它清晰地反映出风险资产的预期收益率与其所承担的系统风险 β 系数之间呈线性关系，充分体现了高风险高收益的原则（见图 6—8）。

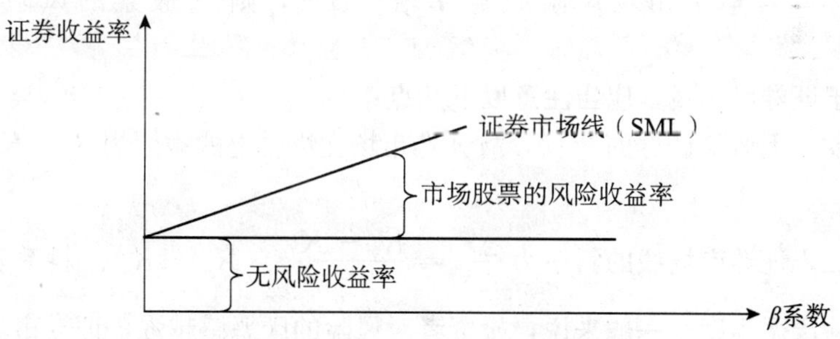

图 6—8　证券收益率与 β 系数的关系

从图 6—8 的证券市场线，可以计算某一资产的投资要求收益率，其计算公式为：

$$K_j = K_f + \beta_j(\overline{K}_m - K_f)$$

式中，K_j：j 项资产要求的收益率；

K_f：无风险资产的收益率；

$\overline{K}_m$：整个市场的平均收益率；

β_j：第 j 项资产系统风险。

【例 6—26】某公司股票的 β 系数为 1.2，无风险收益率为 8%，市场资产组合的平均收益率为 14%。根据资本资产定价模型，该股票的投资必要收益率为：

$$K_j = 8\% + 1.2 \times (14\% - 8\%) = 15.2\%$$

只有该企业股票的收益率达到或超过 15.2% 时，投资者才肯进行投资；如果低于 15.2%，投资者不会购买该股票。

贝塔系数的经济意义在于，它告诉我们相对于整个市场组合而言，特定资产的系统风险是多少。通常把整个证券市场的贝塔系数视为 1，如果某种证券的风险情况与整个证券市场的平均风险情况一致，则这种证券的贝塔系数等于 1；如果某种证券的贝塔系数大于 1，说明其风险大于整个证券市场的平均风险；如果某种证券的贝塔系数小于 1，说明其风险小于整个证券市场的平均风险。

假设 A 股票的贝塔系数为 1，则它的风险与整个证券市场的平均风险相同，若整个市场的风险收益率增长（或降低）1%，则 A 股票的风险收益率也增长（或降低）1%；假设 A 股票的贝塔系数为 2，则它的风险程度是整个证券市场平均风险的 2 倍，若整个市场风险收益率增长 1%，则 A 股票的风险收益率会增长 2%；假设 A 股票的贝塔系数为 0.5，则它的风险程度是整个市场平均风险的一半，若整个市场风险收益率增长 1%，则 A 股票的风险收益率增长 0.5%。

关于证券市场线，应当注意以下几点：

第一，无风险证券的 $\beta=0$，故证券市场在纵轴上的截距为 K_f，K_f 为无风险收益率。

第二，证券市场线的斜率为 $\frac{\Delta Y}{\Delta X} = \frac{\overline{K}_m - K_f}{1-0} = \overline{K}_m - K_f$。斜率表示经济系统中风险厌恶程度。一般来说，投资者对风险的厌恶感越强，证券市场线的斜率越大，对风险资产所要求的风险补偿越大，对风险资产要求的收益率越高。需要注意的是，β 值并不是证券市场线的斜率。

第三，β 值越大，要求的收益率越高。

从证券市场线可以看出，投资者要求的收益率不仅取决于市场风险（β 值），而且还取决于无风险收益率（K_f）和市场风险补偿程度（斜率）。其中，无风险收益率由两部分构成：无通货膨胀的实际收益率和通货膨胀溢价。因此，一旦发生通货膨胀，无风险证券的收益率将上升，从而证券市场线的截距增加，SML 的位置将上升，但斜率不变，如图 6—9 所示。

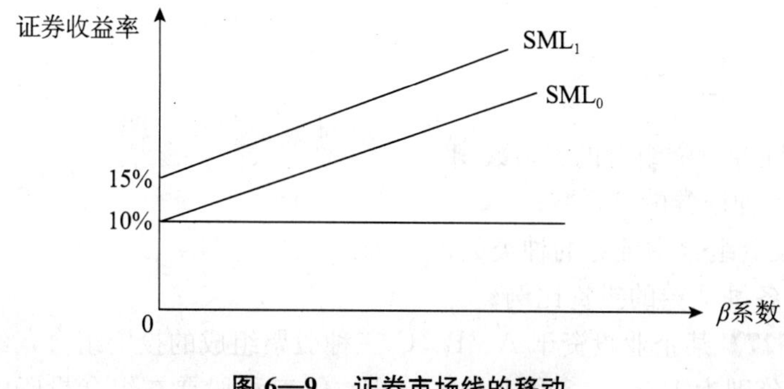

图 6—9　证券市场线的移动

由图 6—9 可知，当发生通货膨胀时，无风险收益率将上升，使原来的证券市场线 SML_0 移至 SML_1，增长部分（5%）只反映通货膨胀溢价，市场风险收益率不变。证券市场线的这种变动也说明，确定预期收益时应考虑通货膨胀因素。

另外，投资者对风险的厌恶程度会随经济环境的变化而变化。SML 的斜率能够反映投资者的风险偏好，斜率越大，SML 越陡，表明投资者规避风险的程度越大，投资者的风险厌恶感越强。如果投资者风险意识淡薄，丝毫不要求回避风险，SML 就成为一条水平的直线。如图 6—10 所示，投资者风险规避程度的增加是通过市场风险溢价的增加来表示的，而且 β 系数也直接影响风险溢价水平。

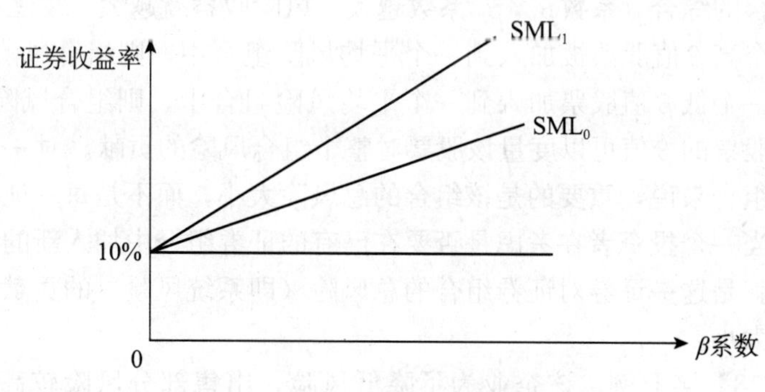

图 6—10　风险偏好与证券市场线

2. 投资组合的系统风险

投资组合的系统风险是通过计算多项资产的综合（或平均）β系数来实现的。投资组合的综合β系数等于组合中各资产β值的加权平均数。其计算公式为：

$$\beta_p = \sum_{i=1}^{n} \beta_i w_i$$

式中，β_p：证券投资组合的β系数；

β_i：各种证券的β系数；

n：投资组合中证券的种类数；

w_i：各种证券的投资比例。

【例 6—27】 某企业投资于 A、B、C 三种股票组成的投资组合，经测算，它们的β系数分别为 1.0、0.5 和 1.5。A、B、C 三种股票在组合投资中所占的比重分别为 20%、30%和 50%。股票市场平均收益率为 16%，无风险收益率为 12%。该企业拟投资总额为 100 万元，试计算这种证券组合的风险收益率和风险收益额。

证券组合的综合β系数 β_p =20%×1.0+30%×0.5+50%×1.50=1.10

证券组合的必要收益率 $R_p = K_f + \beta_p(\bar{K}_m - K_f)$ =16%+4.4%=20.4%

证券组合的风险收益率 $K_p = \beta_p(\bar{K}_m - K_f)$ =1.10×(16%−12%)

=4.4%

证券组合的风险收益额=100×4.4%=4.4(万元)

从上述计算可以看出，在其他因素不变的情况下，风险收益率的大小主要取决于证券组合的综合β系数β_p，β_p系数越大，风险收益就越大，反之亦然。

如果一个高β值股票被加入到一个平均风险组合中，则组合风险将会提高；反之，如果一个低β值股票加入到一个平均风险组合中，则组合风险将会降低。所以，一种股票的β值可以度量该股票对整个组合风险的贡献。对一个风险充分分散的证券组合来说，重要的是该组合的总风险大小，而不是每一证券的个别风险的大小。当一个投资者在考虑是否要在已有的证券组合中加入新的证券时，所考虑的重点就是这一证券对证券组合的总风险（即系统风险）的贡献，而不是其个别风险的大小。

【例 6—28】 接上例，该企业为了降低风险，出售部分风险较高的 C 股票，买进 B 股票，使 A、B、C 三种股票在证券组合中的比重变为 20%、50%和 30%，此时该组合的系统风险和风险收益率分别为：

$$\beta_p = 20\% \times 1.0 + 50\% \times 0.5 + 30\% \times 1.50 = 0.9$$

$$K_p = 0.9 \times (16\% - 12\%) = 3.6\%$$

由此可见，调整各种证券在证券组合中的比重，可改变证券投资组合的风险和风险收益率。

三、证券投资组合的策略与方法

从以上分析可知，通过证券投资组合能有效分散风险，那么，企业在进行证券投资组合时应采用什么策略，用何种方法进行组合呢？

（一）证券投资组合策略

在证券组合理论的发展过程中，形成了各种各样的派别，从而也形成了不同的组合策略，现介绍其中最常见的几种。

1. 保守型策略

保守型策略也称为跟随大市策略。这种策略认为，最佳证券投资组合策略要尽量模拟市场现状，将尽可能多的证券包括进来，以便分散掉全部可分散风险，得到市场所有证券的平均收益。这是一种最简单的策略，它在具体操作时，无须进行特定组合，而只要选择品种足够多的证券即可。因为投资组合理论认为，只要证券投资组合中证券的数量达到足够多时，便可分散大部分可分散风险。1976年，美国先锋基金公司创造的指数信托基金，便是这一策略的最典型代表。这种基金投资于标准普尔（Standard and Poor's）股票指数中所包含的全部500种股票，其投资比例与500家企业价值比重相同。这种投资组合有以下好处：①能分散掉全部可分散风险；②不需要高深的证券投资专业知识；③证券投资的管理费比较低。但这种组合获得的收益不会高于证券市场上所有证券的平均收益。因此，此种策略属于收益不高、风险不大的策略，故称为保守型策略。

2. 冒险型策略

冒险型策略认为，与市场完全一样的组合不是最佳组合，只要投资组合做得好，就能击败市场或超越市场，取得远远高于市场平均水平的收益。在这种组合中，成长型股票比较多，而那些低风险、低收益的证券并不多。另外，其组合的随意性强，变动频繁。采用这种策略的投资者都认为，收益就在眼前，何必死守苦等。对于追随市场的保守派，他们是不屑一顾的。这种策略收益高，风险大，因此称为冒险型策略。

3. 适中型策略

适中型策略认为，证券的价格（特别是股票价格），是由特定企业的经营业绩来决定的。市场上股票价格的一时涨跌并不重要，只要企业经营业绩好，股票一定会升到其本来的价值水平。采用这种策略的人，一般都善于对证券进行分析，如行业分析、企业业绩分析、财务分析等。通过分析，选择高质量的股票和债券，组成投资组合。适中型策略如果做得好，可获得较高的收益，而又不会承担太大的风险。但进行这种组合的人必须具备丰富的投资经验，拥有进行证券投资的各种专业知识。这种投资策略风险不太大，收益却比较高，所以是一种最常见的投资组合策略。各种金融机构、投资基金和企事业单位在进行证券投资时一般都采用这种策略。

（二）证券投资组合的方法

进行证券投资组合的方法很多，但最常见的通常有以下几种：

1. 选择数量足够多的证券进行组合

这是一种最简单的证券投资组合方法。在采用这种方法时，不是进行有目的的组合，而是随机选择证券，随着证券数量的增加，可分散风险逐步降低，当数量足够多时，大部分可分散风险都能分散掉。根据投资专家估计，在美国证券市场上随机地购买 40 种股票，其大多数可分散风险都能分散掉。为了有效地分散风险，每个投资者持有的股票数量最好不少于 14 种。

2. 把风险大、风险中等、风险小的证券放在一起进行组合

这种组合方法又称为 1/3 法，是指把全部资金的 1/3 投资于风险大的证券，1/3 投资于风险中等的证券，1/3 投资于风险小的证券。一般而言，风险大的证券对经济形势的变化比较敏感，当经济处于繁荣时期，风险大的证券能获得高额收益，但当经济衰退时，风险大的证券却会遭受巨额损失；相反，风险小的证券对经济形势的变化不十分敏感，一般都能获得稳定收益，而不致遭受损失。因此，这种 1/3 投资组合法，是一种进可攻、退可守的组合法，虽不会获得太高的收益，但也不会承担巨大风险，是一种常见的组合方法。

3. 把投资收益呈负相关的证券放在一起进行组合

一种股票的收益上升而另一种股票的收益下降的两种股票，称为负相关股票。把收益呈负相关的股票组合在一起，能有效地分散风险。例如，某企业同时持有一家汽车制造公司的股票和一家石油公司的股票，当石油价格大幅度上升时，石油公司的收益会增加，但油价的上升会影响汽车的销量，使汽车公司的收益降低，于是这两种股票呈负相关关系，可以分散风险。只要选择得当，这样的组合对降低风险有十分重要的意义。

【本章强化训练题】

一、思考题

1. 影响债券内在价值的因素有哪些?
2. 债券投资与股票投资有何区别?
3. 什么是可转换债券?
4. 证券投资组合的风险如何计算?
5. 证券投资组合的收益如何计算?
6. 系统风险与非系统风险分别受哪些因素影响?

二、单项选择题

1. 估算股票价值时的贴现率，不能使用（　　）。

A. 股票市场平均收益率

B. 债券收益率加适当的风险报酬率

C. 国债的利息率

D. 投资者的必要报酬率

2. 证券投资组合的主要目的是（　　）。

A. 增加投资收益　　B. 消除投资风险

C. 降低投资风险　　D. 增加控股力度

3. 当市场利率上升时，长期固定利率债券价格的变动幅度会（　　）短期债券价格的变动幅度。

A. 大于　B. 小于　C. 等于　D. 不确定

4. 当股票投资期望收益率等于无风险收益率时，β系数应（　　）。

A. 大于1　B. 等于1　C. 小于1　D. 等于0

5. 在证券投资中，因通货膨胀带来的风险是（　　）。

A. 违约风险　　B. 利息率风险

C. 购买力风险　　D. 流动性风险

6. 某公司股票的β系数为2，无风险收益率为6%，市场上所有股票的平均收益率为10%，则该公司股票的预期收益率为（　　）。

A. 8%　B. 14%　C. 16%　D. 20%

7. 债券投资与股票投资相比，（　　）。

A. 收益稳定性强，收益高　　B. 投资风险小

C. 购买力风险低　　D. 经营控制权大

8. 某公司发行的股票预期收益率为 20%，最近刚支付的股利为每股 2 元，估计股利年增长率为 10%，则该种股票的价值为（　　）元。

A. 20　　B. 24　　C. 22　　D. 18

9. 当两种证券完全正相关时，由此所形成的证券组合（　　）。

A. 能适当分散风险

B. 不能分散风险

C. 可分散全部风险

D. 证券投资组合的风险小于单项证券风险的加权平均

10. 某企业于 2008 年 10 月 1 日以 950 元购买新发行的面额为 1 000 元的普通债券，票面利率为 12%，若该公司持有债券至到期日，其到期收益率为（　　）。

A. 高于 12%　　B. 低于 12%　　C. 等于 12%　　D. 无法确定

11. 在必要报酬率不变的情况下，对于分期付息的债券，当市场利率小于票面利率时，随着债券到期日的接近，债券价值将相应（　　）。

A. 增加　　B. 减少　　C. 不变　　D. 不确定

12. 某企业于 2009 年 1 月 1 日平价购入面值为 10 000 元，期限为 3 年的新发行普通债券，票面利率为 10%，若该公司持有该债券至到期日，则到期收益率为（　　）。

A. 12%　　B. 16%　　C. 10%　　D. 14%

13. 某公司平价购买新发行的面值为 1 000 元，票面利率为 8%，期限为 5 年的债券，该债券每年付息两次，则债券的实际年利率为（　　）。

A. 4%　　B. 8.84%　　C. 8%　　D. 8.16%

14. 当债券的票面利率大于市场利率时，此时债券应（　　）。

A. 平价发行　　B. 溢价发行　　C. 折价发行　　D. 不确定

15. 一般说来，股票的价值与股票的价格（　　）。

A. 总是一致的　　B. 不一定一致

C. 前者大于后者　　D. 前者小于后者

三、实务题

（一）练习资本资产定价模型的应用

资料：已知无风险收益率为 5%，市场预期收益率为 17%，相关股票 β 系数的关系如表 6—10 所示。

表 6—10 **相关股票的 β 系数**

股票	A	B	C	D
β 系数	0.75	0.9	1.4	1.8

要求：

（1）利用资本资产定价模型计算投资者对股票所要求的收益率；

（2）把资产按风险大小排列；

（3）如果你确定市场收益率在不久的将来会上升，哪一种资产是最佳选择？如果市场收益率将下降，又当如何选择？

（二）练习组合投资的风险与收益的计算

资料：假定资本资产定价模型成立，在表 6—11 中列示了无风险资产、市场组合以及三种股票的有关资料，表中的数字是相互关联的。

表 6—11 **各种资产风险、收益相关资料**

资产名称	预期收益率	标准差	与市场组合的相关系数	β 系数
无风险资产	A	C	F	I
市场组合	B	0.1	G	J
甲股票	0.22	D	0.65	1.3
乙股票	0.16	0.15	H	0.9
丙股票	0.31	E	0.2	K

要求：计算表中字母表示的数字，并列示计算过程。

（三）练习股票的估价与决策

资料：甲企业计划利用一笔长期资金投资购买股票，现有 M 公司股票和 N 公司股票可供选择，甲企业只准备投资一家公司股票。已知 M 公司股票现行市价为每股 9 元，上年每股股利为 0.15 元，预计以后每年以 6%的增长率增长。N 公司股票现行市价为每股 7 元，上年每股股利为 0.60 元，股利分配政策一贯坚持固定股利政策。甲企业的投资必要报酬率为 8%。要求：

（1）利用股票估价模型，分别计算 M、N 两家公司的股票价值；

（2）代甲企业作出股票投资决策。

（四）练习债券的估价与决策

资料：A 公司于 2005 年 1 月 1 日拟购买 B 公司发行的 5 年期普通债券，债券面值为 1 000 元，票面利率为 10%，每年年末付息。

（1）如果当时的市场利率为 8%，债券的发行价格为 1 040 元，则 A 公司是否应购买该债券?

(2) 如果债券的发行价格为 1 100 元,则债券到期收益率为多少?

(3) 假定 2007 年 1 月 1 日的市场利率为 12%,那么此时的债券价值为多少?

(4) 假定 2009 年 1 月 1 日债券的市价为 900 元,此时购买该债券的到期收益率为多少?

(五) 练习资产组合的风险与收益的计算

资料:假定你持有的证券组合由表 6—12 中的股票构成。

表 6—12　　相关股票的投资比例及收益资料

股票	在证券组合中的比例(%)	β系数	预期收益率(%)
A	10	1.0	12
B	25	0.75	11
C	15	1.3	15
D	30	0.6	9w
E	20	1.2	14

如果无风险利率为 8%,市场要求的收益率为 11.6%。要求:

(1) 计算组合投资的期望收益率;

(2) 计算组合投资的 β 系数;

(3) 画出证券市场线,并标出组合投资中各股票相对于证券市场线的位置;

(4) 在你所画的图中找出哪种股票会使该组合的投资者盈利,哪种股票会使投资者亏损。

(六) 练习债券的投资决策

已知,A 公司准备购买债券作为长期投资(打算持有至到期日),必要收益率为 6%。现有三家公司同时发行面值为 1 000 元的 5 年期债券。其中,甲公司债券的票面利率为 8%,每年付息一次,到期还本,债券的发行价格为1 041元;乙公司债券的票面利率为 8%,单利计息,到期一次性还本付息,债券发行价格为 1 050 元;丙公司发行的债券为折价债券,债券发行价格为 750 元,到期按面值还本。要求:

(1) 计算该公司购入甲公司债券的价值与收益率;

(2) 计算该公司购入乙公司债券的价值与收益率;

(3) 计算该公司购入丙公司债券的价值;

（4）根据上述计算结果，评价甲、乙、丙三种公司债券是否具有投资价值，并为该公司作出购买决策；

（5）若 A 公司购买并持有甲公司债券，1 年后将其以 1 050 元的价格出售，计算该项投资的收益率。

【案例分析】

巴菲特证券投资要诀

巴菲特 1930 年出生于美国，11 岁开始购买股票，27 岁便创建了自己的帝国。巴菲特在股票市场上的非凡业绩和惊人的盈利，甚至使市场专家和华尔街的经纪人都感到不可思议。那么，在变幻莫测的股票市场上，巴菲特制胜的要诀是什么呢？

制胜要诀一：从小购买廉价股票

20 世纪 50 年代早期，他带着孩童般的执著读厚重的穆迪手册，在里面寻找线索。终于他发现了一些无人问津又非常便宜的股票，如西部保险公司和 GEICO 股票等，于是他投资了 8 000 美元——几乎是他当时积蓄的 2/3 购买 GEICO 股票。后来，股价在不到两年的时间里翻了整整两倍。

有一次，某经纪人以 15 美元一股的价格提供给他一种名不见经传的保险公司股票，但没有关于它的公开资料，于是巴菲特就跑到州保险办公室收集数据。当他从资料上得知这种股票绝对是便宜货，就买进了一些，一段时间以后，它就上升到 370 美元一股。巴菲特终日忙于阅读和分析多家公司的年度报表和商业刊物，并把每一份财务报表牢记在心，逐渐地，在他的心日中建立起了对华尔街的整个详细轮廓，他对现有的所有股票和债券都了如指掌，并相信没有任何人能分析得比他好。

制胜要诀二：牛市退、熊市进

每当巴菲特看到一种股票时，他不仅仅看到股票背后静止的资产，而是将其作为一个有着独特动力和潜能的活生生的正在运作的企业来看待。1963 年，巴菲特开始研究一种与以往他买的任何股票都不相同的股票，它没有工厂，也没有硬件资产，它最有价值的商品就是它的名字。当时美国运通公司有成千上万的票据在市场上流通，像货币一样被人们接受。但这年 11 月，运通公司遇到麻烦，其股价从每股 60 美元跌至 1964 年初的每股 35 美元，当华尔街的证券商齐声高喊“卖”时，巴菲特将自己1/4的资产投在这种股票上。

1967年夏天，道琼斯指数回升到900点左右，而且自20世纪60年代以来第一次出现成交量居高不下的情况，华尔街洋溢着空前的喜悦，证券商迅速地下着越来越多的赌注。巴菲特确信这种游戏非常有赚头，股票还会继续上涨，但他也“确信”自己不能把这些股票做好，于是他把击败道琼斯指数的目标降低了10个百分点，即从现在起每年盈利9%或超过道琼斯指数5个百分点。而事实上，这一年他盈利了30%，比道琼斯指数多出了17个百分点，其中大部分来自美国运通公司，它已狂涨到每股180美元。

1987年10月19日，星期一，美国股市在持续数年的大牛市之后终于崩溃了。除了三种永久股票外，巴菲特早在10月12日左右就把所有的股票都抛掉了。

案例思考：

1. 从这个案例中你学到了什么？
2. 如果你曾经或正在炒股，请谈谈你炒股的经历。

（资料来源：陈玉菁、宋良荣主编：《财务管理》，166～167页，北京，清华大学出版社，2008。）

第七章

利润规划及分配管理

本章学习目标 通过本章学习，理解利润的构成和计算，弄清利润分配的程序和项目，熟悉利润分配政策，掌握股利分配的几种形式。

第一节 目标利润规划

一、利润的构成

利润是企业在一定会计期间的经营成果，是企业一定时期内从事生产经营活动、投资业务及其他非经营活动取得的收益，在数量上等于企业全部收入抵补全部支出后的余额。若企业在一定期间的全部收入不足以抵补全部支出，就表现为亏损。通常情况下，如果企业实现了利润，表明企业的所有者权益增加；反之，如果企业发生了亏损，表明企业的所有者权益将减少。在市场经济条件下，企业利润的有无和多少，不仅同企业管理工作的水平、增产节约的效果有密切联系，而且决定着投资者的利益和企业的发展能力。所以，利润指标是评价企业经济效益水平和经营管理工作质量的重要依据。

（一）营业利润

营业利润是企业在一定时期从事生产经营活动所取得的利润。它是企业利润总额的主要构成内容，营业利润集中反映了企业生产经营的理财成果。

营业利润＝营业收入－营业成本－营业税金及附加－销售费用－管理费用－财务费用－资产减值损失＋公允价值变动收益（－公允价值变动损失）＋投资收益（－投资损失）

（二）利润总额

利润总额＝营业利润＋营业外收支净额

营业外收支净额是指与企业生产经营活动没有直接联系的各种营业外收入减去营业外支出后的余额。

（三）净利润

净利润又称税后利润，是指利润总额减去所得税后的净额，它是企业所有者权益的组成部分，也是企业进行利润分配的依据。

净利润＝利润总额－所得税

二、利润预测

利润预测是企业经营预测的一个重要方面，它是在销售预测的基础上，通过对产品的销售数量、价格水平、成本状况进行分析和测算，预测企业未来一定时期可能获得的利润水平（或发生的亏损）。利润预测对企业的经营决策具有重要的意义。企业通过利润预测可以对收入、成本、利润进行综合细致的分析，为企业的经营决策提供可靠的依据。同时，开展利润预测也可以发现生产经营中存在的问题，有利于改善经营管理，提高企业的经济效益。利润预测要在了解企业过去和现在的生产经营状况及所处经济环境的基础上，运用一定的科学方法，对影响利润的各种因素进行分析，测算出企业未来的利润水平。利润预测的方法有很多，这里主要介绍最常用的本量利分析法和相关比率法。

（一）本量利分析法

本量利分析法全称“成本—业务量—利润分析法”（cost-volume-profit analysis），也称损益平衡分析法，它主要根据成本、业务量和利润三者之间的变化关系，分析某一因素的变化对其他因素的影响。本量利的数学模型，主要有三种表达形式。

1. 基本的损益方程式

目前多数企业都使用损益法来计算销售利润，即首先确定一定期间的销售收入，然后计算与这些收入相配合的成本，两者之差即为销售利润。

销售利润＝销售收入－总成本

＝单价×销量－（变动成本＋固定成本）

$$=单价\times销量-单位变动成本\times销量-固定成本$$

值得注意的是，销售利润一般是指未扣除利息和所得税以前的利润，即息税前利润。

【例 7—1】 某企业每月固定成本为 1 000 元，生产一种产品，单价为 10 元，单位变动成本为 6 元，本月计划销售 1 000 件，问预期利润为多少？

$$销售利润=10\times1\ 000-6\times1\ 000-1\ 000=3\ 000(元)$$

基本的损益方程式明确表达了成本、销量和利润之间的数量关系，它含有五个相互联系的变量，给定其中四个，便可求出另一个变量的值。因此，上述公式可以变换为如下形式：

$$销量=\frac{固定成本+销售利润}{单价-单位变动成本}$$

$$单价=\frac{固定成本+销售利润}{销量}+单位变动成本$$

$$单位变动成本=单价-\frac{固定成本+销售利润}{销量}$$

$$固定成本=单价\times销量-单位变动成本\times销量-销售利润$$

我们还可以把损益方程式中表达的成本、销量和利润的关系反映在直角坐标系中，做成本量利图。本量利图能够直观、清晰地显示企业盈利和亏损的临界销量，故又称损益平衡图或盈亏临界图，见图 7—1。

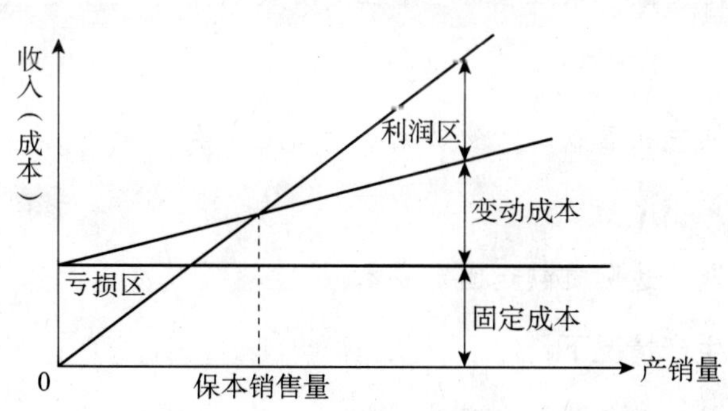

图 7—1　基本的本量利图

基本的本量利图绘制步骤如下：（1）选定直角坐标系，以横轴表示销售数量，纵轴表示成本和销售收入的金额；（2）在纵轴上找出固定成本数值，以（0，固定成本值）为起点，绘制一条与横轴平行的固定成本线；（3）以点（0，固定成本值）为起点，以单位变动成本率为斜率，绘制变动成本线；（4）以坐标点（0，0）为起点，以单价为斜率，绘制销售收入线。

从图 7—1 可以看出，销售收入线与变动成本线的交点为盈亏临界点，也称保本点。当销售量大于保本点销量时，为盈利；当销售量小于保本点销量时，为亏损。

2. 基本的边际贡献方程式

在本量利分析中，边际贡献是一个非常重要的概念。所谓边际贡献是指产品销售收入总额减去变动成本后的差额，又称贡献毛益或创利额。边际贡献的计算公式为：

边际贡献＝销售收入－变动成本

产品的边际贡献可以理解为产品的销售收入扣除自身的变动成本后给企业所做的贡献，企业产品销售的盈亏水平取决于边际贡献的大小，取决于边际贡献能否“吸收”（抵减）全部固定成本以及剩余额的大小。如果边际贡献抵减固定成本后还有剩余，则为企业利润；如果边际贡献不足以抵减固定成本，则为企业亏损。在固定成本不变的情况下，边际贡献的增减意味着利润的增减，它从绝对数上反映了产品的盈利能力。

单位产品的销售价格减去单位变动成本就是单位边际贡献。单位边际贡献的性质是反映每增加一个单位产品销售可提供的贡献毛益。其计算公式为：

单位边际贡献＝单位售价－单位变动成本

因为

销售利润＝销售收入－变动成本－固定成本

所以

销售利润＝边际贡献－固定成本

在单一产品生产情况下：

边际贡献＝销售收入－变动成本
＝销量×(单位售价－单位变动成本)
＝销量×单位边际贡献

在多种产品生产情况下：

$$边际贡献总额=\sum(各种产品销售收入-各种产品变动成本)$$
$$=\sum 各种产品边际贡献$$

【例 7—2】某企业生产三种产品，固定成本为 2 000 元，有关资料见表 7—1，试计算预期销售利润。

表 7—1 **销售和成本计划资料** 单位：元

产品	销量	单价	单位变动成本	单位边际贡献	销售收入	边际贡献
A	100	10	8	2	1 000	200
B	300	9	6	3	2 700	900
C	500	8	4	4	4 000	2 000
合计	—	—	—	—	7 700	3 100

销售利润=边际贡献总额-固定成本 =3 100-2 000=1 100(元)

我们也可以把边际贡献方程式中表达的成本、销量和利润的关系反映在直角坐标系中，做成边际贡献本量利图，见图 7—2。

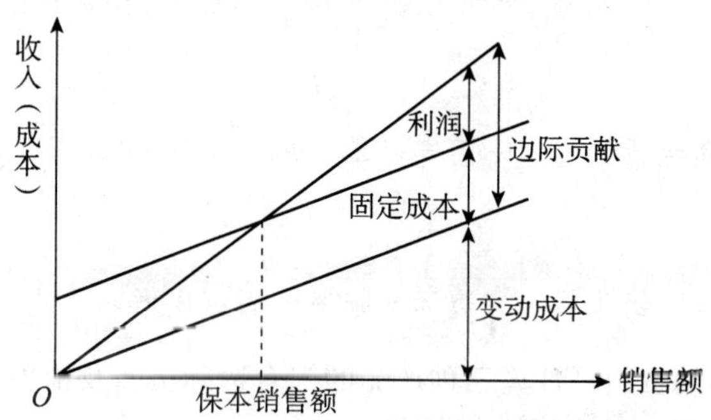

图 7—2　边际贡献本量利图

边际贡献本量利图的绘制要点是先绘制变动成本线，然后在此基础上以点（0，固定成本值）为起点绘制一条与变动成本线平行的总成本线，其他部分的绘制方法与基本的本量利图相同，不再赘述。

从图 7—2 可以看出边际贡献的数值，边际贡献随销量的增加而扩大，当其达到固定成本值时，企业处于盈亏临界状态；当边际贡献大于固定成本后，企业进入盈利状态。

3. 边际贡献率方程式

（1）边际贡献率。边际贡献率是指产品的边际贡献额占产品销售收入的百分比。它反映每一元销售收入所提供的边际贡献，是从相对数上反映产品盈利能力的指标。其计算公式为：

$$边际贡献率=\frac{边际贡献}{销售收入}\times 100\%$$

在单一产品生产情况下：

$$边际贡献率=\frac{单位边际贡献}{单价}\times 100\%$$

在多种产品生产情况下：

$$综合(平均)边际贡献率=\frac{\sum 各种产品边际贡献}{\sum 各种产品销售收入}\times 100\%$$

或

$$综合边际贡献率=\sum 某产品边际贡献率\times\frac{某产品的销售收入}{全部产品的销售收入}$$

因为

销售利润＝边际贡献－固定成本

所以

销售利润＝销售收入×边际贡献率－固定成本

根据例7—2的资料，计算三种产品的综合边际贡献及销售利润。

$$综合(平均)边际贡献率=\frac{3\ 100}{7\ 700}\times 100\%=40.26\%$$

销售利润＝7 700×40.26%－2 000＝1 100(元)

（2）变动成本率。变动成本率是指变动成本占销售收入的百分比。其计算公式为：

$$变动成本率=\frac{变动成本}{销售收入}=\frac{单位变动成本}{单价}\times 100\%$$

变动成本率与边际贡献率是两个互逆指标，两者的相互关系为：

边际贡献率＝1－变动成本率

4. 安全边际方程式

（1）盈亏平衡点的作业量。盈亏平衡点是指利润为零时的销售水平，可以用销售量表示，也可以用销售额表示。

盈亏平衡时，

单价×盈亏平衡点销量－单位变动成本×盈亏平衡点销量－固定成本＝0

所以

$$盈亏平衡点的销售量=\frac{固定成本}{单价-单位变动成本}=\frac{固定成本}{单位边际贡献}$$

对于生产单一产品的企业，其盈亏平衡点的销售水平通常用销售量来表示；对于生产多种产品的企业，其盈亏平衡点的销售水平通常用销售额来表示。

因为

销售利润＝销售收入×边际贡献率－固定成本

令利润等于0，此时的销售收入就是盈亏平衡点的销售额，即

$$盈亏平衡点的销售额=\frac{固定成本}{边际贡献率}$$

根据例7—2的资料，计算三种产品的盈亏平衡点的销售额：

$$盈亏平衡点的销售额=\frac{2\ 000}{40.26\%}=4\ 968(元)$$

（2）盈亏平衡点的作业率。盈亏平衡点的作业率是指盈亏平衡点销售量占正常（预计）销售量的比重。所谓正常销售量是指在正常市场和正常开工情况下企业的销售数量，也可以用销售额来表示。

$$盈亏平衡点的作业率=\frac{盈亏平衡点销售量(额)}{正常销售量(额)}\times 100\%$$

根据例7—2的资料，计算三种产品的盈亏平衡点的作业率：

$$盈亏平衡点的作业率=\frac{4\ 968}{7\ 700}\times 100\%=64.52\%$$

盈亏平衡点的作业率表明企业保本的业务量在正常业务量中所占的比重。由

于多数企业的生产经营能力是按正常销售量来规划的，生产经营能力与正常销售量基本相同，所以，盈亏平衡点的作业率还表明保本状态下的生产经营能力的利用程度。

(3) 安全边际。安全边际是指产品正常（或预计）销售水平超过保本销售水平的数额。安全边际可以用实物量或价值量两种形式表示。

$$安全边际量(额)=正常(或预计)销售量(额)-盈亏平衡点的销售量(额)$$

根据例 7—2 的资料，计算三种产品的安全边际额：

$$安全边际额=7\ 700-4\ 968=2\ 732(元)$$

(4) 安全边际率。安全边际率是指安全边际量（额）占正常（或预计）销售量（额）的百分比。

$$\begin{aligned}安全边际率&=\frac{安全边际量(额)}{正常销售量(额)}\times 100\%\\&=\frac{正常销售量(额)-盈亏平衡点销售量(额)}{正常销售量(额)}\\&=1-盈亏平衡点作业率\end{aligned}$$

根据例 7—2 的资料，计算三种产品的安全边际率：

$$安全边际率=\frac{2\ 732}{7\ 700}\times 100\%=35.48\%$$

或

$$安全边际率=1-64.52\%=35.48\%$$

在产品获利能力（单位边际贡献或边际贡献率）一定的情况下，安全边际越大，获得的利润越高，企业经营就越“安全”；反之，安全边际越小，获得的利润越低，企业经营就越“危险”。安全边际率是相对指标，便于不同企业和不同行业的比较。企业安全性的经验数据见表 7—2。

表 7—2　　安全性检验标准

安全边际率	40%以上	30%～40%	20%～30%	10%～20%	10%以下
安全等级	很安全	安全	较安全	值得注意	危险

盈亏平衡点作业量与安全边际可用图 7—3 表示。

$$销售利润=(正常销售量-保本销售量)\times 单位边际贡献$$

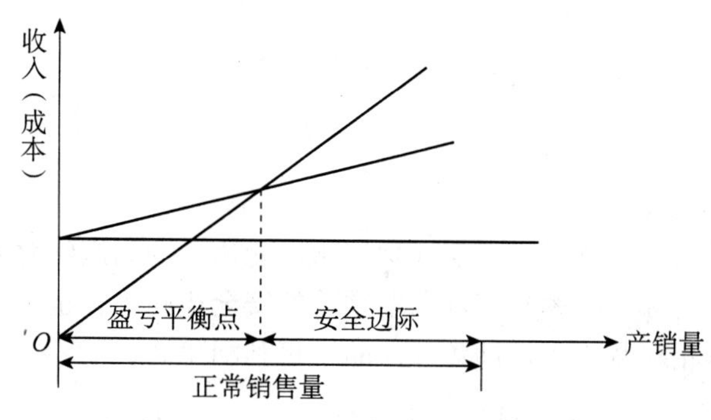

图 7—3　盈亏平衡点与安全边际

=安全边际量×单位边际贡献

销售利润=(正常销售额−保本销售额)×边际贡献率

=安全边际额×边际贡献率

根据例 7—2 的资料，利用上式计算三种产品的销售利润：

销售利润=安全边际额×边际贡献率=2 732×40.26%=1 100(元)

【例 7—3】某厂预计计划期可出售出该厂生产的甲产品 3 000 件。产品的单位售价 40 元，单位变动成本 25 元，计划期固定成本总额 30 000 元。根据以上资料，将有关数据计算整理如表 7—3 所示。

表 7—3　目标利润的计算表

计　算　项　目	计　算　依　据
单位边际贡献（元）	40−25=15
边际贡献率	15/40×100%=37.5%
保本销售量（件）	30 000/15=2 000
保本销售额（元）	30 000/37.5%=80 000
安全边际量（件）	3 000−2 000=1 000
安全边际额（元）	3 000×40−80 000=40 000

根据表 7—3，该厂甲产品计划期的利润预测如下：

预计销售利润=1 000×15=15 000(元)

或

预计销售利润＝40 000×37.5％＝15 000(元)

当然，预计利润也可以按一般公式计算，即

预计利润＝预计销售量×(单位售价－单位变动成本)－固定成本总额

上例中，预计利润＝3 000×(40－25)－30 000＝3 000×15－30 000＝15 000（元）。

以上计算所测定的利润是企业计划期预计能达到的利润绝对数水平，根据产品的获利能力（边际贡献率）和计划期预计的安全边际率，也可测定企业在计划期能达到的利润相对数水平，即预计产品销售利润率。

预计销售利润率＝预计安全边际率×边际贡献率

上例中，预计安全边际率＝1 000/3 000×100％＝33％，或预计安全边际率＝40 000/120 000×100％＝33％。预计销售利润率＝33％×37.5％＝12.4％。

（二）相关比率法

企业一定时期所实现的利润多少，往往与销售收入、资金占用额等指标密切相关。一般来说，企业的利润总额与销售收入、资金占用额呈正相关。相关比率法就是根据利润与这些指标之间的内在关系，对计划期间的利润进行预测的一种方法。常用的相关比率主要有销售收入利润率、资金利润率等。销售收入利润率和资金利润率一般以基期数为依据，并考虑到计划期有关变动因素加以确定，也可以根据同行业平均先进水平来确定。相关比率法的计算公式为：

利润＝预计销售收入×销售收入利润率

利润＝预计平均资金占用额×资金利润率

【例 7—4】某企业基期销售收入利润率为 20％，根据对市场的预测分析，计划期的销售收入利润率与基期相同，预计企业的销售收入为 5 000 万元。要求预测企业计划期的利润。

利润＝预计销售收入×销售收入利润率＝5 000×20％＝1 000(万元)

【例 7—5】某企业预测计划期的资金平均占用额为 4 000 万元，同行业的平均资金利润率为 15％。要求预测企业计划期的利润。

利润＝预计平均资金占用额×资金利润率＝4 000×15％＝600(万元)

三、利润规划

利润规划是企业财务计划的重要组成部分，它是在利润预测的基础上编制而成的，是对利润预测和经营决策的具体反映。利润规划也是一定时期企业生产经营活动的目标。因此，编制好企业的利润规划对企业的生产经营活动具有重要的意义。

在企业生产经营活动中，利润受许多因素影响，诸如产品销量、品种结构、成本及售价等因素变化，都会对利润产生不同程度的影响。企业为了制定正确的生产经营计划，获得最大的经济效益，必须综合考虑各有关因素的影响，进行正确的目标利润规划，制定合理的利润计划。

所谓利润规划，就是在利润预测的基础上，研究怎样把企业现有的人力、物力、财力最合理地组织起来，制定最优的利润目标，以取得最大的经济效益。利润规划的内容包括以下两个方面。

（一）利润预测

对计划期可能获得的利润进行科学的预测，在利润预测的基础上通过正确的决策分析，确定最优利润目标。

（二）拟定实现目标利润的可行措施

依据利润目标，拟定实现目标利润的可行措施，测定企业计划期产品的最优产销量、售价及成本，以制定出生产经营的全面预算。

1. 确定实现目标利润的产品销售量

$$产品销售量=\frac{固定成本+目标利润}{单位边际贡献}$$

【例 7—6】某企业生产的一种产品单价为 80 元，单位变动成本为 50 元，每期固定成本总额为 90 000 元。计划期的目标利润总额为 45 000 元。为实现利润目标，计划期应达到的产品销售量为：

$$实现目标利润的产品销售量=\frac{90\ 000+45\ 000}{80-50}=4\ 500(件)$$

如果企业同时生产多种产品，则实现目标利润的产品销售量应以销售额表示。计算公式为：

$$实现目标利润的产品销售额=\frac{固定成本+目标利润}{综合边际贡献率}$$

【例 7—7】某企业生产甲、乙两种产品，销售比重分别为 60%和 40%。甲产品单位售价 100 元，单位变动成本 60 元；乙产品单位售价 80 元，单位变动成本 56 元，计划期的固定成本总额为 90 000 元，目标利润为 54 000 元。实现目标利润的销售收入计算如下：

$$甲产品的边际贡献率=\frac{100-60}{100}\times100\%=40\%$$

$$乙产品的边际贡献率=\frac{80-56}{80}\times100\%=30\%$$

$$综合边际贡献率=40\%\times60\%+30\%\times40\%=36\%$$

$$实现目标利润的产品销售额=\frac{90\ 000+54\ 000}{36\%}=400\ 000(元)$$

2. 制定实现目标利润的产品售价

$$产品售价=\frac{固定成本+目标利润}{产品销售量}+单位变动成本$$

假定例7—6中，由于原料供应等原因，计划期产品的销售量只能达到4 000件，经挖掘，单位变动成本降低2元。为了实现目标利润，产品售价应定为：

$$实现目标利润的单位售价=\frac{90\ 000+45\ 000}{4\ 000}+48=81.75(万元)$$

企业计划期的产品单位售价应从80元提高到81.75元，才能保证目标利润的实现。

3. 明确实现目标利润的成本耗用水平

$$单位变动成本=单位售价-\frac{固定成本+目标利润}{产品销量}$$

$$固定成本=产品销量\times(单位售价-单位变动成本)-目标利润$$

假定在例7—6中，由于市场需求等因素的影响，产品的单位售价只能提高1元，而产品销售量也只能达到4 000件。在固定成本不变的情况下，为实现目标利润，产品的单位变动成本计算如下：

$$实现目标利润的单位变动成本=81-\frac{90\ 000+45\ 000}{4\ 000}=47.25(元)$$

企业计划期的产品单位变动成本应从50元至少下降到47.25元，即下降2.75元，才能保证目标利润的实现。当然，也可以在单位变动成本不变的情况下设法降低固定成本以保证目标利润的实现。

$$实现目标利润的固定成本=4\ 000\times(81-50)-45\ 000=79\ 000(元)$$

应将固定成本从90 000元至少下降到79 000元，即下降11 000元，才能保证目标利润的实现。

总之，利润规划确定以后，企业就要积极组织生产经营活动，做好销售工作，管理好对外投资活动，尽量扩大收入，控制各种成本、费用，努力完成企业的计划目标，实现企业的经营目标。在计划执行过程中，如果因为各种因素发生变化，使计划不切实际，就应当及时调整计划，对计划指标进行修改。

四、目标利润的影响因素分析

为了深入认识利润指标同其构成因素——销量、售价、成本之间的内在联系，以利于进行科学的利润规划，制定最优利润目标，有必要对利润进行因素分析。

（一）单项因素变动对利润的影响

1. 销量变动

在其他因素不变的情况下，利润 M 随销售量 Q 的增减发生同方向增减。两者的变动关系为：

$$\Delta M=\Delta Q \cdot cm$$

式中，cm 为单位边际贡献。

【例 7—8】 某机床公司生产机床本年度销售 1 000 台，每台售价 2 000 元，单位变动成本 1 200 元，全年固定成本总额 500 000 元，实现利润 300 000 元。根据市场预测，预计下年度销售量可上升 20%（假定产销平衡）。

在其他条件不变的情况下，销售量上升 20%增加的利润额为：

$$\Delta M=1\ 000\times 20\%\times(2\ 000-1\ 200)=160\ 000(\text{元})$$

即销售量上升 20%后，利润将增加 160 000 元，提高 53.3%。预计下年度能实现利润 460 000 元（300 000＋160 000）。

2. 售价变动

在其他因素不变的情况下，利润随售价的增减发生同方向增减。两者的变动关系为：

$$\Delta M=Q \cdot \Delta p$$

假定例 7—8 中，由于市场竞争激烈，该公司为了维持当年的产销量决定下年度每台机床降价 6%。在其他条件不变的情况下，降价 6%减少的利润额为：

$$\Delta M=1\ 000\times 2\ 000\times(-6\%)=-120\ 000(\text{元})$$

即降价 6%后，利润将减少 120 000 元，降低 40%。预计下年度能实现利润

180 000元（300 000－120 000）。

3. 单位变动成本变动

在其他因素不变的情况下，利润随单位变动成本（b）的增减发生反方向增减。两者的变动关系为：

$$\Delta M = -Q \cdot \Delta b$$

假定例 7—8 中，企业经过成本分析，认为下年度能使每台机床的直接材料成本下降 60 元，即单位变动成本降低 5%，在其他条件不变的情况下，利润的增加额为：

$$\Delta M = -1\,000 \times 1\,200 \times (-5\%) = 60\,000(\text{元})$$

即变动成本降低 5%，利润将增加 60 000 元，提高 20%。预计下年度能实现利润 360 000 元（300 000＋ 60 000）。

4. 固定成本总额变动

在其他因素不变的情况下，利润随固定成本总额（a）的增减发生反方向增减。两者的变动关系为：

$$\Delta M = -\Delta a$$

假定例 7—8 中，经过挖掘革新，降低消耗，企业的固定成本能够降低 3%，在其他条件不变的情况下，降低 3%的固定成本，其相应增加的利润为：

$$\Delta M = -500\,000 \times (-3\%) = 15\,000(\text{元})$$

即固定成本降低 3%，利润将增加 15 000 元，提高 5%。预计下年度能实现利润 315 000 元（300 000＋15 000）。

5. 销售产品品种结构变动

在销售多种产品的情况下，产品品种结构的变动将会引起利润的变动。如果结构变动后企业综合边际贡献率提高，利润将增加；反之，则减少。

【例 7—9】假设企业三种产品的预计销售额为 100 000 元，当三种产品的销售额比重分别为 35%、15%、50%时，综合保本销售额为 50 000 元，综合边际贡献率为 31%。

$$\text{预计利润} = (100\,000 - 50\,000) \times 31\% = 15\,500(\text{元})$$

当三种产品的销售额比重分别为 25%、35%、40%时，综合保本销售额为 46 407 元，综合边际贡献率为 33.4%。假定预计销售额不变，则

预计利润＝(100 000－46 407)×33.4%＝17 900.06(元)

计算结果显示，品种结构变动使利润增加了 2 400.06 元（17 900.06－15 500)。

（二）多因素综合变动对利润的影响

事物总是相互联系的，某项因素的变动往往会同时引起其他因素的变动。销量、售价、成本之间亦是如此。

1. 降价扩销

为了获取更多利润，企业往往采取“薄利多销”的策略，即以降低价格、扩大销量的方法增加利润。

假定在例 7—8 中，企业决定下年度降价 8%，以期望将销量增加 30%，则降价后的利润为：

$$M=1\,000\times(1+30\%)\times[2\,000\times(1-8\%)-1\,200]-500\,000=332\,000(\text{元})$$

即降价扩销后下一年度的利润将达到 332 000 元，比当年增加 32 000 元(332 000－300 000)。

2. 提高售价，同时增加固定成本

为了在维持一定销售水平的前提下增加利润，可以一方面提高售价，另一方面增加广告费（固定成本）。

假定在例 7—8 中，企业决定下年度提价 3%，为了维持当年的销量，同时决定下年度增加广告费预算 45 000 元。提价后的利润为：

$$M=1\,000\times[2\,000\times(1+3\%)-1\,200]-(500\,000+45\,000)=315\,000(\text{元})$$

提价后预计下年度的利润达到 315 000 元，比当年增加 15 000 元。

3. 降低售价，扩大销量，同时引起成本增加

降价扩销，可能因生产能力的扩大，使得制造费用中维修费、折旧费增加或使直接材料、直接人工成本上升而使成本耗用水平上升。

假定例 7—8 中，在降价 8%，扩销 3%的同时，将使单位变动成本提高 2%，固定成本总额提高 12 000 元，则降价扩销后的利润为：

$$M=1\,000\times(1+3\%)\times[2\,000\times(1-8\%)-1\,200\times(1+2\%)]-(500\,000+12\,000)=122\,480(\text{元})$$

这样，降价扩销后，由于成本同时提高，预计下年度的利润为 122 480 元，反而比当年下降 177 520 元。

（三）敏感分析

敏感分析是指依据利润各有关因素之间的内在联系，运用本量利方法分析各因素变动对利润的影响程度。敏感系数可以综合反映各参数变化对利润变化的影响程度，其计算公式为：

$$敏感系数=\frac{目标利润变动百分比}{参数值变动百分比}$$

1. 销量的敏感系数

根据例 7—8 的资料，销量提高 20%，利润提高 53.3%，则销量的敏感系数$=\frac{53.3\%}{20\%}=2.67$。

2. 单价的敏感系数

根据例 7—8 的资料，单价降低 6%，利润降低 40%，则单价的敏感系数$=\frac{-40\%}{-6\%}=6.67$。

3. 单位变动成本的敏感系数

根据例 7—8 的资料，单位变动成本降低 5%，利润提高 20%，则单位变动成本的敏感系数$=\frac{20\%}{-5\%}=-4$。

4. 固定成本敏感系数

根据例 7—8 的资料，固定成本降低 3%，利润提高 5%，则固定成本的敏感系数$=\frac{5\%}{-3\%}=-1.67$

若敏感系数为正值，表明它与利润为同向增减；若敏感系数为负值，表明它与利润为反向增减。在上述四个因素的敏感分析中，单价是最敏感的因素，即单价变动对利润的影响最大，单价降低 1%，企业的利润会降低 6.67%；固定成本的敏感性最小，即固定成本变动对利润的影响最小，固定成本降低 1%，企业利润会提高 1.67%。

五、利润控制

利润控制就是根据利润计划的要求，对影响利润计划实现的各种因素进行管理，以便增加企业收入，压缩各种费用支出。利润是一项综合指标，它集中体现了企业生产经营活动的财务成果。为了实现利润计划，必须全面完成各项生产经营计划，提高企业的总体经济效益。所以，进行利润控制必须做好以下主要方面的工作。

（1）企业必须充分挖掘潜力，降低产品成本，压缩各项费用支出，提高产品质量，以增强产品的市场竞争力。

（2）企业要面向市场，了解市场的需求变化，努力开发新产品，以满足市场的需求。企业只有根据市场变化，不断实现产品的更新换代，才能保证在激烈的市场竞争中立于不败之地。

（3）企业必须经常收集各种市场信息，积极调整生产经营策略，调整计划中不切实际之处，以保证企业经营目标的圆满实现。

（4）加强企业各方面的管理，建立责任制，将责权利结合起来，充分调动全体职工的积极性，以保证各项生产经营计划的实现。

（5）充分利用企业的闲置资金进行对外投资。在资本市场日益发达的情况下，企业要充分预测各种投资的风险和收益，根据企业自身的财务状况，选择最佳投资组合，以增加投资收益，减少投资损失。

第二节　利润分配

利润分配是企业按照国家有关法律、法规以及企业章程的规定，将实现的利润在企业与所有者之间、企业内部的有关项目之间、企业所有者之间进行分配的活动。利润分配的合理与否，影响着各方的经济利益，也与企业内部的筹资活动和投资活动紧密相关。

一、利润分配的基本原则

利润分配是企业的一项重要工作，它关系到企业、投资者等有关各方利益，涉及企业的生存与发展。因此，在利润分配的过程中，应遵循以下原则。

（一）依法分配的原则

企业利润分配的对象是企业缴纳所得税后的净利润，这些利润是企业的权益，企业有权自主分配。但企业的利润分配必须按照国家有关法律规定的利润分配程序、利润分配项目和利润分配比例进行合理分配。依法规范企业的利润分配行为，不仅可以维护企业、所有者、债权人和职工的合法权益，而且还可以增加企业积累，增强风险防范能力。

（二）资本保全的原则

资本保全是现代企业制度的基础性原则之一，企业在分配中不能侵蚀资本。

利润分配是对经营中资本增值额的分配，不是对资本金的返还。所以企业在利润分配中要坚持“有利则分，无利不分”的原则，如果企业存在尚未弥补的亏损，应首先弥补亏损，再进行后续的利润分配。

（三）利益兼顾的原则

利益机制是制约机制的核心，而利润分配的合理与否是利益机制最终能否持续发挥作用的关键。利润分配涉及投资者、经营者、职工等多方面的利益，企业必须尽可能地保持稳定的利润分配。

1. 兼顾职工利益的原则

企业的净利润归投资者所有，是企业的基本制度。但企业职工不一定是企业的投资者，净利润不一定归他们所有，然而企业的利润是由全体职工的劳动创造的，他们除了获得工资和奖金等劳动报酬外，还应以适当的方式参与企业净利润的分配，如在净利润中提取公益金，用于企业职工的集体福利设施支出，职工对这些福利设施具有使用权并负有保管之责。

2. 兼顾债权人利益的原则

按照风险承担的顺序及债务合同的规定，企业必须在利润分配前偿清所有债权人到期的债务，否则不能进行利润分配。同时，在利润分配后还应保持一定的偿债能力，以免产生财务危机。此外，企业在与债权人签订某些长期债务契约时，其利润分配政策还应征得债权人的同意或审核方能执行。

（四）分配与积累并重原则

企业的利润分配，要正确处理长期利益与短期利益这两者的关系，坚持分配与积累并重，使利润分配真正成为促进企业发展的有效手段。企业除按规定提取法定盈余公积金外，还可适当留存一部分利润作为积累，这部分未分配利润可以增强企业发展能力，为企业扩大生产提供资金支持。同时，这部分利润还可以供未来年度进行分配，起到以丰补歉、平抑利润分配数额波动、稳定投资报酬率的作用。

二、利润分配的程序

按照我国《公司法》的有关规定，公司应当按照如下顺序进行利润分配。

（一）弥补企业以前年度亏损

导致企业亏损的原因很多，有经营管理不善的原因，有国家政策的原因，也有自然灾害和意外事故的原因。无论何种情况，企业都应当将亏损降到最低限度。出现亏损以后，企业应认真分析原因，如果是因经营不善导致的，企业应当采取切实措施，对症下药，尽快扭亏为盈。

企业的亏损有两种，即政策性亏损与经营性亏损。政策性亏损可向国家申请补贴；经营性亏损要由企业自己弥补，弥补的方式一般有三种。

1. 税前利润弥补亏损

税前利润补亏一般都有规定的期限，因为税前补亏会影响国家的税收收入，不利于维护国家的利益，不利于促使企业及早扭亏为盈。按我国财务和税收制度的规定，企业的年度亏损可以由下一年度的税前利润弥补，下一年度的税前利润尚不足以弥补的，可以由以后年度的税前利润弥补，但用税前利润弥补以前年度亏损的期限不能超过5年。

2. 税后利润弥补亏损

如果企业发生的亏损在5年内用税前利润仍然不能弥补的，从第6年开始，用以后年份的税后利润弥补亏损。

3. 盈余公积金弥补亏损

当企业的亏损数额较大，用未分配利润尚不足以弥补时，经企业股东大会决议，可以用提存的盈余公积金弥补，但不得用资本公积金弥补。

如果企业经营性亏损严重，总资产不足以抵偿到期债务，企业就将面临破产的危险。如债权人要求申请宣告该企业破产，就将导致企业的停业清算。

【例7—10】某企业2002—2008年各年盈利情况分别是：－100万元、10万元、10万元、20万元、10万元、10万元、30万元。该企业2003—2008年各年的利润均可用于弥补2002年发生的亏损。虽然加上2008年的30万元利润仍未弥补完2002年的亏损，但因已超过5年的补亏期限，所以，不能再以税前利润弥补。

（二）提取法定盈余公积金

公积金是企业从税后利润中提取的积累资金，是企业用于防范和抵御风险、补充资本的重要资金来源。公积金包括法定盈余公积金和任意盈余公积金两种。法定公积金要按抵减年初累计亏损后的本年净利来计提，计提的比例为10%。当企业的法定盈余公积金达到注册资本的50%时，可以不再提取。法定盈余公积金的计算公式为：

法定盈余公积金＝抵减年初累计亏损后的本年净利×10%

企业提取法定盈余公积金的理由：一是保证企业未来的补亏能力和资本保全。企业在未来的持续经营期间，可能会遇到各种风险，导致经营亏损，资本不能保全，因此，资本积累不能全部分光吃光，应留有以丰补歉的准备。二是为了企业的稳定持续发展，必须在提取公益金和向投资者分配利润之前，留足企业生产、发展所需的财力。

企业提取的法定盈余公积金主要可以用于以下几个方面：

（1）用于弥补企业的亏损。如上所述，企业以前年度的亏损按税法规定不能用税前利润弥补时，可用税后利润弥补，也可用公积金来弥补。在弥补完亏损以后，如果当年利润以及以前年度累计未分配利润不够分配股利时，经股东大会决定可以用公积金向股东支付股利，但其支付金额不得超过股票面值的6%，并且支付股利后企业法定盈余公积金不得低于企业注册资本的25%。

（2）用于转增资本。企业的公积金经股东大会特别决议后，可以用于增加企业的注册资本，但增加注册资本后，法定盈余公积金不得低于企业注册资本的25%。

（三）支付优先股股息

一般优先股按事先约定的股息率取得股息，不受企业盈利与否或多少的影响。

（四）提取公益金

公益金是企业从税后利润中提取的用于企业职工集体福利的资金，其提取比例按企业章程或董事会决议确定。目前，我国企业公益金提取比例一般为5%～10%。公益金的计算公式为：

公益金＝抵减年初累计亏损后的本年净利×计提比例

企业公益金性质属于所有者权益，但是它不能用于弥补企业亏损和转增资本，只能用于职工的集体福利事业，如购置企业职工宿舍、食堂、浴室等，企业职工只有使用权而没有所有权。

（五）提取任意盈余公积金

任意盈余公积金是企业为了满足经营管理的需要，按照企业章程或股东大会决议提取的公积金，任意盈余公积金的计提比例没有法定要求，可由公司董事会提出方案，经股东大会审议通过后实施。与法定盈余公积金和公益金提取不同的是，法定盈余公积金和公益金是每个企业都必须提取的，而任意盈余公积金则可以提取也可以不提取，可以多提，也可以少提。企业在盈利较多时可以多提，盈利较少时可以不提。企业提取任意盈余公积金的目的是为了让更多的利润留存于企业，用于企业今后发展的需要。任意盈余公积金的用途与法定盈余公积金相同，都是用于弥补亏损、转增资本金和发放股利。另外，任意盈余公积金也能起到平衡各年股利分配的作用。

（六）向投资者分配利润或股利

向投资者分配利润或股利即投资者从企业获取投资收益。非股份制企业应按投资者的投资比例向其分配利润，股份公司应按投资者所占股份向其支付股利。非股份制企业一般当年如无利润，不得向投资者分配利润。而股份公司如当年无利润或出现亏损，原则上不得分配股利，但为了维护公司股票的声誉，经股东大会特别决议，可按股票面值的较低比率（不超过股票面值的6%）用盈余公积金支付股利，但支付股利后的法定盈余公积金不得低于注册资本的25%。

以上利润分配程序是法定程序，其顺序不得颠倒或打乱。在弥补亏损之前，不能提取法定公积金；在提取法定公积金之前，不能向投资者分配利润（或股利）。如果企业违反上述利润分配顺序，必须将违反规定发放的利润（或股利）退还给公司。

三、利润分配政策

（一）利润分配政策的概念

利润分配政策是企业对利润分配有关事项所作出的方针和政策。由于税法规定的强制性、严肃性和固定性，任何企业对纳税政策都是无方案可以选择的。因此，利润分配政策从根本上说就是税后利润分配政策，就股份制企业而言，就是股利政策。

股份公司在支付完优先股股利后，其剩余利润既可以留存，也可以用于投资分红。在企业税后利润总额一定的情况下，税后利润分配的财务决策问题，最后集中在企业任意公积金的提取比率和股利分配水平问题上。

（二）利润分配政策选择应考虑的因素

企业的利润分配政策虽然是由企业管理者制定的，但是实际上它的决定范围是有一定限度的。在客观上、主观上有许多制约因素，使决策者只能遵循当时的经济环境与法律环境作出有限的选择。制约企业利润分配政策的因素主要有以下几个方面。

1. 法律约束因素

法律约束是指为保护债权人和股东的利益，国家法律对企业的投资分红进行的硬性限制。这些限制主要体现在以下几方面：

（1）资本保全的约束。资本保全约束是企业财务管理应遵循的一项重要原则，它要求企业所发放的股利或投资分红不得来源于原投资额（或股本），而只能来源于企业的各种留存收益或当期利润。这一法律约束的目的在于保证企业有完整的产权基础，由此保护债权人的利益。

（2）资本积累的约束。它要求企业在投资并取得收益时，必须按一定的比例和基数提取各种公积金。另外，它要求在具体的分配政策上，贯彻“无利不分”

的原则，即当企业出现年度亏损时一般不得分配股利，即使出于维护企业形象的考虑，动用以前年度的留存收益分派股利，其条件也必须是在弥补完亏损后再进行，而且仍要保留一定数额的留存收益。

(3) 累积利润的约束。由于投资者接受股利收入所缴纳的个人所得税要高于进行股票交易所获取的资本利得所缴纳的税金，因此，对于股份制企业而言，它可以通过积累利润使股价上涨的方式来帮助股东避税。西方各国税法都注意到这一点，从而在法律上明确规定公司不得超额累积利润。一旦公司保留的盈余超过法律认可的水平，将被加征不合理留利税以防止少数股东利用操纵股利分配达到其逃避个人所得税的目的。我国目前对此尚未作出规定。

(4) 偿债能力的约束。偿债能力是指企业按时足额偿付各种到期债务的能力。企业进行利润分配时不能只看利润表上净利润额的大小，还必须注意资产负债表上的现金结余情况。当企业支付现金股利后会影响企业偿还债务和正常经营时，企业发放现金股利的数额要受到限制。

2. 自身因素

公司出于长期发展与短期经营考虑，需要综合考虑以下因素，最终制定出切实可行的分配政策。这些因素主要有：

(1) 债务考虑。企业对外负债时，债权人为保护自身债权的安全性和收益性，对企业发放股利或投资分红有所限制。这些限制主要包括：规定每股股利的最高限额；规定企业只有达到一定的财务比率（如流动比率、利息保障倍数等）才可发放股利；规定企业必须建立偿债基金后，方可支付股利等。企业出于未来负债筹资的方便考虑，一般均自觉恪守与债权人事先签订的有关协议或合同的限制性条款，以协调企业与债权人的关系。

(2) 未来投资机会。利润分配政策要受到企业未来投资机会的影响。主要表现在：当企业预期未来有良好的投资机会时，企业需要强大的资金支持，因而往往少发股利，将大部分盈余用于投资；当缺乏良好的投资机会时，保留大量的现金会造成资金的闲置，于是企业倾向于支付较高的股利。正因为如此，处于成长期的企业多采取低股利政策；处于经营收缩期的企业多采取高股利政策。

(3) 筹资成本。一般而言，与发行股票相比，用保留盈余再投资不需花费筹资费用，有利于降低筹资的外在成本。因此，从资金成本考虑，很多企业将企业的净利润作为筹资的第一选择渠道，特别是在负债资金较多、资本结构欠佳的时期。

(4) 资产的流动性。企业现金股利的支付能力，在很大程度上受资产流动性的限制。而保持一定的资产流动性是企业正常经营的基础。较多地支付现金股利会减少企业的现金持有量，降低资产的流动性。成长中的盈利性企业可能缺乏流动性，因为它的大部分资金投资在固定资产和永久性营运资金上。这类企业的管理者通常希望保持一定的流动性，以作为其财务灵活性的缓冲，并避免不确定性，所以他们不愿意支付大额现金股利而危及企业的安全。

（5）企业的其他考虑。如企业有意识地多发放股利使股价上涨，使已发行的可转换债券尽快地实现转换，从而达到调整资本结构的目的；还比如，通过支付较高股利，刺激公司股价上扬，从而达到反兼并、反收购的目的等等。

3. 投资者因素

（1）控制权的稀释。所有者权益由资本金、资本公积金和留存收益等组成。如果分利较多，留存收益将相应减少，企业将来依靠发行股票等方式筹资的可能性加大，而发行新股（主要指普通股）意味着企业控制权有旁落他人或其他公司的可能。因此，如果原投资者拿不出更多的资金投入企业或购买公司新股，他们宁愿企业不分配利润也反对追加投资、募集新股。

（2）投资目的。企业投资者的投资目的一般有两个：一是获取收益，二是稳定购销关系。作为接受投资的企业，在进行投资分红时，必须事先了解投资者的投资目的，结合投资动机，选择其分配方案。如果属于收益性目的，在分配时就必须考虑投资者的收益预期；如果属于通过投资稳定购销关系，加强分工协作，那么投资分红就处于次要地位，从而分配政策就应侧重于留存而不是分红。

（3）避税。政府对企业利润在征收企业所得税以后，还要对自然人股东征收个人所得税。许多国家的个人所得税采用累进税率，且边际税率很高。属于高收入阶层的股东为了避税往往反对公司发放较多的股利，属于低收入阶层的股东因个人税负较轻，反而欢迎公司多多分红。

（二）股利政策选择及评价

由于股利政策受多种因素影响，因此，企业在实际财务管理过程中，要综合考虑不同企业不同时期的特点及各因素的影响程度，确定适合自身的股利政策。股利政策主要有以下几种：

1. 剩余股利政策

剩余股利政策将股利的分配与企业的资本结构有机地联系起来，即在企业有着良好的投资机会时，要根据企业的最佳资本结构（目标资本结构）测算出企业投资所需的权益资本，先从企业的未分配利润中扣除所需增加的权益资本，然后将剩余的未分配利润作为股利予以分配。

剩余股利政策确定股利支付率的程序是：

（1）确定企业目标资本结构，即确定权益资金与负债资金的比率；

（2）确定目标资本结构下所需的权益资金数额；

（3）最大限度地使用累积在企业的未分配利润来满足投资方案所需的权益资金；

（4）投资方案所需要的权益资金数额已经满足后，如果企业的未分配利润还有剩余，再将其作为股利发放给股东。

【例 7—11】某公司 2008 年提取了公积金、公益金后可供投资者分配的利润为 250 万元。该公司最佳资本结构为权益资金占 70%，负债资金占 30% 。2009 年该公司拟扩大投资，其资本支出额有三种不同水平：220 万元、320 万元和 420 万元。公司拟采用剩余股利政策，试计算各种资本支出水平下的权益资金需用额和可发放股利额。

（1）当资本支出为 220 万元时，

需用权益资金＝220×70%＝154(万元)

可发放股利额＝250－154＝96(万元)

股利支付率＝96÷250＝38.4%

（2）当资本支出为 320 万元时，

需用权益资金＝320×70%＝224(万元)

可发放股利额＝250－224＝26(万元)

股利支付率＝26÷250＝10.4%

（3）当资本支出为 420 万元时，

需用权益资金＝420×70%＝294(万元)

权益资金不足，应发行新普通股弥补。

可发放股利额＝250－294＝－44(万元)

股利不能发放，股利支付率为零。

剩余股利政策的优点是：留存收益优先保证再投资的需要，从而有助于降低再投资的资金成本，保持最佳的资本结构，实现企业价值的长期最大化。其缺点是：如果完全遵照执行剩余股利政策，股利发放额会随每年的投资机会和盈利水平的波动而波动。在盈利水平一定的情况下，投资机会越多，股利越少；而投资机会越少，股利越多。在投资机会一定的情况下，盈利越多，股利越多；盈利越少，股利越少。因此，剩余股利政策不利于投资者安排收入与支出，也不利于公司树立良好的形象，一般适用于公司初创阶段。

2. 固定股利政策

固定股利政策是指企业股利的发放不受企业经营状况、当期盈利多少的影响，一直维持固定的投资分红额或股利，除非企业预期收益有显著的、不可逆转的增长，否则不会提高股利发放额。

固定股利政策的优点是：

(1) 稳定的股利向市场传递着企业正常发展的信息，有利于树立企业的良好形象，增强投资者对企业的信心，稳定股票的价格。

(2) 稳定的股利有利于股东安排收入和支出，那些对股利有着很高依赖性的股东更是如此。

(3) 稳定的股利政策不符合剩余股利理论，但考虑到股票市场会受到多种因素的影响，其中包括股东的心理状态和其他要求，因此，为了使股利维持在稳定的水平上，即使推迟某些投资方案或者暂时偏离目标资本结构，也可能要比降低股利或降低股利增长率更为有利。实践证明，一个有固定的股利发放记录，并且稳步发展的企业，会受到银行、退休养老金、保险公司等各类投资者的青睐。

固定股利政策的主要缺点是：

(1) 固定不变的股利可能会成为企业的一项财务负担，因为股利支付与盈余相脱节，当盈利较低时仍要支付较高的股利，从而易引起企业资金短缺，财务状况恶化。

(2) 不能像剩余股利政策那样保持较低的资金成本。

3. 固定股利支付率政策

固定股利支付率政策是指企业每年按固定的股利支付率从企业的税后利润中支付股利。由于企业的盈利能力在年度间是经常变动的，因此，每年的股利随着企业收益的变动而变动，保持股利与利润间的一定比率关系，可体现风险投资与风险收益的对等关系。

固定股利支付率政策的优点是：

(1) 可避免企业在盈利大幅度降低的年份，因支付较多的固定股利而陷入财务困境。

(2) 可使股利与企业的盈余紧密结合，以体现多盈多分、少盈少分、不盈不分的原则。

(3) 对于内部职工持股比例较高的企业，如果采用这种股利政策，可将职工个人的利益与公司的利益紧密地结合起来，充分调动广大职工的积极性和创造性，增强企业活力，提高企业经济效益。这一方面会使企业职工股东的财富稳步增加，另一方面会使企业股价上扬，达到股东财富最大化的目的。

固定股利支付率政策的缺点是：

（1）由于每年的股利支付额不稳定，容易使投资者产生公司经营不稳定的感觉，不利于稳定股票价格。

（2）固定股利支付率政策不像剩余股利政策那样能够保持相对较低的资金成本。

（3）容易使公司面临较大的财务压力。因为公司实现盈利越多，一定支付比率下派发的股利就越多，但公司实现的盈利多，并不代表公司有充足的现金派发股利，只能表明公司盈利状况较好而已。如果公司的现金流量状况并不好，却还要按固定比率派发股利，就很容易给公司造成较大的财务压力。

4. 低正常股利加额外股利政策

这是对上述两种股利政策的折中，即企业在一般情况下，每年只支付固定的、数额较低的股利；在盈利较高的年份，再根据企业的盈利状况和实际需要，向股东额外加发一定金额的股利。但额外股利额并不固定化，不意味着企业永久地提高了规定的股利率。

低正常股利加额外股利政策的优点是：

（1）具有较大的灵活性，企业在支付股利方面有充分的弹性。当企业盈余较少或投资需用较多资金时，可维持设定的较低但正常的股利，股东不会有股利跌落感；而当盈余有较大幅度增加时，则可适度增发股利，把经济繁荣的部分利益分配给股东，使他们增强对企业的信心，这有利于稳定股票的价格。

（2）这种股利政策可使那些依靠股利度日的股东每年至少可以得到虽然较低，但比较稳定的股利收入，从而对部分股东能产生吸引力。因此，在企业的净利润与现金流量不够稳定时，采用这种股利政策对企业和股东都是有利的。

低正常股利加额外股利政策的缺点是：如果企业经营状况良好，并持续地支付额外股利，很容易提高股东对股利派发的期望水平，从而将额外股利视为正常股利，一旦企业因盈利下降而减少额外股利，便会招致股东的不满。

以上所述是企业在实际经济生活中常用的几种股利政策，其中固定股利政策和低正常股利加额外股利政策是企业普遍使用并为广大投资者所认可的两种基本政策。企业在进行股利政策决策时，可以比照上述政策的思路，结合企业实际情况，选择适宜的股利分配政策。公司在不同成长与发展阶段所采用的股利政策可用表7—4来描述。

表 7—4 不同股利政策的适用条件

公司发展阶段	特 点	适用的股利政策
公司初创阶段	公司经营风险高，有投资需求且融资能力差	剩余股利政策
公司快速发展阶段	公司快速发展，投资需求大	低正常股利加额外股利政策
公司稳定增长阶段	公司业务稳定增长，净现金流入量增加，每股净收益呈上升趋势	固定或稳定增长的股利政策
公司成熟阶段	公司盈利水平稳定，公司通常已经积累了一定的留存收益和资金	固定股利支付率政策
公司衰退阶段	公司业务锐减，获利能力下降	剩余股利政策

四、股利的发放

（一）股利的形式

股份有限公司在决定发放股利后，便要作出以何种形式发放股利的决策。企业分配股利的形式一般有以下几种：

1. 现金股利

现金股利（cash dividend）是指股份有限公司以现金的形式发放给股东的股利。现金股利又称红利，是企业最常见的也是投资者最希望得到的一种股利分配形式。现金股利发放对公司的现金流要求较高，企业发放现金股利的多少主要取决于公司的股利政策和经营业绩。现金股利的发放不仅直接影响企业股票的市场价格，而且间接影响企业的筹资能力。因此，现金股利这种形式加大了企业资金流出量，增加了企业的支付压力，在特殊情况下，有悖于留存现金用于企业发展的初衷。采用现金股利形式时，企业必须具备两个基本条件：一是企业要有足够的未指明用途的留存收益（未分配利润）；二是企业要有足够的现金。

现金股利操作简便，易于为股东接受，也不会改变企业现有的股权结构。但现金股利也存在如下缺点：（1）一旦宣布发放现金股利，即形成公司的偿付义务，从而潜在地增加了公司的财务风险。如果预料到将支付大量现金，公司为此应根据现金流情况进行合理运作，以保障现金股利支付，避免偿付风险。（2）发放现金股利，股东需要缴纳个人所得税，从而减少了股东的净收益。

2. 股票股利

股票股利（stock dividend）是指企业以增发股票作为股利的支付方式。一般都按现有股东持有股份的比例来分派，对于不满一股的股利，则仍采用现金来分派。具体到增发股票，可以在公司注册资本尚未足额时，以其未认购的股票作为股利支付；也可以是发行新股支付股利。在操作上，有的企业增资发行新股时，预先扣除当年应分配股利，减价配售给股东；也有企业发行新股时进行无偿增资配股，即股东不缴纳任何现金和实物，即可取得公司发行的股票。

企业发放的股票股利是一种比较特殊的股利，它既不引起企业资产的流出和负债的增加，也不影响股东权益总额，仅仅是直接将企业的盈利转化为普通股，因而它的影响只是使所有者权益各项目的结构发生变化，以及由于普通股股数增加而引起的每股盈余和每股市价的下降，但由于股东所持股份的比例不变，每位股东所持股票的市场价值总额仍保持不变。严格地说，股票股利不能直接称作分红，因为它既没有改变企业所有者权益数额，股东也未收到现金，所以不应征收个人所得税。

【例 7—12】宏达公司宣布发放 10%的股票股利，并规定现有股东每 10 股可得 1 股新发行的股票，股票面额 1 元，市价 20 元。发放股票股利前，公司资产负债表中的股东权益情况如表 7—5 所示。试列出股票股利发放后资产负债表中股东权益的变化。

表 7—5　　宏达公司发放股票股利前的股东权益　　单位：万元

项目	金额
普通股（面额 1 元，已发行 10 万股）	10
资本公积	20
未分配利润	100
股东权益合计	130

增发 10%的股票股利，即增发普通股，股数为：

10×10%=1(万股)

随着股票股利的发放，需从“未分配利润”项目划转出的资金为：

1×20=20(万元)

由于股票面额为 1 元，增发 1 万股，普通股项目只增加 1 万元，其余 19 万元应作为股票溢价转至“资本公积”项目。相应地，未分配利润项目要减少 20 万元，所以股东权益总额保持不变，股票股利发放后的资产负债表中股东权益各项目如表 7—6 所示。

表 7—6　　宏达公司发放股票股利后的股东权益　　单位：万元

项目	金额
普通股（面额 1 元，已发行 11 万股）	11
资本公积	39
未分配利润	80
股东权益合计	130

可见，发放股票股利不会对公司股东权益总额产生影响，但会导致资金在各股东权益项目之间的再分配。

发放股票股利后，如果盈利总额不变，会由于普通股股数增加而引起每股收益和每股市价下降；但由于股东所持股份的比例不变，每位股东所持股票的市场价值总额仍保持不变。下面举例说明。

【例 7—13】 假定宏达公司本年盈余为 22 万元，某股东持有该公司 1 万股普通股，发放股票股利对该股东的影响如表 7—7 所示。

表 7—7　　发放股票股利对股东的影响

项目	发放前	发放后
每股收益（EPS）（元）	22÷10＝2.2	22÷11＝2
每股市价（元）	20	20÷(1＋10％)
持股比例	1÷10＝10％	1.1÷11＝10％
所持股票总价值(万元)	20×1＝20	20÷(1＋10％)×1.1＝20

发放股票股利对每股收益和每股市价的影响，可以通过对每股收益、每股市价的调整直接算出：

$$\text{发放股票股利后的每股收益}=\frac{E_0}{1+D_s}$$

式中，E_0：发放股票股利前的每股收益；

D_s：股票股利发放率。

$$\text{发放股票股利后的每股市价}=\frac{M}{1+D_s}$$

式中，M 为股利分配权转移日的每股市价。

尽管股票股利不直接增加股东的财富，也不增加公司的价值，但对股东和公司却有特殊的意义。

股票股利对股东的意义在于：

（1）如果公司在发放股票股利后同时发放现金股利，股东会因所持股数的增加而得到更多的现金。例如，公司宣布发放 10％ 的股票股利，同时每股支付现金股利 2 元，某股东拥有 100 股股票，可得现金股利为 220 元[2×100×(1+10%)]；若不发放股票股利，该股东所得现金股利只有 200 元(2×100)。

(2) 事实上，有时公司发放股票股利后其股价并不成比例下降，一般在发放少量股票股利（如 2%～3%）后，大体不会引起股价的立即变化。这可使股东得到股票价值相对上升的好处。

(3) 发放股票股利通常由成长中的公司所为，因此，投资者往往认为发放股票股利预示着公司将会有较大发展，利润将大幅度增长，足以抵消增发股票带来的消极影响。这种心理会稳定股价甚至使股价略有上升。

(4) 在股东需要现金时，可以将分得的股票股利出售，有些国家税法规定出售股票所需缴纳的资本利得税税率比收到现金股利所需缴纳的所得税税率低，可以从中获得纳税方面的好处。

股票股利对公司的意义在于：

(1) 发放股票股利既不需要向股东支付现金，又可以在心理上给股东以从公司取得投资回报的感觉。因此，股票股利有派发股利之“名”，而无派发股利之“实”。在再投资机会较多的情况下，发放股票股利可使公司留存大量现金，有利于公司长期发展。

(2) 在盈余和现金股利不变的情况下，发放股票股利可以降低每股价值，从而吸引更多的投资者，股票股利往往向社会传递公司将会继续发展的信息，从而提高投资者对公司的信心，在一定程度上稳定股票价格。

(3) 发放股票股利的费用比发放现金股利的费用大，会增加公司负担。

当然，在某些情况下，发放股票股利也会被认为是公司资金周转不灵的征兆，从而降低投资者对公司的信心，加剧股价的下跌。

3. 负债股利

负债股利是指用公司一定的债权作为股利支付给股东，从而在未来期间，股东作为债权持有者可以向公司索取债权及获得相应的利息收益，以作为其投资的报酬。可供采用的负债股利形式包括公司债券股利、票据股利等。负债股利的支付方式在我国企业股利分配实务中很少见。

4. 混合股利

混合股利是指上述三种股利分配形式的结合，最常见的就是“部分现金、部分股票”的股利形式。也就是公司支付给股东的股利，一部分以现金支付，另一部分以股票支付。这种股利分配方式兼顾了现金股利与股票股利的优点，企业既可以节约现金流，又向投资者传递了企业现金支付能力充足的信息，所以许多企业乐于采用这种股利分配方式。

对于上述几种股利分配方式，公司应该根据自身的具体财务状况，选择适当的股利支付形式。如果公司的现金比较充裕，分派现金股利后其资产的流动性仍能保持一定的标准，而且公司的筹资渠道比较广泛，则可考虑主要向股东分配现金股利；如果公司的现金不足，或者需要追加公司资本时，可考虑主要向股东发放股票股利；如果公司现金不足，同时又不准备追加公司资本时，可考虑用其他形式向股东分派股利。

（二）股利的发放程序

股份公司在决定分派股利以后，应由董事会向股东宣告分派股利的事项。但由于股票可以转让，因此公司的股东也在经常变动。为明确究竟由谁领取股利，必须确定一些必要的时间界限。

1. 预案公布日

上市公司分派股利时，首先要由公司董事会制定分红预案，包括本次分红的数量、分红方式、股东大会召开的时间和地点及表决方式等，以上内容由公司董事会向社会公开发布。

2. 股利宣告日

股利宣告日是指董事会宣布发放股利的日期。股份公司董事会一般根据股东大会关于发放股利的决议，确定股利发放的具体政策及有关事宜。在股利宣告日，公司将决定支付的股利额作为负债确认，同时通知股东办理必要手续，届时领取股利。例如，某上市公司于 2009 年 2 月 20 日公布 2008 年度的最后分红方案，其发布的公告如下："本公司董事会于 2009 年 2 月 10 开会，并宣布发放每股 0.9 元的正常股利，另加每股 0.75 元的额外股利。公司将于 2009 年 3 月 15 日将上述股利支付给那些已在 2009 年 3 月 10 日登记为公司股东的人士。"

3. 股权登记日

股权登记日是指股份公司规定的能获得此次股利分派的最后日期界限，如前文提到 3 月 10 日，这是决定股东能否取得此项股利的期限。凡在这一天前列于企业股东名册上的股东，都将有权获得此次分派的股利。证券交易所的中央清算系统为股权登记提供了方便，一般在营业结束的当天即可打印出股东名册。

4. 除息日

除息日是指领取股利的权利与股票相互分离的日期。在除息日前，股利权从属于股票，持有股票者即享有股利的权利。除息日始，股利权与股票相分离，新购入股票的人不分享股利。通常在除息日之前进行交易的股票，其价格高于在除息日之后进行交易的股票，其原因在于前种股票的价格包含应得的股利收入在内。例如，由于前述公司的每股正常股利加额外股利高达 1.65 元，所以除息日对股票价格有明显影响。在不考虑股市波动的情况下，在除息日，股票每股股价的跌幅一般相当于每股股利。因此，尽管在除息日前该公司股票的收盘价为 42.50 元，但在除息日该公司股票的开盘价将会降至 40.85 元。

5. 股利发放日

股利发放日是将股利正式发放给股东的日期，也称为付息日。公司应从付息日开始，以各种手段（如邮寄支票、汇款等）将股利付给股东，同时冲销其负债记录。前文中的公司只有在 2009 年 3 月 15 日才会将股利支票邮寄给名字已列入“股权登记日股东名册”的股东手中，这就是支付日。股利支付程序见图 7—4。

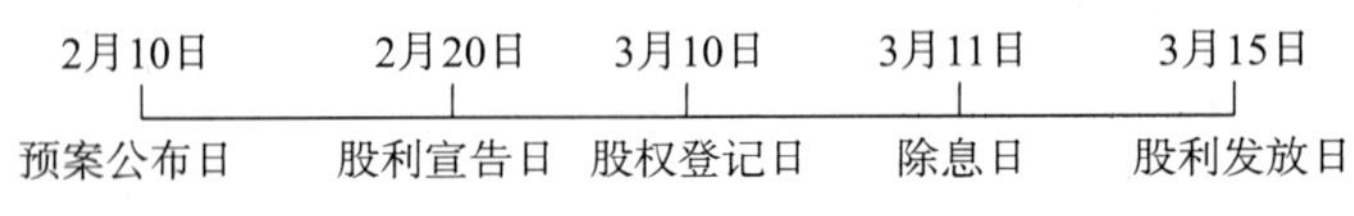

图 7—4 股利支付程序

第三节 股票回购与股票分割

一、股票回购

（一）股票回购的含义

股票回购是指股份公司出资将其发行流通在外的股票以一定价格购回的资本运作方式。公司在股票回购完成后可以将所回购的股票注销，但在绝大多数情况下，公司将回购的股票作为库藏股保留。

在财务上，库藏股是指公司收回已发行的且尚未注销的股票。它具有以下四个特点：（1）该股票是本公司的股票；（2）它是已发行的股票；（3）它是收回尚未注销的股票；（4）它是还可以再次出售的股票。因此，凡是公司未发行的、持有其他公司的及已收回并注销的股票都不能视为库藏股。此外，库藏股还具有以下特性：（1）库藏股并不享有其他发行在外的股票一样的权利，如它不具有投票权、股利分派权、优先认购权等；（2）库藏股有一定的库存期限（一般在一个会计年度之内），库存期限过长易被公司管理层所操纵。

（二）股票回购的法律规定

我国《公司法》第一百四十三条规定：公司不得收购本公司股份。但是，有下列情形之一的除外：

（1）减少公司注册资本；

（2）与持有本公司股份的其他公司合并；

（3）将股份奖励给本公司职工；

（4）股东因对股东大会作出的公司合并、分立决议持异议，要求公司收购其股份的。

对于第 1 项情形下收购的本公司股份应当自收购之日起十日内注销；对于第 2 项和第 4 项情形下收购的本公司股份应当在六个月内转让或者注销；对于公司第 3 项规定收购的本公司股份，不得超过本公司已发行股份总额的 5%，而且用于收购的资金应当从公司的税后利润中支出，所收购的股份应当在一年内转让给职工。

（三）股票回购的意义

股票回购一般适用于拥有大量现金的公司，公司以多余现金购回股东所持股份，使流通在外的股份减少，每股股利增加，从而会使股价上升，股东能因此获得资本利得，这相当于公司支付给股东现金股利。所以，在不考虑个人所得税与交易成本的情况下，可以将股票回购看做是一种现金股利的替代方式。股票回购与现金股利对股东财富的影响没有差异。

【例 7—14】某公司现有剩余现金 100 万元，已发行在外的股票为 100 万股，公司当年税后利润为 400 万元，普通股的每股收益、每股市价等资料如表 7—8所示。

表 7—8　　普通股的每股收益与每股市价

税后利润（万元）	400
流通股数（万股）	100
每股收益（元）	4
每股市价（元）	40
市盈率（倍）	10

假定公司准备用 100 万元多余现金来发放现金股利，则每股可得股利为 1 元，那么每股市价将为 41 元。

若公司准备用 100 万元的多余现金以每股 41 元的价格回购股票，可购得股票 2.439 万股，那么流通在外的股票将变为 97.561 万股（100－2.439），每股收益将为：

$$EPS = \frac{\text{税后利润}}{\text{流通在外的股数}} = \frac{400}{97.561} = 4.1\text{(元)}$$

如果市盈率仍为 10，股票回购后每股市价将为 41 元。这同支付现金股利后的每股市价相同。然而，股票回购却有着与发放现金股利不同的意义。

1. 对股东的意义

如果考虑税收因素，股票回购与现金股利对股东财富的影响则可能不同。股票回购后股东得到的资本利得，须交纳资本利得税，发放现金股利后股东则须交纳股息税；在资本利得税低于个人所得税的情况下，股票回购下的股东财富要多于发放现金股利下的股东财富，在这种情况下股东会偏好股票回购；反之，则相反。但是，上述分析是建立在各种假设条件基础上的，如假设公司可以用股票市价（41 元）回购股票、股票的市盈率不变等。实际上这些因素是不断变化的，所以，股票回购对股东利益具有不稳定的影响。

2. 对公司的意义

（1）公司拥有回购的股票，可用来交换被收购或被兼并公司的股票，也可用来满足认股权证持有人认购公司股票或可转换债券持有人转换公司普通股的需要。

（2）当公司发行在外的股票数量过多，导致每股收益低下，股价上涨乏力，甚至被错误低估时，通过股票回购，减少公司流通在外的普通股，提高每股收益，可以使股票价格回升到合理的水平，同时也可以减少公司被收购的威胁。

（3）股票回购可改变公司的资本结构，增加负债比例，发挥财务杠杆的作用。当公司认为其权益资本在资本结构中所占的比例过大，负债对权益的比率失衡时，就有可能对外举债，并用举债所得资金购回自身的股票，由此实现资本结构的合理化。

（4）当公司拥有多余资金而又没有把握长期维持高股利政策时，以股票回购的方式将多余现金分给股东，可避免股利出现大的波动。

（5）股票回购价格的确定需要考虑多种因素，比较复杂，一旦因回购而股价下跌，将给股东和公司造成损失。此外，股票回购还会使公司有操纵股价和帮助股东逃避应纳所得税之嫌，容易受到有关部门的调查和处罚。因此，公司实施股票回购必须谨慎。

在西方国家，公司购回的股票一般作为库藏股处理。我国法律则规定，除非公司出于减少其注册资本或者谋求与持有本公司股票的公司合并等目的，不得购回发行在外的股份，因而购回股票必须注销。

（四）股票回购的方式

1. 按照股票回购的地点不同，可分为场内公开收购和场外协议收购

场内公开收购是指上市公司把自己等同于任何潜在的投资者，委托在证券交易所有正式交易席位的证券公司，代自己按照公司股票当前市场价格回购。在国外较为成熟的股票市场上，这一种方式较为流行。场外协议收购是指股票发行公司与某一类（如国家股）或某几类（如法人股、B股）投资者直接见面，通过在店头市场协商来回购股票的一种方式。协商的内容包括价格和数量的确定，以及执行时间等。很显然，这种方式的缺陷在于透明度比较低，有违于股市“三公”原则。

2. 按照筹资方式，可分为举债回购、现金回购和混合回购

举债回购是指企业通过向银行等金融机构借款的办法来回购本公司股票。其目的无非是防御其他公司的敌意兼并与收购。现金回购是指企业利用剩余资金来回购本公司的股票。如果企业既动用剩余资金，又向银行等金融机构举债来回购本公司股票，则称为混合回购

3. 按照资产置换范围，可分为出售资产回购股票、利用手持债券和优先股交换（回购）公司普通股、债务股权置换

债务股权置换是指公司使用具有同等市场价值的债券换回本公司股票。

4. 按照股票回购价格的确定方式，可分为固定价格要约回购和荷兰式拍卖回购

固定价格要约回购是指企业在特定时间发出的以某一高出股票当前市场价格的价格水平，回购既定数量股票的要约。为了在短时间内回购数量相对较多的股票，公司可以宣布固定价格回购要约。它的优点是赋予所有股东向公司出售其所持股票的均等机会，而且通常情况下公司享有在回购数量不足时取消回购计划或延长要约有效期的权利。与公开收购相比，固定价格要约回购通常被认为是更积极的信号，其原因可能是要约价格存在高出市场当前价格的溢价。但是，溢价的存在也使得固定价格回购要约的执行成本较高。

荷兰式拍卖回购首次出现于1981年Todd造船公司的股票回购。此种方式的股票回购在回购价格确定方面给予公司更大的灵活性。在荷兰式拍卖的股票回购中，首先公司指定回购价格的范围（通常较宽）和计划回购的股票数量（可以用上下限的形式表示）；而后股东进行投标，说明愿意以某一特定价格水平（股东在公司指定的回购价格范围内任选）出售股票的数量；公司汇总所有股东提交的价格和数量，确定此次股票回购的“价格—数量曲线”，并根据实际回购数量确定最终的回购价格。

5. 可转让出售权回购方式

所谓可转让出售权，是实施股票回购的公司赋予股东在一定期限内以特定价格向公司出售其持有股票的权利。之所以称为“可转让”是因为此权利一旦形成，就可以同依附的股票分离，而且分离后可在市场上自由买卖。执行股票回购的公司向其股东发行可转让出售权，那些不愿意出售股票的股东可以单独出售该权利，从而可满足各类股东的需求。此外，因为可转让出售权的发行数量限制了股东向公司出售股票的数量，所以这种方式还可以避免股东过度接受回购要约的情况。

二、股票分割

(一) 股票分割的含义

股票分割（stock split），又称股票拆细，是指将面额较高的股票交换成面额较低的股票的行为。例如，将原来的一股股票交换成两股股票。股票分割不属于股利发放方式，但其所产生的效果与发放股票股利近似。

股票分割对企业的财务结构不会产生任何影响，但它会使发行在外的股数增加，使得每股面额降低，每股盈余下降。因此，股票分割与股票股利非常相似，都是在不增加股东权益的情况下增加了股份的数量，所不同的是，股票股利虽不会引起股东权益总额的改变，但股东权益各项目之间的比例会发生变化；而股票分割之后，股东权益总额、权益各项目的金额及其相互间的比例不会发生任何变化，变化的只是股票面值。

【例 7—15】 宏达公司在股票分割以前的股东权益如表 7—9 所示。

表 7—9 **宏达公司股票分割前的股东权益** 单位：万元

普通股（40 万股流通在外，每股面额 2 元）	80
资本公积	400
未分配利润	400
股东权益合计	880

假定公司管理当局实施一股变两股的股票分割方案，股票分割之后的股东权益变化如表 7—10 所示。

表 7—10 **宏达公司股票分割后的股东权益** 单位：万元

普通股（80 万股流通在外，每股面额 1 元）	80
资本公积	400
未分配利润	400
股东权益合计	880

可见，实行股票分割后，普通股每股面额从 2 元变为 1 元，股数从 40 万股变为 80 万股，普通股总值仍为 80 万元。资本公积、未分配利润均不受影响，股东权益合计也不变。假定公司本年净利润不变，分割后的每股收益为 1 元，每股市价也会因此而下降。

股票分割可以降低股票市价，提高投资者兴趣，有利于股票流通，常为新股发行和公司兼并或合并做准备。有的公司认为自己的股票价格过低，还可以通过反分割方式提高股票价格。例如，某公司股票市价 5 元，公司为提高股票市价，决定采用 4 股换 1 股新股的反分割行动，结果将使股价由每股 5 元提高为 20 元。

（二）股票分割的目的

股票分割作为一种财务策略，其目的主要表现在：

（1）降低股票市价。这是股票分割的主要目的，股票分割会在短时间内使公司股票每股市价降低，买卖同等数量该股票所必需的资金量减少，易于增加该股票在投资者之间的换手，并且可以使更多的资金实力有限的潜在股东变成持股股东。因此，股票分割可以促进股票的流通和交易。

（2）股票分割一般是成长型公司所采取的财务行为，它可以向投资者传递公司发展前景良好的信息，有助于提高投资者对公司的信心。

（3）股票分割可以为公司发行新股做准备。公司股票价格太高，会使许多潜在的投资者力不从心而不敢轻易对公司的股票进行投资。在新股发行之前，利用股票分割降低股票价格，可以促进新股的发行。

（4）股票分割带来的股票流通性的提高和股东数量的增加，会在一定程度上加大对公司股票恶意收购的难度。

（5）股票分割在短期内不会给投资者带来太大的收益或亏损，即给投资者带来的不是现实的利益，而是给投资者带来了今后可多分股息和获得更高收益的希望，是利好消息，因此对除权日后股价上涨有刺激作用。

（6）股票分割有助于公司并购政策的实施，增加对被并购方的吸引力。

假设有甲、乙两家公司，甲公司股票每股市价为 40 元，乙公司股票每股市价为 4 元，甲公司准备通过股票交换的方式对乙公司实施并购，如果甲公司以 1 股股票换乙公司的 10 股股票，可能会使乙公司的股东在心理上难以承受；相反，如果甲公司先进行股票分割，将原来的股票 1 股分拆成 5 股，然后再以 1∶2 的比例换取乙公司股票，则乙公司的股东在心理上可能会容易接受一些。因此，通过股票分割的办法改变被并购企业股东的心理差异，更有利于企业并购方案的实施。

股票分割与发放股票股利都能达到降低公司股价的目的，但一般情况下，只有在公司股价暴涨且预期难以下降时，才采用股票分割这种办法；而在公司股价上涨幅度不大时，往往通过发放股票股利就能将股价维持在理想的范围之内。从实务上讲，股票分割与股票股利基本相同，一般根据证券监管部门的规定来加以区别。如美国证券交易所规定，发放25%以上的股票股利就被认为是股票分割。

【本章强化训练题】

一、思考题

1. 简述利润分配的程序。
2. 影响股利政策的因素有哪些?
3. 试述股票股利与股票分割的区别。
4. 试分析股票回购与现金股利对股东财富的影响。
5. 股利政策有哪些?分别适合什么样的条件?
6. 不同的股利形式对公司有何影响?
7. 利润的层次有哪些?怎样计算?

二、单项选择题

1. 通常（　　）之后进行交易的股票价格要低于在该日之前进行交易的股票价格。

A. 股利宣告日　B. 除息日　C. 股权登记日　D. 股利支付日

2. 我国上市公司不得用于支付股利的权益资金是（　　）。

A. 资本公积　B. 任意盈余公积
C. 法定盈余公积　D. 未分配利润

3. 公司采用固定股利政策的好处主要表现为（　　）。

A. 降低资本成本　B. 维持股价稳定
C. 提高支付能力　D. 实现资本保全

4. 上市公司按照剩余股利政策发放股利的好处是（　　）。

A. 有利于公司合理安排资金结构　B. 有利于投资者安排收入与支出
C. 有利于公司稳定股价　D. 有利于公司树立良好的形象

5. 在下列股利分配政策中，能保持股利与收益之间一定的比例关系，并体现多盈多分、少盈少分原则的是（　　）。

A. 剩余股利政策

B. 固定股利政策

C. 固定股利支付率政策

D. 低正常股利加额外股利政策

6. 在下列各项中，能够增加普通股票发行在外股数，但不改变公司资本结构的行为是（　　）。

A. 支付现金股利　　B. 增发普通股

C. 股票分割　　D. 股票回购

7. 某公司现有发行在外的普通股 100 万股，每股面值 1 元，资本公积 300 万元，未分配利润 800 万元，股票市价 20 元。若公司按 10%的比例发放股票股利并按市价折算，公司资本公积的报表列示将为（　　）万元。

A. 100　　B. 290　　C. 490　　D. 300

8. 在下列股利政策中，有利于稳定股票价格，从而树立公司良好形象，但股利支付与公司盈余相脱节的股利政策是（　　）。

A. 剩余股利政策

B. 固定股利政策

C. 固定股利支付率政策

D. 低正常股利加额外股利政策

9. 以本公司持有的其他公司的有价证券作为股利发放的股利属于（　　）。

A. 现金股利　　B. 财产股利　　C. 负债股利　　D. 股票股利

10. 按照剩余股利政策，假定公司资本结构目标中的产权比率为 2/3，明年计划投资 600 万元，今年年末股利分配时，应从税后净利中保留（　　）万元用于投资需要。

A. 400　　B. 200　　C. 360　　D. 240

11. 比较而言，（　　）使公司在股利发放时具有较大的灵活性。

A. 剩余股利政策

B. 固定股利政策

C. 固定股利支付率政策

D. 低正常股利加额外股利政策

12. 下列各项中，计算结果等于股利支付率的是（　　）。

A. 每股收益除以每股股利　　B. 每股股利除以每股收益

C. 每股股利除以每股市价　　D. 每股收益除以每股市价

13. 某公司原发行普通股 30 万股，拟发放 15%的股票股利，已知原每股盈余为 3.68 元，若盈余总额不变，发放股票股利后的每股盈余将为（　　）元。

A. 3.2　　B. 4.3　　C. 0.4　　D. 1.1

14. 发放股票股利与发放现金股利相比，其优点是（　　）。

A. 可提高每股价格　　B. 有利于改善公司资本结构

C. 可提高公司的每股收益　　D. 避免公司现金流出

15. 对股份有限公司来讲，实行股票分割的主要目的在于通过（　　），从而吸引更多的投资者。

A. 增加股票数量、降低每股市价　　B. 减少股票数量、降低每股市价

C. 增加股票数量、提高每股市价　　D. 减少股票数量、提高每股市价

16. 单一产品的固定成本增加，在其他因素不变的前提下，盈亏临界点销售量一定会（　　）。

A. 不变　　B. 上升　　C. 下降　　D. 上述三个选项都有可能

17. 销售收入扣减变动成本后的余额是（　　）

A. 安全边际　　B. 营业毛利　　C. 边际贡献率　　D. 边际贡献

18. 下列等式不成立的是（　　）。

A. 变动成本率＋边际贡献率＝1

B. 安全边际率＋边际贡献率＝1

C. 安全边际率＋保本作业率＝1

D. 边际贡献率×安全边际率＝销售利润率

19. 某企业生产一种产品，单位变动成本为 6 元，年产销量为 5 000 件，年固定成本为 10 000 元，单位售价为 10 元，则边际贡献率为（　　）。

A. 40%　　B. 50%　　C. 60%　　D. 100%

20. 若安全边际率为 20%，正常销售量为 1 000 件，则盈亏临界点销售量为（　　）件。

A. 200　　B. 600　　C. 800　　D. 400

21. 为了保持理想的资本结构，使加权平均资金成本最低，企业应选择的股利分配政策是（　　）。

A. 固定或持续增长的股利政策

B. 固定股利支付率政策

C. 剩余股利政策

D. 低正常股利加额外股利政策

22. 当盈余公积达到注册资本的（　　）时，公司可不再提取盈余公积。

A. 25%　　B. 50%　　C. 80%　　D. 100%

三、实务题

（一）练习股票股利与股票分割对股东权益的影响

资料：某公司的股东权益账户资料如下：

普通股（每股面值 5 元，10 万股）：50 万元

资本公积：30 万元

未分配利润：220 万元

股东权益总额：300 万元

该公司股票的现行市价为 50 元。

要求：

（1）分析发放 10％的股票股利后，该公司的权益账户有何变化；

（2）分析股票按 1 股换成 2 股的比例分割后，该公司的权益账户有何变化。

（二）练习股利分配对股东权益的影响

资料：某公司年终利润分配前的股东权益账户资料如下：

股本（面值 2 元，200 万股）：400 万元

资本公积：160 万元

未分配利润：840 万元

所有者权益：1 400 万元

又知，该公司股票的每股现行市价为 35 元。要求：计算回答下述 3 个互不关联的问题：

（1）按每 10 股送 1 股的方案发放股票股利，并按发放股票股利后的股数每股派发现金股利 0.2 元，股票股利的金额按现行市价计算。分析股利分配后公司股东权益的变化情况。

（2）按 1 股换算 2 股的比例进行股票分割，分析股票分割后公司股东权益的变化情况。

（3）假设利润分配不改变市净率，公司按每 10 股送 1 股的方案发放股票股利，股票股利按现行市价计算，并按新股数发放现金股利，且希望普通股市价达到每股 30 元，计算每股现金股利应是多少。

（三）练习固定股利支付率政策下的筹资结构

资料：某公司的产品销路稳定，拟投资 600 万元扩大其生产能力。该公司想要维持目前 45％的负债比率，并想继续执行 20％的固定股利支付率政策。该公司在今年的税后利润为 300 万元，那么该公司明年为扩充上述生产能力必须从外部筹措多少权益资本？

（四）练习目标利润的计算

资料：某企业只生产一种产品，盈亏临界点的销售量为600件，单位成本为130元，其中单位变动成本为120元。要求：若使下年的利润增长20%，应采取哪些单项措施才能实现？

（五）练习利润影响因素间的内在关系

表7—11 影响利润的相关因素

项目 产品	单价（元）	单位变动成本（元）	单位边际贡献（元）	销售量（件）	固定成本（元）	税前利润（元）	边际贡献率（%）	变动成本率（%）
A	10	6		1 000	2 500			
B			4	2 000		−100		80
C	40		2		300	100		

要求：根据指标间的相互关系，将表格中的空白项目填上。

（六）练习本量利关系分析

资料：假设某企业生产一种产品，单位售价为9元，单位变动成本为6元，固定成本为120 000元。要求：

（1）计算保本点；

（2）产品单价由原来的9元提高到10元，计算企业新的保本点；

（3）单位产品的变动成本由原来的6元提高到6.5元，计算新的保本点；

（4）固定成本由原来的120 000元增加到150 000元，计算新的保本点；

【案例分析】

NORWAY公司股利分配方案选择

NORWAY公司的破产资源只能使用5年，股东已决定不再投资，准备5年后结束公司。已知：公司所得税税率为22%，但购买其他公司优先股而获取的股息收入可免税85%；个人所得税税率为40%，但资本所得税只有20%；股东期望收益率为10%。公司在5年内收入情况如表1所示。

表 1　　**NORWAY 公司 5 年内收入情况**　　单位：美元

税前现金净收入	25 000
减：折旧费	5 000
税前利润	20 000
减：所得税（22%）	4 400
税后净利润	15 600

现在 NORWAY 公司面临以下三个方案，需挑选出对股东权益最有利的方案。

方案 A：每年把全部现金净收入以股息形式分配给股东；

方案 B：用每年现金净收入购买其他公司公司债（利息率 5.13%），在 5 年后，将购入的公司债本息和一次性发给股东；

方案 C：用每年现金净收入购买其他公司优先股（股息率 8.27%），在 5 年后，将购入的优先股本息和一次性发给股东。

案例思考：

1. 分析各种股利分配政策的适用性。
2. 你如何作出最优的股利分配决策？

（资料来源：陈玉菁、宋良荣主编：《财务管理》，217～218 页，北京，清华大学出版社，2008。）

第八章 财务分析

本章学习目标 通过本章学习，熟悉财务报表的基本结构，了解财务分析的意义和程序，牢记各种财务比率的计算公式，掌握企业偿债能力、营运能力、盈利能力的分析指标，并能在此基础上对企业的财务状况进行综合分析。

第一节 财务分析概述

财务分析是以企业财务报告反映的财务指标为主要依据，对企业的财务状况和经营成果进行评价和剖析，反映企业在运营过程中的利弊得失和发展趋势，从而为改进企业财务管理工作和优化经济决策提供重要的财务信息。财务分析是财务管理的重要方法，企业应定期或不定期地对过去和现在的财务状况、发展趋势进行研究和评价，以反馈信息，为企业下一步的财务预测、决策提供依据。

一、财务分析的目的

财务分析的需求者主要有投资者、债权人、经理人员、供应商、政府、雇员和工会、中介机构等。不同评价主体出于不同的利益考虑，对财务分析信息有着不同的要求。

（一）投资者进行分析的目的

投资者作为企业的所有者或股东，必然高度关心其资本的保值和增值状况，通过分析投资风险和盈利能力，为投资作出正确的决策；通过分析股价变动和发展前景，决定是否转让股份。

（二）债权人进行分析的目的

长期债权人关心的是还款保障，他们需要的是对企业获利能力的评价；短期债权人关心的是资产变现的可能性及流动状况。债权人根据分析的结果，可正确选择信用政策和贷款政策，可正确决定是否继续对该企业提供资金上的支持。

（三）企业经营管理人员进行分析的目的

通过财务分析，揭示与披露企业经营状况，全面客观地掌握本企业的具体情况，适时合理地调整企业经营决策，改善企业经营管理。企业经营管理人员进行财务分析所涉及的内容最广泛，几乎包括外部使用人关心的所有问题。

（四）其他有关方面进行分析的目的

政府要通过分析了解企业纳税情况、遵守政府法规和市场秩序情况、职工收入和就业情况；工会要通过财务分析判断企业在保险、福利方面投入是否得当；供应商通过分析评价企业是否能长期合作。

二、财务分析的内容

虽然各企业的经营内容、管理特点、规模大小、业务繁简不尽相同，企业经营者及不同的投资者对财务分析有着不同的要求，但就企业总体来看，财务分析的内容可归纳为以下几个方面。

（一）偿债能力分析

偿债能力分析是判断企业财务状况稳定与否的重要内容，通常是通过对企业的变现能力和债权物质保障程度的分析研究，观察和判断企业偿还到期债务能力的强弱。企业偿债能力强，说明企业可以通过举债筹集资金来获取收益；反之，偿债能力差，说明企业资金紧张，经营风险高。

（二）营运能力分析

营运能力是指企业对其有限资源的配置和利用能力，从价值角度看，就是企业资金利用效果。通过对企业营运能力的分析，可以为经营管理者提供企业实际营运状况的财务信息，为改善企业的财务状况、增强企业营运能力、促进企业发展提供支持。

（三）盈利能力分析

盈利能力是指企业获取利润的能力，反映企业的经营状况和经营业绩，是企业偿债能力和营运能力的综合体现。盈利水平的高低，关系到投资者、债权人、经营者及职工的切身利益。通过分析企业的获利能力和影响企业盈利水平的各种因素，可为生产经营决策提供重要的财务信息。

(四) 财务状况综合分析

财务状况综合分析就是将营运能力、偿债能力和盈利能力等诸方面的分析纳入一个有机的整体之中，全面地对企业的经营状况、财务状况进行解剖和分析，从而对企业经济效益的优劣作出准确的评价与判断。

三、财务分析的方法

企业财务分析的方法一般可分为定性分析方法和定量分析方法。定性分析方法是指依靠人们的经验、逻辑思维能力和综合判断能力对某一问题进行分析的方法。该方法主要用来分析财务分析中不易量化的经济问题。定量分析法是指运用科学的方法，对所搜集的数据资料进行加工、计算等量化处理，从数量方面反映企业的财务状况和经营成果。财务分析是定性分析与定量分析的综合，主要方法有以下几种。

(一) 比较分析法

比较分析法也称对比分析法，是指将被评价的指标在不同时间或不同空间的数据进行比较，确定出差异的方法。比较分析法的形式主要有以下几种：

(1) 比计划，即通过实际财务指标与计划财务指标对比，说明企业计划完成情况和程度。如果企业的实际财务指标未达到计划指标而产生差异，应进一步查明原因，以便改进财务管理工作。

(2) 比前期，即用本期实际财务指标与历史（以前时期）财务指标进行对比，以便揭示企业财务状况和经营成果的变动趋势及存在的差距。历史指标可选择期初指标、历史同期指标及历史最好水平。

(3) 比先进，即用本企业财务指标与同行业、同类型先进水平指标进行对比，以便反映出本企业与同行业的差距。

在运用比较分析法时，必须注意财务指标的可比性，要使指标的计算口径、计价基础、时间单位、计算方法保持一致，这是正确运用比较分析法的重要前提条件。

(二) 比率分析法

比率分析法是利用某些财务指标之间的比率关系，从相对数上对企业财务状况和经营成果进行分析的一种方法。采用这种方法，能够把某些条件下的不可比指标变为可以比较的指标，以利于进行分析。比率分析法使用的比率主要有以下三种：

1. 构成比率

构成比率又称结构比率，它是某项经济指标的各个组成部分占总体的比重，反映部分与总体的关系。其计算公式为：

$$构成比率=\frac{某个组成部分数值}{总体全部数值}\times100\%$$

例如，企业资产中的流动资产、固定资产和无形资产占资产总额的百分比（资产构成比率）；企业负债中流动负债和长期负债占负债总额的百分比（负债构成比率）。利用构成比率，可以考察总体中某个部分的形成和安排是否合理，以便协调各项财务活动。

2. 效率比率

效率比率是某项经济活动中所费与所得的比率，反映投入与产出的关系。利用效率比率指标，可以进行得失比较，考察经营成果，评价经济效益。例如，将利润项目与销售成本、销售收入、资本金等项目加以对比，计算出成本利润率、销售利润及资本金利润率等指标，可以从不同角度分析评价企业获利能力的高低及增减变化情况。

3. 相关比率

相关比率是以某个项目和与其有关但又不同类的项目加以对比所得的比率，反映有关经济活动的相互关系。如将流动资产与流动负债加以对比，计算出流动比率，据以判断企业的短期偿债能力。

（三）趋势分析法

趋势分析法就是运用若干期的财务报表资料，对比有关项目各期的增减方向和幅度，揭示有关财务状况和经营状况的变化及其趋势的方法。观察研究连续数期的财务报表，比只分析一期的财务报表了解的情况更多，对企业财务状况评价更准确。

对不同时期财务指标的比较，可以有以下两种方法：

1. 定基动态比率

定基动态比率是以某一时期的数值为固定的基期数值而计算出来的动态比率。其计算公式为：

$$定基动态比率=\frac{分析期数值}{固定基期数值}\times100\%$$

2. 环比动态比率

环比动态比率是以每一分析期的前期数值为基期数值而计算出来的动态比

率。其计算公式为：

$$环比动态比率=\frac{分析期数值}{前期数值}\times 100\%$$

（四）因素分析法

所谓因素分析法，是从数量上来确定一个财务指标所包含的各个因素的变动对该指标影响程度的一种分析方法。由于这一方法要把各个因素按照一定的顺序逐个替代，所以又称为连环替代法。该方法的运算程序是：

（1）确定某项财务指标是由哪几个因素组成的；

（2）确定各个因素与该项指标的关系，如乘除关系等；

（3）以一定的顺序将各个因素逐个替代，来测算各个因素对指标变动的影响方向和程度。替代时，必须假定只有一个因素变动而其他因素不变，这样才能排除其他因素的影响，有效地进行分析。

【例 8—1】某企业 2009 年 5 月某种原材料费用的实际数为 4 620 元，而其计划数为 4 000 元，实际比计划增加了 620 元。由于原材料费用是由产品产量、单位产品材料消耗量和材料单价三个因素的乘积构成的，因此，就可以把材料费用这一总指标分解为三个因素，然后逐一分析它们对材料费用总额的影响程度，现假定这三个因素的数值如表 8—1 所示。

表 8—1　　某种产品原材料消耗资料

项目	计量单位	计划数	实际数
产品产量	件	100	110
单位产品原材料消耗量	公斤	8	7
材料单价	元	5	6
材料费用总额	元	4 000	4 620

根据表中资料，材料费用总额实际数较计划数增加 620 元。运用连环替代法，可以计算各因素变动对材料费用总额的影响程度。

计划指标：100×8×5＝4 000（元）　①

第一次替代：110×8×5＝4 400（元）　②

第二次替代：110×7×5＝3 850（元）　③

第三次替代：110×7×6＝4 620（元）　④

产量增加对材料费用总额的影响：②－①＝400（元）

材料节约对材料费用总额的影响：③－②＝－550（元）

价格提高对材料费用总额的影响：④－③＝770（元）

400－550＋770＝620（元）

因素分析法既可以全面分析各因素对某一经济指标的影响，又可以单独分析某个因素对某一经济指标的影响，在财务分析中应用颇为广泛。但在应用这一方法时必须注意以下问题：

（1）因素分解的关联性。即确定构成经济指标的因素，必须是客观上存在着因果关系，要能够反映形成该指标差异的内在构成原因，否则就失去了其存在的价值。

（2）因素替代的顺序性。替代因素时，必须按照各因素的依存关系，排列成一定的顺序依次替代，不可随意颠倒，否则就会得出不同的计算结果。

（3）顺序替代的连环性。因素分析法在计算每一个因素变动影响时，都是在前一次计算的基础上进行，并采用连环比较的方法确定因素变化影响结果。因为只有保持计算程序上的连环性，才能使各个因素影响之和等于分析指标变动的差异，以全面说明分析指标变动的原因。

（4）计算结果的假定性。由于因素分析法计算的各因素变动的影响数，会因替代计算顺序的不同而有差别，因而计算结果不免带有假定性，即它不可能使每个因素计算的结果都达到绝对的准确。它只是在某种假定前提下的影响结果，离开了这种假定前提条件，也就不会出现这种影响结果。为此，分析时应力求使这种假定是合乎逻辑的假定，是具有实际经济意义的假定。

四、财务分析的程序

财务分析是一个选择、比较、分析、解释、判断的过程。它要从大量的资料中，选择与自己所需相关的各种信息，通过比较，找出它们之间的重要联系，最后进行分析研究，并对所得结论加以解释。财务分析的具体程序如下。

（一）明确分析目的

财务分析必须有明确的目的，不同的分析主体有不同的分析目的。不同的分析目的往往选择的分析方法和分析内容也不相同。

（二）搜集有关的经济资料

分析目的一经确定，就必须围绕分析目的所需的评价范围，搜集大量的财务报告资料。在搜集资料的过程中，应注意审查资料的客观真实性，分析主体应根据自己的需要对经济资料进行分类整理。

（三）进行因素分析

通过财务分析，可以找出影响企业经营活动的各种因素。在诸多因素中，有有利因素，也有不利因素；有外部因素，也有内部因素。在进行因素分析时，必须抓住主要矛盾，即影响企业生产经营活动的主要因素，这样才能有的放矢，提出相应的办法，作出正确的决策。

(四) 提出决策建议或评价

财务分析的最终目的是为经济决策提供依据。通过上述比较与分析，就可以提出各种方案，然后权衡各种方案的利弊得失，从中选出最佳方案，作出经济决策。

第二节　企业偿债能力分析

偿债能力是指企业偿还各种到期债务（包括本息）的能力。由于债务按到期时间分为短期债务和长期债务，所以偿债能力分析也分为短期偿债能力分析和长期偿债能力分析两部分。为后面举例需要，现将 A 公司的资产负债表和利润表列举如下。见表 8—2、表 8—3 和表 8—4。

表 8—2　　**资产负债表**

编制单位：A 公司　　2009 年度　　单位：万元

资产	年末余额	年初余额	负债及股东权益	年末余额	年初余额
流动资产：			流动负债：		
货币资金	50	25	短期借款	60	45
交易性金融资产	6	12	交易性金融负债		
应收票据	8	11	应付票据	5	4
应收账款	398	199	应付账款	100	109
预付账款	22	4	预收账款	10	5
应收股利	0	0	应付职工薪酬	2	
应收利息	0	0	应交税费	5	4
其他应收款	12	22	应付利息	12	16
存货	119	326	应付股利	28	10
待摊费用	32	7	其他应付款	14	13
一年内到期的非流动资产	45	4	预提费用	9	5
其他流动资产	8	0	预计负债	2	4
流动资产合计	700	610	一年内到期的非流动负债	50	0
			其他流动负债	3	5

续前表

资产	年末余额	年初余额	负债及股东权益	年末余额	年初余额
			流动负债合计	300	220
			非流动负债：		
非流动资产：			长期借款	450	245
可供出售金融资产	0	45	应付债券	240	260
持有至到期投资			长期应付款	50	60
长期股权投资	30	0	专项应付款	0	0
长期应收款			递延所得税负债	0	0
固定资产	1 238	955	其他非流动负债	0	15
在建工程	18	35	非流动负债合计	740	580
固定资产清理		12	负债合计	1 040	800
无形资产	6	8	股东权益：		
开发支出			股本	100	100
商誉			资本公积	10	10
长期待摊费用	5	15	盈余公积	100	40
递延所得税资产	0	0	未分配利润	750	730
其他非流动资产	3	0	减：库存股	0	0
非流动资产合计	1 300	1 070	股东权益合计	960	880
资产总计	2 000	1 680	负债及股东权益总计	2 000	1 680

表 8—3 **利润表**

编制单位：A 公司 2009 年度 单位：万元

项目	本年金额	上年金额
一、营业收入	3 000	2 850
减：营业成本	2 644	2 503
营业税金及附加	28	28
销售费用	22	20
管理费用	46	40
财务费用	110	96
资产减值损失	0	0

续前表

项目	本年金额	上年金额
加：公允价值变动收益	0	0
投资收益	6	0
二、营业利润	156	163
加：营业外收入	45	72
减：营业外支出	1	0
三、利润总额	200	235
减：所得税费用	64	75
四、净利润	136	160

表 8—4　　现金流量表

编制单位：A 公司　　2009 年度　　单位：万元

项目	金额
一、经营活动产生的现金流量：	
销售商品、提供劳务收到的现金	2 810
收到的税费返还	—
收到其他与经营活动有关的现金	10
经营活动现金流入小计	2 820
购买商品、接受劳务支付的现金	2 363
支付给职工以及为职工支付的现金	29
支付的各项税费	91
支付其他与经营活动有关的现金支出	14
经营活动现金流出小计	2 497
经营活动产生的现金流量净额	323
二、投资活动产生的现金流量：	
收回投资收到的现金	4
取得投资收益收到的现金	6
处置固定资产、无形资产和其他长期资产收回的现金净额	12
处置子公司及其他营业单位收到的现金净额	—
收到其他与投资活动有关的现金	—

续前表

项目	金额
投资活动现金流入小计	22
购置固定资产、无形资产和其他长期资产支付的现金	369
投资支付的现金	30
支付其他与投资活动有关的现金	—
投资活动现金流出小计	399
投资活动产生的现金流量净额	−377
三、筹资活动产生的现金流量：	
吸收投资收到的现金	—
取得借款收到的现金	270
收到其他与筹资活动有关的现金	—
筹资活动现金流入小计	270
偿还债务支付的现金	20
分配股利、利润或偿付利息支付的现金	152
支付其他与筹资活动有关的现金	25
筹资活动现金流出小计	197
筹资活动产生的现金流量净额	73
四、汇率变动对现金及现金等价物的影响	—
五、现金及现金等价物净增加额	19
加：期初现金及现金等价物余额	37
六、期末现金及现金等价物余额	56
补充资料	
1. 将净利润调节为经营活动现金流量：	
净利润	136
加：资产减值准备	—
固定资产折旧、油气资产折耗、生产性生物资产折旧	100
无形资产摊销	2
长期待摊费用摊销	−11
处置固定资产、无形资产和其他长期资产的损失（收益以“—”号填列）	—

续前表

项目	金额
固定资产报废损失（收益以"—"号填列）	—
公允价值变动损失（收益以"—"号填列）	—
财务费用（收益以"—"号填列）	110
投资损失（收益以"—"号填列）	—6
递延所得税资产减少（增加以"—"号填列）	—
递延所得税负债增加（减少以"—"号填列）	—
存货的减少（增加以"—"号填列）	207
经营性应收项目的减少（增加以"—"号填列）	—212
经营性应付项目的增加（减少以"—"号填列）	—3
其他	—
经营活动产生的现金流量净额	323
2. 不涉及现金收支的投资和筹资活动：	
债务转为资本	—
一年内到期的可转换公司债券	—
融资租入固定资产	—
3. 现金及现金等价物净增加情况：	
现金的期末余额	56
减：现金的期初余额	37
加：现金等价物的期末余额	—
减：现金等价物的期初余额	—
现金及现金等价物净增加额	19

一、短期偿债能力分析

短期偿债能力是指企业以其流动资产支付在一年内即将到期的流动负债的能力，是衡量企业当前财务能力，特别是流动资产变现能力的重要标志。

偿债能力的衡量方法有两种：一种是比较债务与可供偿债资产的存量，若资产存量超过债务存量较多，则认为偿债能力强；另一种是比较偿债所需现金和经营活动产生的现金流量，若经营活动产生的现金超过偿债所需现金，则认为偿债能力强。

在资产负债表中，流动负债与流动资产形成一种对应关系。一般说来，流动负债需以流动资产来偿付。因此，可以通过分析流动负债与流动资产之间的关系来判断企业的短期偿债能力。

（一）短期债务与可偿债资产的存量比较

企业短期债务的存量是资产负债表中列示的各项流动负债年末余额。可用来偿还这些债务的资产是资产负债表中列示的流动资产年末余额。流动负债需要在一年内用现金偿还，流动资产将在一年内变成现金，因此两者的比较可以反映短期偿债能力。

流动资产与流动负债的存量比较有两种方法：一种是差额比较，两者相减的差额为营运资本；另一种是比率比较，两者相除的比率成为短期债务存量比率。

1. 营运资本

营运资本是指流动资产超过流动负债的部分，其计算公式为：

营运资本＝流动资产－流动负债

根据A公司的财务报表数据可以计算：

年末营运资本＝700－300＝400(万元)

年初营运资本＝610－220＝390(万元)

计算营运资本使用的“流动资产”和“流动负债”，通常可以直接取自资产负债表。实际上资产负债表的基本结构，是按债权人的要求设计的。正是为了便于计算营运资本和分析资产流动性，资产负债表项目才区分为流动资产和非流动资产，并且按流动性强弱排序。

如果流动资产与流动负债相等，并不足以保证偿债，因为债务的到期与流动资产的现金生成，不可能同步同量。企业必须保持流动资产大于流动负债，即保有一定数额的营运资本作为缓冲，以防止流动负债“穿透”流动资产。A公司现存300万元流动负债的具体到期时间不易判断，现存700万元的流动资产生成现金的数额和时间也不好预测。营运资本400万元是流动负债“穿透”流动资产的“缓冲垫”。因此，营运资本越多，流动负债的偿还越有保障，短期偿债能力越强。

营运资本之所以能够成为流动负债的“缓冲垫”，是因为它是长期资本用于流动资产的部分，不需要在一年内偿还。

营运资本＝流动资产－流动负债

＝(总资产－非流动资产)－(总资产－股东权益－非流动负债)

＝(股东权益＋非流动负债)－非流动资产

＝长期资本－长期资产

根据 A 公司的财务报表数据可以计算：

年末营运资本＝(960＋740)－1 300＝1 700－1 300＝400(万元)

年初营运资本＝(880＋580)－1 070＝1 460－1 070＝390(万元)

当流动资产大于流动负债时，营运资本为正数，表明长期资本的数额大于长期资产，超出部分被用于流动资产。营运资本的数额越大，财务状况越稳定，企业的偿债压力越小。当流动资产小于流动负债时，营运资本为负数，表明长期资本小于长期资产，有部分长期资产由流动负债提供资金来源。由于流动负债在 1 年内需要偿还，而长期资产在 1 年内不能变现，偿债所需现金不足，必须设法另外筹资，则财务状况不稳定。

营运资本的比较分析，主要是与本企业上年数据的比较，通常称为变动分析。A 公司本年和上年营运资本的比较数据如表 8—5 所示。

表 8—5　　营运资本的变动分析　　单位：万元

项目	本年		上年		增长		
	金额	结构（%）	金额	结构（%）	金额	增长（%）	结构（%）
流动资产	700	100	610	100	90	14.7	100
流动负债	300	43	220	36	80	36.3	88.9
营运资本	400	57	390	64	10	2.6	11.1
长期资产	1 300		1 070		230		
长期资本	1 700		1 460		240		

从表 8—5 的数据可以看出：

(1) 上年流动资产 610 万元，流动负债 220 万元，营运资本 390 万元。从相对数看，营运资本的配置比率为 64%，流动负债提供流动资产所需资金的 36%，即 1 元流动资产需要偿还 0.36 元的债务。

(2) 本年流动资产 700 万元，流动负债 300 万元，营运资本 400 万元。从相对数来看，营运资本的配置比率为 57%，1 元流动资产需要偿还 0.43 元的债务，偿债能力比上年降低了。

(3) 本年与上年相比，流动资产增加 90 万元（增长 14.7%），流动负债增加 80 万元（增长 36.3%），营运资本增加 10 万元（增长 2.6%）。营运资本的绝对数增加，似乎“缓冲垫”增厚了，但由于流动负债的增加超过流动资产，使得债务的“穿透力”增强了，即偿债能力降低了。新增流动资产 90 万元没有保持上年配置64%营运资本的比例，只配置了11.1%，其余的88.9%都靠增加流动负债解决。可见，由于营运资本政策改变，本年的短期偿债能力降低了。

营运资本是绝对数，不便于不同企业之间比较。例如，A公司的营运资本为200万元（流动资产300万元，流动负债100万元），B公司的营运资本与A公司相同，也是200万元（流动资产1 200万元，流动负债1 000万元）。但是，它们的偿债能力显然不同。因此，在实务中很少直接使用营运资本作为偿债能力的指标。营运资本的合理性主要通过流动性存量比率来评价。

2. 短期债务的存量比率

短期债务的存量比率包括流动比率、速动比率和现金比率。

(1) 流动比率。

流动比率是指流动资产与流动负债的比率。该指标是反映企业用可在短期内转变为现金的流动资产偿还到期流动负债的能力，说明企业每一元流动负债有多少流动资产作为偿还的保障。其计算公式为：

$$流动比率=\frac{流动资产}{流动负债}\times 100\%$$

根据A公司的财务报表数据可以计算：

年末流动比率＝700÷300＝2.33

年初流动比率＝610÷220＝2.77

流动比率假设全部流动资产都可以用于偿还短期债务。A公司的流动比率降低了0.44（2.77－2.33），即为每1元流动负债提供的流动资产保障减少了0.44元。

流动比率和营运资本配置比率所反映的偿债能力是相同的，它们可以互相换算：

流动比率＝1÷(1－营运资本/流动资产)

根据A公司的财务报表数据可计算：

年末流动比率＝1÷(1－57%)＝2.33

流动比率是相对数，排除了企业规模不同的影响，更适合同业比较以及本企业不同历史时期的比较。一般情况下，流动比率越高，说明企业短期偿债能力越强，流动负债得到偿还的保障越大。但是，该指标过高也不是好现象，因为流动比率过高，可能是企业滞留在流动资产上的资金过多，未能有效加以利用，可能会影响企业的获利能力。根据西方企业的长期经验，一般认为流动比率在2∶1左右比较合适。但要求流动比率达到 2 对大多数中国企业不实际，下限是 1.25，低于该数值，公司偿债风险就会增加。究竟应保持多高水平的流动比率，主要视企业对待风险与收益的态度予以确定。同时，还要注意以下问题：

①流动比率是假设全部流动资产都可以变为现金并用于偿债，全部流动负债都需要还清，在分析流动比率时应当剔除一些虚假因素的影响。实际上，有些流动资产的账面金额与变现金额有较大差异，如产成品等；经营性流动资产是企业持续经营所必需的，不能全部用于偿债；经营性应付项目可以滚动存续，无需动用现金全部结清。因此，流动比率是对短期偿债能力的粗略估计。

②对流动比率的分析应该结合不同行业特点和企业流动资产结构等因素，不同的企业以及同一企业不同时期的评价标准是不同的，因此，不能用统一的标准来评价各企业流动比率合理与否。

③虽然流动比率越高，企业偿还短期债务的流动资产保证程度越强，但这并不等于说企业已有足够的现金或存款用来偿债。流动比率高也可能是由于存货积压、应收账款、待摊费用等增加所致。所以，企业应在分析流动比率的基础上，进一步分析企业的现金流量。

④从短期债权人的角度看，当然是流动比率越高越好。但从企业经营角度看，过高的流动比率通常意味着企业闲置资金的数量较多，必然造成企业机会成本增加和获利能力的降低。因此，企业应尽可能将流动比率维持在不使货币资金闲置的水平。

⑤部分行业的参考流动比率见表 8—6。

表 8—6　　部分行业流动比率的参考值

行业	流动比率	行业	流动比率	行业	流动比率
汽车	1.1	房地产	1.2	制药	1.25
建材	1.25	化工	1.2	啤酒	1.75
计算机	2	电子	1.45	商业	1.65
机械	1.8	玻璃	1.3	饭店	>2

（2）速动比率。

流动比率虽然可以用来评价流动资产总体的变现能力，但存在一定的局限性。如果企业的流动比率较高，但流动资产的流动性较差，则企业的短期偿债能力仍然不强。这是因为，构成流动资产的各个项目的流动性有很大差别。流动资产中的货币资金、交易性金融资产和各种应收、预付款项等，可以在较短时间内变现，称为速动资产。流动资产中的存货、待摊费用、一年内到期的非流动资产及其他流动资产等，称为非速动资产。非速动资产的变现时间和数量具有较大的不确定性：①存货的变现速度比应收款项要慢得多；部分存货可能已损失报废还没做处理，或者已抵押给某债权人，不能用于偿债；存货估价有多种方法，可能与变现金额相差悬殊。②待摊费用不能出售变现。③一年内到期的非流动资产和其他流动资产的数额有偶然性，不代表正常的变现能力。基于此，人们希望获得比流动比率更能体现企业变现能力的指标，这个指标就是速动比率。

速动比率又称酸性试验，是企业速动资产与流动负债的比率。该指标是评价企业流动资产中可以很快变现用于偿付流动负债能力的指标，是衡量企业现实偿债能力强弱的重要财务指标，说明企业在一定时期内每一元流动负债有多少速动资产作为偿还保障。其计算公式为：

$$\text{速动比率}=\frac{\text{速动资产}}{\text{流动负债}}\times 100\%$$

根据A公司的财务报表数据可以计算：

年末速动比率＝(50＋6＋8＋398＋22＋12)÷300＝1.65

年初速动比率＝(25＋12＋11＋199＋4＋22)÷220＝1.24

计算结果表明，A公司的速动比率比上年提高了0.41，说明为每1元流动负债提供的速动资产保障增加了0.41元。

由于剔除了存货等变现能力较弱且不稳定的资产，速动比率较之流动比率能够更加准确、可靠地评价企业资产的流动性及其偿还短期负债的能力。一般情况下，速动比率越高，表明企业偿还流动负债的能力越强。西方企业传统经验认为，速动比率为1时表示企业有较好的偿债能力。如果速动比率大于1，说明企业有足够的能力偿还短期债务，同时也表明企业有较多的不能盈利的现金和应收账款；如果速动比率小于1，则又表示支付能力不足。但在实际分析时，应该根据企业性质和其他因素来综合判断，不可一概而论。

如同流动比率一样，不同行业的速动比率有很大差别。例如，采用大量现金销售的商店，几乎没有应收账款，速动比率大大低于1是很正常的。相反，一些应收账款较多的企业，速动比率可能要大于1。表8—7列示了部分行业的参考速动比率。

表 8—7　　部分行业速动比率的参考值

行业	速动比率	行业	速动比率	行业	速动比率
汽车	0.85	房地产	0.65	制药	0.9
建材	0.9	化工	0.9	啤酒	0.9
计算机	1.25	电子	0.95	商业	0.45
机械	0.9	玻璃	0.45	饭店	>2

影响速动比率可信度的重要因素是应收账款的变现能力。如果企业的应收账款中有较大部分不能变成现金收回，可能会成为坏账，那么速动比率就不能真实地反映企业的偿债能力。另外，尽管速动比率较流动比率更能反映出流动负债偿还的安全性和稳定性，但并不能认为速动比率较低的企业，流动负债就不能得到如期偿还。实际上，如果企业存货流转顺畅，变现能力较强，即使速动比率较低，只要流动比率高，企业仍然可以偿还到期债务。

（3）现金比率。

现金比率是现金类资产对流动负债的比率。现金类资产包括货币资金与交易性金融资产等。它是速动资产扣除应收账款后的余额。由于应收账款存在着发生坏账损失的可能，某些到期的账款也不一定能按时收回，因此，速动资产扣除应收账款后计算出来的金额最能反映企业直接偿付流动负债的能力。现金比率的计算公式为：

$$现金比率=\frac{现金+交易性金融资产}{流动负债}$$

根据 A 公司的财务报表数据可计算：

$$年末现金比率=(50+6)\div300=0.19$$
$$年初现金比率=(25+12)\div220=0.17$$

计算结果表明，A 公司的现金比率比上年增加 0.02，说明企业为每 1 元流动负债提供的现金资产保障增加了 0.02 元。

现金比率是衡量企业即时直接偿债能力的指标，因为现金是企业偿还债务的最终手段，如果企业现金缺乏，就可能发生支付困难，将面临财务危机。一般来说，该比率在 0.2 以上，企业的偿付能力不会有太大的问题。当然，现金比率高，说明企业具有较强的短期偿债能力；但该指标过高，意味着企业拥有大量不能盈利的现金及存款，企业现金管理能力较差，必然增加企业的机会成本。一般情况下，现金比率以既保证短期债务偿还需要又尽可能降低现金的机会成本为宜。

（二）短期债务与可清偿资产的流量比较

现金流动负债比率是反映短期债务与可清偿资产流量比较的常用指标。现金流动负债比率是指企业一定时期的经营现金净流量与流动负债的比率，其计算公式为：

$$现金流动负债比率=\frac{经营现金净流量}{流动负债}\times 100\%$$

公式中的经营现金净流量，通常使用现金流量表中的“经营活动产生的现金流量净额”。它代表了企业产生现金的能力，已经扣除了经营活动自身所需的现金流出，是可以用来偿债的现金流量。公式中的流动负债，通常使用资产负债表中的“流动负债”的年初与年末的平均数。为了简便，也可以使用期末数。

根据A公司的财务报表数据可计算：

$$现金流动负债比率（平均负债）=323\div[(300+220)\div 2]=1.24$$

$$现金流动负债比率（期末负债）=323\div 300=1.08$$

现金流动负债比率可以从现金流入和流出的动态角度来反映企业当期偿付短期负债的能力。由于有利润的年份不一定有足够的现金来偿还债务，所以利用以收付实现制为基础计量的经营现金净流量，既可以不受会计政策和会计估计方法的影响，避免流动比率与速动比率所固有的局限性，又不受流动资产变现能力的影响，因此，可以直观地反映企业本身经营活动的“造血”功能和企业偿还流动负债的实际能力。该指标数值越大，表明企业经营活动产生的现金净流量越多，越能保障企业按期偿还到期债务。

二、长期偿债能力分析

长期偿债能力是指企业偿还长期债务（在一年以上或超过一年的一个营业周期以上的债务）的能力。企业的长期负债主要有长期借款、应付长期债券、长期应付款等。企业的长期债权人和所有者，不仅关心企业短期偿债能力，更关心企业长期偿债能力。长期偿债能力与企业的盈利能力、资本结构有着十分密切的关系。因此，为便于投资者、债权人全面了解企业的偿债能力及经营风险，在对企业进行短期偿债能力分析的同时，还需分析企业的长期偿债能力。

反映企业长期偿债能力的财务比率主要有资产负债率、产权比率等。

1. 资产负债率

资产负债率亦称负债比率，是企业负债总额与资产总额的比率。它表明在企业资产总额中，债权人提供的资金所占的比重，以及企业资产对债权人权益的保障程度，即每一元资产所承担的负债数额。其计算公式为：

$$资产负债率=\frac{负债总额}{资产总额}\times 100\%$$

根据 A 公司的财务报表数据可计算：

$$年末资产负债率=(1\ 040\div 2\ 000)\times 100\%=52\%$$
$$年初资产负债率=(800\div 1\ 680)\times 100\%=47.6\%$$

资产负债率是反映企业长期偿债能力强弱、衡量企业总资产中权益所有者与债权人所投资金比例是否合理的重要财务指标。在进行资产负债率分析时，不同的财务分析主体会从不同的角度获得自己需要的财务信息。从债权人的角度看，资产负债率越低越好。该指标越低，企业风险就越小，偿债能力就越强，债权人的权益保障程度就越高。从投资者的角度看，资产负债率越高，所有者承担的风险越大；资产负债率越低，所有者承担的风险越小。但是，所有者不会一味地规避风险，他愿意承担的风险大小，取决于企业资产报酬率的高低。若资产报酬率高于债务的利息率，多借款会提高所有者权益资金的报酬率，因此，企业会希望多借款；若资产报酬率低于债务的利息率，多借款会降低所有者权益资金的报酬率，因此，企业会希望少借款。这就是我们通常所说的财务杠杆作用。从经营者角度看，经营者的终极目标是谋求经营者的年薪最大化，而经营者年薪又和经营业绩相联系。所以，经营者一般不会冒很大的风险去提高所有者报酬，他首先要做到的是经营成功，避免失败，特别是财务失败。所以经营者在风险和业绩综合平衡的基础上，要求资产负债率必须适度。从理论上看，资产负债率的评价标准一般以 50%左右为好，而国际上通常认为资产负债率等于 60%时较为适当，但金融业比较特殊，资产负债率在 90%以上也是很正常的。至于资产负债率为多少才是合理的，并没有一个确定的标准，不同行业、不同类型的企业有较大差异。一般而言，处于高速成长时期的企业，其资产负债率可能会高一些，这样所有者会得到更多的杠杆利益。但是，作为财务管理者在确定企业的负债比率时，一定要审时度势，充分考虑企业内外部各种因素，在收益与风险之间权衡利弊得失，然后才能作出正确的财务决策。

2. 净资产负债率

净资产负债率是指负债总额与所有者权益的比率，是企业财务结构稳健与否的重要标志，也称产权比率。其计算公式为：

$$净资产负债率=\frac{负债总额}{所有者权益}\times100\%$$

根据 A 公司的财务报表数据可计算：

年末净资产负债率=(1 040÷960)×100%=108.3%

年初净资产负债率=(800÷880)×100%=90.9%

它反映企业所有者权益对债权人权益的保障程度。这一比率越低，表示企业的长期偿债能力越强，债权人所得到的保障越大；反之，该比率越高，表示企业长期偿债能力越低，债权人的安全感就越小。因此，这个指标的评价标准，一般应小于 1。但这个比率不是越小越好，比率过小说明所有者权益比重过大，不能充分发挥负债的财务杠杆效应。所以在评价产权比率是否适度时，应从提高获利能力与增强偿债能力两个方面综合进行，即在保障债务偿还安全的前提下，应尽可能提高净资产负债率。

3. 所有者权益比率与权益乘数

所有者权益比率是所有者权益与资产总额的比率。该指标反映企业资产中有多少是所有者投入的。其计算公式为：

$$所有者权益比率=\frac{所有者权益总额}{资产总额}\times100\%$$

根据 A 公司的财务报表数据可计算：

年末所有者权益比率=(960÷2 000)×100%=48%=1−52%

年初所有者权益比率=(880÷1 680)×100%=52.4%=1−47.6%

可以看出，所有者权益比率与资产负债率之和等于 1。因此，这两个比率是从不同的侧面来反映企业的长期偿债能力。所有者权益比率越高，财务风险越小，企业的长期偿债能力越强；所有者权益比率越低，财务风险越大，企业的长期偿债能力越弱。

所有者权益比率的倒数叫作权益乘数，表示总资产相当于所有者权益的倍数，它所提供的财务信息与所有者权益比率基本相同。其计算公式为：

$$权益乘数=\frac{资产总额}{所有者权益}$$

根据 A 公司的财务报表数据可计算：

年初权益乘数=1 680÷880=1.91

年末权益乘数=2 000÷960=2.08

4. 长期资本负债率

长期资本负债率是指非流动负债占长期资本的百分比，其计算公式如下：

$$长期资本负债率=\frac{非流动负债}{长期资本}$$

根据A公司的财务报表数据可计算：

本年长期资本负债率=[740÷(740+960)] ×100%=43.5%

上年长期资本负债率=[580÷(580+880)] ×100%=39.7%

长期资本负债率反映企业长期资本的结构。由于流动负债的数额经常变化，资本结构管理大多使用长期资本结构。

5. 利息保障倍数

利息保障倍数是指企业一定时期内所获得的息税前利润与当期所支付利息费用的比率，反映了获利能力对债务偿付的保证程度。其计算公式为：

$$利息保障倍数=\frac{息税前利润}{利息费用}$$

公式中的息税前利润、利息费用可从利润表中获取。其中，

息税前利润=利润总额+利息支出=净利润+所得税+利息费用

由于利润表中利息费用包含在财务费用中，因此，报表分析者往往使用“净利润+所得税+财务费用”来计算。此外，利息费用是指企业各类长、短期负债所支付的全部利息费用，既包括计入财务费用账户的利息费用，又包括列入固定资产、在建工程等各项资本化支出的利息费用。为了简便起见，有时直接使用财务费用代替。

根据A公司的财务报表数据可计算：

本年利息保障倍数=(136+110+64)÷110=2.818

上年利息保障倍数=(100+96+75)÷96=2.823

长期债务不需要每年还本，却需要每年付息。利息保障倍数不仅反映了企业获利能力的大小，而且反映了获利能力对偿还到期债务利息的保证程度，它既是企业举债经营的前提依据，也是衡量企业长期偿债能力大小的重要标志。一般情况下，利息保障倍数越高，表明企业长期偿债能力越强。国际上通常认为，该指标为3时较为适当。从长期来看，若要维持正常偿债能力，利息保障倍数至少应大于1。如果利息保障倍数小于1，则表明企业获利能力无法承担举债经营的利

息支出，企业将面临亏损及偿债的安全性与稳定性下降的风险。

6. 现金流量利息保障倍数

现金流量利息保障倍数反映了经营现金流量相当于利息费用的倍数。其计算公式为：

$$现金流量利息保障倍数=\frac{经营现金流量}{利息费用}$$

根据 A 公司的财务报表数据可计算：

本年现金流量利息保障倍数＝323÷110＝2.94

现金流量利息保障倍数反映 1 元的利息费用有多少倍的经营现金流量作保障。它比收益基础的利息保障倍数更可靠，因为实际用以支付利息的是现金，而不是收益。

7. 现金流量债务比

现金流量债务比是指经营活动所产生的现金净流量与债务总额的比率，反映企业用经营现金流量偿付全部债务的能力。该比率越高，企业承担债务总额的能力越强。其计算公式为：

$$现金流量债务比=\frac{经营现金流量}{债务总额}\times 100\%$$

公式中的“债务总额”在一般情况下使用年末和年初的加权平均数，为了简便，也可以使用期末数。

根据 A 公司的财务报表数据可计算：

本年现金流量债务比＝(323÷1 040)×100%＝31.06%

三、影响企业偿债能力的因素

上述偿债能力指标，都是根据财务报表中的资料计算的，还有一些表外因素也会影响企业的短期偿债能力，甚至影响相当大。财务报表的使用人应尽可能了解这方面的信息，以作出正确的判断。

（一）提高企业偿债能力的因素

1. 可动用的银行贷款指标

银行已同意、企业未办理贷款手续的银行贷款限额，可以随时增加企业的现金，提高支付能力。

2. 准备很快变现的长期资产

由于某种原因，企业可能有一些长期资产可以随时出售变现，这些资产不在

"一年内到期的非流动资产"项目中列示。例如，储备的土地、目前出租的房产等，在企业发生周转困难时，将其出售并不影响企业的持续经营。一般情况下，企业应根据近期利益和长期利益的辩证关系，经过慎重考虑，正确决定出售长期资产的问题。

3. 偿债能力的声誉

如果企业的长期偿债能力一贯很好，有一定的声誉，在短期偿债方面出现困难时，可以很快地通过发行债券和股票等办法解决资金短缺问题，提高短期偿债能力。

（二）减弱企业偿债能力的因素

1. 经营租赁

当企业急需某种设备或厂房而又缺乏足够的资金时，可以通过租赁的方式解决。租赁的形式有融资租赁和经营租赁，融资租赁形成的负债大多反映在资产负债表上，而经营租赁则没有反映在资产负债表上。当企业的经营租赁量比较大、期限比较长或具有经常性时，就形成了一种长期性筹资，这种长期性筹资虽然不包括在长期负债之内，但到期时必须支付租金，会对企业的偿债能力产生不利影响。

2. 担保责任

担保项目的时间长短不一，有的涉及企业的长期负债，有的涉及企业的短期负债。应根据有关资料判断担保责任带来的潜在负债问题。

3. 或有负债

有些或有负债未登记入账，也不在报表中反映。如售出成品可能发生的质量事故赔偿、尚未解决的税额争议可能出现的不利后果、诉讼案件和经济纠纷案可能败诉并需赔偿等，一旦成为事实，将会加大企业的偿债负担。

第三节　营运能力分析

营运能力是指企业基于外部市场环境的约束，通过内部人力资源和生产资料的配置组合而对财务目标实现所产生作用的大小。营运能力分析包括人力资源营运能力分析和生产资料营运能力分析。本节主要从生产资料营运能力出发，重点研究企业流动资产营运能力、固定资产营运能力、总资产营运能力。

所谓"能力"就是指资产的利用效率，即某项特定资产存量所能创造的相关流量的大小。单位资产存量创造的流量越大，则该资产的使用效率越高。

$$资产营运能力=\frac{流量指标}{存量指标}$$

一、流动资产营运能力分析

1. 流动资产周转率

流动资产周转率是销售收入与全部流动资产平均占用额的比率，是反映企业流动资产周转速度的指标。该指标通常用流动资产周转次数或周转天数表示。其计算公式为：

$$流动资产周转率(次数)=\frac{销售收入净额}{流动资产平均占用额}$$

$$流动资产周转期(天数)=\frac{计算期天数}{流动资产周转率}$$

$$=计算期天数\times\frac{流动资产平均占用额}{销售收入净额}$$

式中，流动资产平均占用额＝（期初流动资产占用额＋期末流动资产占用额）÷2；销售收入净额来自于利润表中的营业收入。

根据A公司的财务报表数据可计算：

本年流动资产周转次数＝3 000÷655＝4.58

本年流动资产周转天数＝365÷4.58＝80(天)

流动资产周转次数多，则周转期短，说明流动资产周转速度快，流动资产利用效果好，其实现的销售收入高，企业盈利能力强；反之，则延缓周转速度，形成资金浪费，降低企业盈利。

2. 存货周转率

存货周转率是一定时期内企业销售成本与存货平均余额之间的比率，是衡量企业生产经营各环节中存货运营效率的一个综合性指标。该指标通常用存货周转次数或周转天数表示，其计算公式如下：

$$存货周转率(次数)=\frac{销售成本}{存货平均余额}$$

$$存货周转期(天数)=\frac{计算期天数}{存货周转率}=计算期天数\times\frac{存货平均余额}{销售成本}$$

式中，存货平均余额＝(期初存货＋期末存货)÷2；销售成本来自于利润表中的营业成本。

根据A公司的财务报表数据可计算：

本年存货周转次数＝2 644÷222.5＝11.88

本年存货周转天数＝365÷11.88＝30.7(天)

存货周转速度的快慢，不仅反映出企业采购、储存、生产、销售环节管理工作状况的好坏，而且对企业的偿债能力及获利能力产生决定性的影响。一般来讲，存货周转率越高越好。存货周转率越高，说明存货变现速度越快，反映企业销售能力越强，占用在存货上的营运资金越少。但也不能绝对地认为存货周转率越高越好，因为存货周转率过高，有可能是企业存货水平低，甚至经常缺货，或者采购次数频繁、批量太小等原因所致。因此，通过存货周转分析，有利于找出存货管理存在的问题，尽可能降低资金占用水平。

3. 应收账款周转率

应收账款周转率是一定时期内企业赊销收入净额与应收账款平均余额的比率，是反映企业应收账款周转速度的指标，该指标可用应收账款周转次数或周转期表示，其计算公式如下：

$$应收账款周转率(次数)=\frac{赊销收入净额}{应收账款平均余额}$$

$$应收账款周转期(天数)=\frac{计算期天数}{应收账款周转率}$$

$$=计算期天数\times\frac{应收账款平均余额}{赊销收入净额}$$

根据A公司的财务报表数据可计算：

本年应收账款周转次数＝3 000÷298.5＝10

本年应收账款周转天数＝365÷10＝36.5（天）

应收账款周转率反映了企业应收账款变现速度的快慢及管理效率的高低，周转率高表明收账迅速、账龄较短，资产流动性强，短期偿债能力强。

在计算和使用应收账款周转率时应注意以下问题：

（1）销售收入的赊销比例问题。从理论上说应收账款是赊销引起的，其对应的流量是赊销额，而非全部销售收入。因此，计算时应使用赊销额取代销售收入。但是，外部分析人员无法取得赊销的数据，只好直接使用销售收入计算。实际上相当于假设现金销售是收现时间等于零的应收账款。只要现金销售与赊销的比例是稳定的，就不妨碍与上期数据的可比性，只是一贯高估了周转次数。问题是与其他企业比较时，不知道可比企业的赊销比例，也就无从知道应收账款是否可比。

（2）应收账款年末余额的可靠性问题。应收账款是特定时点的存量，容易受季节性、偶然性和人为因素影响。在将应收账款周转率用于业绩评价时，最好使用多个时点的平均数，以减少这些因素的影响。

（3）应收账款的减值准备问题。统一财务报表上列示的应收账款是已经提取减值准备后的净额，而销售收入并没有相应减少。其结果是，提取的减值准备越多，应收账款周转天数越少。这种周转天数的减少不是好的业绩，反而说明应收账款管理欠佳。如果减值准备的数额较大，就应进行调整，使用未提取坏账准备的应收账款计算周转天数。报表附注中应披露应收账款减值的信息，可作为调整的依据。

（4）应收票据是否计入应收账款周转率。大部分应收票据是销售形成的。只不过是应收账款的另一种形式，应将其纳入应收账款周转天数的计算，称为“应收账款及应收票据周转天数”。

（5）应收账款周转天数是否越少越好。应收账款是赊销引起的，如果赊销有可能比现金销售更有利，周转天数就不会越少越好。收现时间的长短与企业的信用政策有关。例如，甲企业的应收账款周转天数是18天，信用期是20天；乙企业的应收账款周转天数是15天，信用期是10天。前者的收款业绩优于后者，尽管其周转天数较多。改变信用政策，通常会引起企业应收账款周转天数的变化。信用政策的评价涉及多种因素，不能仅仅考虑周转天数的缩短。

（6）应收账款分析应与销售额分析、现金分析联系起来。应收账款的起点是销售，终点是现金。正常的情况是销售增加引起应收账款增加，现金的存量和经营现金流量也会随之增加。如果一个企业应收账款日益增加，而销售和现金日益减少，则可能是销售出了比较严重的问题，促使放宽信用政策，甚至随意发货，而现金收不回来。

总之，应当深入应收账款的内部，并且要注意应收账款与其他问题的联系，才能正确评价应收账款周转率。

二、非流动资产营运能力分析

（一）固定资产营运能力分析

反映固定资产营运能力的分析指标是固定资产周转率，该指标是企业年销售收入净额与固定资产平均净值的比率，是衡量固定资产利用效率的一项指标。其计算公式为：

$$\text{固定资产周转率(次数)}=\frac{\text{销售收入净额}}{\text{固定资产平均净值}}$$

式中，固定资产平均净值＝(期初固定资产净值＋期末固定资产净值)÷2。

根据A公司的财务报表数据可计算：

本年固定资产周转率＝3 000÷1 097＝2.73

固定资产周转率高，表明企业生产能力利用充分，固定资产投资结构合理，能够充分发挥效率。固定资产周转率低，说明企业对固定资产的利用效率较低，可能会影响企业的获利能力。

（二）非流动资产营运能力分析

非流动资产周转率是企业一定时期内营业收入与非流动资产平均余额的比率，其计算公式为：

$$非流动资产周转率（次数）=\frac{营业收入}{非流动资产平均余额}$$

根据A公司的财务报表数据可计算：

本年非流动资产周转率＝3 000÷1 185＝2.53

三、总资产营运能力分析

总资产营运能力是指企业全部资产的综合运用能力及其对企业经营状况的综合作用程度。其评价指标是总资产周转率。

总资产周转率是企业一定时期的营业收入与资产平均余额的比率。该指标可用总资产周转次数或周转期表示，其计算公式为：

$$总资产周转率(次数)=\frac{营业收入}{平均资产总额}$$

$$总资产周转期(天数)=\frac{计算期天数}{总资产周转率}$$

式中，平均资产总额＝(期初资产总额＋期末资产总额)÷2。

根据A公司的财务报表数据可计算：

本年总资产周转率＝3 000÷2 000＝1.5(按年末数计算)

本年总资产周转率＝3 000÷1 840＝1.63(按平均数计算)

总资产周转率可以有效地衡量总资产的运用效率。该指标是从周转速度的角度评价企业全部资产的使用效率。总资产周转率越高，总资产周转天数越少，反映企业整体资产的周转速度越快，企业销售能力越强，营运能力也就越大。反之，说明企业全部资产的营运能力较弱。

第四节　盈利能力分析

盈利能力就是企业赚取利润的能力。盈利是企业的重要经营目标，是企业生存和发展的物质基础。获利能力能够体现所有者的投资收益水平，能够体现企业经营者的经营管理水平，也能够体现企业债权人投资的安全保障程度。因此，企业所有者、经营者和债权人都非常注重对企业进行获利能力的分析。分析评价企业的获利能力一般可从以下几个方面入手。

一、经营盈利能力分析

经营盈利能力分析是指通过对企业生产过程中的产出、耗费和利润之间的比例关系来评价企业获利能力。主要评价指标有：

（一）营业利润率

营业利润率是一定时期的营业利润与营业收入的比率。其计算公式为：

$$营业利润率=\frac{营业利润}{营业收入}\times 100\%$$

根据A公司的财务报表数据可计算：

$$本年营业利润率=\frac{156}{3\ 000}\times 100\%=5.2\%$$

营业利润率越高，表明企业市场竞争力越强，发展潜力越大，获利能力越强。

需要说明的是，从利润表来看，企业的利润包括营业利润．利润总额和净利润三个层次。而营业收入包括主营业务收入和其他业务收入，收入来源有商品销售收入、提供劳务收入和资产使用权让渡收入等。因此，在实务中经常使用营业毛利率、营业净利率等指标来分析企业经营业务的获利水平。

（二）营业毛利率

营业毛利率是企业一定时期营业毛利与营业收入的比率，表示1元营业收入扣除营业成本后，有多少钱可以用于支付各项期间费用和形成利润。其计算公式为：

$$营业毛利率=\frac{营业毛利}{营业收入}=\frac{营业收入-营业成本}{营业收入}\times 100\%$$

$$本年营业毛利率=\frac{3\ 000-2\ 644}{3\ 000}=11.87\%$$

（三）营业净利率（销售净利率）

1. 营业净利率

营业净利率是企业一定时期净利润与营业收入的比率，反映1元营业收入可以提供的净利润。其计算公式为：

$$营业净利率=\frac{净利润}{营业收入}\times100\%$$

根据A公司的财务报表数据可计算：

$$本年营业净利率=\frac{136}{3\ 000}\times100\%=4.53\%$$

2. 营业净利率的驱动因素

营业净利率的变动是由利润表各项目金额的变动引起的。表8—8列示了A公司利润表各项目的金额变动和结构变动数据。

表8—8　　利润表结构百分比变动　　单位：万元

项目	本年金额	上年金额	变动金额	本年结构（%）	上年结构（%）	百分比变动（%）
一、营业收入	3 000	2 850	150	100.00	100.00	0.00
减：营业成本	2 644	2 503	141	88.13	87.82	0.31
营业税金及附加	28	28	0	0.93	0.98	−0.05
销售费用	22	20	2	0.73	0.70	0.03
管理费用	46	40	6	1.53	1.40	0.13
财务费用	110	96	14	3.67	3.37	0.30
资产减值损失	0	0	0	0.00	0.00	0.00
加：公允价值变动收益	0	0	0	0.00	0.00	0.00
投资收益	6	0	6	0.20	0.00	0.20
二、营业利润	156	163	−7	5.20	5.72	−0.52
加：营业外收入	45	72	−27	1.50	2.53	−1.03
减：营业外支出	1	0	1	0.03	0.00	0.03
三、利润总额	200	235	−35	6.67	8.25	−1.58
减：所得税费用	64	75	−11	2.13	2.63	−0.50
四、净利润	136	160	−24	4.53	5.61	−1.08

其中“本年结构”和“上年结构”，是各项目除以销售收入得出的百分比，“百分比变动”是指“本年结构”百分比与“上年结构”百分比的差额。该表称为利润表的同型报表，它排除了规模差异的影响，提高了数据的可比性。

（1）金额变动分析：本年净利润减少 24 万元。影响较大的不利因素是：营业成本增加 141 万元和营业外收入减少 27 万元。影响较大的有利因素是营业收入增加 150 万元。

（2）结构比率分析：净利率降低了 1.08％。影响较大的不利因素是：营业成本率上升 0.31％，以及营业外收入比率减少 1.03％。

（四）成本费用利润率

成本费用利润率是企业利润总额与成本费用总额的比率。其计算公式为：

$$成本费用利润率=\frac{利润总额}{成本费用总额}\times 100\%$$

式中，成本费用总额是企业生产经营发生的全部耗费，其计算公式为：

$$成本费用总额=营业成本+营业税金及附加+销售费用+管理费用+财务费用$$

根据 A 公司的财务报表数据可计算：

$$本年成本费用利润率=\frac{200}{2\ 850}=7.02\%$$

成本费用利润率越高，说明企业为获取利润而付出的耗费越小，企业的获利能力越强。因此，通过这个比率不仅可以评价企业获利能力的高低，也可以评价企业对成本费用的控制能力和经营管理水平。

同利润一样，成本费用的计算口径也可以分为不同的层次，比如主营业务成本、营业成本等。在评价成本费用开支效果时，应当注意成本费用与利润之间在计算层次和口径上的对应关系。

二、资产盈利能力分析

资产盈利能力是指企业经济资源创造利润的能力，其衡量指标主要有总资产利润率、总资产净利率、总资产报酬率等。

（一）总资产利润率（税前）

总资产利润率是企业的利润总额与平均资产余额的比率，其计算公式为：

$$总资产利润率=\frac{利润总额}{平均资产总额}\times 100\%$$

根据 A 公司的财务报表数据可计算：

$$本年总资产利润率=\frac{200}{1\ 840}=10.87\%$$

总资产利润率表明企业利用全部资产取得的综合效益。一般情况下，总资产利润率越高，反映企业资产的利用效果越好。

（二）总资产净利率（税后）

1. 总资产净利率的计算

总资产净利率是净利润与平均资产总额的比率，其计算公式为：

$$总资产净利率=\frac{净利润}{平均资产总额}\times100\%$$

根据 A 公司的财务报表数据可计算：

$$本年总资产净利率=\frac{136}{2\ 000}=6.8\%(按年末数计算)$$

$$本年总资产净利率=\frac{136}{1\ 840}=7.39\%(按平均数计算)$$

2. 总资产净利率的驱动因素

$$\begin{aligned}总资产净利率&=\frac{净利润}{营业收入}\times\frac{营业收入}{平均资产总额}\\&=营业净利率\times总资产周转率\end{aligned}$$

总资产周转次数是 1 元资产创造的销售收入，营业净利率是 1 元销售收入创造的净利润，两者共同决定了资产净利率即 1 元资产创造的净利润。总资产净利率的分解情况见表 8—9。

表 8—9　　总资产净利率的分解　　单位：万元

	本年	上年	变动
营业收入	3 000	2 850	150
净利润	136	160	－24
总资产	2 000	1 680	320
资产净利率（%）	6.8	9.524	－2.724
营业净利率（%）	4.533	5.614	－1.081
总资产周转次数（次）	1.5	1.696	－0.196

A 公司的资产净利率比上年降低 2.724%。其原因是营业净利率和资产周转率都降低了。哪一个原因更重要呢？可以使用连环替代法进行定量分析。

营业净利率变动影响＝营业净利率变动×上年资产周转次数

＝－1.081%×1.696 4＝－1.834%

资产周转次数变动影响＝本年营业净利率×资产周转次数变动

＝4.533%×(－0.196 4)＝－0.890%

合计＝－1.834%－0.890%＝－2.724%

营业净利率降低，使资产净利率下降 1.834%；资产周转率下降，使资产净利率下降 0.890%。两者共同作用使资产净利率下降 2.724%，其中营业净利率下降是主要影响因素。

（三）总资产报酬率

总资产报酬率是企业一定时期内获得的报酬总额与平均资产总额的比率。其计算公式为：

$$总资产报酬率=\frac{息税前利润总额}{平均资产总额}\times 100\%$$

根据 A 公司的财务报表数据可计算：

$$本年总资产报酬率=\frac{310}{2\ 000}=15.5\%(按年末数计算)$$

$$本年总资产报酬率=\frac{310}{1\ 840}=16.85\%(按平均数计算)$$

总资产报酬率反映了企业全部资产的综合利用效果，也是衡量企业利用债权人和所有者权益所取得盈利的重要指标。一般情况下，该指标越高，表明企业的资产利用效益越好，整个企业的盈利能力越强，经营管理水平越高。企业还可以将该指标与市场利率进行比较，如果总资产报酬率大于市场利率，说明企业可以充分利用财务杠杆，适当举债经营，以获得更多的收益。

三、资本盈利能力分析

资本盈利能力分析是指企业的所有者通过投入资本在生产经营过程中所取得利润的能力，其衡量指标主要有净资产收益率、资本收益率、每股收益、市盈率等。

（一）净资产收益率（权益净利率）

净资产收益率是企业一定时期净利润与平均净资产的比率。其计算公式为：

$$净资产收益率=\frac{净利润}{平均净资产}\times100\%$$

式中，

$$平均净资产=\frac{年初所有者权益+年末所有者权益}{2}$$

根据A公司的财务报表数据可计算：

$$本年权益净利率=\frac{136}{960}=14.17\%（按年末数计算）$$

$$本年权益净利率=\frac{136}{920}=14.78\%（按平均数计算）$$

净资产收益率是评价企业自有资本及其积累获取报酬水平的最具综合性与代表性的指标，反映企业资本运营的综合效益。该指标的通用性强，适应范围广，不受行业局限，在国际上的企业综合评价中使用率非常高。通过对该指标的综合对比分析，可以看出企业盈利能力在同行业中所处的地位，以及与同类企业的差异水平。一般认为，净资产收益率越高，企业自有资本获取收益的能力越强，运营效益越好，对企业投资人和债权人权益的保证程度越高。

（二）资本收益率

资本收益率是企业一定时期净利润与平均资本（即资本性投入及其资本溢价）的比率，反映企业实际获得投资额的回报水平。其计算公式为：

$$资本收益率=\frac{净利润}{平均资本}\times100\%$$

式中，

$$平均资本=\frac{年初实收资本和资本公积+年末实收资本和资本公积}{2}$$

上式中的资本公积是指资本公积中的资本溢价。

需要说明的是，企业所有者权益的来源包括所有者投入的资本、直接计入所有者权益的利得和损益、留存收益等。其中，所有者投入的资本反映在实收资本（股本）和资本公积（资本溢价或股本溢价）中；直接计入所有者权益的利得和损益反映在资本公积（其他资本公积）中；留存收益则包括未分配利润和盈余公积。所以，并不是资本公积中的所有金额都属于所有者投入的资本，只有其中的资本溢价属于资本性投入。

（三）每股收益

普通股每股利润是指股份公司本年净利润额与年末普通股股份总数的比值，其计算公式为：

$$普通股每股利润=\frac{净利润-优先股股利}{当期发行在外普通股的加权平均股数}$$

式中，

当期发行在外普通股的加权平均数

=(期初发行在外普通股股数×报告期时间+当期新发行普通股股数×已发行时间-当期回购普通股股数×已回购时间)÷报告期时间

该指标反映每一普通股的获利水平。指标值越高，表示每一普通股可获得利润越多，股东投资效益越好；反之，则越差。

（四）市盈率

市盈率是指上市公司普通股每股市价与每股利润的比率，其计算公式为：

$$市盈率=\frac{普通股每股市价}{普通股每股利润}$$

市盈率反映了每股市价相当于每股利润的倍数。市盈率高，说明投资者对该公司的发展前景看好，愿意出较高的价格购买该公司股票，同时也表示公司未来的成长潜力大，盈利能力强；市盈率低，意味着投资者针对其每股利润只愿意出较低的价格购买，同时也表示公司未来的成长潜力小，盈利能力弱。但是值得注意，如果某一种股票的市盈率过高，也意味着这种股票具有较高的投资风险。

四、收益质量分析

收益质量是指企业盈利的结构和稳定性，评价收益质量的主要指标是盈余现金保障倍数。

盈余现金保障倍数是指企业一定时期经营现金净流量同净利润的比值，反映了企业当期净利润中现金收益的保障程度，真实地反映了企业盈余的质量。盈余现金保障倍数从现金流入和流出的动态角度，对企业收益的质量进行评价，对企业的实际收益能力进行再一次修正。其计算公式为：

$$盈余现金保障倍数=\frac{经营现金净流量}{净利润}$$

盈余现金保障倍数的指标说明：

（1）盈余现金保障倍数是从现金流入和流出的动态角度，对企业收益的质量进行评价，对企业的实际收益能力进行再次修正。

（2）盈余现金保障倍数在收付实现制基础上，充分反映出企业当期净收益中有多少是有现金保障的，挤掉了收益中的水分，体现出企业当期收益的质量状况，同时，减少了权责发生制会计对收益的操纵。

（3）一般而言，当企业当期净利润大于0时，该指标应当大于1。该指标越大，表明企业经营活动产生的净利润对现金的贡献越大。但是，由于指标分母变动较大，致使该指标的数值变动也比较大，所以，对该指标应根据企业实际效益状况有针对性地进行分析。

五、发展能力指标

发展能力是企业在生存的基础上，扩大规模、壮大实力的潜在能力。分析发展能力主要考察以下指标：

（一）营业收入增长率

营业收入增长率是企业本年营业收入增长额与上年营业收入总额的比率，反映企业营业收入的增减变动情况。其计算公式为：

$$营业收入增长率=\frac{本年营业收入增长额}{上年营业收入总额}\times 100\%$$

式中，

$$本年营业收入增长额=本年营业收入总额-上年营业收入总额$$

营业收入增长率是衡量企业经营状况和市场占有能力、预测企业经营业务拓展趋势的重要指标。若营业收入增长率大于零，表明企业本年营业收入有所增长。该指标值越高，表明企业营业收入的增长速度越快，企业市场前景越好。

（二）资本保值增值率

资本保值增值率是企业扣除客观因素后的本年末所有者权益总额与年初所有者权益总额的比率，反映企业当年资本在企业自身努力下实际增减变动的情况。其计算公式为：

$$资本保值增值率=\frac{扣除客观因素后的年末所有者权益总额}{年初所有者权益总额}\times 100\%$$

一般认为，资本保值增值率越高，表明企业的资本保全状况越好，所有者权益增长越快，债权人的债务越有保障。该指标通常应当大于100%。

（三）资本积累率

资本积累率是企业本年所有者权益增长额与年初所有者权益的比率，其计算公式为：

$$资本积累率=\frac{本年所有者权益增长额}{年初所有者权益}\times 100\%$$

资本积累率反映企业当年资本的积累能力，是企业发展强盛的标志，也是企业扩大再生产的源泉。资本积累率越高，表明企业的资本积累越多，应对风险和持续发展的能力越强。若该指标为负值，表明企业资本受到侵蚀，所有者利益受到损害，应予以充分重视。

（四）总资产增长率

总资产增长率是企业本年总资产增长额同年初资产总额的比率，反映企业本期资产规模的增长情况。其计算公式为：

$$总资产增长率=\frac{本年总资产增长额}{年初资产总额}\times 100\%$$

式中，

$$本年总资产增长额=年末资产总额-年初资产总额$$

总资产增长率是从企业资产总量扩张方面衡量企业的发展能力，表明企业规模增长水平对企业发展后劲的影响。总资产增长率越高，表明企业一定时期内资产经营规模扩张的速度越快。但在分析时，需要关注资产规模扩张的质和量的关系，以及企业的后续发展能力，避免盲目扩张。

（五）营业利润增长率

营业利润增长率是企业本年营业利润增长额与上年营业利润总额的比率，反映企业营业利润的增减变动情况。其计算公式为：

$$营业利润增长率=\frac{本年营业利润增长额}{上年营业利润总额}\times 100\%$$

式中，

$$本年营业利润增长额=本年营业利润总额-上年营业利润总额$$

（六）技术投入比率

技术投入比率是企业本年科技支出（包括用于研究开发、技术改造、科技创新等方面的支出）与本年营业收入的比率，反映企业在科技进步方面的投入，在一定程度上可以体现企业的发展潜力。其计算公式为：

$$技术投入比率=\frac{本年科技支出}{本年营业收入净额}$$

第五节　财务报表综合分析

企业的生产经营活动是一个有机的整体，为了更好地评价企业的生产经营活动，需要一个相互联系、相互制约的评价系统，这就是财务综合能力分析系统。财务综合能力分析将企业的偿债能力、营运能力和获利能力等诸多指标一同纳入一个有机的整体之中，对企业的经营状况和财务状况进行解剖和分析，为全面考核企业再生产各个方面的经济效果和制定决策提供重要的依据。

财务综合能力分析的方法较多，但影响比较广的主要有沃尔评分法和杜邦分析法。

一、沃尔评分法

1928 年，亚历山大·沃尔在《信用晴雨表研究》和《财务报表比率分析》中提出了信用能力指数的概念，他选择了 7 个财务比率，即流动比率、负债资本比率、固定资产比率、存货周转率、应收账款周转率、固定资产周转率和自有资金周转率，分别给定各指标在总评价中的比重（比重总和为 100），然后确定标准比率（以行业平均数为基础），再将实际比率与标准比率相比，得出相对比率，最后将此相对比率与各指标比重相乘，得出总评分，以此来评价企业的财务状况。

（一）沃尔评分法的基本步骤

（1）选择评价指标，并按重要程度确定各项比率指标的权重，权重之和为 100。

（2）确定各项比率指标的标准值，即各项指标在企业现有条件下的最优值。

（3）计算企业在一定时期各项比率指标的实际值。

①流动比率＝流动资产÷流动负债；

②负债资本比率＝净资产÷负债；

③固定资产比率＝资产÷固定资产；

④存货周转率＝销售成本÷存货；

⑤应收账款周转率＝销售收入÷应收账款；

⑥固定资产周转率＝销售收入÷固定资产；

⑦自有资金周转率＝销售收入÷净资产。

(4) 计算指标得分并形成评价结果（见表 8—10）。

表 8—10　　沃尔评分法

财务比率	比重 ①	标准比率 ②	实际比率 ③	相对比率 ④＝③÷②	评分 ⑤＝①×④
流动比率	25	2.0	2.5	1.25	31.25
负债资本比率	25	1.5	0.9	0.6	15
固定资产比率	15	2.5	3	1.2	18
存货周转率	10	8	12	1.5	15
应收账款周转率	10	6	9	1.5	15
固定资产周转率	10	4	2.4	0.6	6
自有资金周转率	5	3	1.5	0.5	2.5
合计	100	—	—	—	102.75

（二）沃尔评分法的缺陷

（1）未能证明为什么选择这 7 个指标，而不是更多或更少或选择其他财务比率，以及未能证明每个指标所占比重的合理性。

（2）计算各个指标得分的公式存在明显的缺陷。

在沃尔评分法中，

$$各个指标的实际分数=\frac{实际值}{标准值}\times 权重$$

倘若实际值>标准值时为理想状态，使用公式计算的结果正确；倘若实际值<标准值时为理想状态，实际值越小，得分应越高，但用此公式计算的结果却恰恰相反。

（3）当某一单项指标严重异常时，会对总评分产生不合逻辑的重大影响。

（三）沃尔评分法的拓展与应用

沃尔分析法在我国实践中应用非常广泛。20 世纪 90 年代以来，各部委颁布了一系列的综合评价体系。这些综合评价体系都是以沃尔评分法作为基本思想的。其中，1995 年财政部颁布的一套经济效益评价指标体系最具代表性。在该指标体系中，评价企业财务状况的指标有：

（1）销售利润率＝利润总额÷产品销售净额；

(2) 总资产报酬率＝息税前利润总额÷平均资产总额；

(3) 资本收益率＝利润净额÷实收资本；

(4) 资本保值增值率＝期末所有者权益÷期初所有者权益；

(5) 资产负债率＝负债总额÷资产总额；

(6) 流动比率(或速动比率)＝流动资产(或速动资产)÷流动负债；

(7) 应收账款周转率＝赊销净额÷平均应收账款余额；

(8) 存货周转率＝销售成本÷平均存货成本；

(9) 社会贡献率＝企业社会贡献总额÷平均资产总额；

(10) 社会积累率＝上交国家财政总额÷企业社会贡献总额。

上述指标可分成四类：1～4 项为获利能力指标，5～6 项为偿债能力指标，7～8项为营运能力指标，9～10 项为社会贡献指标。综合评价方法的关键技术是标准评分值的确定和标准比率的建立。只有长期连续实践、不断修正才能取得较好的效果。通常以行业平均先进水平为标准值，标准值的重要性权数总计为 100 分，评分的标准分配如表 8—11 所示。

表 8—11　　综合评分的标准

指标	标准评分值 ①	标准比率（%）②	行业最高比率（%）③	最高分 ④	最低分 ⑤	每分的比率差（%） ⑥$=\frac{③-②}{④-①}$
销售利润率	15	15	20	22.5	7.5	0.67
总资产报酬率	15	10	20	22.5	7.5	1.33
资本收益率	15	12	20	22.5	7.5	1.07
资本保值增值率	10	108	115	15	5	1.4
资产负债率	5	50	60	7.5	2.5	4
流动比率	5	2	3	7.5	2.5	0.4
应收账款周转率	5	4	6	7.5	2.5	0.8
存货周转率	5	2	3	7.5	2.5	0.4
社会贡献率	10	20	30	15	5	2
社会积累率	15	40	50	22.5	7.5	1.33
合计	100	—	—	150	50	—

在给每个指标评分时，应规定上限和下限，以减少个别指标异常对总分造成不合理影响。上限可定为正常评分值的 1.5 倍，下限可定为正常评分值的 1/2。此外，给分时不采用乘的关系，而采用加或减的关系，以克服沃尔评分法的缺点。计算每分的比率差，每分的比率差是指该项指标每增加一分需提高的比率，每提高或降低一个比率差，指标增加或减少 1 分，但该指标的最终得分不得超过（低于）上限（下限）。

$$每项财务指标实际评价得分=\frac{实际比率-标准比率}{每分比率差}+标准得分$$

$$每分比率差=\frac{行业最高比率-标准比率}{最高分-标准评分值}$$

根据综合评分标准和财务报表的实际财务比率分项计算 10 项指标的实际得分，然后将 10 项指标的实际得分加总，即为该企业财务比率综合评价值。

给定 D 企业有关财务比率，编制该企业综合财务状况评分表，如表 8—12 所示。

表 8—12　　D 企业综合财务状况评分情况表

指标	实际比率（%）①	标准比率（%）②	比率差异 ③=①−②	每分的比率差（%）④	调整分数 ⑤=③÷④	标准评分值⑥	实际得分 ⑦=⑤+⑥
销售利润率	20	15	5	0.67	7.5	15	22.5
总资产报酬率	8	10	−2	1.33	−1.5	15	13.5
资本收益率	9	12	−3	1.07	2.8	15	12.2
资本保值增值率	110	108	2	1.4	1.4	10	11.4
资产负债率	55	50	5	4	1.3	5	6.3
流动比率	2.5	2	0.5	0.4	1.2	5	6.2
应收账款周转率	5	4	1	0.8	1.3	5	6.3
存货周转率	1.5	2	−0.5	0.4	−1.2	5	3.8
社会贡献率	15	20	−5	2	−2.5	10	7.5
社会积累率	15	40	−25	1.33	−18.8	15	−3.8
合计	—	—	—	—	—	100	85.9

通过计算可知，D企业财务状况综合评分为85.9分，较100分还差14.1分。但总的来看该企业的财务状况还是不错的，只是社会积累率较低，需引起注意。

综合评价法是评价企业总体财务状况的一种比较可取的方法，但其正确性、准确性依赖于标准评分值和标准比率的正确确定和科学建立。

二、杜邦财务分析体系

杜邦财务分析体系是利用各种财务指标间的内在关系，对企业综合理财及经济效益进行系统分析评价的方法。因其最初由美国杜邦公司在20世纪20年代创立并成功运用而得名。

杜邦分析法最显著的特点是将若干个用以评价企业经营效率和财务状况的比率按其内在联系有机地结合起来，形成一个完整的指标体系，并最终通过权益净利率来综合反映。采用这一方法，可使财务比率分析的层次更清晰、条理更突出，为报表分析者全面仔细地了解企业的经营和盈利状况提供了方便。

（一）杜邦财务分析体系的核心指标

权益净利率是杜邦分析体系中最具综合性与代表性的指标，在整个财务分析体系中居于核心地位，其他各项指标都是围绕这一核心，通过研究彼此间的依存制约关系，从而揭示企业的获利能力及其前因后果。

$$\begin{aligned}\text{权益净利率}&=\frac{\text{净利润}}{\text{平均净资产}}=\frac{\text{净利润}}{\text{销售收入}}\times\frac{\text{销售收入}}{\text{平均资产总额}}\times\frac{\text{平均资产总额}}{\text{平均净资产}}\\&=\text{销售净利率}\times\text{总资产周转率}\times\text{权益乘数}\end{aligned}$$

从上面的关系式可以看出：

（1）决定权益净利率高低的因素有三个：销售净利率、总资产周转率和权益乘数。这样分解后，可以把权益净利率这样一项综合性指标发生升、降变化的原因具体化。

（2）权益乘数主要受资产负债比率的影响。资产负债比率大，权益乘数就高，说明企业有较高的负债程度，能给企业带来较大的财务杠杆利益，同时也给企业带来较大风险。

（3）销售净利率的高低取决于净利润和销售净额。企业的税后净利润，是由销售收入扣除成本费用总额加上其他利润再扣除所得税而得到的，而成本费用又由一些具体项目构成。通过对这些项目的分析，可以了解企业净利润增减及销售净利率升降的变动原因。

（4）总资产周转率是反映运用资产以产生销售收入能力的指标。分析总资产周转率，需对影响资产周转的各因素进行分析。除了对资产的各构成部分从占用量上是否合理进行分析外，还可以通过对流动资产周转率、存货周转率、应收账款周转率等有关资产组成部分使用效率的分析，判明影响资产周转的主要问题出在哪里。通过总资产构成和周转情况的分析，可发现企业资产管理中存在的问题与不足。

（二）杜邦财务分析体系的基本框架

图 8—1 是根据 A 公司财务报表资料编制而成的杜邦分析图。

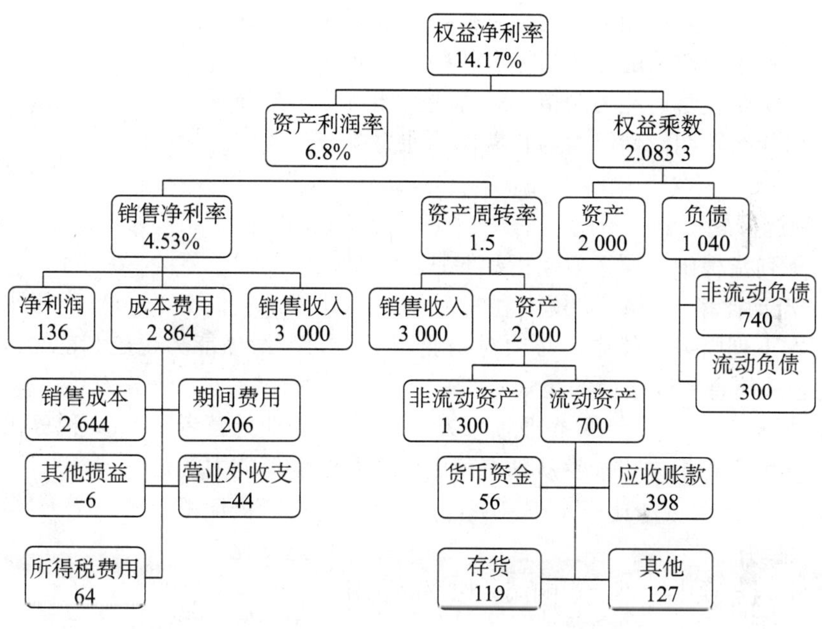

图 8—1　杜邦财务分析体系的基本框架（以 A 公司为例）

从杜邦财务分析图中可以看出，企业的获利能力涉及企业经营活动的方方面面。权益净利率与企业的筹资结构、销售、成本控制、资产管理密切相关，这些因素构成一个系统。只有协调好系统内每个因素之间的关系，才能使权益净利率达到最大。

杜邦分析体系是一个以权益净利率为主线的多层次财务比率分解体系，各项财务比率在每一层次上与本企业历史或同行业数据进行比较，比较后再向下一级分解。这种逐级向下分解的方式能够覆盖企业经营活动的每个环节，进而实现系统、全面评价企业经营成果和财务状况的目的。

【本章强化训练题】

一、思考题

1. 为什么说权益净利率是杜邦分析体系的核心？

2. 企业资产负债率的高低对债权人和所有者会产生什么影响？

3. 报表分析有哪几种常见的方法？如何应用这些方法？

4. 反映企业盈利能力的指标有哪些？如何计算与分析？

5. 反映企业偿债能力的指标有哪些？如何计算与分析？

6. 反映企业营运能力的指标有哪些？如何计算与分析？

7. 为什么短期偿债能力与长期偿债能力要分开考虑？

二、单项选择题

1. 下列指标中，属于效率指标的是（　　）。

A. 流动比率　　B. 资本利润率　　C. 资产负债率　　D. 产权比率

2. 在下列财务主体中，必须对企业营运能力、偿债能力、盈利能力及发展能力的全部信息予以掌握的是（　　）。

A. 投资者　　B. 企业债权人　　C. 企业经营者　　D. 税务机关

3. 在下列指标中，能够从动态角度反映企业偿债能力的是（　　）。

A. 现金流动负债比率　　B. 资产负债率

C. 流动比率　　D. 速动比率

4. 下列各项中，不会影响流动比率的业务是（　　）。

A. 用现金购买短期债券　　B. 用现金购买固定资产

C. 用存货进行对外长期投资　　D. 从银行取得借款

5. 如果企业速动比率很小，下列结论成立的是（　　）。

A. 企业流动资产占用过多　　B. 企业短期偿债能力很强

C. 企业短期偿债风险很大　　D. 企业资产流动性很强

6. 企业大量增加速动资产可能导致的结果是（　　）。

A. 减少资金的机会成本　　B. 增加资金的机会成本

C. 增加财务风险　　D. 提高流动资产的收益率

7. 下列各项中，不属于速动资产的是（　　）。

A. 应收账款　　B. 其他流动资产　　C. 应收票据　　D. 货币资金

8. 产权比率与权益乘数的关系是（　　）。

A. 产权比率×权益乘数=1

B. 权益乘数=1/（1−产权比率）

C. 权益乘数=（1+产权比率）/产权比率

D. 权益乘数=1+产权比率

9. 用于评价企业盈利能力的总资产报酬率指标中的“报酬”是指（　　）。

A. 息税前利润　　B. 营业利润　　C. 利润总额　　D. 净利润

10. 某企业 2009 年年末与年初所有者权益分别为 500 万元和 400 万元，则资本积累率为（　　）。

A. 17%　　B. 82%　　C. 120%　　D. 25%

11. 在杜邦财务分析体系中，综合性最强的财务比率是（　　）。

A. 权益净利率　　B. 总资产净利率　　C. 总资产周转率　　D. 销售净利率

12. 短期债权人在进行企业财务分析时，最为关心的是（　　）。

A. 企业获利能力　　B. 企业资产流动状况

C. 企业发展能力　　D. 企业资产营运能力

13. 评价企业短期偿债能力最直接的指标是（　　）。

A. 已获利息倍数　　B. 速动比率

C. 流动比率　　D. 现金流动负债比率

14. 影响速动比率可信性的最主要因素是（　　）。

A. 存货的变现能力　　B. 短期证券的变现能力

C. 产品的变现能力　　D. 应收账款的变现能力

15. 某公司资产利润率为 10%，若产权比率为 1.5，则权益净利率为（　　）。

A. 15%　　B. 6.67%　　C. 10%　　D. 25%

16. 某企业的营运资本配置比率为 0.3，则该企业的流动比率为（　　）。

A. 1.33　　B. 0.7　　C. 1.43　　D. 3.33

17. 利息保障倍数不仅反映了企业的获利能力，而且反映了企业的（　　）。

A. 营运能力　　B. 短期偿债能力　　C. 长期偿债能力　　D. 发展能力

18. 如果流动比率大于 1，则下列结论成立的是（　　）。

A. 速动比率大于 1　　B. 现金比率大于 1

C. 营运资本大于 0　　D. 短期偿债能力绝对有保障

三、实务题

（一）练习权益净利率的驱动因素分析

资料：已知某公司 2009 年会计报表的有关资料见表 8—13。

表 8—13　　某公司 2009 年会计报表　　单位：万元

资产负债表项目	年初数	年末数
资产	800	1 000
负债	450	600
所有者权益	350	400
利润表项目	上年数	本年数
主营业务收入净额	（略）	2 000
净利润	（略）	50

要求：

（1）计算杜邦财务分析体系中的下列指标（凡计算指标涉及资产负债表项目数据的，均按平均数计算）：①权益净利率；②总资产净利率；③主营业务净利率；④总资产周转率；⑤权益乘数。

（2）用文字列出权益净利率与上述其他各项指标之间的关系式，并用本题数据加以验证。

（二）练习资产负债表各项目的计算

资料：某公司 2009 年度简化的资产负债表见表 8—14。

表 8—14　　资产负债表

2009 年 12 月 31 日　　单位：万元

资产		负债及所有者权益	
货币资金	50	应付账款	100
应收账款		长期负债	
存货		实收资本	100
固定资产		留存收益	100
合计		合计	

又知，其他相关财务指标如下：

（1）长期负债/所有者权益＝0.5；

（2）销售毛利率＝10％；

（3）存货周转率＝9 次（按年末数计算）；

（4）应收账款平均周转期＝18 天（按年末数计算）；

（5）总资产周转率＝2.5 次（按年末数计算）。

要求：根据财务指标之间的内在关系，计算并填列资产负债表中所缺的数字。

（三）练习各种财务指标的计算

资料：某股份有限公司 2009 年有关资料见表 8—15。

表 8—15 **某公司相关财务资料** 单位：万元

项目	年初数	年末数	本年数或平均数
存货	7 200	9 600	
流动负债	6 000	8 000	
总资产	15 000	17 000	
流动比率		1.5	
速动比率	0.8		
权益乘数			1.5
流动资产周转次数			4
净利润			2 880

要求：

（1）计算流动资产的年初余额、年末余额和平均余额（假定流动资产由速动资产与存货组成）。

（2）计算本年产品销售收入净额和总资产周转率。

（3）计算销售净利率和权益净利率。

（4）假定该公司 2010 年的投资计划需要资金 2 100 万元，公司目标资本结构是维持权益乘数为 1.5 的资本结构，公司 2009 年需按规定提取 10%的盈余公积金和 5%的公益金。请按剩余股利政策确定该公司 2009 年向投资者分红的金额。

（四）练习企业营运能力指标的计算

资料：某商业企业 2009 年度赊销收入净额为 2 000 万元，营业成本为 1 600 万元；年初、年末应收账款余额分别为 200 万元和 400 万元；年初、年末存货余额分别为 200 万元和 600 万元；年末速动比率为 1.2，年末现金比率为 0.7。假定该企业流动资产由速动资产和存货组成，速动资产由应收账款和现金类资产组成，一年按 360 天计算。要求：

（1）计算 2009 年应收账款周转天数。

（2）计算 2009 年存货周转天数。

（3）计算 2009 年年末流动负债余额和速动资产余额。

（4）计算 2009 年年末流动比率。

【案例分析】

科龙电器的三项费用

2004 年是科龙电器 1999 年 7 月 13 日上市以来的第三个亏损年，也是顾雏军 2001 年底入主之后的第二次亏损。按照郎咸平教授的分析，科龙电器 2002 年和 2003 年根本就没有盈利。如此一来，几乎是说科龙电器早就该退市处理了。

值得注意的是，科龙电器这几年利润基本持平。在这种情况下，科龙电器的净利润变化如此之大的真正差别，在于各年度计提的费用不同。仔细阅读科龙电器 2002 年的财务报表可以发现，当年的坏账准备转回约 0.5 亿元，存货减值准备转回约 2.12 亿元，冲回广告费 7 900 万元，维修费准备相对 2001 年度减少计提约 5 000 万元，合计约 3.9 亿元。郎咸平就此指出，如果 2001 年没有这些坏账准备，并照常提取存货跌价损失准备和广告费用、维修费用，科龙电器 2002 年扭亏为盈是不可能的。如果没有 2001 年的计提和 2002 年的转回，科龙电器在 2003 年也没有盈利。也就是说，按照现有的退市规则，如果科龙电器的业绩没有经过上述财务处理的话，它应该最起码早就被“披星戴帽”了，甚至退市处理。

很多人都知道，科龙电器在顾雏军 2001 年底入主之后的 2002 年即扭亏为盈，被郎咸平教授认为是大幅拉高收购当年费用形成巨亏后的产物。巧合的是，科龙电器 2004 年的亏损再次与上述三项费用密不可分。注册会计师孙旭东对科龙电器已经跟踪了很长时间，是为数不多对其进行深入研究的财务人员。他说，科龙电器 2004 年亏损的根本原因，在于它远离于同行的上述三项费用。2004 年，上述三项费用占主营业务收入的比重，科龙电器为 22%，青岛海尔、格力电器和美的电器分别约为 9%、14%和 16%。

假设科龙电器 2004 年没有增加约 7 700 万元的存货与应收账款准备，上述三项费用占比仍旧高达 21%。事实上，即使不考虑提取资产减值准备的因素，科龙电器 2004 年第四季度的管理费用仍然比前三季度平均值高出 8 593 万元，而这并非季节性因素在起作用，因为该公司 2003 年第四季度的管理费用比当年前三季度平均值要低 1 571 万元。而如果以 1998 年、1999 年、2000 年 24%的平均费用比例，对科龙电器 2001 年、2002 年进行同比还原的话，可以发现科龙电器 2002 年和 2003 年的净利润根本没有好转。

案例思考：

你认为科龙电器在上述三项费用上存在什么问题？为什么会出现这种现象？

（资料来源：陈毅聪：中国会计视野网，2005－10－28。）

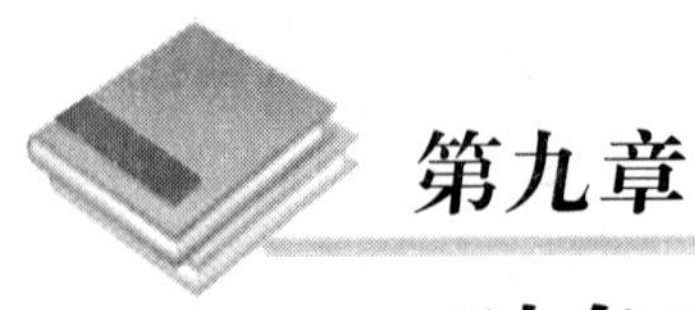

第九章 财务预算

本章学习目标 通过本章学习，了解财务预算的含义和作用，明确财务预算的编制步骤，弄清财务预算的各种编制方法，掌握现金预算及预计财务报表的编制。

第一节 财务预算概述

财务预算是企业全面预算的一部分，它和其他预算紧密联系在一起，构成了一个相互衔接的、完整的预算体系。

一、全面预算

全面预算是企业未来一定时期内经营计划的数量表现形式，是一种系统的管理方法，被用来分配企业的财务、实物及人力等资源，以实现企业既定的战略目标。企业通过预算来监控战略目标的实施进度，有助于控制开支，并预测企业的现金流量与利润。

（一）全面预算管理的环节

全面预算是根据企业目标所编制的经营、资本、财务等年度收支计划，这种收支计划是以货币形式反映的财务计划。其管理环节见图 9—1。

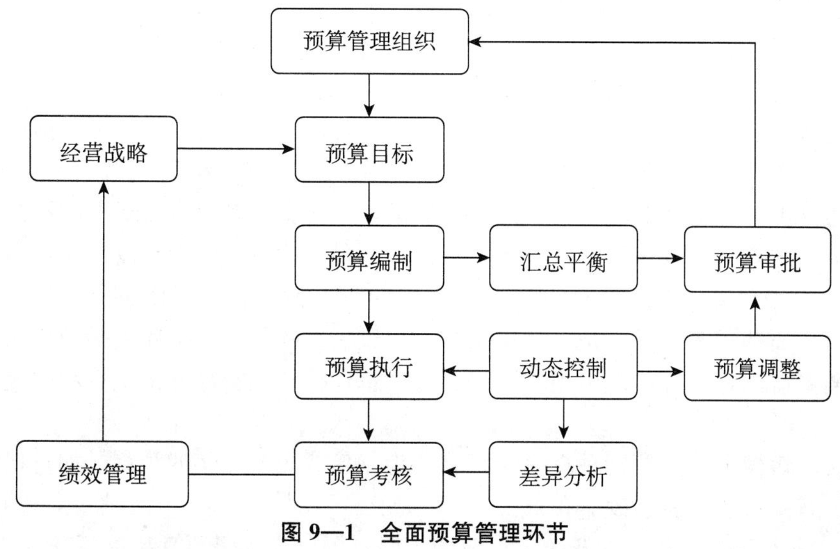

图 9—1　全面预算管理环节

(二) 全面预算的构成

1. 全面预算按其涉及的预算内容不同，可分为经营业务预算、资本支出预算和财务预算

(1) 经营业务预算。经营业务预算又称日常业务预算，是指对企业在未来一定期间经常发生的各项经营活动的预算。主要包括销售预算、生产预算、经营成本预算。经营成本预算又包括直接材料预算、直接人工预算、制造费用预算、销售费用预算和管理费用预算，但不包括财务费用预算（财务费用预算通常被包含在现金预算中）。

(2) 资本支出预算。资本支出预算又称特殊业务预算或特种决策预算，是指对企业固定资产购建、更新，无形资产开发、引进等特殊业务活动的预算。固定资产购建、更新和无形资产开发、引进都属于一次性业务活动，不同于经常发生的经营活动，这些活动不仅涉及期间长，而且所用资金数额大，故应在企业预算中将其单独列示。

(3) 财务预算。财务预算是指对企业未来一定期间内发生的各项财务活动及其经营活动成果，以及现金收支等价值指标的预算。财务预算包括现金预算和预计财务报表两部分。

①现金预算是关于企业在预算期内现金流动状况的预算。企业的现金流动状况包括：现金流入的状况、现金流出的状况、现金流入与流出相抵之后的长余或

短缺状况，以及现金长余的利用或现金短缺的弥补状况。

②预计财务报表又可以细分为预计资产负债表、预计利润表和预计现金流量表三种。预计资产负债表是关于企业在预算期末财务状况的预算。企业的财务状况包括：资产状况、负债状况、权益状况，以及资产、负债、权益的平衡状况。预计利润表是关于企业在预算期内盈亏状况的预算。企业的盈亏状况包括：收入状况、支出状况（可分为成本支出状况、费用支出状况、纳税支出状况），以及收入与支出的对比状况。由于预计现金流量表和现金预算只有格式上的不同而没有内容上的差异，故在实际工作中，常以现金预算代替预计现金流量表。

2. 全面预算按其所涉及的预算期不同，可分为长期预算和短期预算

（1）长期预算。长期预算是指预算期超过一年的预算，主要包括销售预算中的长期销售预算和资本支出预算两种，有时也包括长期资金筹集预算和研究开发预算。

（2）短期预算。短期预算是指预算期为一年或短于一年的预算。如直接材料预算、直接人工预算、现金预算等。

3. 全面预算按其所涉及的预算范围不同，可分为专门预算和总预算

（1）专门预算。专门预算是指反映企业经济活动某一方面情况的预算。

（2）总预算。总预算是指反映企业经济活动各个方面总体情况的预算，是对各种专门预算的综合。总预算具体是指预计财务报表。

全面预算的构成见图9—2。

二、财务预算

财务预算作为全面预算体系中的最重要环节，可以从价值方面总括地反映经营决策预算与业务预算的结果，亦称为总预算。各种业务预算和专门决策预算则相应称为辅助预算或分预算。显然，财务预算在全面预算体系中占有举足轻重的地位。

（一）财务预算的作用

财务预算是企业财务管理的一个重要环节，它是以财务决策确定的方案和财务预测提供的信息为基础编制的，是财务预测和财务决策的具体化，是控制企业财务活动的基本依据，在企业经营管理和实现目标利润中发挥着重大的作用。

1. 规划

财务预算是以各项业务预算和专门决策预算为基础编制的综合性预算，整个预算体系全面、系统地规划了企业主要技术经济指标和财务指标的预算数。因此，通过编制财务预算，不仅可以确定企业整体的总目标，而且也明确了企业内

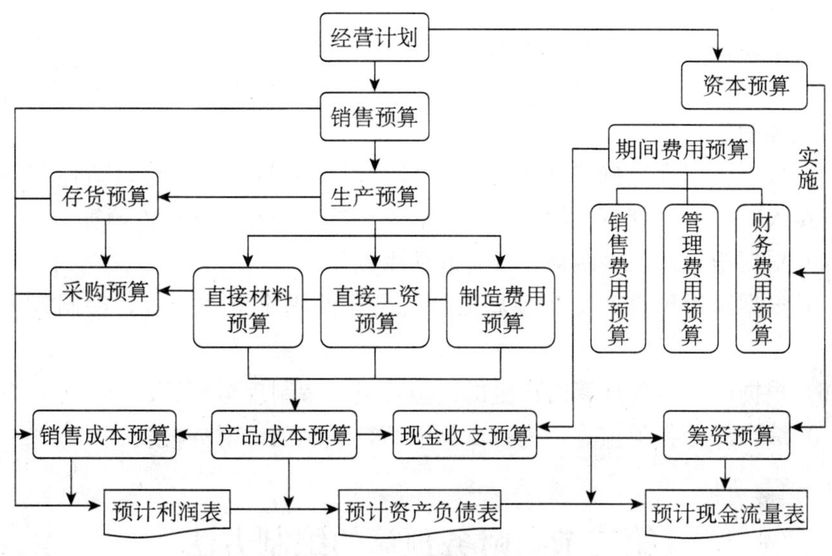

图 9—2 全面预算的构成

部各部门的具体目标。如果企业各部门都完成了自己的具体目标，企业的总目标也就有了保障。

2. 沟通和协调

企业内部各部门因其职责不同，对各自经济活动的考虑可能会带有片面性，甚至会出现相互冲突的现象。财务预算具有高度的综合能力，通过编制财务预算可以使企业内部各部门的经济活动密切配合、相互协调、统筹兼顾、全面安排。如编制生产预算一定要以销售预算为依据，编制材料、人工、费用预算必须与生产预算相衔接等。只有企业内部各部门协调一致，才能最大限度地实现企业的总体目标。

3. 资源分配

由于企业资源有限，通过财务预算可将资源分配给获利能力相对较高的相关部门、项目、产品。

4. 营运控制

预算可视为一种控制标准，企业各部门可以将实际经营成果与各项预算相比较，找出差异，分析原因，以便采取有效措施，改善经营，保证预定目标的完成。

5. 绩效评估

通过预算建立绩效评估体系，可帮助各部门管理者做好绩效评估工作。

（二）财务预算的编制程序

（1）根据销售预测编制销售预算；

（2）根据销售预算确定的预计销售量，结合产成品的期初结存量和预计期期末结存量编制生产预算；

（3）根据生产预算确定的预计生产量，先分别编制直接材料消耗及采购预算、直接人工预算和制造费用预算，然后汇总编制产品生产成本预算；

（4）根据销售预算编制销售及管理费用预算；

（5）根据销售预算和生产预算估计所需要的固定资产投资，编制资本支出预算；

（6）根据以上各项预算所产生的现金流量，编制现金预算；

（7）综合以上各项预算，进行试算平衡，编制预计财务报表。

第二节　财务预算的编制方法

一、固定预算与弹性预算

预算的编制方法按其业务量基础的数量特征不同，可分为固定预算方法和弹性预算方法两大类。

（一）固定预算

固定预算是指以一定的业务量水平为基础，根据预算期内正常的、可实现的某一业务量水平来编制的预算。由于这种预算在编制时不考虑预算期内生产经营活动可能发生的变动对预算的影响，所以又称静态预算。

1. 固定预算的缺点

（1）过于机械呆板。固定预算是以某一业务量水平为基础编制的，不论预算期内实际业务量水平是否发生变动，都只按事先预计的某一个确定的业务量水平作为编制预算的基础。

（2）可比性差。这是固定预算的致命弱点。当实际业务量与编制预算所依据的预计业务量发生较大差异时，有关预算指标的实际数与预算数之间就会因业务量基础不同而失去可比性。因此，按照固定预算方法编制的预算不利于正确地控制、考核和评价企业预算的执行情况。

2. 固定预算的适用范围

固定预算适用于业务量水平较为稳定的企业或非营利组织，对不随业务量变化的固定成本也可采用固定预算方法进行编制。而对于那些未来业务量不稳定，其水平经常发生波动的企业来说，如果采用固定预算方法，就可能会对企业预算的业绩考核和评价产生扭曲甚至误导作用。

（二）弹性预算

弹性预算是指在成本性态分析的基础上，以业务量、成本和利润之间的依存关系为依据，以预算期可预见的一系列业务量水平为基础而编制的有伸缩性的预算。由于这种预算随业务量的变化而变化，具有伸缩性，所以又称变动预算或滑动预算。

1．弹性预算的优点

与固定预算方法相比，弹性预算方法具有如下两个显著的优点：

（1）预算范围宽。弹性预算能够反映预算期一定相关范围内可预见的不同业务量水平下的相应预算额，从而扩大了预算的适用范围，便于预算指标的调整，因为弹性预算不再是只适应一个业务量水平的一个预算，而是能够随业务量水平变动作机动调整的一组预算。

（2）可比性强。在弹性预算方法下，如果预算期实际业务量与预计业务量不一致，可以将实际指标与实际业务量下的预算额进行对比，从而使预算执行情况的评价与考核建立在更加客观和可比的基础上，便于更好地发挥预算的控制作用。

2．弹性预算的适用范围

由于未来业务量的变动会影响到成本、费用和利润等各个方面，因此，弹性预算从理论上讲适用于编制全面预算中与业务量有关的各种预算。但从实用角度看，主要用于编制弹性成本费用预算和弹性利润预算。

3．弹性预算的编制

（1）弹性成本费用预算的编制。

弹性成本费用预算主要用于各种间接费用的预算，如间接制造费用、销售费用及管理费用等预算。直接材料、直接人工是随产量成正比例变动的费用，通常可按标准成本制度进行标准预算。

在编制弹性成本费用预算时，首先，需要选择适当的业务量水平，并确定其有效变动范围（最高限与最低限），业务量的变动范围可根据历史资料或正常生产能量的70％～110％来确定。其次，根据该业务量范围内有关成本费用项目之间的内在联系进行编制。弹性成本费用预算的具体编制方法有公式法和列表法。

①公式法。公式法的编制原理是以成本习性为基础，将成本分为固定成本与

变动成本两部分。因此，某一成本费用项目的预算数计算公式为：

弹性成本费用预算＝单位变动成本×业务量水平＋固定成本预算

即

$$y=a+bx$$

式中，a：固定成本；

b：单位变动成本；

x：多种业务量，如产销量、直接人工工时等；

y：成本总额。

当 $b=0$ 时，y 为固定成本项目，则 $a=y$；当 $a=0$ 时，y 为变动成本项目，则 $b=y/x$；当 a 和 b 均不为零时，y 为混合成本项目，可采用适当的数学方法将 y 加以分解，分别确定 a 和 b。

【例 9—1】假定 A 公司只生产一种产品，2009 年 1～6 月份发生的制造费用如表 9—1 所示。

要求：采用高低点法将制造费用分解为固定成本和变动成本。

表 9—1　　产品产量和制造费用资料

项目＼时间	1 月	2 月	3 月	4 月	5 月	6 月
产量 x（件）	100	150	200	250	300	350
制造费用 y（元）	5 000	5 700	6 500	7 300	8 000	8 600

根据上述资料，产销业务量的低点为 100 件，对应的成本为 5 000 元；高点为 350 件，对应的成本为 8 600 元。所以

$$b=\frac{y_{高}-y_{低}}{x_{高}-x_{低}}=\frac{8\,600-5\,000}{350-100}=14.4(元)$$

$$a=y_{高}-bx_{高}=8\,600-14.4\times350=3\,560(元)$$

或

$$a=y_{低}-bx_{低}=5\,000-14.4\times100=3\,560(元)$$

【例 9—2】A 公司 2009 年制造费用弹性预算指标（部分）如表 9—2 所示，其中较大的混合成本项目已经过进一步分解。直接人工工时的有效变动范围为 1 400～2 200 小时。

要求：采用公式法推算出直接人工工时为 2 100 小时的制造费用预算额。

表 9—2　　　　　　　　**制造费用弹性预算（公式法）**　　　　　　　　单位：元

项　目	a	b
1. 固定成本项目		
管理人员工资	31 000	
保险费	28 000	
设备租金	26 800	
2. 混合成本项目		
维修费	3 560	14.4
水费	5 000	1
辅助材料	11 000	1.5
检验人员工资	4 000	0.3
3. 变动成本项目		
燃油		0.5
辅助工人工资		5
合计	109 360	22.7

根据表 9—2 的资料，制造费用预算总额 $y=109\ 360+22.7x$

当直接人工工时 x 为 2 100 小时，$y=109\ 360+22.7\times 2\ 100=157\ 030$(元)。

公式法的优点是在一定范围内不受业务量波动的影响，编制预算的工作量较小。公式法的缺点为逐项分解成本比较麻烦，而且不能直接查出特定业务量下的总成本预算额，并有一定误差。

②列表法。列表法在一定程度上能克服公式法查不到不同业务量下总成本预算额的弱点，在相关范围内每隔一定业务量的间隔进行预算，以反映一系列业务量下的预算成本水平。

【例 9—3】 A 公司 2009 年直接人工工时的有效变动范围及制造费用各项目的 a、b 值资料如表 9—3 所示，该公司的业务量间距为 10%。

表 9—3　　　　　　　　**制造费用弹性预算（列表法）**　　　　　　　　单位：元

直接人工工时 x	1 400	1 600	1 800	2 000	2 200
生产能力利用（%）	70	80	90	100	110
1. 变动成本项目＝xb	7 700	8 800	9 900	11 000	12 100
燃油	700	800	900	1 000	1 100
辅助工人工资	7 000	8 000	9 000	10 000	11000

续前表

直接人工工时 x	1 400	1 600	1 800	2 000	2 200
2. 固定成本项目$=a$	85 800	85 800	85 800	85 800	85 800
管理人员工资	31 000	31 000	31 000	31 000	31 000
保险费	28 000	28 000	28 000	28 000	28 000
设备租金	26 800	26 800	26 800	26 800	26 800
3. 混合成本项目 $y=a+bx$	47 640	51 080	54 520	57 960	61 400
辅助材料	13 100	13 400	13 700	14 000	14 300
维修费	23 720	26 600	29 480	32 360	35 240
检验人员工资	4 420	4 480	4 540	4 600	4 660
水费	6 400	6 600	6 800	7 000	7 200
制造费用预算数	141 140	145 680	150 220	154 760	159 300

列表法的主要优点是，可以直接从表中查得各种业务量下的成本预算，便于预算的控制和考核。但这种方法工作量较大，且不能包括所有业务量条件下的费用预算，故适用面较窄。

（2）弹性利润预算的编制。

编制弹性利润预算能够反映不同销售业务量条件下相应的预算利润水平，常用编制方法有因素法与百分比法。

①因素法。因素法是根据影响利润的有关因素，列表计算这些因素对预算利润水平的影响。其基本计算公式为：

利润预算额＝销售收入预算数－预计销售量
×单位变动成本预算数－固定成本预算数

【例 9—4】 A 公司 2009 年 K 产品单位变动成本为 78 元，固定成本为 5 000 元，销售业务量的有效范围为 300～500 件，同一业务量的售价分别为 108 元和 120 元。根据因素法计算 2009 年 K 产品弹性利润预算总额，见表 9—4。

表 9—4　　弹性利润预算（因素法）　　单位：元

销售量	360 件		380 件		500 件	
单价	108	120	108	120	108	120
销售收入	38 880	43 200	41 040	45 600	54 000	60 000
变动成本	28 080	28 080	29 640	29 640	39 000	39 000
固定成本	5 000	5 000	5 000	5 000	5 000	5 000
利润总额	5 800	10 120	6 400	10 960	10 000	16 000

因素法适合于单一品种经营的企业，或采用分算法处理固定成本的多品种经营企业。但在预计各种销量、售价变动水平较大时，预算工作量较大。

②百分比法。百分比法又称销售额百分比法，是按不同项目占销售额的百分比来编制弹性利润水平的一种方法。

【例 9—5】已知 A 公司 2009 年利润表中各项目占销售额的百分比如表 9—5 所示。

要求：根据销售额百分比法编制该公司 2010 年销售利润弹性预算。

表 9—5　　A 公司 2009 年销售收入构成资料

项目	各项目占销售收入的百分比（%）
销售收入	100
变动成本	72.56
固定成本	5.74
利润	21.7

编制过程见表 9—6。

表 9—6　　A 公司 2010 年弹性利润预算（百分比法）　　单位：千元

销售收入百分比	70%	80%	…	…	100%	110%
销售收入①	700	800	…	…	1 000	1 100
变动成本②	508	580	…	…	725.6	798
固定成本③	62	62	…	…	62	62
利润总额④	130	158	…	…	212.4	240

百分比法适合于多品种经营的企业，计算比较简单。但必须假定固定成本在固定预算的基础上不变，变动成本随销售收入变动百分比而同比例变动，即销售收入百分比的上下限均不突破相关范围。

二、增量预算和零基预算

预算的编制方法按其出发点的特征不同，可分为增量预算方法和零基预算方法两大类。

（一）增量预算

增量预算又称调整预算方法，是指在基期成本费用水平的基础上，结合预算期业务量水平及有关影响成本因素的未来变动情况，通过调整有关原有成本费用项目而编制预算的一种方法。

传统的预算编制方法基本上采用的是增量预算方法，即以基期的实际预算为基础，对预算值进行增减调整。这种预算方法比较简单。

1. 增量预算方法的假定

增量预算方法源于以下假定：

（1）现有的业务活动是企业所必需的。只有保留企业现有的每项业务活动，才能使企业的经营活动得到正常发展。

（2）原有的各项开支都是合理的。既然现有的业务活动是必需的，那么原有的各项费用开支就一定是合理的，必须予以保留。

（3）增加费用预算是值得的。未来预算期的费用变动是在现有费用的基础上调整的结果。

2. 增量预算方法的缺点

增量预算方法以过去的经验为基础，实际上是承认过去所发生的一切都是合理的，主张不需在预算内容上做较大改进，因而存在一定的局限性。

（1）受原有费用项目限制，可能导致保守落后。由于这种预算在编制过程中，往往是不加分析地保留或接受原有的成本项目，从而造成原来不合理的费用开支继续存在下去，助长了低效和浪费。

（2）造成预算的“平均化”和“简单化”。增量预算方法容易导致预算编制人员在编制预算过程中，凭主观臆断平均增加或削减预算费用，不利于调动各部门降低费用的积极性。

（3）不利于企业未来的发展。增量预算实际上是过去的延续，只对目前已存在的费用项目编制预算，而对企业未来发展有利但又确实需要开支的费用项目却未予以考虑，这必将阻碍企业的长远发展。

（二）零基预算

零基预算的全称为“以零为基础编制计划和预算的方法”。零基预算是指在编制成本费用预算时，不考虑以往会计期间所发生的费用项目或费用数额，而是将所有的预算支出均以零为起点，一切从实际需要与可能出发，逐项审议预算期内各项费用的内容及开支标准是否合理，在综合平衡的基础上编制费用预算的一种方法。

零基预算方法是为克服增量预算方法的不足而设计的。它打破了传统的编制预算观念，不再以历史资料为基础进行调整，而是一切以零为基础。编制预算时，首先要确定各个费用项目是否应该存在，然后按项目的轻重缓急，安排企业的费用预算。

1. 零基预算的程序

（1）根据企业的总体目标，确定各预算单位的具体目标和业务活动水平，提出相应的费用预算方案，并说明每一项费用开支的理由与数额。

（2）由企业领导或财务部门，对各项业务开支方案进行成本和效益分析。判断各项开支的合理性和重要性，排列成本费用的顺序，区分出不可避免成本与可延缓成本，以便区别对待。

（3）根据预算期可动用的资金，按重要性原则合理确定资金分配方案。对不可避免成本项目优先安排资金，对可延缓成本则根据可动用资金情况，按轻重缓急，分级依次安排预算项目。

（4）编制明细费用预算。

2. 零基预算的编制

【例 9—6】 A 公司 2009 年预计销售及管理费用的开支计划如表 9—7 所示。假定 2009 年该公司在下列费用项目上可动用的财力资源只有 70 000 元。要求：采用零基预算方法编制该公司 2009 年销售及管理费用预算。

表 9—7　　A 公司 2009 年预计销售及管理费用资料　　单位：元

项目	开支金额
差旅费	15 000
培训费	10 000
办公费	12 000
广告费	30 000
业务招待费	18 000
合计	85 000

（1）经论证，差旅费、培训费、办公费属于不可避免成本项目，应优先安排，需要全额得到保证，资金预算为 37 000 元。

（2）根据以往经验，业务招待费和广告费的成本—效益分析资料如表 9—8 所示。

表 9—8　　业务招待费和广告费成本—效益分析表

项目	成本金额	收益金额	资金分配比例（%）
业务招待费	1	4	40
广告费	1	6	60

因为业务招待费和广告费属于可避免成本项目，可根据企业财力情况酌情增减，其中广告费的成本效益较大，应列为第二层次，业务招待费的成本效益较小，应列为第三层次。

（3）业务招待费和广告费的支出预算需在33 000元资金中进行分摊，根据成本—效益分析，其分配比例4：6，从而业务招待费为13 200元，广告费为19 800元。

（4）编制零基预算表，见表9—9。

表9—9　　A公司2009年销售及管理费用零基预算表　　单位：元

项目	差旅费	培训费	办公费	业务招待费	广告费	合计
预算额	15 000	10 000	12 000	13 200	19 800	70 000

3. 零基预算的优缺点

零基预算的优点是：

（1）有助于压缩、节约预算开支。零基预算像开办新事务一样以零为出发点，不受现有框框限制，对一切费用一视同仁，能促使各方面精打细算，合理使用有限资金，因而可大幅度压缩开支。

（2）有助于提高资金的使用效果。零基预算要求对每项业务预算都要进行成本—效益分析，从经济效益上考虑各项支出的必要性和数额，因而能够调动企业各部门降低费用的积极性，促进各预算部门精打细算，量力而行，合理使用资金，提高资金的利用效果。

（3）有助于企业未来发展。由于这种预算方法以零为出发点，对一切费用一视同仁，有利于企业面向未来发展考虑预算问题。

零基预算的缺点是：由于这种方法一切从零开始，需要对企业现状和市场进行大量的调查研究，故其编制的工作量大，会耗费大量的人力、物力和财力。零基预算主要适用于产出较难辨认的服务部门费用预算的编制。

三、定期预算和滚动预算

预算的编制方法按预算期的时间特征不同，可分为定期预算方法和滚动预算方法两大类。

（一）定期预算

定期预算是指在编制预算时以固定不变的会计期间作为预算期的一种编制方法。该种预算的预算期与会计期间相吻合，便于考核和评价预算的执行效果，但也存在一定的不足：

（1）远期指导性差。定期预算多在上一年度的最后一个季度编制，因此它对预算年度的生产经营活动难以作出准确预测，缺乏远期指导性。

（2）预算的灵活性差。由于定期预算不能随客观情况变化及时调整，当预算中所规划的经营活动发生重大变化时，就容易造成预算的滞后性，失去预算的指导作用。

（3）预算的连续性差。由于人为划定预算期间，容易对经营管理者的决策造成时间上的间断，缺乏前后各期的通盘考虑，不利于企业的长远发展。

（二）滚动预算

滚动预算又称连续预算或永续预算，是指在编制预算时，将预算期与会计年度脱离，随着预算的执行不断延伸补充预算，逐期向后滚动，使预算期永远保持为一个固定期间的预算编制方法。

1. 滚动预算的方式

滚动预算按其预算编制和滚动的时间单位不同可分为逐月滚动、逐季滚动和混合滚动三种方式。

（1）逐月滚动方式。逐月滚动方式是指在预算编制过程中，以月份为预算的编制和滚动单位，每个月调整一次预算的方法（见图 9—3）。

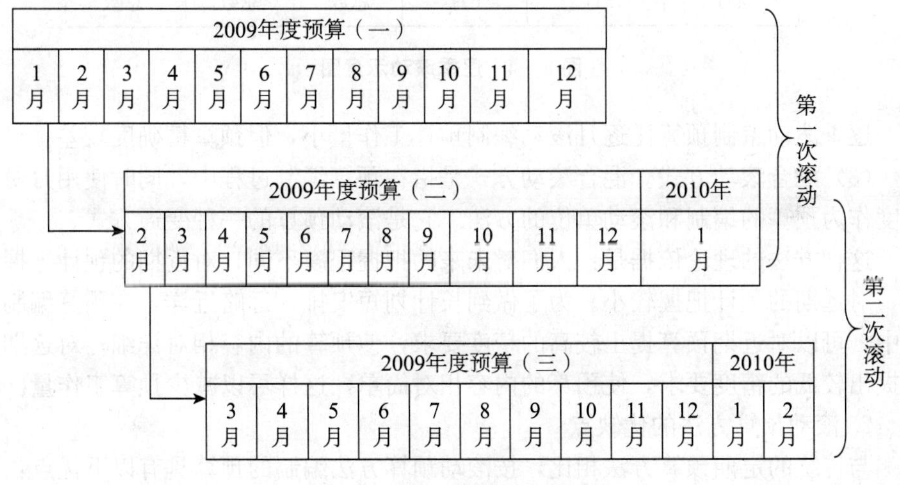

图 9—3　逐月滚动示意图

由图 9—3 可以看出，第一次滚动是在 1 月末，根据 1 月份预算的执行情况，修订本年 2 月至 12 月的预算，同时补充 2010 年 1 月的预算；第二次滚动是在 2 月末，根据 2 月份预算的执行情况，修订本年 3 月至 12 月的预算，同时补充

2010 年 2 月的预算。

（2）逐季滚动方式。逐季滚动方式是指在预算编制过程中，以季度为预算的编制和滚动单位，每个季度调整一次预算的方法（见图 9—4）。

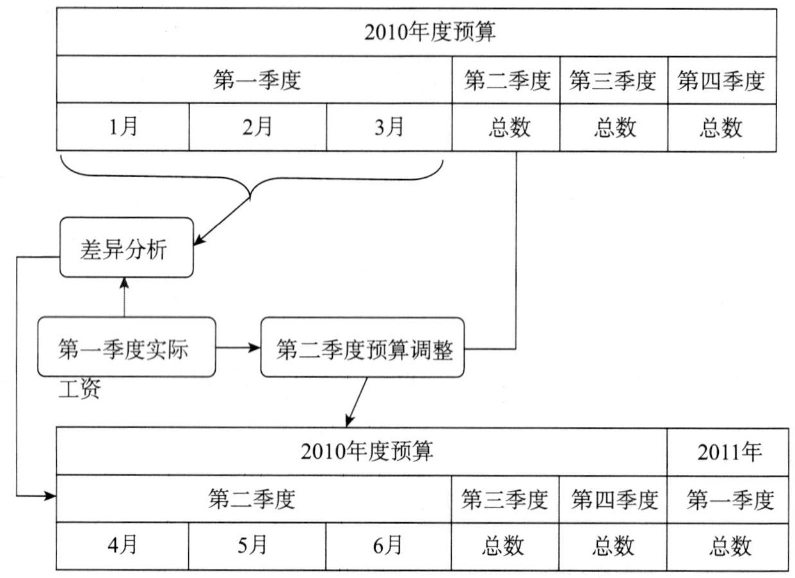

图 9—4　逐季滚动示意图

逐季滚动编制预算比逐月滚动编制预算工作量小，但预算精确度较差。

（3）混合滚动方式。混合滚动方式是指在预算编制过程中，同时使用月份和季度作为预算的编制和滚动单位的方法。它是滚动预算的一种变通方式。

这种方法的理论依据是：人们对未来的把握程度不同，对近期的预计把握较大，对远期的预计把握较小。为了做到长计划短安排，远略近详，在预算编制过程中，可以对近期预算提出较高的精度要求，使预算的内容相对详细；对远期预算提出较低的精度要求，使预算的内容相对简单，这样可以减少预算工作量。

2. 滚动预算方法的优缺点

与传统的定期预算方法相比，按滚动预算方法编制的预算具有以下优点：

（1）透明度高。由于预算不再是预算年度之前编制，而是采取逐期滚动方法编制预算，这样，实现了与日常管理的紧密衔接，可以使管理人员始终能够从动态的角度把握企业近期的规划目标和远期的战略布局，使预算具有较高的透明度。

（2）及时性强。由于滚动预算能根据前期预算的执行情况，结合各种因素的变动影响，及时调整和修订近期预算，从而使预算更加切合实际，能够充分发挥预算的指导和控制作用。

(3) 连续性好。由于滚动预算在时间上不再受日历年度的限制，能够连续不断地规划未来的经营活动，不会造成预算的人为间断。

(4) 完整性和稳定性突出。可以使企业管理人员了解未来预算内企业的总体规划与近期预算目标，能够确保企业管理工作的完整性与稳定性。

但滚动预算方法的预算工作量较大，加大了预算编制人员的工作强度。

第三节　现金预算

一、现金预算的构成

现金预算也称现金收支预算，是用来反映预算期内由于营业和资本支出引起的一切现金收支及其结果的预算，它是以日常业务预算和特种决策预算为基础所编制的反映现金收支情况的预算。通过编制现金预算，可以合理安排、处理现金收支，保证企业现金正常流转及相对平衡。

现金收支预算主要反映现金收入、现金支出、现金收支差额（现金余缺）、现金筹措使用情况以及期初期末现金余额（见表 9—10）。

表 9—10　　**现金预算表底稿**

项目	第一季度	第二季度	第三季度	第四季度	全年
期初现金余额					
加：预算期销售现金收入					
其他现金收入					
现金收入合计					
减：直接材料					
直接人工					
制造费用					
销售费用					
所得税					
设备购置					
贷款利息					
投资者利润					
现金支出合计					
现金余缺					

续前表

项目	第一季度	第二季度	第三季度	第四季度	全年
筹资与运用					
银行短期借款					
偿还银行借款					
支付借款利息					
期末现金余额					

1. 现金收入

现金收入包括期初现金余额和预算期销售现金收入，预算期销售现金收入来自于销售预算。

2. 现金支出

现金支出包括预算期内各项现金的支出，如直接材料、直接人工、制造费用和销售及管理费用方面的经营性现金支出。此外，现金支出还包括缴纳税金、分配现金股利、购买设备等支出。

3. 现金余缺

现金余缺是指预算期内现金收入和现金支出的差额。若收支差额为正值（称为现金结余），说明预算期内现金有剩余，财务人员要对剩余现金作出安排，可以提前偿还借款本息或进行短期投资。若收支差额为负值（称为现金短缺），表明企业在预算期内现金不足，财务人员应设法筹措资金。

4. 现金筹措与使用

现金收支差额与期末余额均要通过现金筹措与使用来调整。企业在保证各项支出所需资金供应的前提下，应注意保持期末现金余额在合理的上下限额度内波动，现金储备过少会影响周转，这时可向银行借款；现金过多又会造成浪费，这时可将多余的现金用于偿还借款，或用于短期投资。

借款额＝最低现金余额＋现金不足额

二、现金预算的编制

现金预算的编制离不开企业的生产经营预算和各部门的成本费用预算，凡是影响企业现金流转的经济业务都要加以考虑，任何遗漏都可能造成现金预算不实。

（一）现金收入预算的编制

现金收入包括营业现金收入与其他现金收入。营业现金收入是指产品的销售收入，具有时间和数量的相对稳定性，预计的现金收入可以根据应收账款的收款百分比，来编制销售预算。其他现金收入不经常发生，在时间和数量上不稳定，一般通过估计列入预算。如租金收入、股利和利息收入、专利权收入等。

销售预算是规定预算期内各季度销售目标和实施计划的一种预算。它是编制全面预算的出发点，也是编制日常业务预算的基础。在编制过程中，应根据有关年度内各季度市场预测的销售量和售价，确定计划期销售收入（有时要同时预计销售税金），并根据各季度现销收入与回收赊销货款的可能情况反映现金收入，以便为编制现金收支预算提供信息。其编制程序如下：

1. 计算各种产品的预计销售收入

某种产品的预计销售收入＝该种产品的预计单价×预计销售量

2. 计算预计期所有产品的预计销售收入总额

$$预计销售收入总额 = \sum 各种产品预计销售收入$$

3. 计算预算期发生的与销售收入相关的增值税销项税额

增值税销项税额＝预计销售收入总额×适用的增值税税率

4. 计算预算期含税销售收入

预算期含税销售收入＝预计销售收入＋预计销项税额

5. 计算预算期经营现金收入

预算期经营现金收入＝该期现销的含税收入＋该期回收的前期应收账款

式中，该期回收的前期应收账款＝预算期初应收账款余额×预计应收账款回收率。

【例 9—7】假定 A 公司只经营一种甲产品，2010 年初应收账款余额为31 000元，采用现销和赊销两种销售方式，当季收入中 60％收现，40％下季收现。增值税税率为 17％，不考虑坏账损失，预计销售单价与销售量资料见表 9—11。

表 9—11　　A 公司 2010 年预计销售单价与销售量资料

季度	1	2	3	4	全年
单价（元）	65	65	65	70	66.25
销售量（件）	1 600	2 000	2 400	2 000	8 000

根据上述资料，编制 A 公司 2010 年销售预算表（见表 9—12）与经营现金收入预算表（见表 9—13）。

表 9—12　　**A公司2010年销售预算表**　　单位：元

季度	1	2	3	4	全年
单价	65	65	65	70	66.25
销售量（件）	1 600	2 000	2 400	2 000	8 000
预计销售收入	104 000	130 000	156 000	140 000	530 000
增值税销项税	17 680	22 100	26 520	23 800	90 100
含税销售收入	121 680	152 100	182 520	163 800	620 100

表 9—13　　**经营现金收入预算表**　　单位：元

季度	1	2	3	4	全年
含税销售收入	121 680	152 100	182 520	163 800	620 100
期初应收账款	31 000				31 000
第一季度经营现金收入	73 008	48 672			121 680
第二季度经营现金收入		91 260	60 840		152 100
第三季度经营现金收入			109 512	73 008	182 520
第四季度经营现金收入				98 280	98 280
经营现金收入合计	104 008	139 932	170 352	171 288	585 580

应收账款期末余额＝620 100＋31 000－585 580＝65 520(元)

（二）现金支出预算的编制

现金支出主要有原材料采购支出、工人工资、制造费用、管理费用、财务费用、销售费用等现金支出。这些项目的现金支出预算主要来自于生产预算、直接材料预算、直接人工预算、制造费用预算、管理费用预算、财务费用预算及销售费用预算。如果企业有长期资本预算，则长期资本预算的现金支出也包括在内。

1. 生产预算的编制

生产预算是规定企业预算期内有关产品生产数量及品种构成的一种业务预算。生产预算是以销售预算为基础编制的。通常，企业的生产和销售不能做到同步同量，在确定产销量之间的关系时，必须考虑产品的存货水平，以保证在发生意外需求时能按时供货。

预计生产量可根据销售预算中各种产品的预计销售量和预算期期末、期初在产品与产成品的存货量来计算。其计算公式为：

预计生产量＝预计销售量＋预计期末存货量—预计期初存货量

式中，预计销售量可在销售预算中找到，预计期初存货量等于上期末存货量，预计期末存货量应根据长期销售趋势来确定，在实践中，一般是按事先估计的期末存货量占下期销售量的比例进行计算。

【例 9—8】 假定 A 公司 2010 年初产成品存货资料如表 9—14 所示。（注：忽略了在产品。）

表 9—14　　产成品存货资料年初存货量

年初存货量（件）	年末存货量（件）	预计期末产品占下期销售的比例（%）	年初产品成本（元）	
			单位成本	总额
160	240	10	40	6 400

根据销售预算与产成品存货资料，编制生产预算，见表 9—15。

表 9—15　　A 公司 2010 年生产预算　　单位：件

季度	1	2	3	4	全年
预计销售量	1 600	2 000	2 400	2 000	8 000
加：预计期末存货量	200	240	200	240	240
减：期初存货量	160	200	240	200	160
预计生产量	1 640	2 040	2 360	2 040	8 080

2. 直接材料消耗及采购预算

直接材料消耗及采购预算，有时简称为直接材料预算。直接材料预算是指为规划一定预算期内因组织生产活动和材料采购活动预计发生的直接材料需要量、采购数量和采购成本而编制的一种经营预算。

直接材料预算以生产预算、材料消耗定额和预计材料采购单价等信息为基础，并考虑期初、期末材料存货水平。

直接材料预算包括材料需用量预算和采购预算两个部分，编制直接材料预算既可以反映预算期内各种材料消耗水平，又可以反映材料采购量及采购成本。其编制程序如下：

（1）按每种产品分别计算各种材料的消耗量。

$$\text{某种产品消耗某种材料的数量}=\text{该产品当期生产量}\times\text{该产品耗用该材料消耗定额}$$

（2）将各种产品消耗某种材料的数量加总，求得该种材料的总消耗量。

（3）计算该种材料当期采购量。

$$\text{某种材料采购量}=\text{该材料当期总耗用量}+\text{该材料期末存货量}-\text{该材料期初存货量}$$

（4）计算某种材料采购成本。

某种材料采购成本＝该材料单价×该材料当期采购量

（5）计算预算期各种材料采购总成本。

$$\text{预算期直接材料采购总成本}=\sum\text{预算期各种材料采购成本}$$

（6）计算现金支出合计。

现金支出合计＝预算期现购材料支出＋偿还前期所欠材料款

式中，预算期现购材料支出＝预计采购金额×该期预计付现率。

【例 9—9】假定 A 公司 2010 年初材料存货量及其他资料如表 9—16、表 9—17所示。进项税率为 17％。

表 9—16　材料存货量资料

材料	年初存货量（件）	年末存货量（件）	预计期末存货量占下期需用量的百分比	年初（元）	
				库存材料	应付账款
A	1 500	1 800	20％	10 800	14 400
B	960	1 440	30％		

表 9—17　材料消耗定额及采购单价资料

项目	季度	1	2	3	4
产品消耗定额（千克）	A 材料	3	3	3	4
	B 材料	2	2	2	2
材料单价（元）	A 材料	4	4	4	4
	B 材料	5	5	5	5

根据预算期材料期初库存、生产预算及材料消耗定额资料，编制 A 公司 2010 年材料需用量预算（见表 9—18）和直接材料采购预算（见表 9—19）。

表 9—18　　A公司2010年材料需用量预算

	季度	1	2	3	4	全年
材料单耗（千克）	A材料	3	3	3	4	
	B材料	2	2	2	2	
预计生产量（件）		1 640	2 040	2 360	2 040	8 080
材料需用量（千克）	A材料	4 920	6 120	7 080	8 160	26 280
	B材料	3 280	4 080	4 720	4 080	16 160

表 9—19　　直接材料采购预算

材料	季度	1	2	3	4	全年
A材料	材料单价（元）	4	4	4	4	4
	材料需用量（千克）	4 920	6 120	7 080	8 160	26 280
	加：期末库存（千克）	1 224	1 416	1 632	1 800	1 800
	减：期初库存（千克）	1 500	1 224	1 416	1 632	1 500
	本期采购量（千克）	4 644	6 312	7 296	8 328	26 580
	材料采购成本（元）	18 576	25 248	29 184	33 312	106 320
B材料	材料单价（元）	5	5	5	5	5
	材料需用量（千克）	3 280	4 080	4 720	4 080	16 160
	加：期末库存（千克）	1 224	1 416	1 224	1 440	1 440
	减：期初库存（千克）	960	1 224	1 416	1 224	960
	本期采购量（千克）	3 544	4 272	4 528	4 296	16 640
	材料采购成本（元）	17 720	21 360	22 640	21 480	83 200
预计材料采购成本合计（元）		36 296	46 608	51 824	54 792	189 520
增值税进项税（元）		6 170	7 923	8 810	9 315	32 218
预计采购金额合计（元）		42 466	54 531	60 634	64 107	221 738

【例 9—10】假定A公司2010年材料采购有现购与赊购两种方式，现购占60%，赊购占40%（于下期支付）。编制直接材料采购现金支出预算，见表9—20。

表 9—20　　直接材料采购现金支出预算　　单位：元

季度	1	2	3	4	全年
预计采购金额合计	42 466	54 531	60 634	64 107	221 738
期初应付账款余额	14 400				
第一季度现金采购支出	25 480	16 986			
第二季度现金采购支出		32 719	21 812		
第三季度现金采购支出			36 380	24 254	
第四季度现金采购支出				38 464	
现金支出合计	39 880	49 705	58 192	62 718	210 495

期末应付账款余额＝221 738＋14 400－210 495＝25 643(元)

3. 应交税金及附加预算的编制

应交税金及附加预算是指为规划一定预算期内预计发生的应交增值税、营业税、消费税、资源税、城市维护建设税和教育费附加而编制的一种经营预算。

本预算中不包括预交所得税和直接计入管理费用的印花税。由于税金需要及时清缴，所以，本例假定预算期发生的各项应交税金及附加均于当期以现金形式支付。

【例 9—11】假定 A 公司 2010 年度流通环节只交纳增值税，并于实现销售的当期用现金完税，附加税税率为 10%。根据产品销售预算与材料采购预算资料，编制 A 公司 2010 年应交税金及附加预算，见表 9—21。

表 9—21　　应交税金及附加预算　　单位：元

季度	1	2	3	4	全年
销项税额	17 680	22 100	26 520	23 800	90 100
进项税额	6 170	7 923	8 810	9 315	32 218
应交增值税	11 510	14 177	17 710	14 485	57 882
销售税金及附加	1 151	1 418	1 771	1 449	5 789
现金支出合计	12 661	15 595	19 481	15 934	63 671

4. 直接人工预算的编制

直接人工预算是反映预算期内人工工时消耗水平和人工成本开支数额的一种

经营预算。直接人工成本包括直接工资和按直接工资的一定比例（14%）计算的其他直接费用（应付福利费）。

直接人工预算以生产预算为基础编制，其预算金额都需要使用现金支付。具体的编制程序如下：

（1）预计各种产品的直接人工工时总数。这里要注意按品种、分车间考虑不同工种确定总工时。

$$\text{某种产品直接人工工时总数}=\text{某种产品生产量}\times\text{单位产品工时定额}$$

（2）预计每种产品耗用的直接工资。

$$\text{某产品耗用的直接工资}=\text{该产品直接人工总工时}\times\text{单位工时工资率}$$

（3）预计每种产品计提的其他直接费用。

$$\begin{array}{c}\text{每种产品计提的}\\\text{其他直接费用}\end{array}=\begin{array}{c}\text{某产品耗用的}\\\text{直接工资}\end{array}\times\begin{array}{c}\text{其他直接费用}\\\text{计提的比例}\end{array}$$

（4）预计每种产品的直接人工成本。

$$\begin{array}{c}\text{每种产品的}\\\text{直接人工成本}\end{array}=\begin{array}{c}\text{每种产品耗用}\\\text{的直接工资}\end{array}+\begin{array}{c}\text{每种产品计提的}\\\text{其他直接费用}\end{array}$$

（5）预计全部产品的直接人工成本总额。

$$\text{全部产品的直接人工成本总额}=\sum\text{各种产品的直接人工成本}$$

【例 9—12】 A 公司 2010 年度的单位工时工资率及工时定额资料见表 9—22，其他直接费用计提标准为 14%，预计应付福利费支付率为 80%。

表 9—22　　单位工时工资率及工时定额资料

季度	1	2	3	4
单位工时工资率（元）	4	4	4	5
单位产品工时定额（工时）	3	3	3	2.8

根据生产预算及产品工时定额资料，编制 A 公司 2010 年直接人工预算，见表 9—23。

表 9—23　　**直接人工预算**　　单位：元

季度	1	2	3	4	全年
单位产品工时定额（工时）	3	3	3	2.8	
预计生产量（件）	1 640	2 040	2 360	2 040	8 080
直接人工工时总额（工时）	4 920	6 120	7 080	5 712	23 832
预计直接工资	19 680	24 480	28 320	28 560	101 040
其他直接费用	2 755	3 427	3 965	3 998	14 145
直接人工费用合计	22 435	27 907	32 285	32 558	115 185
预计福利费现金支出	2 204	2 742	3 172	3 198	11 316
直接人工现金支出合计	21 884	27 222	31 492	31 758	112 356
单位工时直接成本	—	—	—	—	4.833 2

5. 制造费用预算

制造费用预算是指为规划一定预算期内除直接材料和直接人工预算以外预计发生的其他生产费用水平而编制的一种日常业务预算。制造费用通常按成本习性分为变动制造费用和固定制造费用两部分。

变动制造费用以生产预算为基础来编制。如果有完善的标准成本资料，用单位产品的标准成本与产量相乘，即可得到相应的预算金额。如果没有标准成本资料，就需要逐项预计计划产量的各项制造费用。为了便于以后编制产品成本预算，需要计算变动制造费用预算分配率，计算公式如下：

$$\text{变动制造费用预算分配率}=\frac{\text{变动制造费用预算总额}}{\text{相关分配标准预算总额}}$$

式中，分母可在生产预算或直接人工工时总数预算中选择。

$$\begin{array}{c}\text{某季度变动制造}\\\text{费用现金支出}\end{array}=\begin{array}{c}\text{变动制造费用}\\\text{预算分配率}\end{array}\times\begin{array}{c}\text{产品预计}\\\text{直接人工工时}\end{array}$$

$$\begin{array}{c}\text{某季度预计的固定}\\\text{制造费用现金支出}\end{array}=\frac{\text{该年度预计固定制造费用}-\text{预计年折旧费用}}{4}$$

固定制造费用通常与预算生产量无关，可以采用零基预算进行逐项预计。

【例 9—13】 A 公司 2010 年制造费用资料见表 9—24。

表 9—24　　　　　　　　　　**A 公司 2010 年制造费用资料**

变动制造费用		固定制造费用	
间接材料	10 000	管理人员工资	7 000
间接人工	5 000	折旧费	9 450
维修费	5 000	办公费	2 000
水电费	7 000	保险费	2 000
其他	1 600	其他	1 000
合计	28 600	合计	21 450
变动制造费用分配率	28 600÷23 832＝1.2	减：折旧	9 450
		现金支出合计	12 000
		每季度现金支出	3 000

根据表 9—24 的制造费用预算资料，编制 A 公司 2010 年制造费用现金支出预算，见表 9—25。

表 9—25　　　　　　　　　　**制造费用现金支出预算**

季度	1	2	3	4	全年
分配率（元）	1.2	1.2	1.2	1.2	1.2
直接工时（工时）	4 920	6 120	7 080	5 712	23 832
变动制造费用（元）	5 904	7 345	8 496	6 855	28 600
固定制造费用（元）	3 000	3 000	3 000	3 000	12 000
现金支出合计（元）	8 904	10 345	11 496	9 855	40 600

6. 产品生产成本预算

产品生产成本预算，是反映企业预算期内各种产品生产成本水平的一种业务预算。这种预算是在生产预算、直接材料消耗及采购预算、直接人工预算和制造费用预算基础上编制的，通常应反映各产品单位生产成本与总成本，有时还要反映年初与年末产品存货预算。

【例 9—14】 承前例，编制 A 公司 2010 年甲产品生产成本预算及期末存货预算，见表 9—26、表 9—27。

表 9—26　　　　**A 公司 2010 年产品生产成本预算**　　　　单位：元

成本项目	金额	单位成本
直接材料	185 920	23
A 材料	105 120	13
B 材料	80 800	10
直接人工	115 185	14.26
变动制造费用	28 600	3.54
固定制造费用	21 450	2.65
合计	351 155	43.45
加：产品期初成本	6 400	40
减：产品期末成本	10 430	43.45
预计产品销售成本	347 125	43.39

表 9—27　　　　**期初、期末存货预算**　　　　单位：元

存货（材料与产品）	年初材料成本	本年材料采购成本	本年耗用材料成本	期末材料存货成本
A 材料	6 000	106 320	105 120	7 200
B 材料	4 800	83 200	80 800	7 200
材料成本合计	10 800	189 520	185 920	14 400
产品成本	6 400			10 430
存货成本合计	17 200			24 830

7. 销售及管理费用预算

销售及管理费用预算是指制造业务以外的产品销售及管理费用的预算。销售费用是指在产品销售过程中需要支出的有关费用，如销售人员的工资、广告费、运杂费、包装费等。销售费用预算是以销售预算为基础，分析销售收入、销售利润和销售费用的关系。销售费用预算的方法与制造费用预算的编制非常接近，也可将其划分为变动销售费用和固定销售费用。对于固定销售费用，只需要按项目反映全年预计水平。对于随销售量成比例变动的那部分变动销售费用，只需要反映各个项目的单位产品费用分配额即可，其计算公式为：

$$\text{某种产品预计变动销售费用}=\text{单位产品变动销售费用额}\times\text{产品预计销售量}$$

或

预计变动销售费用＝预计销售额×预计费用率

管理费用是指企业一般性的行政管理工作而发生的各种费用，如行政管理人员工资、报纸杂志费、办公费等。随着企业规模的扩大，一般管理职能显得日益重要，从而管理费用也相应增加，管理费用项目也变得复杂。但大多数的管理费用属于固定成本，可以按项目反映全年预计水平。

销售及管理费用的大部分属于现金支出，如果包括非付现成本项目，如固定资产折旧费、低值易耗品摊销、计提坏账准备金、无形资产摊销等，应从现金支出预算中扣除。因此，在编制销售及管理费用预算的同时，往往还附有预计销售及管理费用的现金支出计算表，以便为编制现金支出预算提供资料。

【例 9—15】预计 A 公司 2010 年销售费用资料如表 9—28 所示。

表 9—28　　销售费用资料　　单位：元

变动销售费用		固定销售费用	
项目	单位产品标准费用额	项目	全年费用额
销售佣金	2.5	管理人员工资	4 000
销售运杂费	1.2	销售机构办公费	8 000
其他	0.3	广告费	2 000
		保险费	1 000
合计	4	合计	15 000（每季度为 3 750 元）

根据销售预算及销售费用资料，编制 A 公司 2010 年销售费用现金支出预算，见表 9—29。

表 9—29　　销售费用现金支出预算　　单位：元

季度	1	2	3	4	全年
单位产品标准费用额	4	4	4	4	4
预计销售量（件）	1 600	2 000	2 400	2 000	8 000
变动销售费用	6 400	8 000	9 600	8 000	32 000
固定销售费用	3 750	3 750	3 750	3 750	15 000
现金支出合计	10 150	11 750	13 350	11 750	47 000

【例 9—16】根据给定资料，编制 A 公司 2010 年管理费用预算，见表 9—30。

表 9—30　　**管理费用预算费用**　　单元：元

项目	金额
公司经费	1 500
办公费	1 000
折旧费	1 000
职工培训费	1 000
其他	500
合计	5 000
减：折旧	1 000
现金支出	4 000（平均每季度 1 000 元）

8. 财务费用预算

财务费用预算是指反映预算期内因筹措使用资金而发生的财务费用水平的一种预算。就其本质而言，该预算属于日常业务预算，由于财务费用的发生主要与企业的存、贷款和汇率变动直接相关，因此财务费用预算必须根据现金预算中的资金筹措及运用的相关数据来编制。具体资料见现金预算表。

9. 特种决策预算

特种决策预算是对选中方案作进一步规划的预算。它包括短期决策预算与长期决策预算两类。短期决策预算常常被纳入业务预算体系。长期决策预算，又称资本支出预算，通常是指与项目投资决策密切相关的特种决策预算。由于长期决策预算涉及长期建设项目的投资与筹资问题，并经常跨年度，因此，除个别项目外一般不纳入日常业务预算，但应计入与此有关的现金预算与预计资产负债表。

【例 9—17】为了开发新产品，A 公司决定 2010 年度上马一条生产线，年内安装调试完毕，下年初交付使用。预计发生的固定资产投资为 36 000 元。有关的投资预算见表 9—31。

表 9—31　　**A 公司 2010 年投资预算**　　单位：元

项目	第一季度	第二季度	第三季度	第四季度	全年
勘察设计费	1 000				1 000
土建工程	1 000	3 000			4 000
购置设备			30 000		30 000
设备安装费用				1 000	1 000
合计	2 000	3 000	30 000	1 000	36 000

（三）现金预算的编制

【例 9—18】 根据前述现金收入预算与现金支出预算资料，编制 A 公司 2010 年现金预算，见表 9—32。

表 9—32　　A 公司 2010 年现金预算

季度 项目	1	2	3	4	全 年	备注
①期初现金余额	4 000	2 779	5 344	7 110	4 000	
②经营现金收入	104 008	139 932	170 352	171 288	585 580	
③现金收入合计	108 008	142 711	175 696	178 398	589 580	
④经营现金支出	102 479	123 617	143 011	141 015	510 121	
直接材料	39 880	49 705	58 192	62 718	210 495	
直接人工	21 884	27 222	31 492	31 758	112 356	
制造费用	8 904	10 345	11 496	9 855	40 600	
销售费用	10 150	11 750	13 350	11 750	47 000	
管理费用	1 000	1 000	1 000	1 000	4 000	
增值税、销售税金及附加	12 661	15 595	19 481	15 934	63 670	
预交所得税	7 000	7 000	7 000	7 000	28 000	
预分股利	1 000	1 000	1 000	1 000	4 000	
⑤资本性现金支出	2 000	3 000	30 000	1 000	36 000	
⑥现金支出合计	104 479	126 617	173 011	142 015	546 121	
⑦现金余缺	3 529	16 094	2 685	36 385	43 459	
⑧资金筹措与运用	−750	−10 750	4 425	−25 575	−32 650	
加：短期银行借款			5 000		5 000	
减：归还长期债款		10 000		20 000	30 000	
支付长期借款利息	750	750	500	500	2 500	借款利率 10%
偿还短期借款				5 000	5 000	
支付短期借款利息			75	75	150	借款利率 6%
⑨期末现金余额	2 779	5 344	7 110	10 810	10 810	

第四节　预计财务报表的编制

财务预算中的预计财务报表包括预计利润表和预计资产负债表。

一、预计利润表的编制

预计利润表是指以货币形式综合反映预算期内企业经营活动成果的一种财务预算。该预算需要在销售预算、产品成本预算、应交税金及附加预算、销售及管理费用预算和财务预算的基础上编制，可以分季度编制，也可以按年度编制。

【例 9—19】承前例，A 公司预算期所得税税率为 25%，A 公司 2010 年预计利润预算的编制见表 9—33。

表 9—33　　A 公司 2010 年预计利润表

项目	金额（元）
销售收入	530 000
减：销售成本	347 125
销售税金及附加	5 789
销售费用	47 000
管理费用	5 000
财务费用	2 650
利润总额	122 436
减：所得税（25%）	30 609
净利润	91 828

二、预计资产负债表

预计资产负债表与实际资产负债表的内容、格式基本相同，但数据是反映预算期末的财务状况，该表是利用本期期初资产负债表，根据预算期销售预算、生产预算、成本预算等有关数据加以编制。

【例 9—20】A 公司 2010 年的经营预算、专门决策预算、现金预算和预计利润表的计算结果如例 9—7 至例 9—19 所示。股利支付为净利的 10%。A 公司 2010 年度预计资产负债表见表 9—34。

表 9—34　　**A 公司 2010 年度预计资产负债表**

2010 年 12 月 31 日

资 产	年初数	年末数	备注
流动资产：			
货币资金	4 000	10 809	
应收账款	31 000	65 520	
存货	17 200	24 830	
流动资产合计	52 200	101 159	
固定资产：			
固定资产原值	120 000	156 000	
累计折旧	20 000	30 450	年初加年内计提的
净值	100 000	125 550	
资产合计	152 200	226 709	
负债及所有者权益			
短期借款	0	0	期内借入，期内偿还
应付账款	14 400	25 643	
未交所得税	0	2 609	预交后的余额
应付职工薪酬	0	2 829	20%的福利费支付
应付股利	0	591	预付后余额
流动负债合计	14 400	31 672	
长期负债			
长期借款	30 000	0	已还清
应付债券			
长期负债合计	30 000	0	
负债合计	44 400	31 672	
所有者权益：			
股本	100 000	100 000	
未分配利润	7 800	95 037	
所有者权益合计	107 800	195 037	
负债及所有者权益合计	152 200	226 709	

【本章强化训练题】

一、思考题

1. 什么是财务预算？它与日常业务预算和专门决策预算有什么关系？

2. 财务预算的作用有哪些？

3. 什么是弹性预算？什么是零基预算？与传统预算的编制方法比较，它们具有哪些优点？

4. 简述滚动预算的方式和特征。

5. 现金预算包括哪些内容？

6. 全面预算体系的内容有哪些？

二、单项选择题

1. 全面预算体系中的最后环节是（　　）。

A. 日常业务预算　　B. 分预算　　C. 辅助预算　　D. 总预算

2. 下列各项中，属于特种决策预算的是（　　）。

A. 管理费用预算　　B. 销售预算

C. 资本性支出预算　　D. 制造费用预算

3. 作为整个企业预算编制起点的是（　　）。

A. 销售预算　　B. 生产预算　　C. 材料预算　　D. 生产成本预算

4. 销售百分比法主要适用于（　　）预算的编制。

A. 固定　　B. 弹性成本　　C. 弹性利润　　D. 零基

5. 在成本习性分析的基础上，分别按一系列可能达到的预计业务量水平编制的能适应多种情况的预算是指（　　）。

A. 定期预算　　B. 弹性预算　　C. 零基预算　　D. 固定预算

6. 下列各项中，在现金预算中没有直接得到反映的是（　　）。

A. 期初期末现金余额　　B. 预算期产量和销量

C. 现金收入　　D. 现金支出

7. 下列（　　）预算已被西方国家广泛采用作为管理间接费用的一种新的有效方法。

A. 增量　　B. 零基　　C. 弹性　　D. 固定

8. 在业务预算中，唯一仅以实物量形式反映预算期内容的一种预算是(　　)。

A. 销售预算　　B. 现金预算　　C. 生产预算　　D. 期间费用预算

9. 下列与生产预算编制没有直接联系的预算是（　　）。

A. 直接材料预算　　B. 变动制造费用预算

C. 销售及管理费用预算　　D. 直接人工预算

10. 能够同时以实物量指标和价值量指标分别反映企业经营收入和相关现金收入的预算是（　　）。

A. 现金预算　　B. 销售预算　　C. 生产预算　　D. 预计资产负债表

11. 某企业 1 月份月初存货为 200 件，月末存货为 400 件，本月预计销售量为 3 500 件，则该企业 1 月份的预计生产量为（　　）件。

A. 3 500　　B. 3 600　　C. 3 700　　D. 3 900

12. 直接材料预算是以（　　）为基础编制的。

A. 销售预算　　B. 制造费用预算

C. 生产预算　　D. 现金预算

13. 可以保持预算的连续性和完整性，并能克服传统定期预算缺点的预算方法是（　　）。

A. 弹性预算　　B. 零基预算　　C. 滚动预算　　D. 固定预算

14. 下列预算中，不属于业务预算的是（　　）。

A. 销售预算　　B. 生产预算　　C. 现金预算　　D. 直接材料预算

15. 某企业编制销售预算，上期销售收入为 300 万元，预计预算期销售收入为 500 万元，销售收入的 60%会在本期收到，40%将在下期收到，则预算期的经营现金收入为（　　）万元。

A. 420　　B. 400　　C. 300　　D. 120

16. 下列各项中，没有直接在现金预算中得到反映的是（　　）。

A. 期初和期末现金余额　　B. 现金筹措及运用

C. 预算期产量和销量　　D. 预算期现金余额

三、实务题

（一）练习弹性利润预算的编制

资料：某企业预计 2010 年甲产品单位变动成本为 6 万元，固定成本为 2 000 万元。当年生产的产品当年销售，销售业务量的有效变动范围为 700～1 100 台，同一销售业务量下期售价分别为 10 万元和 11 万元。

要求：采用因素法推算出按10%为业务量间隔时，该企业2010年甲产品利润预算数。

（二）练习现金预算的编制

资料：某公司预计本月初现金余额为10 000元，本月期初应收账款为5 000元，预计本月内可收回80%；本月销货62 500元，当期收到现金的50%，采购材料10 000元，当期付款70%，月初应付账款余额为6 250元，需在月内全部付清，本月支付工资现金为10 500元，间接费用62 500元，其中折旧费5 000元；预交所得税1 125元，购买设备支付现金25 000元，现金不足时可向银行借款，本月现金余额最低为3 750元。

要求：根据资料编制现金预算。

（三）练习日常经营预算的编制

资料：某公司对其预算年度内生产的甲产品销售量预计如下：第一季度为5 000件，第二季度为6 000件，第三季度为8 000件，第四季度为7 000件，每个季度的期末存货量应为下一季度预计销售量的10%，若年初存货量为750件，年末存货量为600件，单位产品材料消耗定额为2千克/件，单位产品工时定额为5小时/件，单位工时的工资额为0.6元。

要求：根据以上资料编制该公司的生产预算、材料消耗预算和直接人工预算。

（四）练习现金预算各项目的计算

资料：某公司2009年现金预算如表9—35所示。

表9—35　　某公司的现金预算表　　单位：元

项目	第一季度	第二季度	第三季度	第四季度
期初现金余额	1 000		2 500	
本期现金收入	31 000	33 500	E	36 500
本期现金支出	30 000	C	37 000	40 000
现金余额	A	1 000	3 000	G
资金筹措与运用	−500	1 000	F	I
取得流动资金借款		1000		
归还流动资金借款	−500			
期末现金余额	B	D	2 500	H

假定企业发生现金余缺均由归还和取得流动资金借款解决，且流动资金借款利息可以忽略不计，除表中所列项目外，既没有有价证券，也没有发生其他现金收支业务，预计 2009 年末流动负债为 4 000 元，需要保证的年末现金比率为 50%。

要求：根据所列资料，计算填列表中字母表示的项目。

【案例分析】

华润集团全面预算管理的创新实践

当企业组织核心从财务控制向战略管理转变时，全面预算还有存在的价值吗？华润集团近年来尝试全面预算管理的创新实践，以全面预算保障业务战略的落实和行动计划的执行，通过合理分配资源，加强集团整体的计划、协调、沟通和学习，并收到了一定成效。

一、全面预算管理的构建基础

华润集团由若干业务单元组成，全面预算管理的基础是各个业务单元的竞争战略，集团实行以业务战略为导向的全面预算管理制度，各业务单元在制定战略规划的基础上，将业务战略细化，并作为预算管理的依据。

1. 战略细化

业务战略细化是以平衡计分卡作为工具，重点将战略转化为执行层面的语言。预算与战略联为一体的基本思路是，首先制定并用战略图的逻辑框架描述战略，建立财务、客户、流程和学习等几个层面的因果关系链，分别确定战略目标及其关键评价指标，并将评价指标分解为阶段性的目标值和保障性的具体行动计划，相应明确里程碑和责任人，同时以经营预算与资本支出预算实现资源分配，最后以此为基础汇总形成全面预算。

2. 预算导向

预算作为战略落实的工具，可满足战略行动计划的实施需要。业务单元通过预算的完成情况对业务战略的执行过程进行检讨，判断战略行动是否产生预期业绩，用以鼓励学习和解决问题，而不是以将实际业绩控制和保持在预算框架内为目的，也就是说预算是以业务战略为导向。

3. 滚动预测

业务单元根据战略执行过程中实际情况的变化，通过滚动预测（比如以年为单位按季滚动）修订预计的目标值和具体行动计划，以充分利用出现的机会并及时应对潜在的威胁，提高适应性，实现预算的动态管理和战略的持续检讨，而不是脱离实际的目标控制。

二、全面预算管理的运行流程

从业务单元层面来说，实施动态预算以支持战略行动是预算管理的基本形式；从集团层面来说，在业务单元实施动态预算的基础上，按财务年度定期组织年度预算的汇总审核，以掌握整体战略规划与执行情况，是预算管理的强化形式。两个层面的预算运行都是对战略的落实和执行情况进行检讨。华润集团年度预算管理流程主要包括：预算准备、预算编制、预算分析、预算汇报、预算审议和预算监督。

1. 预算准备

集团财务部门根据集团整体战略目标和业务战略的执行情况，定期拟定业务单元年度预算编制要求，并提供必要的专业支持。

2. 预算编制

业务单元财务部门结合业务战略并参照集团要求，协助业务单元管理层具体组织年度预算的编制、汇总和审核，形成年度预算报告，并报送集团财务部。

3. 预算分析

集团财务部门对各业务单元报送的年度预算进行审核、汇总、分析并提出相关建议，同时编制集团整体年度预算报告，上报集团管理层和集团董事会。

4. 预算汇报

业务单元就上报的年度预算报告向集团总经理和董事会进行汇报并接受质询，集团管理层成员及职能部门负责人也一同参与质询。汇报内容主要包括战略执行检讨、业务战略分析、长期战略规划、阶段性目标值、未来行动计划和年度全面预算等。

5. 预算审议

集团总经理和董事会根据集团整体战略，结合集团财务部门提交的预算报告等有关信息，并参考集团管理层成员及相关职能部门的意见，在听取各业务单元预算汇报的同时，对各自的业务战略细化和全面预算落实情况进行审议，并提出指导意见和总体要求。

6. 预算监督

集团及业务单元的财务部门应通过日常运营信息和动态管理分析对战略与预算的执行情况进行跟踪监督，并提出有关战略管理等多方面的意见和建议。

集团及业务单元的审计部门在审计过程中应对战略与预算执行情况进行审计监督。

三、全面预算管理的报告与质询

全面预算报告是集团及业务单元预算管理的重要形式。集团统一规定各业务单元应在滚动预测的基础上定期编制或修订预算，并由财务部门进行预算分析，形成有关预算报告。其中，业务单元按财务年度编制的年度全面预算报告应按集团要求作为预算汇报、审议和监督的依据，同时也是集团预算审议时进行质询的主要内容。

（1）业务战略执行与以前年度预算完成情况回顾检讨；

（2）业务战略分析检讨，包括相关行业与竞争对手分析、环境预测与市场趋势、内部优劣势与资源评估等；

（3）业务战略描述，从财务、客户、流程和学习等几个战略执行层面说明战略目标和关键评价指标；

（4）未来3～5年战略规划的滚动分析，包括关键评价指标的阶段性目标值、行动计划、里程碑、负责人和所需的经营与资本支出预算；

（5）报告年度全面预算具体分析，包括经营预算与资本支出预算的汇总分析和财务预算的具体分析；

（6）战略及预算情况与标杆企业表现的具体比较，包括财务方面和客户、流程、学习等非财务方面的比较。

四、全面预算管理实践的体会

全面预算体系是华润集团企业管理整体系统的重要组成部分，几年来的运行过程实际上就是华润集团不断思考和改进管理的过程。特别是通过近两年的管理创新，预算的作用得到了较好的体现，尽管目前华润集团在预算实践中还有很多不完善之处，但以下几方面的理念已经在集团上下深入人心，并推动了集团整体的管理进步。

1. 聚焦业务战略

预算不只是财务部门的工作，经营预算和资本支出预算都由业务部门主导编制，是企业层面的战略性资源分配。更重要的，预算不再是短期的财务安排，而是长期的战略细化，是业务战略的具体落实。预算是战略导向的预算，是战略细化驱动的预算，是战略行动方案依托的预算。预算强调的重点是关注业务单元的长期战略是否通过年度预算得到落实，现有预算是否支持行动计划，由此也就有可能避免资源分配的无序和企业的短期行为。

2. 减少讨价还价

预算不再是评价的直接对象或主要依据，预算导向的是战略落实，而业绩评价强调的是对战略执行的检讨，强调财务与非财务等多方面的关键业绩，反而对预算指标看得不是很重。评价更多地导向超越历史、瞄准标杆，是自身实实在在的进步和行业领导地位的追赶，而不是引致业务单元通过讨价还价来确立容易达到的虚拟标准，更不是诱导经理人刻意争取预算指标的极小化。

3. 强调过程管理

预算本身评价的淡化使得过程管理更加重要，预算成为战略导向的过程控制，业务单元不再被静态的预算目标框住，重要的是利用预算的动态过程来增进学习、鼓励问题解决和提高适应性，由此引导企业研究市场和把握市场，优化内部流程。不是因为预算管理而限制自己，而是让企业根据市场变化来动态调整和实施行动计划，以适应多变的市场环境，实现战略目标。

（资料来源：华润有限公司。）

第十章 财务控制

本章学习目标 通过本章学习，了解财务控制的含义和特征，弄清财务控制的基础，熟悉财务控制的分类，掌握成本中心、利润中心、投资中心的考核指标。

第一节 财务控制的意义和种类

一、财务控制的含义和特征

（一）财务控制的含义

控制是现代财务管理的重要手段，是通过特定方法对一个组织的活动进行约束、指导，使之达到既定目标的过程。财务控制是指对企业财务活动的控制，是按照一定的程序和方式确保企业及其内部机构和人员全面落实，实现对企业资金的取得、投放、使用和分配过程的控制。

（二）财务控制的特征

1. 财务控制是一种价值控制

财务预算所包含的现金预算、预计利润表和预计资产负债表，都是以价值形式予以反映的；财务控制所借助的手段，如责任预算、责任报告、业绩考核、内部转移价格等都是通过价值指标实现的。

2. 财务控制是一种全面控制

由于财务控制用价值手段来实施其控制过程，因此，它不仅可以将各种不同性质的业务综合起来进行控制，而且可以将不同层次、不同部门的业务综合起来进行控制，体现出财务控制的全面性。

3. 财务控制以现金流量为控制目的

企业的财务活动实质是企业的资金运动，企业的日常财务活动表现为组织现金流量的过程。为此，财务控制的重点应放在现金流量状况的控制上，通过现金预算、现金流量表等保证企业资金活动的顺利进行。

二、财务控制的基础

财务控制的基础是指进行财务控制所必须具备的基本条件，主要包括以下几个方面：

1. 组织基础

财务控制的首要基础是围绕控制目标所建立的组织机构，以保证控制的有效性。比如确定财务预算，应建立相应的决策和预算编制机构；为了组织和实施日常财务控制，应建立相应的监督、协调、仲裁机构；为了便于内部结算，应建立相应的内部结算组织；为了考评预算的执行结果，应建立相应的考评机构。在实践中，企业可根据需要将这些机构的职能进行合并。

2. 制度基础

内部控制制度是指企业为了顺利实施控制过程所进行的组织机构的设计、控制手段的采取及各种措施的制定。这些方法和措施用于检查预算目标的制定、会计信息的准确性和可靠性，提高控制效率；同时围绕财务预算的执行，建立相应的保证措施或制度，如人事制度、奖惩制度等。

3. 预算目标

健全财务预算目标是进行财务控制的依据，财务预算能够满足企业经营目标的要求，同时又能使决策目标具体化、系统化、定量化。量化的财务预算目标可以成为日常控制和业绩考核的依据。财务预算目标应层层分解落实到各责任中心，使之成为控制各责任中心经济活动的标准。财务预算目标的制定应客观、务实，若财务预算所确定的目标严重偏离实际，财务控制就无法达到预定的目的。

4. 会计信息

准确、及时、真实的信息是财务控制实施过程中的基本保障。财务控制必须以会计信息为前提。原因在于：首先，财务预算总目标的执行情况必须通过企业汇总会计核算资料予以反映，通过这些会计资料可以了解、分析企业财务预算总目标的执行情况、存在的差异及其原因，并提出相应的纠偏措施。其次，各责任中心财务预算目标的执行情况也是通过各自的会计核算资料予以反映的，通过这些会计资料可以了解、分析各责任中心财务预算目标的完成情况，考核各责任中心的工作业绩，为正确地进行财务控制提供依据。

5. 信息反馈系统

财务控制是一个动态的控制过程，要确保财务预算目标的贯彻实施，必须对各责任中心执行预算的情况进行跟踪监控，不断调整偏差，以确保控制过程下情上报，上情下达。为保证信息反馈系统中信息的真实、可靠，还必须建立起相应的信息审查机构和责任制度。

6. 奖励制度

奖励制度是保证控制系统长期有效运行的重要因素。奖励分为正奖励和负奖励，正奖励是通过表扬、提升、加薪等从正面激励人们努力工作；负奖励是通过批评等方式进行惩罚。在利用奖励制度来保证财务控制顺利实施的过程中，要注意结合各责任中心的财务预算目标，建立公平、合理的奖励标准；同时，要建立严格完善的考评机制，保证奖惩分明。

三、财务控制的种类

财务控制可以按以下不同的标志分类：

（一）按财务控制的内容分类

财务控制按控制内容不同，分为应用控制和一般控制两类。

1. 应用控制

应用控制又称业务控制，是指直接作用于企业财务活动的具体控制，构成业务处理程序的一部分。

2. 一般控制

一般控制又称环境控制，是指对企业财务赖以进行的内部环境所实施的总体控制，并不直接作用于企业的财务活动，而是通过应用控制对企业财务活动产生影响。它包括组织控制、人员控制、财务预算、业绩评价等项内容。

（二）按控制的主体分类

财务控制按控制主体不同，分为出资者财务控制、经营者财务控制和财务部门本身的财务控制。

1. 出资者财务控制

出资者财务控制是指资本所有者为了实现其资本保全和增值目的而对经营者

的财务收支活动进行的控制，如对成本开支范围和标准的规定等。

2. 经营者财务控制

经营者财务控制是指经营管理者为了实现财务预算目标而对企业的财务收支活动所进行的控制，这种控制是通过管理者制定财务决策目标，并促使这些目标被贯彻执行而实现的。如企业的筹资、投资、资产运用、成本支出决策及其执行等。

3. 财务部门本身的财务控制

财务部门本身的财务控制是指财务部门为了有效地保证现金供给，通过编制现金预算，对企业日常财务活动所进行的控制。

一般来说，出资者财务控制是一种外部控制，而经营者和财务部门的财务控制是内部控制，更能反映出财务控制的作用和效果。

（三）按控制时间分类

财务控制按控制时间不同，分为事前财务控制、事中财务控制和事后财务控制。

1. 事前财务控制

事前财务控制是指财务收支活动尚未发生之前所进行的控制，如财务收支活动发生之前的申报审批制度等。

2. 事中财务控制

事中财务控制是指财务收支活动发生过程中所进行的控制，如按财务预算要求监督预算的执行过程，对各项收入的去向和支出的用途进行监督等。

3. 事后财务控制

事后财务控制是指对财务收支活动的结果所进行的考核及相应的奖罚，如按财务预算的要求对各责任中心的财务收支结果进行评价，并以此实施奖罚。

（四）按控制的依据分类

财务控制按控制的依据不同，分为预算控制和制度控制。

1. 预算控制

预算控制是指以财务预算为依据，对预算执行主体的财务收支活动进行监督、调整的一种控制形式。预算表明了执行主体的责任和奋斗目标，规定了预算执行主体的行为。

2. 制度控制

制度控制是指通过制定企业内部规章制度，并以此为依据约束企业和各责任中心财务收支活动的一种控制形式。制度控制通常规定能做什么、不能做什么，与预算控制相比较，制度控制具有防护性的特征，而预算控制具有激励性的特征。

(五) 按控制的对象分类

财务控制按控制对象不同，分为收支控制和现金控制。

1. 收支控制

收支控制是指对企业和各责任中心的财务收入活动和财务支出活动所进行的控制。

通过收支控制，使企业收入达到既定目标，而成本开支尽量减少，以实现企业利润最大化。

2. 现金控制

现金控制是指对企业和各责任中心的现金流入和现金流出活动所进行的控制。目的是通过现金控制实现现金流入、流出的基本平衡，既要防止因现金短缺而可能出现的支付危机，也要防止因现金沉淀而可能出现的机会成本增加。

(六) 按控制的手段分类

财务控制按控制的手段不同，分为绝对控制和相对控制。

1. 绝对控制

绝对控制是指对企业和责任中心的财务指标采用绝对额进行控制。一般而言，对激励性指标通过绝对数控制最低限度，对约束性指标通过绝对数控制最高限度。

2. 相对控制

相对控制是指对企业和责任中心的财务指标采用相对比率进行控制。一般而言，相对控制具有反映投入与产出对比、开源与节流并重的特征。

比较而言，绝对控制没有弹性，相对控制具有弹性。

(七) 按财务控制的手段分类

按财务控制的手段不同，分为定额控制和定率控制。

1. 定额控制

定额控制是指以各种定额为依据所采取的绝对数量的控制。

2. 定率控制

定率控制是指以各种定率为依据所采取的相对数量的控制。

第二节　责任中心财务控制

建立责任中心、编制和执行责任预算、考核和监控责任预算的执行情况是企业实行财务控制的各种有效手段，故称责任中心财务控制。

一、责任中心

（一）责任中心的概念与特征

责任中心是指承担一定的经济责任，并享有一定权利和利益的企业内部（责任）单位。

企业为了实行有效的内部协调与控制，通常按照统一领导、分级管理的原则，在其内部合理划分责任单位，明确各责任单位应承担的经济责任、应有的权利和利益，促使各责任单位各尽其职，各负其责。责任中心通常具有以下特征：

（1）责任中心是一个责权利结合的实体。每一个责任中心都要对一定的财务指标完成情况负责；同时，责任中心被赋予与其所承担责任的范围与大小相适应的权利，并规定出相应的业绩考核标准和利益分配标准。

（2）责任中心具有承担经济责任的条件。它有两方面含义：一是责任中心要有履行经济责任中各条款的行为能力；二是责任中心一旦不能履行经济责任，能对其后果承担责任。

（3）责任中心所承担的责任和行使的权利都应是可控的。责任中心对其职责范围内的成本、收入、利润和投资负责。因此，这些内容必须是该责任中心所能控制的内容，在对责任中心进行责任预算和业绩考核时也只能包括该中心所能控制的项目。一般而言，责任层次越高，其可控制范围越大，但不论什么层次的责任中心，它一定都具备考核其责任实施的条件。

（4）责任中心具有相对独立的经营业务和财务收支活动。它是确定经济责任的客观对象，又是责任中心得以存在的前提条件。

（5）责任中心便于进行责任会计核算或单独核算。责任中心不仅要划清责任，而且要单独核算，划清责任是前提，单独核算是保证。只有既划清责任又能进行单独核算的企业内部单位，才能作为一个责任中心。

（二）责任中心的类型和考核指标

根据企业内部责任单位的权责范围及业务活动的特点不同，责任中心一般分为成本中心、利润中心和投资中心三大类。

1．成本中心

（1）成本中心的含义。

成本中心是指对成本或费用承担责任的责任中心。由于成本中心无收入来源，所以成本中心只对成本费用负责，不对收入、利润或投资负责。成本中心一般包括企业产品的生产部门、劳务提供部门及管理部门。

成本中心的应用范围很广，从一般意义出发，企业内部凡有成本发生，需要对成本负责，并能实施成本控制的单位，都可以成为成本中心。企业内部上至工厂一级，下至车间、班组甚至个人都可能成为成本中心。成本中心由于其层次、规模不同，其控制和考核的内容也不尽相同，但基本上是逐级控制的局面，即各个较小的成本中心共同构成一个较大的成本中心，多个较大的成本中心又构成一个更大的成本中心。成本中心的职责是用一定的成本去完成规定的具体任务。

（2）成本中心的类型。

成本中心分为技术性成本中心和酌量性成本中心。

技术性成本中心，是指这类中心有稳定而明确的产品，且单位产品的投入量（成本）可以通过技术分析测算出来。通常，技术性成本中心的典型代表是制造业工厂、车间、班组等，这类中心每种产品有明确的原材料、人工费用及各种间接费用的数量标准与价格标准，可以实施标准成本制度和弹性预算制度控制成本。技术性成本中心是以实际产出量为基础，并按标准成本进行成本控制。

酌量性成本中心，是指这类中心的费用发生多少由管理人员的决策行为所决定，费用的投入与产出之间无密切关系。它包括各种管理费用和一些间接成本项目，如广告费、保险费、修理费、职工培训费等。这类费用的发生主要是为企业提供一定的专业服务，一般不能产生可以用货币计量的结果。因此，通常采用预算总额审批的控制方法。

（3）成本中心的特征。

成本中心相对于利润中心和投资中心来说有着自身的特点，主要表现在：

①成本中心只考核成本费用而不考核收益。一般而言，成本中心没有经营权和销售权，其工作成果不会形成可以用货币计量的收入。例如，某一生产车间生产的产品只是产成品的某一部件，无法单独出售，因而不可能计量其货币收入。有的成本中心可能有少量收入，但这种收入数量少，零星发生，也没有考核的必要。企业中大多数生产单位只能提供成本费用信息，而无法提供收入信息。因此，成本中心只以货币形式衡量投入，而不以货币形式衡量产出。

②成本中心只对可控成本承担责任。成本费用依其责任主体控制与否，分为可控成本与不可控成本。凡是责任中心能够控制的各种耗费，称为可控成本；凡是责任中心不能控制的各种耗费，称为不可控成本。具体来说，可控成本应同时具备如下四个条件：一是可以预计，即成本中心能够事先知道将发生哪些成本以及何时发生；二是可以计量，即成本中心能够对发生的成本进行计量；三是可以施加影响，即成本中心能够通过自身的行为来调节成本；四是可以落实责任，即成本中心能够将有关成本的控制责任分解落实，并进行考核评价。凡不能同时具

备上述四个条件的成本通常为不可控成本。属于某成本中心的各项可控成本之和即构成该成本中心的责任成本。从考评的角度看，成本中心工作成绩的好坏，应以可控成本作为主要依据，不可控成本核算没有参考意义。

成本的可控与不可控是以特定的责任中心和特定的时期作为出发点，是相对而言的，这和责任中心所处管理层次的高低、管理权限及控制范围的大小和经营期间的长短有直接关系。首先，成本的可控与否，与责任中心的权力层次有关。某些成本对于较高层次的责任中心或高级领导来说是可控的，但对于其下属的较低层次的责任中心或基层领导而言，就可能是不可控的。从企业主体层次看，几乎所有的成本都可以称为可控成本，而对企业内部各部门、各车间来说，则既有可控成本，又有不可控成本。通常，较低层次责任中心的可控成本一定是其所属较高层次责任中心的可控成本；而较高层次责任中心的可控成本不一定是较低层次责任中心的可控成本。例如，生产车间发生的折旧费用，对于生产车间这个成本中心而言是可控成本，但对于其下属的班组这一层次的成本中心则属于不可控成本。其次，成本的可控与否，与责任中心的管辖范围有关。某些成本对处于同一层次的某一责任中心而言是可控的，对于另一责任中心来说，则可能是不可控的。如材料价格对于采购部门来说是可控成本，而对于生产部门来说则是不可控成本。最后，某些从短期看属于不可控的成本，从较长的期间来看，又成为可控成本。

另外，在责任控制中，应尽可能把各项成本落实到各成本中心，使之成为各成本中心的可控成本。对确实不能确认为某一成本中心的成本费用，则由企业控制或承担。

(4) 成本中心的考核指标。

成本中心的考核指标是责任成本。责任中心所发生的各项可控成本之和即是该中心的责任成本。对成本中心工作业绩的考核，主要是将实际责任成本与预算责任成本进行比较，计算出成本（费用）变动额和成本（费用）变动率，其计算公式为：

$$\text{成本(费用)变动额} = \text{实际责任成本(费用)} - \text{预算责任成本(费用)}$$

$$\text{成本(费用)变动率} = \frac{\text{成本(费用)降低额}}{\text{预算责任成本(费用)}} \times 100\%$$

在对成本中心进行考核时，如果实际产量与预算产量不一致时，应按弹性预算的编制方法调整预算责任成本（费用）这一指标，然后再进行计算。调整时的计算公式为：

预算责任成本(费用)＝实际产量×单位预算责任成本

【例 10—1】 某成本中心生产甲产品，预算产量为 1 000 件，单位成本为 50 元；实际产量为 1 200 件，单位成本（费用）为 45 元，计算该中心成本降低额与降低率。

$$成本降低额 = 1\ 200 \times 50 - 1\ 200 \times 45 = 6\ 000(元)$$

$$成本(费用)降低率 = \frac{6\ 000}{1\ 200 \times 50} \times 100\% = 10\%$$

应该注意的是，责任成本与产品成本是既有区别又有联系的两个概念。产品成本是以产品为对象归集的生产耗费，归集的原则是谁受益谁承担；责任成本是以责任中心为对象归集的生产经营耗费，归集的原则是谁负责谁承担。这种差异是由于成本计算目的和用途不同所造成的，产品成本是会计核算的结果，反映企业成本计划的执行情况。责任成本是贯彻经济责任制的重要手段，反映责任预算的执行情况。但从联系方面看，它们同为企业生产经营过程中的资金耗费，产品成本总量等于责任成本总量。

2. 利润中心

（1）利润中心的含义。

利润中心是指对利润负责的责任中心。由于利润是收入扣除费用后的余额，所以利润中心实际上既要对收入负责，也要对成本费用负责，这类责任中心一般是指企业内部有产品经销权或提供劳务服务的部门。

在企业内部，利润中心往往处于较高层次，如分公司、分厂。与成本中心相比，利润中心的权利和责任要大一些，它一般具有稳定的、独立的收入来源。因此，它不仅要考虑到收入的增长，还要考虑成本的降低。利润中心追求的目标是收入增长超过成本增长。

（2）利润中心的类型。

利润中心分为自然利润中心与人为利润中心两种。

自然利润中心是指以对外销售产品而取得实际收入为特征的利润中心。这类中心本身直接面对市场，具有产品销售权、价格决策权、材料采购权。它虽然是企业内部的一个部门，但功能和独立企业类似，能独立地控制成本，取得收入。最典型的利润中心是公司内部的事业部，每个事业部均有销售、生产、采购的机能，有很大的独立性。

人为利润中心是指只对内部责任单位提供产品或服务，以取得内部销售收入为特征的利润中心。这种利润中心一般不直接对外销售产品，只对本企业内部各责任中心按内部结算价格提供产品或服务。人为利润中心一般也具有独立经营权，且与其他责任中心一起确定合理的内部转移价格，以实现利润中心的功能与责任。人为利润中心应具备两个条件：一是该中心可以向其他责任中心提供产品或服务；二是能为该中心的产品确定合理的内部转移价格，以实现公平交易。

（3）利润中心的成本计算。

利润中心对利润负责，必然要考核和计算成本，利润中心的成本计算通常有两种方式可供选择。

①利润中心只计算可控成本，不分担共同成本或不可控成本。这种方式主要适合于共同成本难以合理分摊或无须进行共同成本分摊的情况。按这种方式计算出来的利润不是通常意义上的利润，而是相当于“边际贡献总额”。企业各利润中心的“边际贡献总额”之和，减去未分配的共同成本，经过调整后才是企业的利润总额。采用这种成本计算方式的利润中心，实质上已不是完整意义上的利润中心，而是边际贡献中心。人为利润中心适合采用这种方式。

②利润中心不仅计算可控成本，也计算共同成本或不可控成本。这种方式适合于共同成本易于合理分摊或不存在共同成本分摊的情况。这种利润中心在计算时，如果采用变动成本法，应先计算出边际贡献，再减去固定成本，才是税前利润；如果采用完全成本法，利润中心可以直接计算出税前利润。各利润中心的税前利润之和，就是整个企业的利润总额。自然利润中心适合采取这种方式。

（4）利润中心的考核指标。

利润中心的考核指标为利润，通过比较一定期间实际实现的利润与责任预算所确定的利润，来评价其责任中心的业绩。但由于成本计算方式不同，各利润中心的利润指标表现形式也不相同。

当利润中心不计算共同成本或不可控成本时，其考核指标是利润中心的边际贡献总额，计算公式为：

$$\text{利润中心边际贡献总额}=\text{该利润中心销售收入总额}-\text{该利润中心可控成本总额（变动成本总额）}$$

值得说明的是，如果可控成本中包含可控的固定成本，可控成本总额就不完全等于变动成本总额。但一般而言，利润中心的可控成本是变动成本。

当利润中心计算共同成本或不可控成本，并采取变动成本法计算成本时，其考核指标包括：利润中心边际贡献总额、利润中心负责人可控利润总额、利润中心可控利润总额。

利润中心边际贡献总额＝该利润中心销售收入总额－该利润中心变动成本总额

利润中心负责人可控利润总额＝该利润中心边际贡献总额－该利润中心负责人可控固定成本

利润中心可控利润总额＝该利润中心负责人可控利润总额－该利润中心负责人不可控固定成本

公司利润总额＝各利润中心可控利润总额之和－公司不可分摊的各种管理费用、财务费用等

【例 10—2】某企业的甲车间是一个人为利润中心，本期实现内部销售收入 80 万元，销售变动成本为 55 万元，该中心负责人可控固定成本为 5 万元，中心负责人不可控的且应由该中心负担的固定成本为 7 万元，则该利润中心的实际考核指标分别为：

利润中心边际贡献总额＝80－55＝25(万元)

利润中心负责人可控利润总额＝25－5＝20(万元)

利润中心可控利润总额＝20－7＝13(万元)

3. 投资中心

(1) 投资中心的含义。

投资中心是对投资负责的责任中心，该中心既要对成本和利润负责，又要对投资效果负责。由于投资的目的是获得利润，因而投资中心同时也是利润中心。但它与利润中心有区别，主要表现为：一是权利不同。利润中心没有投资决策权，它只是在企业投资形成后进行具体的经营；而投资中心拥有投资决策权，即投资中心不仅在产品生产和销售上享有较大的自主权，而且能够相对独立地运用其所掌握的资金，有权购置和处理固定资产，扩大或缩小生产能力。二是考核办法不同。考核利润中心业绩时，不联系投资多少或占用资产多少，即不进行投入产出的比较；相反，考核投资中心业绩时，必须将所获得的利润与所占用的资产进行比较。投资中心处于责任中心的最高层次，它具有最大决策权，同时也承担最大的责任。一般而言，大型集团公司下面的分公司、子公司、事业部往往都是投资中心。在组织形式上，成本中心一般不是独立法人，利润中心可以是也可以不是独立法人，投资中心一般都是独立法人。

（2）投资中心的考核指标。

为了准确计算各投资中心的经济效益，应该对各投资中心共同使用的资产划定界限，对共同发生的成本按适当标准进行分配，各投资中心之间相互调剂使用的现金、存货、固定资产等均应计息清偿，实行有偿使用。在此基础上按投入产出之比进行业绩评价与考核，除考核利润指标外，更需要计算和分析利润与投资额的关系。主要有投资利润率和剩余收益。

①投资利润率也称投资报酬率，是指投资中心所获得的利润与投资额之间的比率。其计算公式为：

$$\text{投资利润率}=\frac{\text{利润}}{\text{投资额}}\times 100\%=\frac{\text{销售收入}}{\text{投资额}}\times\frac{\text{成本费用}}{\text{销售收入}}\times\frac{\text{利润}}{\text{成本费用}}$$

$$=\text{资本周转率}\times\text{销售成本率}\times\text{成本(费用)利润率}$$

从上述公式可以看出，为了提高投资利润率，不仅要千方百计地降低成本，增加销售，还要经济有效地使用营业资本，提高资本周转率。

投资利润率是评价投资中心业绩的常用指标，该指标的优点是能反映投资中心的综合盈利能力；能比较不同投资额的投资中心的业绩大小，具有横向可比性，应用范围广；通过投资利润率进行投资中心业绩评价，可以正确引导投资中心的经营管理行为，促使其行为长期化。如果投资中心只考虑增加资产或投资规模而不考虑利润的同比例增加，该指标就会下降。因此，利用该指标，将促使各投资中心盘活闲置资产，减少不合理资产占用，加强对应收账款及固定资产的管理。

投资利润率作为评价指标的不足之处在于：一是利润在计算时受人为因素的影响，导致利润数据内容失真，使计算出来的投资利润率无法反映投资中心的实际盈利能力；二是投资利润率指标会造成各投资中心只顾收益而放弃对整个企业有利的投资行为，缺乏全局观念。例如，某总公司平均投资利润率为10%，其所属的A投资中心投资利润率达到15%。现A投资中心有一投资机会，投资利润率为13% 。若以投资利润率指标来衡量，A投资中心肯定不会选择这一投资机会从而出现A投资中心与总公司目标不一致的情况，克服这一缺陷的方法是采用另一评价指标——剩余收益。

②剩余收益是指投资中心获得的利润扣减其最低投资收益后的余额。其计算公式为：

$$\text{剩余收益}=\text{利润}-\text{投资额}\times\text{预期最低投资收益率}$$

以剩余收益作为投资中心经营业绩评价指标的基本要求是：只要投资利润率

大于预期的最低收益率，该项投资便是可行的，从而可避免投资中心单纯追求利润而放弃一些有利可图的投资项目，有利于提高资金使用效率。

【例 10—3】 某总公司下设甲、乙两个投资中心，甲投资中心的投资额为 500 万元，利润为 25 万元；乙投资中心的投资额为 800 万元，利润为 120 万元；该总公司加权平均最低投资利润率为 9%。如果甲投资中心追加投资 200 万元，年利润会增加 17 万元，而如果乙投资中心追加投资 400 万元，年利润会增加 57 万元。其有关的投资利润率、剩余收益计算如表 10—1 所示。

表 10—1 **投资中心指标计算表**

<table>
<tr><th colspan="2">项目</th><th>投资额</th><th>利润</th><th>投资利润率</th><th>剩余收益</th></tr>
<tr><td rowspan="3">追加投资前</td><td>甲</td><td>500</td><td>25</td><td>5%</td><td>25－500×9%＝－20</td></tr>
<tr><td>乙</td><td>800</td><td>120</td><td>15%</td><td>120－800×9%＝48</td></tr>
<tr><td>合计</td><td>1 300</td><td>145</td><td>11.15%</td><td>145－1 300×9%＝28</td></tr>
<tr><td rowspan="3">甲投资中心追加投资 200 万元</td><td>甲</td><td>700</td><td>42</td><td>6%</td><td>42－700×9%＝－21</td></tr>
<tr><td>乙</td><td>800</td><td>120</td><td>15%</td><td>120－800×9%＝48</td></tr>
<tr><td>合计</td><td>1 500</td><td>162</td><td>10.8%</td><td>162－1 500×9%＝27</td></tr>
<tr><td rowspan="3">乙投资中心追加投资 400 万元</td><td>甲</td><td>500</td><td>25</td><td>5%</td><td>25－500×9%＝－20</td></tr>
<tr><td>乙</td><td>1 200</td><td>177</td><td>14.75%</td><td>177－1 200×9%＝69</td></tr>
<tr><td>合计</td><td>1 700</td><td>202</td><td>11.88%</td><td>202－1 700×9%＝49</td></tr>
</table>

根据表 10—1 的资料，评价甲、乙两个投资中心的经营业绩，可以发现：如果以投资利润率作为评价指标，追加投资后甲的利润率由 5% 提高到 6%，乙的利润率由 15% 下降到 14.75%；如果以剩余收益作为评价指标，甲的剩余收益由原来的－20 万元变为－21 万元，乙的剩余收益由原来的 48 万元增加到 69 万元。如果单从各投资中心的角度进行评价，就会出现上述矛盾现象。如从公司总体进行评价，就会发现，甲追加投资时公司总体的投资利润率和剩余收益均有所下降；乙追加投资时，公司总体的投资利润率和剩余收益均有所上升，这和以剩余收益指标评价各投资中心的经营业绩的结果是一致的。可见，以剩余收益作为评价指标可以保持各投资中心经营目标和公司总体目标相一致。

需要说明的是，若以剩余收益作为评价指标，预期最低投资报酬率的大小对剩余收益的影响较大，所以确定这一报酬率时，一般应以公司平均利润率作为标准。

二、责任预算、责任报告与业绩考核

（一）责任预算

1. 责任预算的含义

责任预算是指以责任中心为主体，以其可控的成本、收入、利润和投资等为内容编制的预算。责任预算是责任中心努力的目标，也是考核责任中心工作业绩的标准。它可以将责任目标量化，使责任中心工作起来更加具体，也可以作为企业总预算的补充。

责任预算由各种责任指标组成，这些指标包含主要责任指标和其他责任指标，本章前面所涉及的考核指标都是各个责任中心的主要责任指标，这些指标都是根据各个责任中心的权利、义务和责任而建立的，反映了各种不同类型的责任中心之间的责任和义务的区别，是必须保证实现的指标。其他责任指标是根据企业其他目标分解得到的，或是为保证主要责任指标的完成而必须完成的责任指标。

2. 责任预算的编制

责任预算编制的目的在于将责任中心的经济责任数量化、具体化。责任预算的编制程序有两种：

（1）以责任中心为主体，将企业总预算在各责任中心之间进行层层分解，从而形成各责任中心的具体预算。这种自上而下、指标层层分解的方式是比较常用的方式之一，其优点是使整个企业浑然一体，各责任中心目标与企业总目标上下一致，便于统一指挥与协调。不足之处是可能会抑制各责任中心工作的积极性与创造性。

（2）各责任中心首先根据自身情况编制各自的预算指标，采取自下而上的方式，然后层层汇总，最后由企业的专门管理机构进行汇总与调整，从而建立企业总预算。这种方式的优点是有利于发挥各责任中心的积极性，并考虑了责任中心的实际能力。缺陷在于各责任中心往往只从自身角度考虑问题，造成各责任中心之间协调较困难，工作难度加大，影响预算编制的质量和时效。

责任预算的编制程序与企业组织机构设置和经营管理方式有密切关系。因此，在集权组织结构形式下，公司最高层管理机构对企业的所有成本、收入、利润和投资负责，既是利润中心，又是投资中心。而公司下属各部门、各工厂、各车间、各工段、各地区都是成本中心，它们只对其权责范围内控制的成本负责。

在集权组织结构形式下，首先要按照责任中心的层次，从上至下把公司总预算逐层向下分解，形成各责任中心的责任预算；然后建立责任预算执行情况的跟踪系统，记录预算执行的实际情况，并定期由下至上把责任预算的实际执行数据逐层汇总，直到最高层的投资中心。

在分权组织结构形式下，经营管理权分散在各责任中心，公司下属各部门、各工厂、各地区等与公司自身一样，可以都是利润中心或投资中心，它们要控制成本、提高收入和利润，又要对所占用的全部资产负责。在它们之下，还有许多只对各自所控制的成本负责的成本中心。在分权组织结构形式下，首先也应该按照责任中心的层次，将公司总体预算从最高层向基层逐级分解，形成各责任中心的责任预算；然后建立责任预算的跟踪系统，记录预算的执行情况，并定期把基层责任中心的责任成本和收入的实际情况，通过编制业绩报告逐级向上汇总。

【例 10—4】某公司的组织结构形式如图 10—1 所示。这是一个采用分权管理组织形式的企业，各成本中心发生的成本费用均为可控成本，该公司责任预算的简化形式如表 10—2 至表 10—6 所示。

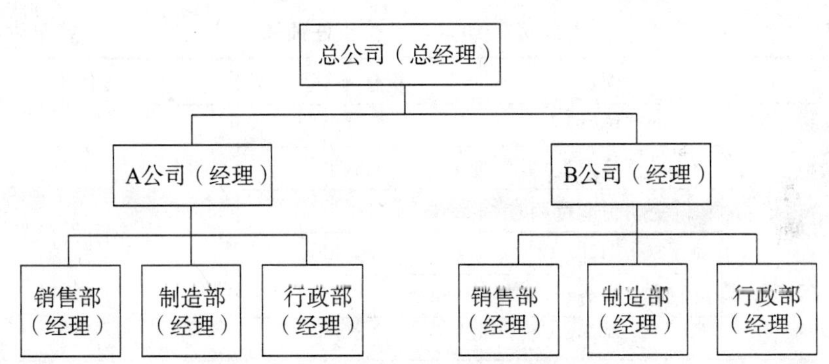

图 10—1　总公司的组织结构形式

表 10—2　　**总公司 2010 年责任预算**　　单位：万元

责任中心	项目	责任预算	责任人
利润中心	A 公司营业利润	20 000	A 公司经理
利润中心	B 公司营业利润	15 000	B 公司经理
利润中心	合计	35 000	总公司总经理

表 10—3　　A 公司 2010 年责任预算　　单位：万元

责任中心	项目	责任预算	责任人
收入中心	销售部收入	46 000	销售部经理
成本中心	制造部可控成本	17 000	制造部经理
	行政部可控成本	4 000	行政部经理
	销售部可控成本	5 000	销售部经理
	合计	26 000	A 公司经理
利润中心	营业利润	20 000	A 公司经理

表 10—4　　A 公司 2010 年销售部责任预算　　单位：万元

责任中心	项目	责任预算	责任人
收入中心	东北地区收入	15 000	责任人 A
收入中心	东南地区收入	17 000	责任人 B
收入中心	西南地区收入	8 000	责任人 C
收入中心	西北地区收入	6 000	责任人 D
利润中心	合计	46 000	销售部经理

表 10—5　　A 公司 2010 年制造部责任预算　　单位：万元

成本中心	项目	责任预算	责任人
一车间	直接材料	5 000	一车间负责人
	直接人工	3 500	
	变动制造费用	1 000	
	小计	9 500	
	固定制造费用	300	
	合计	9 800	
二车间	直接材料	3 500	二车间负责人
	直接人工	2 400	
	变动制造费用	600	
	小计	6 500	
	固定制造费用	300	
	合计	6 800	
制造部	制造部其他费用	400	制造部经理
	总计	17 000	制造部经理

表 10—6 **A 公司 2010 年行政部及销售部责任预算** 单位：万元

成本中心	项目	责任预算	责任人
行政部	工资费用	1 600	行政部经理
	折旧费	1 300	
	办公费	500	
	保险费	600	
	合计	4 000	
销售部	工资费用	2 500	销售部经理
	办公费	700	
	广告费	1 500	
	其他	300	
	合计	5 000	

通过上例可以看出，各表预算数据之间存在着相应的钩稽关系。随着预算数据的逐渐落实，预算项目越来越具体，使得总预算被真正分解落实到各责任中心的具体部门和个人，真正发挥责任预算编制的作用。

（二）责任报告

责任报告是对各个责任中心执行责任预算情况的系统概括和总结。责任报告又称业绩报告、绩效报告，它是根据责任会计记录编制的反映责任预算实际执行情况，揭示责任预算与实际执行差异的内部会计报告。责任会计是以责任预算为基础，对责任预算的执行情况进行系统的反映，用实际完成情况同预算目标对比，以评价和考核各个责任中心的工作成果。

责任报告的形式主要有报表、数据分析和文字说明等。将责任预算的实际履行情况及产生的差异用报表予以列示，是责任报告的基本方式。在揭示差异时，还必须对重大差异予以定量分析和定性分析。定量分析旨在确定差异的发生程度，定性分析旨在分析差异产生的原因，并根据这些原因提出改进建议。

由于责任中心是逐级设置的，责任报告也应自上而下逐级编制。

【例 10—5】 以前述某公司为例，将其责任报告的简略形式列表，见表 10—7、表 10—8 和表 10—9。

表 10—7　**A 公司 2010 年成本中心责任报告**　单位：万元

项目	预算	实际	超支（节约）
A 公司第一车间可控成本			
变动成本			
直接材料	5 000	5 500	500
直接人工	3 500	3 200	(300)
变动制造费用	1 000	1 100	100
变动成本合计	9 500	9 800	300
固定成本			
固定制造费用	300	250	(50)
合计	9 800	10 050	250
A 公司制造部可控成本			
第一车间			
变动成本	9 500	9 800	300
固定成本	300	250	(50)
小计	9 800	10 050	250
第二车间			
变动成本	6 500	6 600	100
固定成本	300	250	(50)
小计	6 800	6 850	50
制造部其他费用	400	500	100
合计	17 000	17 400	400
A 公司可控成本			
制造部	17 000	17 400	400
行政部	4 000	3 800	(200)
销售部	5 000	4 900	(100)
总计	26 000	26 100	100

表 10—8 **总公司 2010 年利润中心责任报告** 单位：万元

项目	预算	实际	超支（节约）
A 公司销售收入			
东北地区	21 000	21 900	900
东南地区	25 000	24 500	(500)
小计	46 000	46 400	400
A 公司变动成本			
第一车间	9 500	9 800	300
第二车间	6 500	6 600	100
小计	16 000	16 400	400
A 公司贡献毛益总额	30 000	30 000	0
A 公司固定成本			
制造部			
第一车间	300	250	(50)
第二车间	300	250	(50)
制造部其他费用	400	500	100
小计	1 000	1 000	0
行政部	4 000	3 800	(200)
销售部	5 000	4 900	(100)
总计	10 000	9 700	(300)
A 公司利润	20 000	20 300	300
总公司利润			
A 公司利润	20 000	20 300	300
B 公司利润	15 000	16 000	1 000
合计	35 000	36 300	1 300

表 10—9　　总公司 2010 年投资中心责任报告　　单位：万元

项目	预算	实际	超支（节约）
A 公司利润	20 000	20 300	300
B 公司利润	15 000	16 000	1 000
小计	35 000	36 300	1 300
总公司所得税（30%）	10 500	10 890	390
总公司税后利润	24 500	25 410	910
净资产平均占用额	119 000	98 591	（20 409）
投资利润率	20%	25%	5%
行业最低平均报酬	15%	18%	3%
剩余收益	6 650	7 663.62	1 013.62

说明：①净资产平均占用额是根据预计资产负债表和实际资产负债表所有者权益年初、年末值平均后求得。②计算剩余收益时，其最低报酬率可按行业或企业平均报酬率计算求得。

（三）责任业绩考核

责任业绩考核是指以责任报告为依据，分析、评价各责任中心责任预算的实际执行情况，找出差距，查明原因，借以考核各责任中心的工作成果，并根据业绩考核结果进行经济和其他方式的奖惩，促使各责任中心及时纠正行为偏差，完成责任预算的过程。

责任中心的业绩考核有狭义和广义之分，狭义的业绩考核仅指对各责任中心的价值指标，如成本、收入、利润等完成情况进行考核。广义的业绩考核，除了上述内容外，还包括对各责任中心非价值指标的完成情况进行考核。

责任中心的业绩考核可分为年终考核与日常考核。年终考核通常是指一个年度终了（或预算期结束）时对责任预算执行结果的考核，目的在于进行奖惩和为下一年度（或下一个预算期）编制预算提供依据。日常考核是指在年度内（或预算期内）对责任预算执行过程的考核，目的在于通过信息反馈控制和调节责任预算的执行偏差，确保责任预算的落实。

1. 成本中心业绩考核

成本中心是企业最基础的责任中心。成本中心没有收入来源，只对其可控成本负责，因而只考核其责任成本。由于不同层次成本费用控制的范围不同，计算和考评的成本费用指标也不尽相同，越往上一层次，计算和考评的指标越多，考核内容也越多。

成本中心业绩考核是以责任报告为依据，将实际可控成本与责任成本进行比较，从而确定两者差异的性质、数额以及形成的原因，并根据差异分析的结果，对成本中心进行奖惩，以督促成本中心努力降低成本。

2. 利润中心业绩考核

利润中心既对成本负责，又对收入和利润负责，在进行考核时，应以销售收入、边际贡献及息税前利润为重点进行分析、评价。特别是应通过一定期间的实际利润与预算利润目标进行对比，分析差异及其形成原因，对经营上存在的问题和取得的成绩进行全面公正的评价。

在考核利润中心业绩时，也只是计算和考评本利润中心权责范围内的收入和成本，凡不属于该利润中心的收入或成本，即使发生实际收付行为，也应在考核时予以剔除。

3. 投资中心业绩考核

投资中心是企业最高一级的责任中心，它不仅要对成本、收入和利润负责，还要对投资效果负责。因此，投资中心业绩考核内容包括投资中心的成本、收入、利润及资金占用指标的完成情况，特别要重点考核投资利润率和剩余收益两项指标，将投资中心的实际数与预算数进行比较，分析差异，查明原因，进行奖惩。

三、责任结算与核算

（一）内部转移价格

企业内部各单位之间相互提供产品或劳务时，需要制定一个内部转移价格。转移价格对于提供产品或劳务的生产部门来说表示收入，对于使用这些产品或劳务的购买部门来说则表示成本。因此，转移价格会影响到这两个部门的获利水平，使得部门经理非常关心转移价格的制定，并经常引起争论。制定转移价格可以防止成本转移带来的部门间责任转嫁，使每个利润中心都能作为单独的组织单位进行业绩评价。

1. 内部转移价格的含义

内部转移价格是指企业内部各责任中心之间转移中间产品或相互提供劳务而发生内部结算和进行内部责任结转时所使用的价格标准。

采用内部转移价格进行内部结算，使两个责任中心之间的关系类似于市场交易的买卖关系。在价格一定的情况下，责任中心的“卖方”必须不断改善经营管理，降低成本费用，以其收入抵偿支出；责任中心的“买方”则必须在一定的购置成本下，千方百计降低自身加工的成本费用，提高产品或劳务的质量，争取获得更多的利润。

内部转移价格与外部市场价格有很大的不同之处。内部转移价格这一手段使得内部责任单位处于模拟市场竞争关系之中，并不是真正意义上的市场竞争双方。因此，“买”“卖”双方存在于同一个企业之中。在其他条件不变的情况下，内部转移价格的变化，一方面会增加“卖方”的收入或内部利润，另一方面却会减少“买方”的收入或内部利润。“卖方”所增加的利润相当于“买方”所减少的利润，“买”“卖”双方内部利润的一增一减，其数额相等，但方向相反。因此，从总体上看，无论内部转移价格怎样变动，企业利润的总数是不变的，变动的只是利润在各责任中心之间的分配情况。

2. 内部转移价格的制定原则

正确制定内部转移价格有助于明确划分各责任中心的经济责任，能够将责任中心的业绩考核建立在客观、公正的基础上。同时，也能使各责任中心的经济责任、工作绩效数量化，为制定正确的经营决策提供依据。为此，在制定内部转移价格时应遵循以下原则：

（1）全局性原则。制定内部转移价格应强调企业的整体利益高于责任中心利益。由于内部转移价格的制定直接关系到各责任中心利润的大小，每个责任中心为了本中心的利益必然会争取最好的条件，在利益有一定冲突的情况下，企业应从整体利益出发制定内部转移价格，保证企业的利润最大化。

（2）自主性原则。在确保企业整体利益的前提下，承认各责任中心的相对独立性，允许各责任中心通过协商和讨价还价来确定内部转移价格，给予责任中心最大的自主权。

（3）激励性原则。内部转移价格的制定应公正、合理，充分考虑到责任中心的经营能力和经营业绩的配套问题，防止某些部门因价格上的缺陷而获得一些额外的利益或遭受额外的损失。

3. 内部转移价格的类型

（1）市场价格。市场价格简称“市价”，是指责任中心在确定内部转移价格时，以产品或劳务的市场供应价格作为计价标准。能采用市场价格作为内部转移价格的责任中心一般具有独立法人地位，能自主决定产品生产的数量、产品出售或购买的数量及相应价格。在西方国家，通常认为市场价格是制定内部转移价格的最好依据，因为市场价格完全是由公平、公开的竞争决定的，通过它可在企业内部形成竞争机制，使各责任中心之间进行公正的竞争。

以市场价格作为内部转移价格时，各责任中心应尽可能地进行内部转让，为此，应注意以下两方面：第一，在中间产品有外部市场，可向外部单位销售，或从外部单位购买时，以市场价格作为内部转移价格并不表示应以市场价格作为结算价格，因为纯粹的市场价格一般都包括销售费、广告费及运输费等，而这些费用在企业进行内部产品转移时则可避免。因此，若直接用市场价格作为结算价格，这部分费用则直接变为制造方的利润，使用方将得不到任何节约。为使利益分配更公平，应对市场价格作一些必要的调整，将可避免费用从市场价格中减去，然后确定为内部转移价格。第二，以市场价格为标准制定内部转移价格时，通常应注意中间产品有完全竞争的市场或提供中间产品的部门无闲置生产能力的情况。

（2）协商价格。协商价格也称为议价，是企业内部责任中心的“买”“卖”双方以正常的市场价格为基础，通过共同协商所确定的双方能够接受的价格。采用协商价格的前提是责任中心转移的产品应有在非竞争性市场买卖的可能性，在这种市场内买卖双方自行决定是否买卖这种中间产品。如果“买”“卖”双方不能自行决定，或价格协商的双方发生矛盾而又不能自行解决，或双方协商定价不能导致企业最优决策，企业高一级的管理层要进行必要的干预。这种干预应以有限、得体为原则，不能使整个谈判变成上级领导完全决定一切。

协商价格的上限是市价，下限是单位变动成本，具体价格应由各相关责任中心在这一范围内协商议定。当产品或劳务没有适当的市价时，也只能采用议价方式来确定。通过各相关责任中心的讨价还价，形成企业内部的模拟“公允市价”，作为计价的基础。

协商价格也存在一定的缺陷：一是协商定价的过程要花费人力、物力和时间；二是协商定价各方往往会相持不下，需企业高层领导裁定，这样就弱化了分权管理的作用。

（3）双重价格。双重价格就是责任中心“买”“卖”双方采用不同的内部转移价格作为本中心的计价标准，如对产品（半成品）的供应方，可按协商的市场价格计价；对使用方则按供应方的产品（半成品）的单位变动成本计价，其差额由会计最终调整。之所以采用双重价格，是因为内部转移价格主要是为了对企业内部各责任中心的业绩进行评价、考核，故各相关责任中心所采用的价格并不需要完全一致，可分别选用对责任中心最有利的价格为计价依据。双重价格有两种形式：一是双重市场价格，就是当某种产品或劳务在市场上出现几种不同价格时，“卖”方采用最高市价，“买”方采用最低市价。二是双重转移价格，就是“卖”方按市场价格或议价作为计价基础，而“买”方按供应方的单位变动成本作为计价基础。

双重价格的好处是既可较好满足“买”“卖”双方的不同需要，也能激励双方在经营上充分发挥其积极性。采用双重价格的前提条件是：内部转移的产品或劳务有外部市场，供应方有剩余生产能力，而且其单位变动成本要低于市价。

（4）成本加成。成本加成是指在产品或劳务成本的基础上，加上一定比例的利润作为内部转移价格。由于成本的概念不同，成本加成也有多种不同形式，其中用途较为广泛的有两种：①标准成本加成，即按产品（半成品）或劳务的标准成本加计一定的合理利润作为计价的基础。它的优点是能分清“买”“卖”双方相关的责任，但确定加成利润率时，则需要稳妥慎重，以保证加成利润率确定的科学性、合理性。②实际成本加成，即根据产品（半成品）或劳务的实际成本加计一定比例利润作为内部转移价格。它的优点是能调动“卖”方的积极性；缺陷是容易造成“卖”方削弱降低成本的责任感。

（二）内部结算

内部结算是指企业各责任中心清偿因相互提供产品或劳务所发生的、按内部转移价格计算的债权、债务。

按照结算的手段不同，内部结算可分为内部支票结算、转账通知单和内部货币结算等方式。

1．内部支票结算方式

内部支票结算方式是指由付款方签发内部支票通知内部银行从其账户中支付款项的结算方式。这种方式分为签发、收受和银行转账三个环节。签发就是由付款方根据有关原始凭证或业务活动证明签发内部支票交付收款方；收受是收款方经过审核无误后接受付款方的支票；银行转账就是收款方将支票送存内部银行办理收款转账。内部支票一式三联，第一联为收款凭证，第二联为付款凭证，第三联为内部银行记账凭证。内部支票结算方式主要适用于收、付款双方直接见面进行经济往来的业务结算。

2．转账通知单方式

转账通知单方式是由收款方根据有关原始凭证或业务活动证明签发转账通知单，通知内部银行将转账通知单转给付款方，让其付款的一种结算方式。转账通知单一式三联，第一联为收款方的收款凭证，第二联为付款方的付款凭证，第三联为内部银行的记账凭证。这种结算方式适用于“买”“卖”双方发生的经常性往来业务，并且双方信誉较高的情况。它手续简便，结算及时，但若付款方有异议，则可能拒付。

3. 内部货币结算方式

内部货币结算方式是使用内部银行发行的限于企业内部流通的货币进行内部往来结算的一种方式。这种方式是典型的一手“钱”一手“货”的结算方式。这种结算方式比银行支票结算方式更为直观，能够强化各责任中心的价值观念、核算观念和经济责任观念。但是，它具有携带不便、清点麻烦、保管困难等缺点。所以，在一般情况下，小额零星往来业务以内部货币结算，大宗业务以内部银行支票结算。

（三）责任成本的内部结转

责任成本的内部结转又称责任转账，是指在生产经营过程中，对于因不同原因造成的各种经济损失，由承担损失的责任中心对应承担损失的责任中心结转责任和赔偿损失的过程。

企业内部各责任中心在生产经营过程中，常常会发生责任成本发生的责任中心与应承担责任成本的中心不是同一责任中心的情况，为划清责任，就需要将这种责任成本相互结转。例如，生产车间所耗用的原材料损失是由供应部门购入不合格的材料所造成的，由此产生的材料成本的增加额或废品损失的增加额，应由生产车间成本中心转给供应中心负担。

责任转账的目的是划清各责任中心的成本责任，使不应承担损失的责任中心在经济上得到合理补偿，在责权上明确界限，为业绩考核、评价及奖惩奠定合理的基础。

责任转账的方式有直接的货币结算方式和内部银行转账方式，前者是以内部货币直接支付给损失方，后者只是在内部银行所设立的账户之间划转款项。

【本章强化训练题】

一、本章思考题

1. 什么是财务控制？财务控制有哪些特征？
2. 财务控制的基础有哪些？
3. 财务控制如何分类？
4. 试述责任中心的含义与特征。
5. 试述成本中心的含义与考核指标。

6. 试述投资中心的含义与考核指标。

二、单项选择题

1. 关于责任转账，下列说法错误的是（　　）。

A. 责任转账是指在生产经营过程中，对于因不同原因造成的各种经济损失，由承担损失的责任中心对实际发生或发现损失的责任中心进行损失赔偿的账务处理过程

B. 责任转账包括内部货币结算和内部支票结算两种方式

C. 责任转账的目的是为了使不应承担损失的责任中心在经济上得到合理补偿

D. 劣质材料造成的生产车间的废品损失需要在生产部门和采购部门之间进行责任转账

2. 关于内部结算方式，下列说法错误的是（　　）

A. 内部结算方式有内部支票结算方式、转账通知单方式和内部货币结算方式三种

B. 转账通知单方式手续简便，结算及时

C. 内部支票结算方式主要适用于企业内部收、付款双方直接见面进行经济往来的业务结算

D. 内部货币结算方式适用于经常性的质量与价格较稳定的往来业务

3. 下列说法中错误的是（　　）。

A. 内部转移价格使得企业内部供需双方的收入或内部利润呈反方向变化

B. 当各责任中心成本发生的地点与应承担责任的地点不同时，应当进行责任转账

C. 内部转移价格会影响到企业的利润总额

D. 当责任成本在发生的地点显示不出来，需要在下道工序或环节才能发现时，需要进行责任转账

4. 在投资中心的主要考核指标中，能够全面反映该责任中心投入产出的关系，避免本位主义发生，并使个别投资中心的利益与整个企业的利润统一起来的指标是（　　）。

A. 可控成本　　B. 剩余收益　　C. 投资利润率　　D. 利润总额

5. 投资利润率指标的优点不包括（　　）。

A. 能反映投资中心的综合盈利能力　　B. 可以作为选择投资机会的依据

C. 可以避免本位主义　　D. 具有横向可比性

6. 投资利润率又称投资收益率，是指投资中心所获得的利润与投资额之间

的比率，其中投资额是指（　　）。

A. 投资中心的资产总额　　B. 投资中心的流动资产总额

C. 投资中心的固定资产总额　　D. 投资中心的净资产

7. 考查利润中心负责人经营业绩最好的指标是（　　）。

A. 利润中心边际贡献总额　　B. 利润中心负责人可控利润总额

C. 利润中心可控利润总额　　D. 企业利润总额

8. 下列说法中错误的是（　　）。

A. 对企业来说，几乎所有的成本都是可控的

B. 变动成本都是可控的，固定成本都是不可控的

C. 某项成本就某一责任中心来说是不可控的，而对另外的责任中心可能是可控的

D. 某些成本从短期来看是不可控的，从较长期来看可能是可控的

9. 企业的各责任中心中权利最大的是（　　）。

A. 成本中心　　B. 自然利润中心　　C. 人为利润中心　　D. 投资中心

10. 下列说法中错误的是（　　）。

A. 成本中心对可控的成本或费用承担责任

B. 利润中心既对可控的成本负责，又对可控的收入和利润负责

C. 投资中心只对投资效果负责

D. 投资中心既对成本、收入和利润负责，又对投资效果负责

11. 下列各项中，（　　）不属于责任中心的特征。

A. 具有承担责任的条件　　B. 具有一定的经营业务

C. 具有一定的财务收支活动　　D. 只承担责任不享受权利

12. 从引进市场机制、营造竞争气氛、促进客观和公平竞争的角度看，制定内部转移价格的最好依据是（　　）。

A. 市场价格　　B. 协商价格　　C. 双重价格　　D. 成本价格

13. 某公司某部门的有关数据如下：销售收入为50 000元，已销产品的变动成本和变动销售费用为30 000元，可控固定间接费用为2 500元，不可控固定间接费用为3 000元。那么，该部门的利润中心负责人可控利润为（　　）元。

A. 20 000　　B. 17 500　　C. 14 500　　D. 10 750

14. 甲利润中心常年向乙利润中心提供劳务。假定今年使用的内部结算价格比去年有所提高，在其他条件不变的情况下，则（　　）。

A. 乙中心取得了更多的内部利润　　B. 甲中心因此而减少了内部利润

C. 企业的总利润有所增加　　D. 企业的总利润没有变化

15. 为便于考核各责任中心的责任业绩，下列各项中不宜作为内部转移价格的是（　　）。

A. 标准成本　　B. 实际成本

C. 标准变动成本　　D. 标准成本加成

16. 投资中心的投资额为 100 000 元，最低投资利润率为 20%，剩余收益为 10 000 元，则该中心的投资利润率为（　　）。

A. 10%　　B. 20%　　C. 30%　　D. 60%

17. 在确定内部转移价格中的协商价格下限时，可供选择的标准是（　　）。

A. 市价　　B. 单位标准成本

C. 单位变动成本　　D. 单位制造成本

18. 最适合作为企业内部利润中心业绩评价指标的是（　　）。

A. 利润中心贡献毛益　　B. 公司利润总额

C. 利润中心可控利润　　D. 利润中心负责人可控利润

19. 甲责任中心生产的 a 产品市场售价为 100 元，单位变动成本为 70 元。当甲将 a 产品转让给乙责任中心时，厂内银行以 100 元的价格向甲支付价款，同时以 70 元的价格从乙收取价款。据此可以判断，该项内部交易采用的内部转移价格是（　　）。

A. 市场价格　　B. 协商价格　　C. 成本价格　　D. 双重价格

20.（　　）不仅计算可控成本，也计算不可控成本。

A. 人为利润中心　　B. 自然利润中心

C. 投资中心　　D. 成本中心

三、实务题

（一）练习利润中心考核指标的计算

资料：甲企业的 A 部门为利润中心，有关数据如下：利润中心销售收入为 90 万元，利润中心销售产品变动成本和变动销售费用为 50 万元，利润中心负责人可控固定成本为 15 万元，利润中心负责人不可控而应由该中心负担的固定成本为 20 万元。要求：

（1）计算该利润中心的边际贡献总额；

（2）计算该利润中心负责人可控利润总额；

（3）计算该利润中心可控利润总额。

（二）练习投资中心考核指标的计算

资料：某公司下设 A、B 两个投资中心。A 中心的投资额为 250 万元，投资利润率为16%；B中心的投资额为300万元，剩余收益为9万元；公司要求的平均投资利润率为13%，现公司决定追加投资150万元，若投向A中心，该中心每年增加利润30万元，若投向B中心，该中心每年增加利润25万元。要求计算下列指标：

（1）追加投资前A中心的剩余收益；

（2）追加投资前B中心的投资利润率；

（3）若A中心接受追加投资，计算其投资利润率；

（4）若B中心接受追加投资，计算其剩余收益。

（三）练习投资中心业绩的评价与决策

资料：某公司下设A、B两个投资中心。A中心的投资额为500万元，投资利润率为12%；B中心的投资利润率为15%，剩余收益为30万元；该公司要求的平均投资利润率为10%。公司决定追加投资200万元，若投向A公司，每年增加利润25万元；若投向B公司，每年增加利润30万元。要求计算下列指标：

（1）追加投资前A中心的剩余收益；

（2）追加投资前B中心的投资额；

（3）追加投资该公司的投资利润率；

（4）若A中心接受追加投资，其剩余收益和投资利润率；

（5）若B中心接受追加投资，其剩余收益和投资利润率；

从该公司角度看应向哪个中心追加投资？计算追加投资后该公司的投资利润率。

【案例分析】

百安居的日常成本控制

成本控制永远是企业日常经营的一个重要环节。在跑马圈地的冲锋时代，圈下市场是首要目的，但在销售严重低迷的时候，更好地控制成本就变得更加引人关注。

节俭从来就不是个大问题，但却需要大本领才能做得彻底，做得不留遗憾。特别是对于当今零售行业来说，利润微薄的同时还要快速扩张，不实行低成本运营就难以生存，可谓成本决定存亡。

百安居（B&Q），隶属于世界500强企业之一、拥有30多年历史的大型国际装饰建材零售集团——英国翠丰集团，从1999年进入中国内地，至今已开设了23家分店。中国公司2004年的营业额约为32亿人民币，利润达7 000万人民币，如此财大气粗的公司却将节俭发展为一种生存哲学，在日常的运营中阐释着什么叫“细者为王”。客户不会为你的奢侈买单。

北京四季青桥百安居一楼卖场，偏僻的西南角摆了张小桌子，来访者在有些破旧的登记簿上签字后，通过狭窄的楼道，华北区的百安居总部就借居在此，与明亮宽敞的卖场相比，办公区显得十分寒碜。

华北区总经理办公室照样简陋，一张能容6人的会议桌，毫无档次可言的普通灰白色文件柜。没有老板桌，总经理文东坐的椅子（用“凳子”这个词也可以）和普通员工一样，连扶手都没有，就这几件物品，办公室已不宽松。总经理手中的签字笔只要1.5元，由行政部门按不高于公司的指导价去统一采购——这听上去有些令人惊叹。而他们选用廉价笔的理由是，既然都能写字，为什么要用贵的呢?

这就是百安居的节俭哲学：企业的所有支出，都是建立在可以给客户提供更多价值的基础之上。换句话说，企业所有的投入都应该为客户服务，以提供以客户更多的让渡价值为本。于是有没有老板桌不成为问题，选择廉价笔也理所当然！对于那些对客户没有直接价值的支持部门进行照明控制，以及对空调温度的控制同样如此。因为客户不会为你的奢侈买单！正是这种节约的意识，百安居的营运费用占销售额的百分比远低于同行。以百安居北京金四季店为例，京城另一家营业面积同样为2万平方米的建材超市，销售额只有金四季的1/2，营运费用却比金四季店多出一倍。

通过多年来在全球范围内的经营活动，百安居随时注意收集各地数据，并据此形成各种费用在不同情况下的不同标准，它包括核心城市、二类城市；单层店、二层店等不同参考体系。而且在已有的控制体系中，当标准同实际实施情况比较时，任何有助于降低成本的差异都能够被用来作为及时更正的依据。

以百安居营运成本中的人事成本为例，他们对人事的成本控制，控制的是总量，特别是员工数量，而对员工的个人收入不加限制，简单地说，人力配置项目与人均利润息息相关。

2万多平方米的卖场，只有230多名员工，平均100平方米配置1名。顾客所看到的店员由三部分人组成，固定员工、供应商所派过来的促销员、配送和收银中的部分小时工，在衣着的颜色和标识上会有区别。

此外，临时工占员工总数的20％～30％，目前主要只在部分配送和收银工作中使用。人员配置的调整，主要从部门、全店、全国人力效率（每小时的销售额）的对比进行考虑，其次再考虑商店的具体情况（如卖场形状、面积、现货比例等）。人员的配置主要包括与销售相关的部门以及支持部门。

在此后的运营过程中，会根据实际情况继续对人员配置进行调整，如针对销售相关部门的员工配置，他们会设置以各部门为纵向坐标，标准配置、实际配置、建议配置、销售达成、员工效率等项为横向坐标的表格进行分析汇总（商店部门员工效率＝部门销售实际/部门人时；前后台部门员工效率＝商店销售实际/部门人时）。而对防损、物业、行政、团购等支持部门，主要采取定岗编制，调整原因则以事实描述为主。

有了价值分析，有了全球数据库对比，有了标准，唯一难的就是如何确保实施。一个人节俭比较容易，而要让超过 6 000 名员工，在超过 300 000 平方米的营业区内将节俭发展成一种组织行为，则难上难。但百安居办到了！

每个月、每个季度、每一年百安居都会将财务汇总报告发到管理者的手中，超支和异常的数据会用红色特别标识，管理者会对报告中的红色部分相当留意，在会议中，相关部门需要对超支的部分作出解释。预算只能对金额可以量化的部分进行明确的控制，但是如何实施，以及那些难以金额化的部分怎么降低成本呢？百安居的标准操作规范（SOP），将如何节俭用制度固化下来并取得了良好的效果。一套成型的操作流程和控制手册在百安居被使用，该手册从电能、水、印刷用品、劳保用品、电话、办公用品、设备和商店易耗品八个方面提出了控制成本的方法。

案例思考：

1. 如何加强企业的日常成本控制？
2. 通过阅读以上案例，你会受到什么启示？

（资料来源：朱京苹：《百安居的日常成本控制》，载《财务天地》，2008。）

附　录

附表一　　　　　　　　　　　　　　复利终值系数表

期数	1%	2%	3%	4%	5%	6%	7%	8%	9%	10%
1	1.010 0	1.020 0	1.030 0	1.040 0	1.050 0	1.060 0	1.070 0	1.080 0	1.090 0	1.100 0
2	1.0201	1.0404	1.0609	1.081 6	1.102 5	1.123 6	1.144 9	1.166 4	1.188 1	1.210 0
3	1.030 3	1.061 2	1.092 7	1.124 9	1.157 6	1.191 0	1.225 0	1.259 7	1.295 0	1.331 0
4	1.040 6	1.082 4	1.125 5	1.169 9	1.215 5	1.262 5	1.310 8	1.360 5	1.411 6	1.464 1
5	1.051 0	1.104 1	1.159 3	1.216 7	1.276 3	1.338 2	1.402 6	1.469 3	1.538 6	1.610 5
6	1.061 5	1.126 2	1.194 1	1.265 3	1.340 1	1.418 5	1.500 7	1.580 9	1.677 1	1.771 6
7	1.072 1	1.148 7	1.229 9	1.315 9	1.407 1	1.503 6	1.605 8	1.713 8	1.828 0	1.948 7
8	1.082 9	1.171 7	1.266 8	1.368 6	1.477 5	1.593 8	1.718 2	1.850 9	1.992 6	1.143 6
9	1.093 7	1.195 1	1.304 8	1.423 3	1.551 3	1.689 5	1.838 5	1.999 0	2.171 9	2.357 9
10	1.104 6	1.219 0	1.343 9	1.480 2	1.628 9	1.790 8	1.967 2	2.158 9	2.367 4	2.593 7
11	1.115 7	1.243 4	1.384 2	1.539 5	1.710 3	1.898 3	2.104 9	2.331 6	2.580 4	2.853 1

续前表

期数	1%	2%	3%	4%	5%	6%	7%	8%	9%	10%
12	1.126 8	1.268 2	1.425 8	1.601 0	1.795 9	2.012 2	2.252 2	2.518 2	2.812 7	3.138 4
13	1.138 1	1.293 6	1.468 5	1.665 1	1.885 6	2.132 9	2.409 8	2.719 6	3.065 8	3.452 3
14	1.149 5	1.319 5	1.512 6	1.731 7	1.979 9	2.260 9	2.578 5	2.937 2	3.341 7	3.797 5
15	1.161 0	1.345 9	1.558 0	1.800 9	2.078 9	2.396 6	2.759 0	3.172 2	3.642 5	4.177 2
16	1.172 6	1.372 8	1.604 7	1.873 0	2.182 9	2.540 4	2.952 2	3.425 9	3.970 3	4.595 0
17	1.184 3	1.400 2	1.652 8	1.947 9	2.292 0	2.692 8	3.158 8	3.700 0	4.327 6	5.054 5
18	1.196 1	1.428 2	1.702 4	2.025 8	2.406 6	2.853 4	3.379 9	3.996 0	4.717 1	5.559 9
19	1.208 1	1.456 8	1.753 5	2.106 8	2.527 0	3.025 6	3.616 5	4.315 7	5.141 7	6.115 9
20	1.220 2	1.485 9	1.806 1	2.191 1	2.653 3	3.207 1	3.869 7	4.661 0	5.604 4	6.727 5
21	1.232 4	1.515 7	1.860 3	2.278 8	2.786 0	3.399 6	4.140 6	5.033 8	6.108 8	7.400 2
22	1.244 7	1.546 0	1.916 1	2.369 9	2.925 3	3.603 5	4.430 4	5.436 5	6.658 6	8.140 3
23	1.257 2	1.576 9	1.973 6	2.464 7	3.071 5	3.819 7	4.740 5	5.871 5	7.257 9	8.254 3
24	1.269 7	1.608 4	2.032 8	2.563 3	3.225 1	4.048 9	5.072 4	6.341 2	7.911 1	9.849 7
25	1.282 4	1.640 6	2.093 8	2.665 8	3.386 4	4.291 9	5.427 4	6.848 5	8.623 1	10.835
26	1.295 3	1.673 4	2.156 6	2.772 5	3.555 7	4.549 4	5.807 4	7.396 4	9.399 2	11.918
27	1.308 2	1.706 9	2.221 3	2.883 4	3.733 5	4.882 3	6.213 9	7.988 1	10.245	13.110
28	1.321 3	1.741 0	2.287 9	2.998 7	3.920 1	5.111 7	6.648 8	8.627 1	11.167	14.421
29	1.334 5	1.775 8	2.356 6	3.118 7	4.116 1	5.418 4	7.114 3	9.317 3	12.172	15.863
30	1.347 8	1.811 4	2.427 3	3.243 4	4.321 9	5.743 5	7.612 3	10.063	13.268	17.449
40	1.488 9	2.208 0	3.262 0	4.801 0	7.040 0	10.286	14.794	21.725	31.408	45.259
50	1.644 6	2.691 6	4.383 9	7.106 7	11.467	18.420	29.457	46.902	74.358	117.39
60	1.816 7	3.281 0	5.891 6	10.520	18.679	32.988	57.946	101.26	176.03	304.48

复利终值系数表（续表）

期数	12%	14%	15%	16%	18%	20%	24%	28%	32%	36%
1	1.120 0	1.140 0	1.150 0	1.160 0	1.180 0	1.200 0	1.240 0	1.280 0	1.320 0	1.360 0
2	1.254 4	1.296 6	1.322 5	1.345 6	1.392 4	1.440 0	1.537 6	1.638 4	1.742 4	1.849 6
3	1.404 9	1.481 5	1.520 9	1.560 9	1.643 0	1.728 0	1.906 6	2.087 2	2.300 0	2.515 5
4	1.573 5	1.689 0	1.749 0	1.810 6	1.938 8	2.073 6	2.364 2	2.684 4	3.036 0	3.421 0
5	1.762 3	1.925 4	2.011 4	2.100 3	2.287 8	2.488 3	2.931 6	3.436 0	4.007 5	4.652 6
6	1.973 8	2.195 0	2.313 1	2.436 4	2.699 6	2.986 0	3.635 2	4.398 0	5.289 9	6.327 5
7	2.210 7	2.502 3	2.660 0	2.826 2	3.185 5	3.583 2	4.507 7	5.629 5	6.982 6	8.605 4
8	2.476 0	2.852 6	3.059 0	3.278 4	3.758 9	4.299 8	5.589 5	7.205 8	9.217 0	11.703
9	2.773 1	3.251 9	3.517 9	3.803 0	4.435 5	5.159 8	6.931 0	9.223 4	12.166	15.917
10	3.105 8	3.707 2	4.045 6	4.411 4	5.233 8	6.191 7	8.594 4	11.806	16.060	21.647
11	3.478 5	4.226 2	4.652 4	5.117 3	6.175 9	7.430 1	10.657	15.112	21.199	29.439
12	3.896 0	4.817 9	5.350 3	5.936 0	7.287 6	8.916 1	13.215	19.343	27.983	40.037
13	4.363 5	5.492 4	6.152 8	6.885 8	8.599 4	10.699	16.386	24.759	36.937	54.451
14	4.887 1	6.261 3	7.075 7	7.987 5	10.147	12.839	20.319	31.691	48.757	74.053
15	5.473 6	7.137 9	8.137 1	9.265 5	11.974	15.407	25.196	40.565	64.359	100.71
16	6.130 4	8.137 2	9.357 6	10.748	14.129	18.488	31.243	51.923	84.954	136.97
17	6.866 0	9.276 5	10.761	12.468	16.672	22.186	38.741	66.461	112.14	186.28
18	7.690 0	10.575	12.375	14.463	19.673	26.623	48.039	86.071	148.02	253.34
19	8.612 8	12.056	14.232	16.777	23.214	31.948	59.568	108.89	195.39	344.54
20	9.646 3	13.743	16.367	19.461	27.393	38.338	73.864	139.38	257.92	468.57
21	10.804	15.668	18.822	22.574	32.324	46.005	91.592	178.41	340.45	637.26
22	12.100	17.861	21.645	26.186	38.142	55.206	113.57	228.36	449.39	866.67
23	13.552	20.362	24.891	30.376	45.008	66.247	140.83	292.30	593.20	1 178.7
24	15.179	23.212	28.625	35.236	53.109	79.497	174.63	374.14	783.02	1 603.0

续前表

期数	12%	14%	15%	16%	18%	20%	24%	28%	32%	36%
25	17.000	26.462	32.919	40.874	62.669	95.396	216.54	478.90	1 033.6	2 180.1
26	19.040	30.167	37.857	47.414	73.949	114.48	268.51	613.00	1 364.3	2 964.9
27	21.325	34.390	43.535	55.000	87.260	137.37	332.95	784.64	1 800.9	4 032.3
28	23.884	39.204	50.066	63.800	102.97	164.84	412.86	1 004.3	2 377.2	5 483.9
29	26.750	44.693	57.575	74.009	121.50	197.81	511.95	1 285.6	3 137.9	7 458.1
30	29.960	50.950	66.212	85.850	143.37	237.38	634.82	1 645.5	4 142.1	10 143
40	93.051	188.83	267.86	378.72	750.38	1 469.8	5 455.9	19 427.	66 521.	*
50	289.00	700.23	1 083.7	1 670.7	3 927.4	9 100.4	46 890.	*	*	*
60	897.60	2 595.9	4 384.0	7 370.2	20 555	56 348	*	*	*	*
	* >99 999									

附表二　　　　复利现值系数表

期数	1%	2%	3%	4%	5%	6%	7%	8%	9%	10%
1	0.990 1	0.980 4	0.970 9	0.961 5	0.952 4	0.943 4	0.943 6	0.925 9	0.917 4	0.909 1
2	0.980 3	0.971 2	0.942 6	0.924 6	0.907 0	0.890 0	0.873 4	0.857 3	0.841 7	0.826 4
3	0.970 6	0.942 3	0.915 1	0.889 0	0.863 8	0.839 6	0.816 3	0.793 8	0.772 2	0.751 3
4	0.961 0	0.923 8	0.888 5	0.854 8	0.822 7	0.792 1	0.762 9	0.735 0	0.708 4	0.683 0
5	0.951 5	0.905 7	0.862 6	0.821 9	0.783 5	0.747 3	0.713 0	0.680 6	0.649 9	0.620 9
6	0.942 0	0.888 0	0.837 5	0.790 3	0.746 2	0.705 0	0.666 3	0.630 2	0.596 3	0.564 5
7	0.932 7	0.860 6	0.813 1	0.759 9	0.710 7	0.665 1	0.622 7	0.583 5	0.547 0	0.513 2
8	0.923 5	0.853 5	0.757 4	0.730 7	0.676 8	0.627 4	0.582 0	0.540 3	0.501 9	0.466 5
9	0.914 3	0.836 8	0.766 4	0.702 6	0.644 6	0.591 9	0.543 9	0.500 2	0.460 4	0.424 1
10	0.905 3	0.820 3	0.744 1	0.675 6	0.613 9	0.558 4	0.508 3	0.463 2	0.422 4	0.385 5
11	0.896 3	0.804 3	0.722 4	0.649 6	0.584 7	0.526 8	0.475 1	0.428 9	0.387 5	0.350 5

续前表

期数	1%	2%	3%	4%	5%	6%	7%	8%	9%	10%
12	0.887 4	0.788 5	0.701 4	0.624 6	0.556 8	0.497 0	0.444 0	0.397 1	0.355 5	0.318 6
13	0.878 7	0.773 0	0.681 0	0.600 6	0.530 3	0.468 8	0.415 0	0.367 7	0.326 2	0.289 7
14	0.870 0	0.757 9	0.661 1	0.577 5	0.505 1	0.442 3	0.387 8	0.340 5	0.299 2	0.263 3
15	0.861 3	0.743 0	0.641 9	0.553 3	0.481 0	0.417 3	0.362 4	0.315 2	0.274 5	0.239 4
16	0.852 8	0.728 4	0.623 2	0.533 9	0.458 1	0.393 6	0.338 7	0.291 9	0.251 9	0.217 6
17	0.844 4	0.714 2	0.605 0	0.513 4	0.436 3	0.371 4	0.316 6	0.270 3	0.231 1	0.197 8
18	0.836 0	0.700 2	0.587 4	0.493 6	0.415 5	0.350 3	0.295 9	0.250 2	0.212 0	0.179 9
19	0.827 7	0.686 4	0.570 3	0.474 6	0.395 7	0.330 5	0.276 5	0.231 7	0.194 5	0.163 5
20	0.819 5	0.673 0	0.553 7	0.456 4	0.376 9	0.311 8	0.258 4	0.214 5	0.178 4	0.148 6
21	0.811 4	0.659 8	0.537 5	0.438 8	0.358 9	0.294 2	0.241 5	0.198 7	0.163 7	0.135 1
22	0.803 4	0.646 8	0.521 9	0.422 0	0.341 8	0.277 5	0.225 7	0.183 9	0.150 2	0.122 8
23	0.793 5	0.634 2	0.506 7	0.405 7	0.325 6	0.261 8	0.210 9	0.170 3	0.137 8	0.111 7
24	0.787 6	0.621 7	0.491 9	0.390 1	0.310 1	0.247 0	0.197 1	0.157 7	0.126 4	0.101 5
25	0.779 8	0.609 5	0.477 6	0.375 1	0.295 3	0.233 0	0.184 2	0.146 0	0.116 0	0.092 3
26	0.772 0	0.597 6	0.463 7	0.360 4	0.281 2	0.219 8	0.172 2	0.135 2	0.106 4	0.083 9
27	0.764 4	0.585 9	0.450 2	0.346 8	0.267 8	0.207 4	0.160 9	0.125 2	0.097 6	0.076 3
28	0.756 8	0.574 4	0.437 1	0.333 5	0.255 1	0.195 6	0.150 4	0.115 9	0.082 2	0.069 3
29	0.749 3	0.563 1	0.424 3	0.320 7	0.242 9	0.186 4	0.140 6	0.107 3	0.082 2	0.063 0
30	0.741 9	0.552 1	0.412 0	0.308 3	0.231 4	0.174 1	0.131 4	0.099 4	0.075 4	0.057 3
35	0.705 9	0.500 0	0.355 4	0.253 4	0.181 3	0.130 1	0.093 7	0.067 6	0.049 0	0.035 6
40	0.671 7	0.452 9	0.306 6	0.208 3	0.142 0	0.097 2	0.066 8	0.046 0	0.031 8	0.022 1
45	0.639 1	0.410 2	0.264 4	0.171 2	0.111 3	0.072 7	0.047 6	0.031 3	0.020 7	0.013 7
50	0.608 0	0.371 5	0.228 1	0.147 0	0.087 2	0.054 3	0.033 9	0.021 3	0.013 4	0.008 5
55	0.578 5	0.336 5	0.196 8	0.115 7	0.068 3	0.040 6	0.024 2	0.014 5	0.008 7	0.005 3

附表二　　复利现值系数表（续表）

期数	12%	14%	15%	16%	18%	20%	24%	28%	32%	36%
1	0.892 9	0.877 2	0.869 6	0.862 1	0.847 5	0.833 3	0.806 5	0.781 3	0.757 6	0.735 3
2	0.797 2	0.769 5	0.756 1	0.743 2	0.718 2	0.694 4	0.650 4	0.610 4	0.573 9	0.540 7
3	0.711 8	0.675 0	0.657 5	0.640 7	0.608 6	0.578 5	0.524 5	0.476 8	0.434 8	0.397 5
4	0.635 5	0.592 1	0.571 8	0.552 3	0.515 8	0.482 3	0.423 0	0.372 5	0.329 4	0.292 3
5	0.567 4	0.519 4	0.497 2	0.476 2	0.437 1	0.401 9	0.341 1	0.291 0	0.249 5	0.214 9
6	0.506 6	0.455 6	0.432 3	0.410 4	0.370 4	0.334 9	0.275 1	0.227 4	0.189 0	0.158 0
7	0.452 3	0.399 6	0.375 9	0.353 8	0.313 9	0.279 1	0.221 8	0.177 6	0.143 2	0.116 2
8	0.403 9	0.350 6	0.326 9	0.305 0	0.266 0	0.232 6	0.178 9	0.138 8	0.108 5	0.085 4
9	0.360 6	0.307 5	0.284 3	0.263 0	0.225 5	0.193 8	0.144 3	0.108 4	0.082 2	0.062 8
10	0.322 0	0.269 7	0.247 2	0.226 7	0.191 1	0.161 5	0.116 4	0.084 7	0.062 3	0.046 2
11	0.287 5	0.236 6	0.214 9	0.195 4	0.161 9	0.134 6	0.093 8	0.066 2	0.047 2	0.034 0
12	0.256 7	0.207 6	0.186 9	0.168 5	0.137 3	0.112 2	0.075 7	0.051 7	0.035 7	0.025 0
13	0.229 2	0.182 1	0.162 5	0.145 2	0.116 3	0.093 5	0.061 0	0.040 4	0.027 1	0.018 4
14	0.204 6	0.159 7	0.141 3	0.125 2	0.098 5	0.077 9	0.049 2	0.031 6	0.020 5	0.013 5
15	0.182 7	0.140 1	0.122 9	0.107 9	0.083 5	0.064 9	0.039 7	0.024 7	0.015 5	0.009 9
16	0.163 1	0.122 9	0.106 9	0.098 0	0.070 9	0.054 1	0.032 0	0.019 3	0.011 8	0.007 3
17	0.145 6	0.107 8	0.092 9	0.080 2	0.060 0	0.045 1	0.025 9	0.015 0	0.008 9	0.005 4
18	0.130 0	0.094 6	0.080 8	0.069 1	0.050 8	0.037 6	0.020 8	0.011 8	0.006 8	0.003 9
19	0.116 1	0.082 9	0.070 3	0.059 6	0.043 1	0.031 3	0.016 8	0.009 2	0.005 1	0.002 9
20	0.103 7	0.072 8	0.061 1	0.051 4	0.036 5	0.026 1	0.013 5	0.007 2	0.003 9	0.002 1
21	0.092 6	0.063 8	0.053 1	0.044 3	0.030 9	0.021 7	0.010 9	0.005 6	0.002 9	0.001 6
22	0.082 6	0.056 0	0.046 2	0.038 2	0.026 2	0.018 1	0.008 8	0.004 4	0.002 2	0.001 2
23	0.073 8	0.049 1	0.040 2	0.032 9	0.022 2	0.015 1	0.007 1	0.003 4	0.001 7	0.000 8
24	0.065 9	0.043 1	0.034 9	0.028 4	0.018 8	0.012 6	0.005 7	0.002 7	0.001 3	0.000 6

续前表

期数	12%	14%	15%	16%	18%	20%	24%	28%	32%	36%
25	0.058 8	0.037 8	0.030 4	0.024 5	0.016 0	0.010 5	0.004 6	0.002 1	0.001 0	0.000 5
26	0.052 5	0.033 1	0.026 4	0.021 1	0.013 5	0.008 7	0.003 7	0.001 6	0.000 7	0.000 3
27	0.046 9	0.029 1	0.023 0	0.018 2	0.011 5	0.007 3	0.003 0	0.001 3	0.000 6	0.000 2
28	0.041 9	0.025 5	0.020 0	0.015 7	0.009 7	0.006 1	0.002 4	0.001 0	0.000 4	0.000 2
29	0.037 4	0.022 4	0.017 4	0.013 5	0.008 2	0.005 1	0.002 0	0.000 8	0.000 3	0.000 1
30	0.033 4	0.019 6	0.015 1	0.011 6	0.007 0	0.004 2	0.001 6	0.000 6	0.000 2	0.000 1
35	0.018 9	0.010 2	0.007 5	0.005 5	0.003 0	0.001 7	0.000 5	0.000 2	0.000 1	*
40	0.010 7	0.005 3	0.003 7	0.002 6	0.001 3	0.000 7	0.000 2	0.000 1	*	*
45	0.006 1	0.002 7	0.001 9	0.001 3	0.000 6	0.000 3	0.000 1	*	*	*
50	0.003 5	0.001 4	0.000 9	0.000 6	0.000 3	0.000 1	*	*	*	*
55	0.002 0	0.000 7	0.000 5	0.000 3	0.000 1	*	*	*	*	*
	*<0.0001									

附表三　　年金终值系数表

期数	1%	2%	3%	4%	5%	6%	7%	8%	9%	10%
1	1.000 0	1.000 0	1.000 0	1.000 0	1.000 0	1.000 0	1.000 0	1.000 0	1.000 0	1.000 0
2	2.010 0	2.020 0	2.030 0	2.040 0	2.050 0	2.060 0	2.070 0	2.080 0	2.090 0	2.100 0
3	3.030 1	3.060 4	3.090 9	3.121 6	3.152 5	3.183 6	3.214 9	3.246 4	3.278 1	3.310 0
4	4.060 4	4.121 6	4.183 6	4.246 5	4.310 1	4.374 6	4.439 9	4.506 1	4.573 1	4.641 0
5	5.101 0	5.204 0	5.309 1	5.416 3	5.525 6	5.637 1	5.750 7	5.866 6	5.984 7	6.105 1
6	6.152 0	6.308 1	6.468 4	6.633 0	6.801 9	6.975 3	7.153 3	7.335 9	7.523 3	7.715 6
7	7.213 5	7.434 3	7.662 5	7.898 3	8.142 0	8.393 8	8.654 0	8.922 8	9.200 4	9.487 2
8	8.285 7	8.583 0	8.892 3	9.214 2	9.549 1	9.897 5	10.260	10.637	11.028	11.436
9	9.368 5	9.754 6	10.159	10.583	11.027	11.491	11.978	12.488	13.021	13.579

续前表

期数	1%	2%	3%	4%	5%	6%	7%	8%	9%	10%
10	10.462	10.950	11.464	12.006	12.578	13.181	13.816	14.487	15.193	15.937
11	11.567	12.169	12.808	13.486	14.207	14.972	15.784	16.645	17.560	18.531
12	12.683	13.412	14.192	15.026	15.917	16.870	17.888	18.977	20.141	21.384
13	13.809	14.680	15.618	16.627	17.713	18.882	20.141	21.495	22.953	24.523
14	14.947	15.974	17.086	18.292	19.599	21.015	22.550	24.214	26.019	27.975
15	16.097	17.293	18.599	20.024	21.579	23.276	25.129	27.152	29.361	31.772
16	17.258	18.639	20.157	21.825	23.657	25.673	27.888	30.324	33.003	35.950
17	18.430	20.012	21.762	23.698	25.840	28.213	30.840	33.750	36.974	40.545
18	19.615	21.412	23.414	25.645	28.132	30.906	33.999	37.450	41.301	45.599
19	20.811	22.841	25.117	27.671	30.539	33.760	37.379	41.446	46.018	51.159
20	22.019	24.297	26.870	29.778	33.066	36.786	40.995	45.752	51.160	57.275
21	23.239	25.783	28.676	31.969	35.719	39.993	44.865	50.423	56.765	64.002
22	24.472	27.299	30.537	34.248	38.505	43.392	49.006	55.457	62.873	71.403
23	25.716	28.845	32.453	36.618	41.430	46.996	53.436	60.883	69.532	79.543
24	26.973	30.422	34.426	39.083	44.502	50.816	58.177	66.765	76.790	88.497
25	28.243	32.030	36.459	41.646	47.727	54.863	63.249	73.106	84.701	98.347
26	29.526	33.671	38.553	44.312	51.113	59.156	68.676	79.954	93.324	109.18
27	30.821	35.334	40.710	47.084	54.669	63.706	74.484	87.351	102.72	121.10
28	32.129	37.051	42.931	49.968	58.403	68.528	80.698	95.339	112.97	134.21
29	33.450	38.792	45.219	52.966	62.323	73.640	87.347	103.97	124.14	148.63
30	34.785	40.568	47.575	56.085	66.439	79.058	94.461	113.28	136.31	164.49
40	48.886	60.402	75.401	95.026	120.80	154.76	199.64	259.06	337.88	442.59
50	64.463	84.579	112.80	152.67	209.35	290.34	406.53	573.77	815.08	1 163.9
60	81.670	114.05	163.05	237.99	353.58	533.13	813.52	1 253.2	1 944.8	3 034.8

附表三

年金终值系数表（续表）

期数	12%	14%	15%	16%	18%	20%	24%	28%	32%	36%
1	1.000 0	1.000 0	1.000 0	1.000 0	1.000 0	1.000 0	1.000 0	1.000 0	1.000 0	1.000 0
2	2.120 0	2.140 0	2.150 0	2.160 0	2.180 0	2.200 0	2.240 0	2.280 0	2.320 0	2.360 0
3	3.374 4	3.439 6	3.472 5	3.505 6	3.572 4	3.640 0	3.777 6	3.918 4	3.062 4	3.209 6
4	4.779 3	4.921 1	4.993 4	5.066 5	5.215 4	5.368 0	5.684 2	6.015 6	6.362 4	6.725 1
5	6.352 8	6.610 1	6.742 4	6.877 1	7.154 2	7.441 6	8.048 4	8.699 9	9.398 3	10.146
6	8.115 2	8.535 5	8.753 7	8.977 5	9.442 0	9.929 9	10.980	12.136	13.406	14.799
7	10.089	10.730	11.067	11.414	12.142	12.916	14.615	16.534	18.696	21.126
8	12.300	13.233	13.727	14.240	15.327	16.499	19.123	22.163	25.678	29.732
9	14.776	16.085	16.786	17.519	19.086	20.799	24.712	29.369	34.895	41.435
10	17.549	19.337	20.304	21.321	23.521	25.959	31.643	38.593	47.062	57.352
11	20.655	23.045	24.349	25.733	28.755	32.150	40.238	50.398	63.122	78.998
12	24.133	27.271	29.002	30.850	34.931	39.581	50.895	65.510	84.320	108.44
13	28.029	32.089	34.352	36.786	42.219	48.497	64.110	84.853	112.30	148.47
14	32.393	37.581	40.505	43.672	50.818	59.196	80.496	109.61	149.24	202.93
15	37.280	43.842	47.580	51.660	60.965	72.035	100.82	141.30	198.00	276.98
16	42.753	50.980	55.717	60.925	72.939	87.442	126.01	181.87	262.36	377.69
17	48.884	59.118	65.075	71.673	87.068	105.93	157.25	233.79	347.31	514.66
18	55.750	68.394	75.836	84.141	103.74	128.12	195.99	300.25	459.45	770.94
19	63.440	78.969	88.212	98.603	123.41	154.74	244.03	385.32	607.47	954.28
20	72.052	91.025	102.44	115.38	146.63	186.69	303.60	494.21	802.86	1 298.8
21	81.699	104.77	118.81	134.84	174.02	225.03	377.46	633.59	1 060.8	1 767.4
22	92.503	120.44	137.63	157.41	206.34	271.03	469.06	812.00	1 401.2	2 404.7
23	104.60	138.30	159.28	183.60	244.49	326.24	582.63	1 040.4	1 850.6	3 271.3
24	118.16	158.66	184.17	213.98	289.49	392.48	723.46	1 332.7	2 443.8	4 450.0

续前表

期数	12%	14%	15%	16%	18%	20%	24%	28%	32%	36%
25	133.33	181.87	212.79	249.21	242.60	471.98	898.09	1 706.8	3 226.8	6 053.0
26	150.33	208.33	245.71	290.09	405.27	567.38	1 114.6	2 185.7	4 260.4	8 233.1
27	169.37	238.50	283.57	337.50	479.22	681.85	1 383.1	2 798.7	5 624.8	11 198.0
28	190.70	272.89	327.10	392.50	566.48	819.22	1 716.1	3 583.3	7 425.7	15 230.3
29	214.58	312.09	377.17	456.30	669.45	984.07	2 129.0	4 587.7	9 802.9	20 714.2
30	241.33	356.79	434.75	530.31	790.95	1 181.9	2 640.9	5 873.2	12 941.	28 172.3
40	767.09	1 342.0	1 779.1	2 360.8	4 163.2	7 343.9	22 729	69 377	*	*
50	2 400.0	4 994.5	7 217.7	10 436.	21 813.	45 497.	*	*	*	*
60	7 471.6	18 535.	29 220.	46 058.	*	*	*	*	*	*
	*>99 999									

附表四 年金现值系数表

期数	1%	2%	3%	4%	5%	6%	7%	8%	9%	10%
1	0.990 1	0.980 4	0.970 9	0.961 5	0.952 4	0.943 4	0.934 6	0.925 9	0.917 4	0.909 1
2	1.970 4	1.941 6	1.913 5	1.886 1	1.859 4	1.833 4	1.808 0	1.783 3	1.759 1	1.735 5
3	2.941 0	2.883 9	2.828 6	2.775 1	2.723 2	2.673 0	2.624 3	2.577 1	2.531 3	2.486 9
4	3.902 0	3.807 7	3.717 1	3.629 9	3.546 0	3.465 1	3.387 2	3.312 1	3.239 7	3.169 9
5	4.853 4	4.713 5	4.579 7	4.451 8	4.329 5	4.212 4	4.100 2	3.992 7	3.889 7	3.790 8
6	5.795 5	5.601 4	5.417 2	5.242 1	5.075 7	4.917 3	4.766 5	4.622 9	4.485 9	4.355 3
7	6.728 2	6.472 0	6.230 3	6.002 1	5.786 4	5.582 4	5.389 3	5.206 4	5.033 0	4.868 4
8	7.651 7	7.325 5	7.019 7	6.732 7	6.463 2	6.209 8	5.971 3	5.746 6	5.534 8	5.334 9
9	8.566 0	8.162 2	7.786 1	7.435 3	7.107 8	6.801 7	6.515 2	6.246 9	5.995 2	5.759 0
10	9.471 3	8.982 6	8.530 2	8.110 9	7.721 7	7.360 1	7.023 6	6.710 1	6.417 7	6.144 6
11	10.368	9.786 8	9.252 6	8.760 5	8.306 4	7.886 9	7.498 7	7.139 0	6.805 2	6.495 1

续前表

期数	1%	2%	3%	4%	5%	6%	7%	8%	9%	10%
12	11.255	10.575	9.954	9.385	8.863	8.383 8	7.942 7	7.536 1	7.160 7	6.813 7
13	12.134	11.348	10.635	9.986	9.394	8.852 7	8.357 7	7.903 8	7.486 9	7.103 4
14	13.004	12.106	11.296	10.563	9.899	9.295 0	8.745 5	8.244 2	7.786 2	7.366 7
15	13.865	12.849	11.938	11.118	10.380	9.712 2	9.107 9	8.559 5	8.060 7	7.606 1
16	14.718	13.578	12.561	11.652	10.838	10.106	9.446 6	8.851 4	8.312 6	7.823 7
17	15.562	14.292	13.166	12.166	11.274	10.477	9.763 2	9.121 6	8.543 6	8.021 6
18	16.398	14.992	13.754	12.659	11.690	10.828	10.059	9.371 9	8.755 6	8.201 4
19	17.226	15.678	14.324	13.134	12.085	11.158	10.336	9.603 6	8.950 1	8.364 9
20	18.046	16.351	14.877	13.590	12.462	11.470	10.594	9.818 1	9.128 5	8.513 6
21	18.857	17.011	15.415	14.029	12.821	11.764	10.836	10.017	9.292 2	8.648 7
22	19.660	17.658	15.937	14.451	13.163	12.042	11.061	10.201	9.442 4	8.771 5
23	20.456	18.292	16.444	14.857	13.489	12.303	11.272	10.371	9.580 2	8.883 2
24	21.243	18.914	16.936	15.247	13.799	12.550	11.469	10.529	9.706 6	8.984 7
25	22.023	19.523	17.413	15.622	14.094	12.783	11.654	10.675	9.822 6	9.077 0
26	22.795	20.121	17.877	15.983	14.375	13.003	11.826	10.810	9.929 0	9.160 9
27	23.560	20.707	18.327	16.330	14.643	13.211	11.987	10.935	10.027	9.237 2
28	24.316	21.281	18.764	16.663	14.898	13.406	12.137	11.051	10.116	9.306 6
29	25.066	21.844	19.600	16.984	15.141	13.591	12.278	11.158	10.198	9.369 6
30	25.808	22.396	19.600	17.292	15.372	13.765	12.409	11.258	10.274	9.426 9
31	26.542	22.938	20.000	17.588	15.593	13.929	12.532	11.350	10.343	9.479 0
32	27.270	23.468	20.389	17.874	15.803	14.084	12.647	11.435	10.406	9.526 4
33	27.990	23.989	20.766	18.148	16.003	14.230	12.754	11.514	10.464	9.569 4
34	28.703	24.499	21.132	18.411	16.193	14.368	12.854	11.587	10.518	9.608 6
35	29.409	24.999	21.487	18.665	16.374	14.498	12.948	11.655	10.567	9.644 2

续前表

期数	1%	2%	3%	4%	5%	6%	7%	8%	9%	10%
40	32.835	27.355	23.115	19.793	17.159	15.046	13.332	11.925	10.757	9.779 1
45	36.095	29.490	24.519	20.720	17.774	15.456	13.606	12.108	10.881	9.862 8
50	39.196	31.424	25.730	21.482	18.256	15.762	13.801	12.233	10.962	9.914 8
55	42.147	33.175	26.774	22.109	18.633	15.991	13.940	12.319	11.014	9.947 1
60	44.955	34.761	27.676	22.623	18.929	16.161	14.039	12.377	11.048	9.967 2

附表四 年金现值系数表（续表）

期数	12%	14%	16%	18%	20%	24%	28%	32%	36%
1	0.892 9	0.877 2	0.862 1	0.847 5	0.833 3	0.806 5	0.781 3	0.757 6	0.735 3
2	1.690 1	1.646 7	1.605 2	1.565 6	1.527 8	1.456 8	1.391 6	1.331 5	1.276 0
3	2.401 8	2.321 6	2.245 9	2.174 3	2.106 5	1.981 3	1.868 4	1.766 3	1.673 5
4	3.037 3	2.913 7	2.798 2	2.690 1	2.588 7	2.404 3	2.241 0	2.095 7	1.965 8
5	3.604 8	3.433 1	3.274 3	3.127 2	2.990 6	2.745 4	2.532 0	2.345 2	2.180 7
6	4.111 4	3.888 7	3.684 7	3.497 6	3.325 5	3.020 5	2.759 4	2.534 2	2.338 8
7	4.563 8	4.288 3	4.036 8	3.811 5	3.604 6	3.242 3	2.937 0	2.677 5	2.455 0
8	4.967 6	4.638 9	4.343 6	4.077 6	3.837 2	3.421 2	3.075 8	2.786 0	2.540 4
9	5.328 2	4.946 4	4.606 5	4.303 0	4.031 0	3.565 5	3.184 2	2.868 1	2.603 3
10	5.650 2	5.216 1	4.833 2	4.494 1	4.192 5	3.681 9	3.268 9	2.930 4	2.649 5
11	5.937 7	4.452 7	5.028 6	4.656 0	4.327 1	3.775 7	3.335 1	2.977 6	2.683 4
12	6.194 4	5.660 3	5.197 1	4.793 2	4.439 2	3.851 4	3.386 8	3.013 3	2.708 4
13	6.423 5	5.842 4	5.342 3	4.909 5	4.532 7	3.912 4	3.427 2	3.040 4	2.726 8
14	6.628 2	6.002 1	5.467 5	5.008 1	4.610 6	3.961 6	3.458 7	3.060 9	2.740 3
15	6.810 9	6.142 2	5.575 5	5.091 6	4.675 5	4.001 3	3.483 4	3.076 4	2.750 2
16	6.974 0	6.265 1	5.668 5	5.162 4	4.729 6	4.033 3	3.502 6	3.088 2	2.757 5

续前表

期数	12%	14%	16%	18%	20%	24%	28%	32%	36%
17	7.119 6	6.372 9	5.748 7	5.222 3	4.774 6	4.059 1	3.517 7	3.097 1	2.762 9
18	7.249 7	6.467 4	5.817 8	5.273 2	4.812 2	4.079 9	3.529 4	3.103 9	2.766 8
19	7.365 8	6.550 4	5.877 5	5.316 2	4.843 5	4.096 7	3.538 6	3.109 0	2.769 7
20	7.469 4	6.623 1	5.928 8	5.352 7	4.869 6	4.110 3	3.545 8	3.112 9	2.771 8
21	7.562 0	6.687 0	5.973 1	5.383 7	4.891 3	4.121 2	3.551 4	3.115 8	2.773 4
22	7.644 6	6.742 9	6.011 3	5.409 9	4.909 4	4.130 0	3.555 8	3.118 0	2.774 6
23	7.718 4	6.792 1	6.044 2	5.432 1	4.924 5	4.137 1	3.559 2	3.119 7	2.775 4
24	7.784 3	6.835 1	6.072 6	5.450 9	4.937 1	4.142 8	3.561 9	3.121 0	2.776 0
25	7.843 1	6.872 9	6.097 1	5.466 9	4.947 6	4.147 4	3.564 0	3.122 0	2.776 5
26	7.895 7	6.906 1	6.118 2	5.480 4	4.956 3	4.151 1	3.565 6	3.122 7	2.776 8
27	7.942 6	6.935 2	6.136 4	5.491 9	4.963 6	4.154 2	3.566 9	3.123 3	2.777 1
28	7.984 4	6.960 7	6.152 0	5.501 6	4.969 7	4.156 6	3.567 9	3.123 7	2.777 3
29	8.021 8	6.983 0	6.165 6	5.509 8	4.974 7	4.158 5	3.568 7	3.124 0	2.777 4
30	8.055 2	7.002 7	6.177 2	5.516 8	4.978 9	4.160 1	3.569 3	3.124 2	2.777 5
31	8.085 0	7.019 9	6.187 2	5.522 7	4.982 4	4.161 4	3.569 7	3.124 4	2.777 6
32	8.111 6	7.035 0	6.195 9	5.527 7	4.985 4	4.162 4	3.570 1	3.124 6	2.777 6
33	8.135 4	7.048 2	6.203 4	5.532 0	4.987 8	4.163 2	3.570 4	3.124 7	2.777 7
34	8.156 6	7.059 9	6.209 8	5.535 6	4.989 8	4.163 9	3.570 6	3.124 8	2.777 7
35	8.175 5	7.070 0	6.215 3	5.538 6	4.991 5	4.164 4	3.570 8	3.124 8	2.777 7
40	8.243 8	7.105 0	6.233 5	5.548 2	4.996 6	4.165 9	3.571 2	3.125 0	2.777 8
45	8.282 5	7.123 2	6.242 1	5.552 3	4.998 6	4.166 4	3.571 4	3.125 0	2.777 8
50	8.304 5	7.132 7	6.246 3	5.554 1	4.999 5	4.166 6	3.571 4	3.125 0	2.777 8
55	8.317 0	7.137 6	6.248 2	5.554 9	4.999 8	4.166 6	3.571 4	3.125 0	2.777 8
60	8.324 0	7.140 1	6.249 2	5.555 3	4.99	4.166 7	3.571 4	3.125 0	2.777 8

附表五 **正态分布曲线**

Z	0.00	0.01	0.02	0.03	0.04	0.05	0.06	0.07	0.08	0.09
0.00	0.0	0.004 0	0.008 0	0.012 0	0.016 0	0.019 9	0.023 9	0.027 9	0.031 9	0.035 9
0.10	0.039 8	0.043 8	0.047 8	0.051 7	0.055 7	0.059 6	0.063 6	0.067 5	0.071 4	0.075 3
0.20	0.079 3	0.083 2	0.087 1	0.091 0	0.094 8	0.098 7	0.102 6	0.106 4	0.110 3	0.114 1
0.30	0.117 9	0.121 7	0.125 5	0.129 3	0.133 1	0.136 8	0.140 6	0.144 3	0.148 0	0.151 7
0.40	0.155 4	0.159 4	0.162 8	0.166 1	0.170 0	0.173 6	0.177 2	0.180 8	0.184 4	0.187 9
0.50	0.191 5	0.195 0	0.198 5	0.201 0	0.205 4	0.208 8	0.212 3	0.215 7	0.219 0	0.222 4
0.60	0.225 7	0.229 1	0.232 4	0.235 7	0.238 9	0.242 2	0.245 4	0.248 6	0.251 7	0.254 9
0.70	0.258 0	0.261 1	0.264 2	0.267 3	0.270 3	0.273 4	0.276 4	0.279 3	0.282 3	0.285 2
0.80	0.288 1	0.291 0	0.293 9	0.296 7	0.299 5	0.302 3	0.305 1	0.307 8	0.310 6	0.313 3
0.90	0.315 9	0.318 6	0.321 2	0.323 8	0.326 4	0.328 9	0.331 5	0.334 0	0.336 5	0.338 9
1.00	0.341 3	0.343 8	0.346 1	0.348 5	0.350 8	0.353 1	0.355 4	0.357 7	0.359 9	0.362 1
1.10	0.364 3	0.366 5	0.368 6	0.370 3	0.372 9	0.374 9	0.377 0	0.379 0	0.381 0	0.383 0
1.20	0.384 9	0.386 9	0.388 8	0.390 7	0.392 5	0.394 3	0.396 2	0.398 0	0.399 7	0.401 5
1.30	0.403 2	0.404 9	0.406 6	0.408 2	0.409 9	0.411 5	0.411 5	0.414 7	0.416 2	0.417 7
1.40	0.419 2	0.420 7	0.422 2	0.423 6	0.425 1	0.426 5	0.427 9	0.429 2	0.430 6	0.431 9
1.50	0.433 2	0.434 5	0.435 7	0.437 0	0.438 2	0.439 4	0.440 6	0.441 8	0.442 9	0.444 1
1.60	0.445 2	0.446 3	0.447 4	0.448 4	0.449 5	0.455 0	0.451 5	0.452 5	0.453 5	0.454 5
1.70	0.455 4	0.456 4	0.457 3	0.458 2	0.459 1	0.459 9	0.460 8	0.461 6	0.462 5	0.463 3
1.80	0.464 1	0.464 9	0.465 6	0.466 4	0.467 1	0.467 8	0.468 6	0.469 3	0.469 9	0.470 6
1.90	0.471 3	0.471 9	0.472 6	0.473 2	0.473 8	0.474 4	0.475 0	0.475 6	0.476 1	0.476 7
2.00	0.477 2	0.477 8	0.478 3	0.478 8	0.479 3	0.479 8	0.480 3	0.480 8	0.481 2	0.481 2
2.10	0.482 1	0.482 6	0.483 0	0.483 4	0.483 8	0.484 2	0.484 6	0.485 0	0.485 4	0.485 7
2.20	0.486 1	0.486 4	0.486 8	0.487 1	0.487 5	0.487 8	0.488 1	0.488 4	0.488 7	0.489 0

续前表

Z	0.00	0.01	0.02	0.03	0.04	0.05	0.06	0.07	0.08	0.09
2.30	0.489 3	0.489 6	0.489 8	0.490 1	0.490 4	0.490 6	0.490 9	0.491 1	0.491 3	0.491 6
2.40	0.491 8	0.492 0	0.492 2	0.492 5	0.492 7	0.492 9	0.493 1	0.493 2	0.493 4	0.493 6
2.50	0.493 8	0.494 0	0.494 1	0.494 3	0.494 5	0.494 6	0.494 8	0.494 9	0.495 1	0.495 2
2.60	0.495 3	0.495 5	0.495 6	0.495 7	0.495 9	0.496 0	0.496 1	0.496 2	0.496 3	0.496 4
2.70	0.496 5	0.496 6	0.496 7	0.496 8	0.496 9	04 970	0.497 1	0.497 2	0.497 3	0.497 4
2.80	0.497 4	0.497 5	0.497 6	0.497 7	0.497 7	0.497 8	0.497 9	0.497 9	0.498 0	0.498 1
2.90	0.498 1	0.498 2	0.498 2	0.498 3	0.488 4	0.498 4	0.498 5	0.498 5	0.498 6	0.498 6
3.00	0.498 6	0.498 7	0.498 7	0.498 8	0.498 8	0.498 9	0.498 9	0.498 9	0.499 0	0.499 0
3.10	0.499 0	0.499 1	0.499 1	0.499 1	0.499 2	0.499 2	0.499 2	0.499 2	0.499 3	0.499 3
3.20	0.499 3	0.499 3	0.499 4	0.499 4	0.499 4	0.499 4	0.499 4	0.499 5	0.499 5	0.499 5
3.30	0.499 5	0.499 5	0.499 5	0.499 6	0.499 6	0.499 6	0.499 6	0.499 6	0.499 6	0.499 7
3.40	0.499 7	0.499 7	0.499 7	0.499 7	0.499 7	0.499 7	0.499 7	0.499 7	0.499 7	0.499 8
3.50	0.499 8	0.499 8	0.499 8	0.499 8	0.499 8	0.499 8	0.499 8	0.499 8	0.499 8	0.499 8
3.60	0.499 8	0.499 8	0.499 9	0.499 9	0.499 9	0.499 9	0.499 9	0.499 9	0.499 9	0.499 9
3.70	0.499 9	0.499 9	0.499 9	0.499 9	0.499 9	0.499 9	0.499 9	0.499 9	0.499 9	0.499 9
3.80	0.499 9	0.499 9	0.499 9	0.499 9	0.499 9	0.499 9	0.499 9	0.499 9	0.499 9	0.499 9
3.90	0.500 0	0.500 0	0.500 0	0.500 0	0.500 0	0.500 0	0.500 0	0.500 0	0.500 0	0.500 0

说明：Z 为标准差的个数，表中数据是平均数和 Z 个标准差之间的那部分正态曲线下的面积。

参考文献

1. 财政部注册会计师协会编．财务成本管理．北京：经济科学出版社，2009
2. 财务部会计资格评价中心编．财务管理．北京：中国财政经济出版社，2009
3. 王斌主编．财务管理．北京：高等教育出版社，2007
4. 严复海主编．财务管理学原理与实务．北京：北京大学出版社，2008
5. 张思强主编．财务管理理论与实务．北京：北京大学出版社，2008
6. 郭复初主编．新编财务管理学．北京：清华大学出版社，2006
7. 荆新等主编．财务管理学．北京：中国人民大学出版社，2005
8. 骆永菊主编．财务管理学实用教程．北京：北京大学出版社，2008
9. 陈玉菁等主编．财务管理．北京：清华大学出版社，2008
10. 袁建国主编．财务管理．大连：东北财经大学出版社，2001
11. 徐光华主编．财务报表解读与分析．北京：清华大学出版社，2008
12. 吴井红主编．财务预算与分析．上海：上海财经大学出版社，2005
13. 史习民主编．全面预算管理．上海：立信会计出版社，2004
14. 王庆成等主编．财务管理学．北京：高等教育出版社，2000

图书在版编目（CIP）数据

财务管理/栾立明，马桂秋主编.
北京：中国人民大学出版社，2010
教育部经济管理类核心课程教材
ISBN 978-7-300-12056-0

Ⅰ.①财…
Ⅱ.①栾… ②马…
Ⅲ.①财务管理-高等学校-教材
Ⅳ.①F275

中国版本图书馆 CIP 数据核字（2010）第 074034 号

教育部经济管理类核心课程教材
财务管理
主　编　栾立明　马桂秋
Caiwu Guanli

出版发行	中国人民大学出版社		
社　　址	北京中关村大街 31 号	**邮政编码**	100080
电　　话	010－62511242（总编室）		010－62511398（质管部）
	010－82501766（邮购部）		010－62514148（门市部）
	010－62515195（发行公司）		010－62515275（盗版举报）
网　　址	http://www.crup.com.cn		
	http://www.ttrnet.com（人大教研网）		
经　　销	新华书店		
印　　刷	北京七色印务有限公司		
规　　格	170mm×228mm　16 开本	**版　　次**	2010 年 6 月第 1 版
印　　张	33 插页 1	**印　　次**	2012 年 7 月第 2 次印刷
字　　数	608 000	**定　　价**	49.00 元
